教育研究資訊資源服務析論

A Study on Information Resources
Services for Educational Research

◆陳仲彥 著

王 序

　　本著以教育研究資訊資源服務為題，探討在教育理論與實務研究上所需要的印刷型與非印刷型資訊資源。文中就資訊資源的構成、組織與加值作深入的分析；此外並針對臺灣地區教育研究資訊資源的需求作一調查評估，最後就資訊資源的未來發展趨勢加以說明作為總結。

　　本著內容分為七章，約三十五萬言。首兩章說明教育研究資訊資源的性質、需求範圍與有關理論。文意顯示資訊資源的利用為學術研究之一必經過程，有關其徵集、辨識、評估、以及組織和加值利用，可說是圖書資訊專業人員，甚至研究工作者不可或缺的知識。著者並自資訊利益相關者理論與資訊生態學理論分析資訊提供者和利用者之間的供求關係，以及資訊資源管理的意義、發展及內容要項。

　　其次，第三、四章則分別闡述資訊資源的整理方式、資訊加值和服務設施。在服務方面特別介紹各種形式「指引」的效用，以及國內、外教育圖書館和教育資訊資源系統等設施，尤對美國教育資源資訊中心的組織與服務介紹至詳，有助教育資訊資源之檢索及利用。

　　第五、六兩章就臺灣地區教育研究資訊資源的需求與服務加以調查研究，可說是全文研究的重點。在資訊資源需求方面，自教育學博士論文引用文獻和教育研究者資訊行為訪談進行分析綜評。在服務方面則就臺灣整體資訊資源服務現況和教育研究資訊資源現況進行分析綜評。

　　在兩項調查訪談中發現，在資源方面，紙質文獻仍為重要的資訊傳播媒體，其中如圖書專著、期刊論文、會議論文、學位論文、研究報告等使用率較為普遍。網路資源則較難徵集，國內目前亦缺乏保存機制。在服務方面，因師範教育政策變革，教育研究機制朝向多元化發展，現有教育資料庫在資訊完整性、國際性方面有待加強。今後如何利用新科技，統整資訊資源為重要之關鍵。

　　最後第七章總結前論並探討教育研究資訊資源服務的趨勢與展望。文中就資訊資源服務成效加以評析，並就未來發展趨勢加以申述。面對

時代變遷與現實需要，今後如何在現實基礎上體察時代脈動與發展，針對使用者需求建構一新的服務模式至屬重要。本章特別選介美國國際圖書館電腦中心（OCLC）於 2001 年至 2007 年間發表的七篇研究報告，分析資訊資源服務的趨勢。在 2003 年報告中，以「圖書館累積的成果」為題說明全球圖書館的服務成效。據調查，全球有一百萬所圖書館，六十九萬專業館員，館藏圖書資料達一百六十億件，以全球六十二億人口計，平均每人二點五冊圖書。每年用於圖書館經費達三百一十億美元之多。可謂全球資訊主要供應者。但圖書館界不能以此為滿足，應審視資訊環境對資訊資源的發展有新的認知，資訊媒體不只是容器，而是容器所裝的內容，在服務方式上應加強資訊組織及加值深度，從資訊入口網站發展到知識入口網站。

　　以上簡介全書概要，本書著者陳仲彥博士卒業於國立臺灣師範大學社會教育系及社會教研究所，專攻圖書資訊學。卒業後應聘留校在社教系圖書館組任教，十五年來熱心教學、勤於研究，孜孜不倦迄未間斷。今鑒於教育研究資訊資源對於教育研究工作者之重要，特就其多年來研究心得彙編成集。全文觀念新穎、引證詳實，不僅可供教育研究者參考，更有助圖書資訊人員之研究。

王振鵠

2008.7.8 於臺北

目　次

圖目次

表目次

前　言

動機與目的

　　不同時期的社會，有其不同模式的經濟發展特色。傳統經濟模式主要是建構在以資金、土地、勞力為資源的基礎之上。然而在資訊時代的後資本主義社會裡，「知識」將成為最重要的資源，也是影響經濟發展，甚至改變社會結構、創新社會動力的最主要因素。所以攸關如何有效掌握知識、運用知識、創新知識，進而帶動經濟升級與發展的相關概念－「知識管理」（Knowledge Management）與「知識經濟」（Knowledge-based Economy），乃成為當今時代的重要議題。

　　根據一九九六年「經濟合作發展組織」（Organization for Economic Cooperation & Development, OECD）的報告，所謂「知識經濟」是指以知識資源的擁有、分配、產生和使用為主之生產因素的經濟型態。其核心關鍵－「知識管理」的基礎包括有：資料（stuff）、技術（technology）、人員（people）、程序（process），所涵蓋的對象與範圍則包括有：知事（know-what）、知因（know-why）、技能（Know-how）、知人（know-who）。

　　雖然前述「經濟合作發展組織」的定義與說明，主要是著眼於經濟的發展，然而相關的概念卻也適用於工商產業之外的其他行業，特別是處於知識鏈上游的學術研究與發展階段，更需要引用「知識管理」的觀念與作為，以支持輔助研究之進行，並有效統整、運用相關的知識，再將研究成果移轉到實務部門與相關產業中，進而能夠創新經濟的發展。換言之，知識經濟的實現，不單是產業部門的獨立作為，事實上有賴社會各層面、各部門都能夠確實做好對於知識的創造、傳播、收集、組織、整合、運用、分享等等之管理，才是運用知識管理以促進整體經濟發展的真諦。

　　面對這一股知識經濟與知識管理的浪潮，以圖書館為首要的資訊服務，應如何善加發揮其保有人類文明之各種資料的角色與功能，使豐富之館藏資源轉換成為滿足使用者所需之知識，並持續成為數位資訊時代，重要之資訊與知識的服務節點，則是圖書資訊學界所關心的重要課題。

　　由於筆者長久以來的教學與研究，是以圖書資訊資源及其服務為重心，因此，對於如何精進資訊資源服務的功能，以適應時代的需求，一直是深感興趣並進行探討與研究的主題。又由於所服務的機構是以教育學研究為重點發展方向之一，故亦常接到學院內教育相關系所之教師、研究者，詢問有關教育研究資訊資源之取得與利用的相關問題。從提供諮詢之過程中，也深深體會到，在此講求競爭的數位時代裡，傳統上偏向被動的圖書資訊服務，似乎還有再提昇的發展空間。前瞻未來，應該可以規劃、設計出一套新的服務介面，不僅可以統整所有相關的資訊資源，並促進資訊資源提供者與資訊資源使用者之間，以及資訊資源使用者相互之間的交流與互動，藉以促進資訊與知識的轉換與利用，發揮知識鏈上游－學術研究該有的創新特色，進而應用於實務界中，並帶動國家整體的發展。故以教育研究資訊資源服務為題，進行深入的探討與研究，希望能夠針對教育研究資訊資源的服務，提出一套新的運作模式。

方法與步驟

　　首先收集國內外相關的文獻，針對教育研究資訊資源服務相關之議題，進行系列的研究與評析。其次則以引用文獻分析法、深度訪談法，實地調查、分析國內教育研究資訊資源的需求與服務現況。最後再參酌國際間的發展趨勢，綜合歸納出未來理想的教育研究資訊資源服務模式。

章節與架構

　　全書之理路脈絡與章節架構如下：

　　首先是教育研究資訊資源及其服務的評析，包括第一章至第四章共四章。

　　第一章分析何謂教育研究、資訊資源、教育研究資訊資源的需求、教育研究資訊資源的範圍。本研究所稱之教育研究資訊資源，主要是指進行教育研究時所需的資訊資源，不包括中小學教學過程中所需之教學資源。

第二章探討資訊資源的相關理論，從溯源傳統參考資訊服務的理念與發展，檢視讀者對於資訊資源的需求，再分析資訊需求與資訊行為的理論對於提供資訊資源及其服務的影響。接著則是引用當今熱門之資訊資源管理以及知識管理的理念，以作為有效管理資訊資源的基礎。

由於資訊資源一旦產生之後並非是固定不變，亦會歷經循環與演變的過程，因此，各階段之資訊資源唯有經過適當的整序與加值，才能夠被使用者充分利用。所以第三章即探討教育研究資訊資源的整理加值，首先分析資訊的演進與文獻的循環，以及資訊組織與資訊加值的必要性，再檢討現今對於教育研究資訊資源之標引與整序的實際作為，並評析資訊組織對教育研究資訊資源服務的意義。

第四章則是分析當今世界各地有關教育研究資訊資源的服務設施。主要包括有歐美地區、大陸地區的教育研究資訊資源指引，以及美國、丹麥、德國、北歐－波羅的海諸國以及以色列等國家之教育圖書館的相關服務。最後並以美國教育資源資訊中心（Education Resources Information Center, ERIC）為例，說明教育研究資訊資源系統的建構與營運。

其次是國內教育研究資訊資源的需求與服務的評析，分述於第五章和第六章。

為了瞭解國內教育研究者的需求以及現今教育研究資訊資源服務的現況，以作為規劃、設計未來教育研究資訊資源服務的基礎，因此，特別進行國內教育研究資訊資源的需求與服務的評析。

第五章是國內教育研究資訊資源的需求分析，主要包括有教育學博士論文引用文獻分析以及教育研究者資訊行為訪談分析，最後並進行教育研究資訊資源需求綜合評析。

第六章則是國內教育研究資訊資源的服務分析，主要分為整體資訊資源服務現況分析以及教育研究資訊資源現況分析兩部分，最後亦進行教育研究資訊資源服務綜合評析

最後則是未來發展趨勢與理想服務模式的評析，呈現於第七章。在這快速變化的時代裡，包括個人與各行各業，都必須隨時學習新的觀念，引進新的技術，採行新的作為，才能因應社會所需而不被時代潮流淘汰。長久以來以圖書館為首的圖書資訊資源服務，雖已有具體可觀的成就，然而由於資訊科技的日新月異，連帶影響圖書資訊的傳播與利用，又加

上資訊使用者的期待提昇，以及資訊需求與使用模式的轉變，還有來自網際網路蒐尋工具的競爭，都顯現出傳統的資訊資源服務必須重新調整其服務方式與作為，才能夠繼續保有其存在的價值與意義。

所以，在第七章中，除了評析現有之資訊資源服務的成效之外，並參酌全球最大之圖書資訊服務合作組織－「國際圖書館電腦中心」（Online Computer Library Center, OCLC），近年來針對資訊資源服務所提出的專案分析報告，並比較反思前面幾章有關資訊資源的需求、範圍、理論、整序、加值、服務以及國內現況的評析。

由於篇幅字數以及時間、經費的限制，因此，全書在最後提出「建構以知識入口網站為介面的教育研究資訊資源服務模式」為總結。期待未來能夠進一步闡釋知識入口網站實際運作時的細部功能，並針對資訊資源服務相關的議題，進行持續的研究。

師恩與感謝

本研究是在教學課餘之時進行，從構思動筆到全書完成，歷時多年的時間。撰寫期間受到多位社教系師長的鼓勵，才不致因種種因素的阻礙而中輟。初稿完成之後，又蒙王振鵠老師冒著溽暑，在眼睛不適之情況下，不僅詳細批閱全文、提供修正意見，同時還手書賜言勉勵有加，真是浩浩師恩永難忘懷。此外胡歐蘭老師與林美和老師也針對初稿內容，提出諸多的補充資料與修飾意見，讓本書的立論更加完善，亦是銘記在心。

第一章　教育研究資訊資源的需求範圍

　　進行學術研究之初，必定是要以掌握與研究主題相關之各類型的資訊資源為基礎，唯有搜羅齊全必要之資訊資源之後，學術研究才能夠圓滿完成。因此，如何能夠快速掌握並且取得必要的研究資訊資源，乃是研究者的期盼；相對的，如何針對研究者的需求，盡力備齊不論是紙本型式或是數位、網路型式的所有文獻資訊資源，就成為圖書資訊學界的本職，具體的作法首先則必須從分析教育研究者的需求，以及能夠支援研究所需之資訊資源的範圍開始。

　　以下即分別從：教育研究、資訊資源、教育研究資訊資源的需求、教育研究資訊資源的範圍等四個層面分析說明之。

第一節　教育研究

　　顧名思義，所謂教育研究乃是有關教育議題方面的研究，亦屬社會科學研究中之一環。而教育研究資訊資源乃是支持教育研究的重要關鍵條件之一，為了提供適切的資訊資源服務，則必須確實瞭解教育研究的特徵與需求，才能夠畢竟其功。所以，在論及教育研究資訊資源之前，實有必要針對教育研究的相關內涵予以釐清，才能針對研究需求提供適切的服務。以下就：教育研究的意義與目的、教育研究的問題與類別分述如下。

一、教育研究的意義與目的

　　何謂教育研究？歷年來已有許多位專家學者曾對教育研究一詞下過定義，各有其著重點與異同。王文科在「教育研究法」一書中，共羅列了七位國內外學者的看法，依序有：[1]

---

[1]　王文科、王智弘。<u>教育研究法</u>（臺北市：五南圖書公司，民國 96 年 3 月），14-15 頁。

1. 教育研究是社會科學及行為的研究，所涉及的討論，乃指有關教育歷程中，一切人類行為相關的現象。

2. 教育研究是一種針對教育家關注的事件，發展成為有組織的科學知識體系，為其導向的活動。

3. 教育研究，乃指對於各種教育問題的「科學研究」，即以客觀的「科學方法」，來從事教育問題的研究。

4. 教育研究是用來推動教育發展，進行的研習與探究。

5. 教育研究是對教育領域或有關的教育問題，而進行任何有系統的研究的一門科學。

6. 教育研究是為了求知識與事實，而分別為教育理論的研究與教育實際的研究。前者著重觀念、概念和思想，抽象的成分多；後者著重現象、狀況和事件，具體的成分多。

7. 教育研究是正式的、系統的應用科學方法於研究教育問題，其目標，……質言之在於解釋、預測，以及（或）控制教育的現象。

以上是就教育研究的意義與內涵闡述之。其次就教育研究的目的而言，不可諱言的，教育本身仍存在不少待解決的問題，如何解決之，最適當與妥切的方法，乃是透過「研究」的過程，也就是說教育研究的目的，乃在於解決教育上的問題。[2]

因此綜合來說，所謂教育研究「係利用科學方法探討教育領域的問題的工作，其目的在於組織教育的知識體系，解決教育的問題與推動教育的發展。」[3]

二、教育研究的問題與類別

問題是引發進行研究的動力。因此，有關教育研究的問題，則可以從教育問題的分析入手。就教育問題的類別而言，可以分為兩大類：一是理論的或哲學的；二是實際的或應用的，茲分述如下。[4]

---

[2] 蔡保田。教育研究法（臺北市：復文圖書出版社，民國 78 年 3 月），第 5 頁。

[3] 黃國彥。「教育研究」。載於國立編譯館主編。教育大辭書（臺北市：文景書局，民國 89 年 12 月），第六冊，第 967 頁。

[4] 賈馥茗著。教育概論（臺北市：五南圖書公司，民國 76 年 6 月），345-355 頁。

理論的或哲學的問題，雖有多種的說法，其中最基本的問題，歸納起來，則包括有：

1. 教育目的問題，包括：教育是要培養完美人格，還是要增進知識技巧；教育是要適應個人以造就個別的人才，還是要改變個人著重群體；教育是以對象為目的，還是以內容為目的。

2. 教育內容問題，即「什麼材料是最有價值的」問題，是自然科學的知識，還是有關社會文化的知識，或者是日常生活的知識。

3. 教育方法問題，即「什麼方法是最有效的」問題，如何因地制宜，採用最適宜的方法，亦是常被研究的重點之一。

4. 教育方式問題，包括所謂正規學校教育以及非正規教育等之實施問題，多為所謂學制之問題。

教育之實際或應用的問題，自從有教育實際以來，便已存在。不過此類問題不似理論的問題般，那麼有真實性和持久性。總括來說，教育的實際問題，有的有時間性，只在某一時間成為問題；有的有空間性，在某一地域是問題；有的是理論相關的問題，要從理論上去求解答；有的則純屬實行的問題。

因此有關教育研究的實際問題，乃是在平時實施教育過程中，可能碰到的問題，並且必須立即解決的，所以亦可稱作應用的問題。

因應教育問題性質的不同，進行研究時，得採用不同的研究方法，總括來說，包括有以下不同的研究類別：[5]

1. 依目標區分的教育研究類別，包括：方法與方法論之區別、基本研究與應用研究、評鑑研究、研究與發展、行動研究等。

2. 依方法區分的教育研究類別，就程序或研究設計的分類而言，包括有：歷史研究、敘述研究（個案研究、趨勢研究、文獻或內容分析、調查研究、相關研究、因果比較研究、人種誌研究、敘事研究）、實驗研究等；若依蒐集資料技術的分類而言，則包括有：量的研究技術、質的研究技術等。

綜觀教育研究的內涵可以得知，因應解決不同教育問題的需要，得採行不同的研究方法，其目的均在解決教育問題、推動教育發展並進而組織

---

[5] 同註1，34-41頁。

教育知識體系。而在整個教育研究的過程中，不論是在那一個階段，都仍需要足夠的資訊資源以支撐教育研究的進行。因此，在指導如何進行學術研究之相關書籍中，都特別指出如何掌握資訊資源對於學術研究的重要性。例如在「Managing Information for Research」[6]一書中，即指出圖書館的館藏資源對於進行研究的必要性，並條列許多種如何利用圖書館館藏文獻的資訊資源指引、相關的參考工具書等等，其意義也即在於此。

　　因此，在探討如何規劃、協助教育研究，並提供必要之服務時，也必須針對支持教育研究所需之各項資訊資源，予以深入的探討與分析，才能夠做好教育研究資訊資源的服務。

第二節　資訊資源

　　不論是在研究過程中，還是一般日常生活中，人們都需要各種的資訊以供參考。由於「資訊」的重要性大增，其地位已與例如經費、人力等同樣重要，也被視為是一種重要的資源，因此，在論及「資訊」時，多以「資訊資源」指稱之，藉以凸顯其重要性與特徵。茲將有關資訊資源的相關內涵：資訊資源的意義、資訊資源的特徵、資訊資源的理論等，分述如下。

一、資訊資源的意義

　　「資訊」一詞的意義，向來研究者各自賦予諸多不同的涵義。Jennifer Rowley 認為「資訊」具有以下之概念：[7]

1.資訊是主觀的知識（Information as subjective knowledge）

　　此一概念緣起於近年來所興起的「知識管理」（knowledge management）研究中，對於外顯知識（explicit knowledge）與內隱知識（tacit knowledge）的區別。外顯知識多已被記錄下來，並儲存於各種已公開並可利用的資

---

[6]　Elizabeth Orna. <u>Managing Information for Research</u>. (Buckingham: Open University Press, 1995) pp.40-42

[7]　Jennifer Rowley. <u>Organizing Knowledge: An Introduction to Managing Access to Information</u>. (Aldershot, Hampshire, England: Gower, 2000) pp.6-8

訊媒體和機構中，至於內隱知識則是存在於個人的腦中，不被他人知道，也無法被他人利用，故是一種主觀的知識。

2.資訊是有用的資料（Information as useful data）

另一項有關資訊的概念是得自於與資料（data）一詞的對應關係而來。就資訊系統（information system）而言，所處理的是一群散漫的資料，這些資料經過系統處理過之後，就變成資訊。所以，就資訊系統的觀點而言，資訊乃是有用的資料。

3.資訊與知識是有用的資源
（Information and knowledge as a resource）

不論是資訊或是知識，都是一種資源，這種資源將成為一種資產（asset）。雖然可視資訊是為一種資源，但是這種資源具有以下之特色：其價值不容易量化衡量、使用後並不會消失、具備動態的能量。

4.資訊是有價值的商品（Information as a commodity）

資訊在被創造、處理、儲存、利用的過程中，會產生出具備商品的價值，特別是在進行資訊交換時，商品價值的現象就更明顯。

5.資訊是社會中重要的構成因子
（Information as a constitutive in society）

雖然資訊是人們在社會生活中所產生出來的東西，但是資訊也終將變成構成社會運作中，不可或缺的一項重要因子，如果沒有了資訊，社會也終將無法運作。

由於資訊（information）一詞經常與資料（data）、知識（knowledge）、智慧（wisdom）等詞交互使用，因此亦有必要針對這些用詞的涵義予以釐清。

基本上，資料、資訊、知識、智慧等詞之間，具有層次性的關聯。一般而言，「資料」意指一群散漫的數據、文字、圖表、符號等等，這些東西若被有系統排列組織之後，就被稱為「資訊」，而綜合各種資訊後，所獲致之整體瞭解，即可謂之「知識」，至於「智慧」一詞則是指從各種知識中所提煉出來的一種睿智的洞悉力。

以上是就資料、資訊、知識、智慧等四詞的層次性相對關係說明之。然而，也不是說有某個東西，若是資料就永遠被歸屬為資料，若是資訊就永遠被歸屬為資訊，事實上這四詞是處於一種相對性的關係中。就某人或某情境而言，是屬知識的東西，對於另一人或另一情境而言，可能只是一種資訊而已，反之亦然。這也難怪在現實生活中，人們經常會混用資料、資訊、知識等詞的緣故。

由於「資訊」一詞所代表的內涵，被認為範圍較廣，也比較容易操作管理，所以在討論如何針對研究者所需並提供服務時，多以「資訊」或「資訊資源」稱之。

因此，就教育研究而言，所謂的「資訊資源」，意指在研究過程中，不論是研究之初、研究進行過程中或是研究結束時，所需參閱以供支持論點或是供做比較差異的各種資訊，由於這些資訊的重要性等同是一種研究的資源，所以一般又多以「資訊資源」稱之。

二、資訊資源的特徵

近年來由於重視資訊的價值與利用，於是對於資訊的研究與認知，就有了更進一步的認識。作為一種研究所需的資源，資訊本身即具備若干之特徵。

Guy St. Clair 曾參酌 Kenneth Megill 針對眾多有關資訊之特徵的研究所得出之結論，再將之精簡歸納為以下諸特徵：[8]

1. 資訊是一種資源（Information is a resource）。
2. 資訊具有價值（Information has value）。
3. 資訊可被處理（Information can be managed）。
4. 資訊應提供給最大多數可能使用的人使用（Information should be available to the broadest possible audience）。
5. 資訊應依照使用者的需求來組織（Information should be organized to meet the needs of the user）。

---

[8] Guy St. Clair. Total Quality Management in Information Services. (London: Bowker-Saur, 1997) p.5

此外，Jennifer Rowley 亦曾綜合有關資訊之相關概念的研究，歸納出資訊或是知識的特徵有：[9]

1.客觀性（Objectivity）

資訊之所以能夠被收集、整理、利用，一定是具有客觀存在的事實，它不會是僅留存於個人的腦中，而是存在於某種媒體上，如此才能夠被他人利用。而且資訊之所以有價值會被利用，乃是因為資訊客觀地描述、表達了它所代表的東西，其中最重要的兩個要項是：正確性（accuracy）與可信性（reliability），意即不論是何種資訊，必定要正確表達其所代表之對象的真正意涵，並且是可被重複檢視，也就是說是可信的。

2.可得性（Accessibility）

唯有能夠被取得的資訊，才算是資源，也才具備價值並被利用。資訊如何被取得，管道有多重，主要視資訊被留存在何種媒體上而定。有些資訊是被記錄在傳統紙質文獻上，有些是以數位化檔案型式在網路上流傳，有些則是取自於個人的口頭經驗報告等等，因此，書本、期刊、數位檔案、網路甚至人本身，都可能是獲取資訊的管道。

3.適切性（Relevance）

資訊是否有價值，最主要的因素乃在於資訊是否能夠被利用來解答或解決當下的問題，因此，資訊的適切性就成為關注的焦點。所謂資訊的適切性，意指能夠在最適當的時機，將最適切的資訊，以最適當的型式，提供給最需要的人使用。又為了滿足使用者的需求，所謂資訊的適切性，還必須注意資訊之完整性（completeness）的問題。意即相關的資訊必須全部予以彙整，才算是完整的資訊。

4.新穎性（Currency）

不可諱言，就資訊的產生、流傳、利用等過程來看，資訊是有其生命週期的。有些資訊可能已過它的生命週期，而減低了其利用的價值。然而

9　同註 7 p.8

有些資訊卻可能正呼應當下之熱門議題的需求，而發揮其影響力。所以，就使用者以及資訊之利用的立場而言，資訊的新穎性，乃是重要的關注要點。

5.結構性（Structure and organization）

資訊必須要以某種結構性的關聯來整理、呈現，才能夠凸顯其價值並被利用。所謂資訊的結構性，視資訊所代表的內涵而定。例如有關生物學的資訊，就必須以生物學的學科體系來整理、排列，才容易被生物學科研究者所理解，進而利用之。相對的，例如有關每日的新聞事件，就必須以新聞主題類別來排列，才容易被人們閱讀。

6.系統性（Systems）

資訊的結構性是決定資訊是否容易被使用的前提，然而有結構性的資訊是否能被有效率的檢索、取用，則有賴各種資訊系統的支援。目前提及資訊系統幾乎都是指建構一套融合相關軟硬體所形成的資訊檢索系統，例如：線上公用目錄（Online Public Access Catalog, OPAC）（Web OPAC, WebPAC）、期刊論文檢索系統、學位論文檢索系統等等都是，甚至紙本式的索引等，也都是增進資訊使用效率的系統之一。

總而言之，資訊具備資源之特徵，因此多以資訊資源一詞指稱之，這種資訊資源是能夠被收集、整理、管理的，但是如果要發揮資訊之價值並被充分利用，則必須注意資訊的完整性、新穎性，並且以有結構性的方法組織之，再以系統性的檢索型態，提昇其被使用的效率。

三、資訊資源的理論

由前述的說明可以知道，資訊乃是一種資源，是進行研究時不可或缺的重要參考依據。但是資訊作為一種資源並不是單獨存在，它還涉及到眾多的層面，必須總括來看，才能夠發揮資訊的意義，並且彰顯資訊是為一種資源的價值。因此，有關資訊資源之理論基礎的探討，也就成為研究分析資訊資源時的要項之一，其中又以「資訊利益相關者理論」以及「資訊生態學理論」最具代表性。

（一）資訊利益相關者理論

「利益相關者理論」（Stakeholders Theory）緣起於一九六零年代，特別是用於說明企業界與政治圈裡的現象，但是也經常被借用、引申到其他的學科、領域。所謂「利益相關者」（stakeholders），意指不論是現有的或是潛在的，過去、現在或是未來，參與或有興趣於某一組織的所有個人或是團體，這些個人或團體都宣稱對於組織的資源和產出擁有權力，同時也被這些產出所影響，整體來說，如缺少其中某一個人或團體，該組織將無法順利運作。[10]

不過並不是所有之利益相關者的利害關係都是一致的，依照對於組織之發展的認同感（agreement）與信任感（trust）高低的差異，可以將利益相關者分為四種類型：[11]

1. 同盟者（allies），即對於組織的發展高認同、高信任者。
2. 異議者（opponents），即對於組織的發展低認同、高信任者。
3. 夥伴者（bedfellows），即對於組織的發展高認同、低信任者。
4. 敵對者（adversaries），即對於組織的發展低認同、低信任者。

如何調合這些不同觀點之利益相關者的利益，又能兼顧到組織的目標，即是利益相關者理論的核心要點。

雖然利益相關者理論能具體闡釋其間的意義，不過由於「利益相關者」一詞隱含有相當多政治性的意涵，因此，另有以「全含式分析法」（inclusive approach）用詞來取代之，並且特別強調五種利益相關者的身分：[12]

1. 股東（shareholders），即投資者。
2. 消費者（customers），即購買產出品或是接受服務者。
3. 從業員工（employees），即受雇為該組織工作者。
4. 供應者（suppliers），即提供服務者。
5. 該組織得以運作所在的社會環境（community），包括地區性、全國性與國際性之關係。

---

[10] Sheila Corrall. Strategic Management of Information Services: A Planning Handbook. (London: Aslib/IMI, 2000) p.33
[11] 同註 10 pp.34-35
[12] 同註 10

　　從利益相關者理論的觀點來看，資訊資源服務也可視為是一種看似無形的組織在運作。綜合整體與資訊組織、傳輸、利用等相關的人物、事項等可以發現，資訊資源事實上是以一種交互關係的網絡型態存在，可以「資訊利益相關者」（Information Stakeholders）稱之。Guy St. Clair 以圖解的方式來表示資訊利益相關者的組成，詳見圖一之一資訊利益相關者圖。[13]

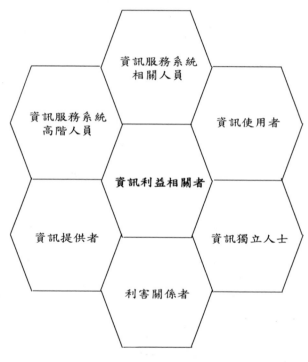

圖一之一　資訊利益相關者圖

資料來源：
Guy St. Clair. <u>Total Quality Management in Information Services</u>. (London: Bowker-Saur, 1997) pp.47-50

---

[13]　同註 8 pp.47-50

就圖一之一所示，所謂之資訊利益相關者，是由以下相關人士所構成：

1. 資訊使用者（Information Customers）

就整個資訊利益相關者中，最重要的當然就屬最終的資訊使用者。任何的資訊資源服務都以滿足使用者的需求為依歸，所以，必須根據使用者的興趣、習慣等來進行規劃資訊資源的服務。

2. 資訊服務系統相關人員（Information Services Manager & Employees）

其次有關的人士還包括資訊系統的操作、管理人員，由於這些人員實地運作資訊服務系統，在服務過程中，其態度、方式等是否完全考量到使用者的需求，亦將影響整體資訊資源服務的成效。

3. 資訊服務系統高階人員（Senior Management & Other Management Employees）

由於資訊服務系統高階人員所考量的層面，不僅是該系統的個別問題而已，還涉及到比如該系統對於整個公司、組織的意義、利潤等相關議題。因此，當這些高階決策人員有意變動組織的發展目標時，即會影響到該資訊資源系統的服務。

4. 資訊提供者（Vendors & Suppliers）

再放大範圍來看，可能有多家廠商提供各種類型、主題的資訊資源服務系統，各種系統之間是居於何種的關係？是內容相似的競爭關係還是各有專長的互補關係？將影響整體資訊資源服務的佈局與規劃，以及最終使用者能獲得之服務的質量良窳。

5. 利害關係者（Interested Observers）

有時候某些領域的資深前輩，由於其成就、地位的關係，別人會主動將許多相關的資訊資源提供給他，以致於照理說原本也應該需要各種資訊資源的服務，但是卻形成看似沒有需求的現象，可是由於其影響力的關係，其態度、看法仍將對於資訊資源的提供與服務造成影響。

6. 資訊獨立人士（The "Information Independent"）

最後還有一種人士，由於其本身已具備許多的資訊、知識，而且能夠從各種情境中整理、歸納出許多的新資訊，因此，不認為自己是資訊系統服務的使用者，故以資訊獨立人士稱之。然而事實上，這種人還是需要相關的資訊服務，只是在需求上不見得是要透過明顯的資訊服務系統來滿足而已。

由於資訊利益相關者理論對於分析各種資訊資源的服務，具有整體、宏觀的視野，因此其立論基點也常被利用於分析各類型圖書館的服務研究。就以與教育研究較有關係的學術圖書館而言，Roswitha Poll 等人就認為，學術研究型圖書館所提供的資訊資源服務，所涉及的資訊利益相關者，包括有：[14]

1. 主要使用者（The primary user group (members of the institution)）。
2. 其他使用者（Others users）。
3. 圖書館全體館員（Library staff）。
4. 機構的管理人員（The Managers of the institution）。
5. 全體資源分配者（All resource allocators）。
6. 政府當局（Government）。
7. 機構之外的研究社群（The research community outside the institution）。
8. 館際合作圖書館（Cooperating libraries）。
9. 甚至還包括社會整體以及未來的世代（And even society in the broadest sense, including posterity）。

由於一旦將資訊利益相關者的範圍擴大，不論是直接相關者，甚至間接相關者也都納入考量的話，就資訊資源服務而言，其所涉及之相關者的範圍就會變得極為廣泛而不易掌理。因此，Sheila Corrall 即綜合他人的研究，將相關者簡化為：主要相關者、次要相關者以及廣義相關者，此三類相關者所涵蓋的範圍各自包括有：[15]

主要相關者涵蓋有：

---

[14] Roswitha Poll, Ramon Abad Hiraldo and Peter Boekhorst. <u>Measuring Quality: International Guidelines for Performance Measurement in Academic Libraries</u>. (Munchen: K.G. Saur, 1996) pp.15-16

[15] 同註 10 pp.37-38

1. 學生（Students）。
2. 全體學術研究人員（Academic staff）。
3. 大學支援人員（University support staff）。
4. 圖書館管理人員（Library managers）。
5. 圖書館支援人員（Library support staff）。
6. 大學管理人員（University managers）。
7. 政府當局（The government）。
8. 外在社會環境（Society: internationally, nationally and locally）。
9. 國際研究社群（International research communities）。
10. 未來的世代（Posterity）。

次要相關者涵蓋有：

1. 工會（Trade union）。
2. 受雇員工的家庭（Employees' families）。
3. 館際合作圖書館（Co-operating libraries）。
4. 圖書館的供應廠商（The library's suppliers）。
5. 專業學會（Professional associations）。

廣義相關者涵蓋有：

1. 紙本型式資訊提供者（Text-based information producers and providers）。
2. 視聽資料提供者（Audio-visual producers and broadcasters）。
3. 教育提供者（Education providers）。
4. 博物館、藝廊和檔案館（Museums, galleries and archives）。
5. 社區型態資訊服務（Community-based information and advice services）。
6. 政府資訊（Government information）。
7. 研究與管理顧問服務公司（Research and management consultancy）。
8. 有線電視提供者（Cable and telecoms providers）。
9. 網路服務提供者（Internet services providers）。
10. 硬體供應商（Hardware providers）。
11. 軟體供應商（Software providers）。
12. 電腦服務供應商（Computer service providers）。
13. 資訊密集組織（Information-intensive organizations）。

　　藉由利益相關者理論的引申說明，促使有關資訊資源的服務帶入另一境界，特別是指出了如果要做好資訊資源的服務，必須要考量的因素，不僅僅是使用者或是服務者而已，還包括其他直接相關者或是間接相關者，唯有同時考量、調合全體直接、間接相關者的看法、態度、期待、利益等，才能真正使資訊資源服務臻於完善。

（二）資訊生態學理論

　　除了「資訊利益相關者理論」之外，Thomas H. Davenport 以及 Bonnie A. Nardi 等人都曾藉用生態學之理論，以「資訊生態學理論」（Information Ecology）為名，闡釋資訊資源的現象，用以說明其具備生態般的動態關係。

　　Thomas H. Davenport 綜合分析資訊資源的現象之後，藉用生態學之觀點，提出四項有關資訊生態的特徵：[16]

1. 資訊生態必須仰賴資訊多元化才能夠蓬勃發展，因此，必須力促多樣式資訊來源的整合。
2. 由於資訊生態隨著時間而變化，因此，有關資訊的管理就必須常保彈性，才能夠適應生存。
3. 唯有能夠逐一觀察、描述各項資訊的特徵，才能夠真正理解資訊生態間的複雜性與多樣性。
4. 管理資訊生態，不應只關注資訊的產生與分布，更需將重點放置於資訊使用者以及資訊行為，特別是如何促進有效利用資訊之議題上。

　　至於資訊生態本身則是由以下幾種交互影響的環境因素所構成，包括：資訊環境（information environment）、資訊環境賴以存在的組織環境（organizational environment）、外在環境（external environment）等。其中又以資訊環境是為整個資訊生態的核心，影響資訊生態甚鉅。

　　資訊環境主要是由以下六個交互影響的要項所構成：[17]

1. 資訊策略（Information strategy）：期待資訊做什麼用，預期利用資訊達成何目標，最好是能夠訂定出一套基本的原則，以作為遵循的依據。

---

[16] Thomas H. Davenport. Information Ecology: Mastering the Information and Knowledge Environment. (New York: Oxford University Press, 1997) 轉引自 Chun Wei Choo. Information Management for the Intelligent Organization: The Art of Scanning the Environment. (Medford, N.J.: Information Today, 2002) pp.48-49

[17] 同註 16 pp.49-50

2. 資訊政治（Information politics）：即有關資訊透過何種方式被分配利用，是集中處理還是分散處理等問題。

3. 資訊行為與文化（Information behavior and culture）：涉及資訊如何被利用的議題，是分享還是各自獨立獲取、使用資訊。

4. 資訊人員（Information staff）：探討需要那些不同的人員來處理資訊，包括學科主題專家、人機介面設計者、資訊系統管理者等等。

5. 資訊處理（Information processes）：分析資訊從收集到被利用，需要那些處理過程，包括：確定需求、收集資訊、散布資訊以及使用資訊等步驟。

6. 資訊架構（Information architecture）：考量資訊要以何種架構方式呈現，才能夠便利瞭解、利用，可能是純敘述說明或是以資訊圖等方式表現。

　　與 Thomas H. Davenport 同樣是藉用生態學的觀點來說明資訊資源的現象，Bonnie A. Nardi 等人對於「資訊生態學」的看法是：一套綜合人員、實務、價值與科技的系統，其中尤其重要的並不在於科技，而是由科技所服務的人們。在資訊生態系統中，因有眾多不同的組成部分，因此系統呈現著多樣性，各部分也透過交互關係而相互影響，並且同時演變。[18]

　　透過綜合研究分析，Bonnie A. Nardi 等人也發現，正如在自然環境生態中有某一物種是屬指標性的物種，其存在與否將對生態體系造成重大影響一樣，在資訊生態中也有此一關鍵性的機構組織，對於資訊資源的提供與服務具有重大的影響，那就是－圖書館。Bonnie A. Nardi 等人曾分析 Hewelett-Packard 以及 Apple 等國際知名大公司的圖書館，發現圖書館在整體資訊生態的服務中發揮多樣之功能，包括：圖書館員透過諮詢晤談之過程，讓使用者更加清楚瞭解本身真正的資訊需求是什麼；其次，又由於圖書館員具備資訊之組織與整理的專長，因此能夠快速指引使用者找到其所需要的資訊；因此，有了圖書館員的協助，將可成功聯結資訊資源與資訊需求者，促進資訊資源的流通與使用，形成良性的資訊生

---

[18] Bonnie A. Nardi and Vicki L. O'Day. Information Ecology: Using Technology with Heart. (Cambridge, M.A.: MIT Press, 1999) 轉引自 Chun Wei Choo. Information Management for the Intelligent Organization: The Art of Scanning the Environment. (Medford, N.J.: Information Today, 2002) pp.50-51

態環境。這也即是為何 Bonnie A. Nardi 等人如此看重圖書館之價值與地位的緣故。[19]

　　至於要如何管理資訊生態，首先則必須把握三項資源：人力資源（human sources）、文件資源（textual sources）和線上資源（online sources）。人力資源可再分為：內部人力資源（internal sources）和外部人力資源（external sources）。文件資源可再分為：已出版資源（published sources）和內部文件（internal documents）。線上資源可再分為：線上資料庫（online databases）和網路資源（internet resources）。其關係可以圖一之二資訊資源生態示意圖[20]表示之。

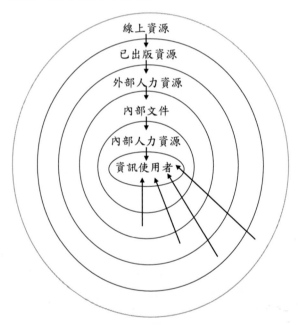

圖一之二　資訊資源生態示意圖

資料來源：

Chun Wei Choo. Information Management for the Intelligent Organization: The Art of Scanning the Environment. (Medford, N.J.: Information Today, 2002) p.158

---

[19] 同註 18 p.51
[20] Chun Wei Choo. Information Management for the Intelligent Organization: The Art of Scanning the Environment. (Medford, N.J.: Information Today, 2002) pp.157-158

　　從圖一之二可以得知，任何的資訊資源都不是單獨個別存在，彼此之間存在著類似自然生態食物鏈般的關係，也就是說某一筆資訊資源可能會被利用，在利用過程中也會被再加上不同的價值，甚至被扭曲改變，進而產生出另一筆新的資訊資源來，接著再被其他人所利用，再添加新意義或是改變其內容。資訊資源就在這種類似生態般的環境中，不斷地循環、被利用。尤其值得注意的是，在三種資源中，又以人力的資源最為重要，因為各種類型的資訊資源，例如：已出版文獻、資料庫等等，都可以透過人們加以歸納、總結、解釋、闡述等，以便於資訊需求者利用，因此，在圖示中，將人力資源置於中間，近資訊使用者之旁，其意義即在於此。

　　其次，在網際網路的時代裡，如何透過網路介面來增進資訊資源的交流與利用，則形成網際網路資訊生態，其相互之間的關係，則可以圖一之三網際網路資訊生態圖[21]表示之。

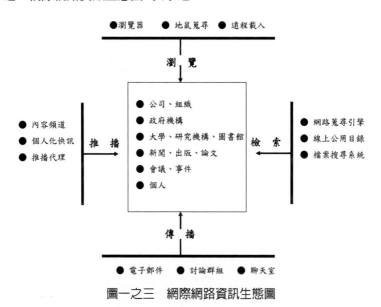

圖一之三　網際網路資訊生態圖

資料來源：
Chun Wei Choo. Information Management for the Intelligent Organization: The Art of Scanning the Environment. (Medford, N.J.: Information Today, 2002) p.181

---

[21] 同註 20 p.181

在圖一之三裡，置於中間者表示各種資訊資源，得包括有：大學、研究機構組織、圖書館、政府單位、公司行號、出版品、論文、會議資料，甚至個別的人物等等。這些資訊資源透過網路介面的型式提供服務而被利用，其利用的方式主要有四種：[22]

1. 瀏覽（Browsing）

如何瀏覽網路上的資訊資源，基本上依伺服器端的不同類型而定。從最早期的遠程載入（telnet）方式，再更新為地鼠蒐尋（Gopher）的型式，今日則多是屬 World Wide Web 的類型，因此，資訊使用者多是使用適用的網際網路瀏覽器（Web Browser）以瀏覽網路上的各種資訊資源。

2. 推播（Pushing）

與前述被動等著使用者來瀏覽的方式不同，所謂推播是以主動的方式，將使用者指定需要的資訊資源推送到使用者的螢幕前，供使用者閱讀使用。隨著資訊科技的進步，被利用作為推播的方式也不斷更新，在今日則又以 RSS（Really Simple Syndication）的方式較為常見。

3. 檢索（Searching）

對於一些已被建置成為資料庫型式的資訊資源，由於其特徵多屬結構化的型式，因此，資訊的需求者，得以檢索的方式來查找其所需要的資訊資源。包括線上公用目錄（Online Public Access Catalog, OPAC）（Web OPAC, WebPAC）等的使用，都屬此種類型。

4. 傳播（Communicating）

網際網路也是一種促進訊息交流溝通的重要管道，例如各個研究者之間，可以透過網路介面的電子郵件（e-mail）、討論群組（Newsgroup）、聊天室（Chat Room）、網誌（Blog, Weblog）等方式，將彼此最新的研究心得、成果等公開、傳遞給對方知道，同時也可以利用此等模式，進行討論彼此之間的不同看法。

---

[22] 同註 20 pp.181-195

　　總而言之，不論是「資訊利益相關者理論」還是「資訊生態學理論」，都指出了探討資訊資源時的一個特點，那就是說任何的資訊資源都不是單獨存在的個體，其意義、價值與功能，都必定會與周遭環境的相關人、事、物等有著交互關係的聯結。因此，在論及資訊資源的利用時，則必須將相關的條件列入考量，才能夠一窺全貌。資訊利益相關者理論的重點在於提示必須考量還涉及那些利益相關者間的關聯，至於資訊生態學理論則提出資訊資源的散布與利用，其現象正如自然環境生態般，有著層層鏈結的關係。兩者都為資訊資源的研究，奠立並開創出深具意義的立論基礎。

第三節　教育研究資訊資源的需求

　　所謂「教育研究資訊資源」乃是進行「教育研究」時所需的「資訊資源」。進行教育研究時為何需要資訊資源？這並不只是一個口號而已，乃是有其現實上的需求，茲分別從：教育研究的支援系統、教育研究的結論建議、教育研究資訊資源指引以及教育研究資訊資源需求調查等方面進行分析。

一、從教育研究的支援系統來看

　　如要做好研究，特別是學術研究，主要之關鍵有二：一是方法的運用，二是資料的掌握。也就是說要根據研究問題性質之不同，採取適當的研究方法；同時對於研究問題的相關資料必須全面掌握，才能夠避免不夠周延或是以偏概全之失。由此可以知道，相關資訊資源的齊備，對於學術研究的重要性。

　　根據研究分析，一位專業研究人員，每週花在查找、閱覽相關文獻資訊的時間，高達九十五小時之多。[23]又再根據美國國家科學基金會之調

---

[23] Joseph R. Matthews. The Bottom Line: Determining and Communicating the Value of the Special Library. (Westport, Conn.: Libraries Unlimited, 2002) p.92

查統計，當學術研究人員進行一項研究時，花在蒐集相關圖書資訊的時間約占全部研究時間的三分之一至一半之多。其中又以社會科學領域研究者所花的時間更多，詳見表一之一社會科學和自然科學各項研究活動的時間比例分析表。[24]

表一之一　社會科學和自然科學各項研究活動的時間比例分析表

	選定課題	蒐集圖書資訊 與資訊加工	科學思維 科學實驗	學術觀點的形成 （論文）
社會科學	7.7 %	52.9 %	32.1 %	7.3 %
自然科學	7.7 %	30.2 %	52.8 %	7.3 %

資料來源：
裴娣娜。教育研究方法導論（合肥：安徽教育出版社，2000 年 2 月），90-91 頁。

　　從表一之一中得知，社會科學領域研究者花在「蒐集圖書資訊與資訊加工」階段的時間比例之高，即顯示出在進行研究時，必須要掌握之資訊資源的數量與範圍有多麼大，此一現象也凸顯出資訊資源對於進行學術研究的重要性。

　　教育研究亦屬學術研究之一，因此，教育研究資訊資源對於教育研究的意義，自不在話下。這也難怪多年來亦有多位專家學者，不斷地闡述說明教育資料對於教育研究的關係與重要性。

　　例如前教育部郭為藩部長曾在「教育研究與教育資料」[25]一文中對教育研究與教育資料的關係闡述如下：「……要發展教育，就必須要有一個「支援系統」（supportive system），包括三個部分：第一、教育研究和實驗，第二、資料推廣，第三、師資的培育。……教育資料是教育研究的基礎，兩者經常連在一起很難分開。我們今天從事教育研究，不能擺開教育資料。」文中即明確指明教育資料對於教育研究的必要性。

---

[24] 裴娣娜。教育研究方法導論（合肥市：安徽教育出版社，2000 年 2 月），90-91 頁。
[25] 郭為藩。「教育研究與教育資料」。載於郭為藩。教育的理念（臺北市：文景書局，民國 82 年 7 月），604-626 頁。

又如吳明清在「國民中小學教育資料使用與需求情形之調查研究」[26]一文中，即針對教育行政機關、各師範院校、各國民中小學、國民中小學教育人員等教育資料之需求情形提出建議。其中特別是有關教育資料的蒐集與利用方面，建議行政機關應該要做到：第一、加強教育資料之蒐集與製作；第二、教育資料的蒐集、製作與傳輸，均應把握時效性與便利性；第三、教育資料的蒐集、製作與傳播宜考慮國中教育人員與國小教育人員的不同情形及需求程度，也應顧及學校地區的差異，而在各類資料內容有所取捨，以發揮資料使用的效益。

雖然隨著時代演變，資料一詞多以資訊資源一詞取代之，意即範圍的擴大，但是其意義與重要性是沒有改變的，也就是說論及教育研究時，則必須同時留意資訊資源的掌握與運用。

二、從教育研究的結論建議來看

除了從前述專家學者的論著中，可以肯定教育研究資訊資源對於教育研究的必要性，另外從一些有關教育研究之論著的結論建議中，亦可以瞭解目前國內對於教育研究資訊資源的需求情形。特別是在探討國內教育研究趨勢的學術論著裡，也都指出了建構完善之教育研究資料網對於教育研究的重要性。

薛瑞君在其學位論文「一九九六－二○○一年臺灣地區教育研究趨勢之評析」[27]中，即建議應「建立完善的教育研究資料網」之必要性：「教育研究資料網的建立有助於教育研究發展，使研究者能快速及有效地取得必要資料，以利分享訊息、便利研究，促進教育研究的蓬勃發展。並且全面有系統整理我國教育研究相關文獻，以作為建構本土化理論基礎的參考資料。」

---

[26] 吳明清。「國民中小學教育資料使用與需求情形之調查研究」。教育研究資訊，2 卷 5 期（民國 83 年 9 月），111-124 頁。

[27] 薛瑞君。「一九九六－二○○一年臺灣地區教育研究趨勢之評析」。國立中山大學教育研究所碩士學位論文，民國 91 年 7 月。

　　麥馨月亦在其學位論文「臺灣教育研究的發展趨勢－以教育研究所學位論文為研究對象」[28]中，對政府機關及圖書館等相關單位之建議有三：第一、圖書館應積極進行論文資料的勘正與更新；第二、透過政府介入，以強化學位論文的典藏與管理；第三、儘速建立健全完整之論文搜尋網與資料庫。

　　除此之外，洪文向亦曾在「六年來的教育資料與教育研究」[29]一文中，建議要建立全國教育資料系統，以增進教育研究的效能。

　　綜合以上各論著的建議可以發現，除了再一次說明教育研究資訊資源對於教育研究的重要性之外，同時也顯示出國內對於教育研究資訊資源的整理與服務，尚有不足並待改善之處。因此，實有必要針對國內教育研究資訊資源的服務進行分析研究，以提昇服務品質並滿足使用者的需求。

三、從教育研究資訊資源指引來看

　　除了從教育研究支援系統的觀點即能肯定教育研究資訊資源的重要性，其次從現今所不斷建置之各種教育研究資訊資源服務系統，包括各種紙本指引、網路系統等，都可顯現出對於教育研究資訊資源的需求與必要性。

　　例如在國外，歷年來即結集出版發行多種有關教育研究所需的資訊資源指引，以滿足進行教育研究所需。這些指引，有的是紙本式的，有的還建置有網路版，例如：「Education: A Guide to Reference and Information Sources」[30]已發行第二版、「The Educator's Desk Reference: A Sourcebook of Educational Information and Research」[31]也是已第二版、「The Blackwell

---

[28] 麥馨月。「臺灣教育研究的發展趨勢－以教育研究所學位論文為研究對象」。國立高雄師範大學教育研究所碩士學位論文，民國93年6月。

[29] 洪文向。「六年來的教育資料與教育研究」，國立教育資料館館訊，第26期（民國83年1月），第37頁。

[30] Nancy P. O'Brien. Education: A Guide to Reference and Information Sources. (Englewood, Colo.: Libraries Unlimited, 2000)

[31] Melvyn N. Freed. The Educator's Desk Reference: A Sourcebook of Educational Information and Research. (Westport, Conn.: Oryx Press, 2002)

Handbook of Education」[32]、「Intute: Social Sciences - Education」[33]、「The Gateway to Educational Materials, GEM」[34]、「The Internet Public Library, IPL: Education」[35]、「The Educator's Reference Desk: Resource Guides」[36]等等。

這些有關教育研究的資訊資源指引，有的是由政府部門主導建置，有的是由私人團體編輯發行，目的均在於協助教育研究者快速取得所需的資訊資源。其內容多涵蓋教育研究之各項主題，例如：一般性教育資源、教育科技與媒體、國民教育、高等教育、多元文化教育、特殊教育、成人教育、職業教育、比較教育、課程及教材教法、教育行政與管理、教育史與教育哲學、教育測量和教育心理學等等。每類主題之下則收羅各種較重要之不同資料類型的資訊資源，包括有：書目、字典、百科全書、名錄、年鑑、指引、手冊、索引摘要、統計資源、網路資源、期刊和傳記資源等等。

由於擁有這些指引的協助，教育研究者將省卻許多摸索、查找必要資訊資源的時間，對於提昇教育研究之效能，實有莫大之助益。

從國外編纂、整理教育研究資訊資源的實例，亦可驗證教育研究資訊資源需求的必要性，實可參酌仿效之。

四、進行教育研究資訊資源需求調查

既已肯定教育研究資訊資源的必要性，如何才能夠真正滿足使用者的需求，則必須有賴於教育研究資訊資源的需求調查。

林新發在「國民中小學教育資料的使用與需求管理」一文中，揭示進行教育資料需求之研究的意義主要有四：[37]

---

[32] Michael Farrell. The Blackwell Handbook of Education. (Oxford, UK; Cambridge, 1995)

[33] Intute: Social Sciences – Education
http://www.intute.ac.uk/socialsciences/education（96.12.20）

[34] The Gateway to Educational Materials, GEM
http://www.thegateway.org（96.12.20）

[35] The Internet Public Library, IPL: Education
http://www.ipl.org/div/aon/browse/edu00.00.00（96.12.20）

[36] The Educator's Reference Desk: Resource Guides
http://www.eduref.org/index.shtml（96.12.20）

[37] 林新發。「國民中小學教育資料的使用與需求管理」。國立臺北師院圖書館館訊，第3期（民國84年2月），第6頁。

1. 研究教育資料需求是教育資料機構開展業務工作，提供良好資訊服務的基礎。只有經常調查瞭解有關讀者的資料需求及其變化情況，才有可能充分利用有限的人力、物力，改進資訊工作，提高資訊服務效率和服務質量，促進教育發展。
2. 調查研究讀者需求是設計和建立資訊系統的基本依據。
3. 調查研究讀者需求，可以促使更多的讀者充分利用資訊服務，擴大服務範圍，提高資訊系統或資訊機構之利用率。
4. 調查研究讀者需求還有助於發揮資訊交流的非正式管道傳遞資料的功能。

　　以上是就一般性的情況而論，事實上有關資訊資源的需求情形，不同工作性質或是不同目的，其需求的情形也會不一樣。一般而言，大致可以分為：研究者、決策者和實務者等三類不同類型的需求情形。[38]

　　就教育學科方面來說，根據美國一份研究報告的分析，使用者查詢教育資料的方式各有不同，其喜好之方式的優先順序如下：[39]

1. 在自己的單位內和一些人面對面討論或開會。
2. 在自己辦公室內作筆記和建檔。
3. 參閱教育週報、公報、通告。
4. 在自己單位內打電話問別人。
5. 參閱教育期刊。
6. 個人圖書室。
7. 作備忘錄及利用函授。
8. 在其他單位面對面討論或開會。
9. 打電話問其他單位的人。
10. 利用自己工作單位內的圖書館或資料中心。
11. 利用辦公室、部門或單位的檔案。
12. 專業學會舉辦的會議。

[38] 陳譽。社會學情報工作導論（上海市：華東師範大學出版社，1991 年 3 月），236-244 頁。

[39] F. S. Rosenau. Educational Information Resources in the United States. (San Francisco, Calif: Far West Lab. for Educational Research and Development, 1979)轉引自林新發。「國民中小學教育資料的使用與需求管理」。國立臺北師院圖書館館訊，第 3 期（民國 84 年 2 月），2-4 頁。

13. 研習會、研討會、學士課程。

14. 教科書、參考書。

15. 課程教材。

16. 科技報告、政府發行的刊物。

17. 其他圖書館、資源中心或資料服務部等。

18. 摘要、索引、參考書目。

　　至於教育工作者以及執行決策者偏好某種資料來源的理由，可以總結歸納為以下諸原因：[40]

1. 可能有我想要的資料。

2. 容易獲得資料。

3. 對我的特殊問題或疑難會有所回應。

4. 易於使用。

5. 符合需要及有效。

6. 讓我瞭解新的發展趨勢。

7. 是最新的資料。

8. 能提供新點子或不同的觀點。

9. 頗具權威性、準確性和可靠性。

10. 能指引我獲得其他資料來源。

11. 能提供討論或交換意見的機會。

12. 能很快地回應。

13. 內容完整而又廣泛、豐富。

14. 免費或價廉。

15. 客觀而又公正。

　　從以上的分析即可以發現，在找尋、使用教育資料時，不同的使用者，其需求與查找的途徑也會有所不同。因此，論及教育研究資訊資源的需求時，較理想的情況是要針對不同類型者分別調查、分析，才能真正瞭解其需求並滿足其需求。

　　總而言之，調查分析教育研究工作者的需求，乃是滿足並提供適切資訊資源的基礎。如何做好教育研究資訊資源的服務，除了參考相關的

---

[40] 同註 39

調查結果分析之外，也必須針對教育研究工作者的需求情形進行調查，再根據實際需求情形規劃應有的服務，才是真正滿足教育研究者資訊資源需求之道。

第四節　教育研究資訊資源的範圍

所謂教育研究資訊資源的範圍，即是進行教育研究時，所有可能用到之資訊資源。傳統上多以載有文字紀錄之紙質文獻為主，隨著對於文獻概念的擴大，在進行教育研究時，所參閱之資料不再以紙質文獻為限，而是擴及到各種資料類型的資源，故有關教育研究資訊資源的範圍也隨之擴大。

一、資訊資源範圍的分析

探討資訊資源的範圍，得有不同的界定方式，包括：資訊媒體的型式、資訊體裁的類型、資訊加值的層次、學科主題的體系以及年代的遠近等等不同的分析方式。

（一）資訊媒體的型式

資訊不會憑空存在，必定要附載於某種「媒體」之上，才能夠被人們擷取使用。至於承載資訊的媒體有那些呢？可以參酌歷年來有關「文獻」之意涵的框架來加以解說。

「文獻」一詞最早是見諸論語八佾篇：「子曰：『夏禮，吾能言之，杞不足徵也；殷禮，吾能言之，宋不足徵也。文獻不足故也；足，則吾能徵之矣。』」這是我國典籍中最早有「文獻」一詞的記載。此後兩千多年來，對於文獻一詞的內涵，也迭有增益。從最早期鄭玄之釋義：意指「文章」與「賢才」，進而包含有「檔案史料」、「經籍圖書」以及「具有參考價值之史料素材」等不同的意涵。[41、42、43]

---

[41] 張衍田。「『文獻』正義」。孔孟學報，第 71 期（民國 85 年 3 月），199-208 頁。

以上是偏屬古典意義的概念，至於現代意義的「文獻」，則蘊含有四個要素：

第一，所記錄的知識和信息，即文獻的內容。

第二，記錄知識和信息的符號，文獻中的知識和信息是借助於文字、圖表、聲音、影像等記錄下來並為人們所感知的。

第三，用於記錄知識和信息的物質媒體，如竹簡、紙張、膠卷、膠片、光碟片等數位格式媒體等，是文獻的外在形式。

第四，記錄的方式或手段，如鑄刻、書寫、印刷、複製、錄音、錄影等，是知識、信息與媒體的聯繫方式。

以上所述之四個要素之間的關聯架構，可以圖一之四文獻要素結構圖[44]表示之。

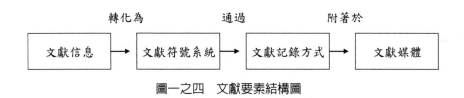

圖一之四　文獻要素結構圖

資料來源：
倪波主編。文獻學概論（南京市：江蘇教育出版社，1990 年 11 月），第 27 頁。

從圖一之四中可以清楚的發現，文獻媒體是文獻、資訊能否被利用的根本所在，從人類文明的發展歷程來看，所謂之文獻媒體包括有：竹簡、木板、泥版、絲帛、羊皮、蠟版、紙張、錄音帶、錄影帶、光碟片、……等等。也就是說，不論是以何種文獻符號系統、或是透過何種記錄方式，只要是記載有文獻資訊的「媒體」，則都是探討資訊資源時必須關注的範圍。

---

[42] 謝灼華。「中國古代學者文獻觀念之演變」。圖書情報工作，第 86 期（1994 年 4 月），1-8 頁。
[43] 謝灼華。「中國近現代學者文獻觀之發展」。圖書情報知識，第 56 期（1994 年 12 月），2-9，29 頁。
[44] 倪波主編。文獻學概論（南京市：江蘇教育出版社，1990 年 11 月），第 27 頁。

　　此外值得注意的是，就前述資訊資源及其相關理論的觀點來看，由於在「人」的腦海中，也記憶著無數的資訊，只要這些資訊沒有被以相關的文獻符號系統記錄於其他文獻媒體之上，那麼「人」本身也仍是一種承載資訊的「媒體」。這也即是在資訊資源的相關理論中，亦重視「人」（特別是該學科領域之專家學者）之價值的緣故，也就是說「人」亦具備有發揮資訊資源之功能。

（二）資訊體裁的類型

　　所謂資訊的體裁，意指資訊被整理編輯後，所呈現的排列方式。就一般之圖書文獻資訊而言，其排列方式大致有兩種：一是依照主題，將相關資訊以該主題能夠被瞭解的邏輯結構方式排列。例如：如有「教育概論」[45]一書，其章節排列依序為：教育活動的開始、教育活動的演進、兒童與青少年、師道與師資、教育的本質與目的、……等等。又如有「教育研究法」[46]一書，其章節排列依序為：在第一章教育研究概述之後，再分有三編，第壹篇研究計畫的準備及撰擬、第貳篇主要的研究法、第參篇資料分析與解釋，每一篇之內再分有各章，如此形成一結構嚴謹完整的專著。

　　除此之外，另有不少之文獻資訊，其排列方式並不是以篇章之行文閱讀邏輯體系關係來呈現，而是以一種易於檢索的方式來排列。例如彙集各字之音義的字辭典，乃是以各字之部首歸類排列呈現；又如大事年表，乃以年代時間先後為序。這些體例特殊的文獻資訊，原則上是用來查檢使用，而不是作為通書瀏覽閱讀之用，因此，傳統上多以參考工具書稱之，後來則多稱為參考資料或是參考資源。其涵蓋的類型有：書目、索引、摘要、字典、辭典、百科全書、類書、政書、年鑑、年表、曆譜、傳記資源、地理資源、名錄、手冊、統計資源、法規資源等等。

　　因此，在分析資訊資源的範圍時，除了一般性專供瀏覽閱讀的圖書資訊之外，也必須掌握適合查檢使用的各種參考資源，如此才將更有助於研究的進行。

---

[45]　賈馥茗。<u>教育概論</u>（臺北市：五南圖書公司，民國 76 年 6 月）。
[46]　王文科、王智弘。<u>教育研究法</u>（臺北市：五南圖書公司，民國 96 年 3 月）。

（三）資訊加值的層次

有關資訊資源的範圍，除了從資訊的媒體與資訊的體裁來分析之外，還可以從資訊的加值層次來看。

所謂資訊加值意指在原有資訊之基礎上，透過鑑別、評價、篩選、揭示、整序、分析、提煉、濃縮、研究的方式，賦予資訊新價值，以提昇資訊利用的效能。[47]

根據資訊使用者的不同需求，進而發展出不同的資訊加值方式。總括來說，資訊加值可以分為以下六個層次：[48]

1.外表資訊的加值

外表資訊的加值是一種描述性的方式，目的在提供資訊的線索。其具體作法是將資訊的外部特徵，例如：題名、作者、出版者等相關項目排組而成，一般多以書目或題錄稱之。今日為了提昇查檢的使用效率，多建置成為書目資料庫，讓使用者可透過電腦、網路介面進行檢索。

2.整體資訊的加值

整體資訊的加值是一種概述性的方式，目的在提供資訊的內容特點。具體的作法有三：一是提要，其發展在我國已有悠久的歷史，有敘錄體提要、傳錄體提要、輯錄體提要三種；二是注語，即以簡明扼要的文字對資訊內容進行注釋和解說；三是摘要，意指不加評論和補充解釋，簡明、確切記述資訊重要內容的短文。

3.內容資訊的加值

內容資訊的加值則是深入資訊內部，對有用的資訊予以揭示標引，使讀者利用資訊時有據可查。最常見的內容資訊加值方式就是全文檢索系統，其意義是指將資訊中的字、詞、句、段予以標引，以利查詢所要之資訊的位置所在。另一種內容資訊的加值則是主題分析，即根據資訊的內容，標記分類號碼或是主題詞語，以便於歸類檢索利用。

---

[47] 倪曉建主編。信息加工研究（北京市：北京圖書館出版社，1998 年 12 月），第 9 頁。
[48] 同註 47。

4.精粹資訊的加值

精粹資訊的加值是以比較鑑別的方法，選取價值高的整體或局部資訊，提供資訊的精華，以滿足使用者對實質性資訊的需求。其具體方式有二，一是資訊彙編，即針對某一學科領域、專題範圍的資訊進行鑑選、匯集、整理；二是資訊選粹，意指根據既定要求，有針對性地摘錄資訊片斷按類編排，以供查考和徵引。

5.深度資訊的加值

深度資訊的加值是以研究和評價的方式，解決資訊的優劣和有關資訊的有效組合問題，給使用者以啟迪和決策的依據。其具體方式有二，一是評論，依照內容特點，可再分為評介性的評論和評判性的評論兩種；二是綜述，意指在分析、比較、整理、歸納一定時空範圍內的有關特定課題研究的全部或大部資訊的基礎上，簡明論述其中最重要的部分。

6.相關資訊的加值

相關資訊的加值是資訊的外延和擴展，即將有關的資訊予以鏈結，以便利檢索與利用。最常見的相關資訊加值即是引文索引（citation index），透過引文索引的鏈結，得以查檢出相關資訊的發展脈絡關係，據以統計歸納資訊的被利用情形，或是分析某筆資訊的影響力。

（四）學科主題的體系

另一項分析資訊資源的方式是從學科主題的角度切入。由於資訊內容涉及的學科主題不一，因此，為了滿足不同資訊使用者的需求，在提供資訊資源的服務時，就必須區別不同學科主題的資訊，依照慣用的分類法以及標題表予以歸類。目前國內常用的分類法，在中文圖書方面有中國圖書分類法、中國圖書十進分類法，在西文圖書方面則有美國國會圖書館分類法、杜威十進分類法。至於標題表方面，較常用者則有中文主題詞表、美國國會圖書館標題表。這些都是作為整理、歸類不同主題資訊資源時常用的工具。

透過分類法與標題表可以將不同學科主題的資訊予以歸類整理，從這個角度來說，就整體的分類法來看，事實上也就是所有資訊資源的範

圍。只是在提供資訊資源服務時，再依使用者的需求，僅提供其所需要之部分的學科主題資訊而已。

（五）時間年代的遠近

每件資訊都有其產生的年代，原則上從古至今的所有資訊，只要符合需求旨意之目的，都應該被納入範圍內討論。不過由於資訊使用者對於資訊的需求會有時間年代的考量，因此，在探討資訊資源的範圍時，還必須考量資訊產生之時間點的因素。所以在分析資訊資源的範圍時，也必須將資訊的年代時間列入考量。

二、教育研究資訊資源範圍分析舉隅

除了從前述資訊本體之特徵的角度分析教育研究資訊資源的範圍之外，歷年來為了進行教育研究，亦有許多位專家學者以及相關的機構組織，針對有關教育之資訊資源的範圍提出各種不同的見解。若能參酌、綜合其看法，對於瞭解教育研究資訊資源的範圍，亦將有極大之助益。茲擇要列舉如下。

（一）郭為藩界定的範圍

前教育部郭為藩部長曾在「教育研究與教育資料」[49]一文中，對教育資料的範圍下過界定，其涵蓋的範圍包括有五個部分：

1. 教育現況的資料，特別是統計資料。
2. 教育研究方面的論著。
3. 工具書。
4. 教科書。
5. 利用電腦儲存資料。

由於該文係針對國立教育資料館的演講稿，因此在文中並特別提及，為了有效徵集、管理並提供完善的教育資料服務，國立教育資料館

---

[49] 同註 25，613-614 頁。

應該擬定長程發展計畫，並留意以下之作為，以建構更完善的教育研究資訊資源服務：[50]

1. 建立一個教育資料網。
2. 運用社會資源。
3. 經費開源。
4. 出版品。
5. 電話等推廣服務。

（二）白國應界定的範圍

白國應曾在「關於教育文獻分類的研究」[51]一文中，對教育文獻的類型與分類標準進行過分析，並將有關教育文獻的類型分為以下四種類型：

1. 教育科學的一般著作。
2. 世界各國教育事業概況。
3. 學校各級教育。
4. 其他各類教育。

至於教育文獻的分類標準則有二十種：

1. 依教育的形式分：學校教育、社會教育、家庭教育。
2. 依教育的階段分：學前教育、初等教育、中等教育、高等教育。
3. 依教育的目的和任務分：德育、智育、體育、美育、勞動技術教育、師範教育、職業教育、掃盲教育、綜合技術教育、軍事教育。
4. 依教育的對象分：成人教育、職工教育、幹部教育、業餘教育、……。
5. 依教育的手段和方法分：課堂教育、函授教育、電化教育、特殊教育。
6. 依國家分：各國之教育。
7. 依社會歷史階段分：原始社會教育、封建社會教育、資本主義社會教育。
8. 依研究的時代分：先秦時期、秦漢時期、魏晉三國時期、……。
9. 依教學的學科內容分：政治、物理、數學、歷史、地理、……。
10. 依分支學科分：教育哲學、教育心理學、教育社會學、比較教育學、……。
11. 依研究對象分：各層級教師、各層級學生。

---

50 同註 25，623-626 頁。
51 白國應。「關於教育文獻分類的研究」。河北科技圖苑，15 卷 2 期（2002 年），30-38，50 頁。

12. 依學派分：儒家教育、墨家教育、實用主義教育、結構主義教育等等學派。
13. 依研究範圍分：教育行政分為教育行政機關、教育科研管理、教育視導、……。
14. 依教學的方法分：講授法、問答法、參觀法、實驗法、……。
15. 依教學組織形式分：課堂教學、個別教學。
16. 依辦學形式分：公立、私立等。
17. 依學校名稱分：幼稚園、小學、中學、大學。
18. 依學校類型分：普通學校、職業學校。
19. 依教育研究方法分：觀察法、調查法、實驗法、比較法、統計法、……。
20. 依教育文獻體裁分：專著、叢書、論文、期刊、手冊、指南、百科全書、書目、索引、摘要等等。

（三）美國「教育資源資訊中心」界定的範圍

　　全球最大的教育文獻收藏者－美國的「教育資源資訊中心」（Education Resources Information Center, ERIC）則是將所收錄的教育文獻資料，分為五大類，包括有：

1. 論叢（collected works）。
2. 學位論文（dissertations/theses）。
3. 指引（guides）。
4. 參考資料（reference materials）。
5. 報告（reports）。

　　每一大類之下再細分為若干小類，總共有三十六小類，詳如圖一之五 ERIC 資料類型圖[52]所示。

　　綜合前述的分析可以發現，教育研究資訊資源的範圍得依不同的觀點而有不同的界定。然而為了實際應用上的便利，一般會以研究者的需求或是相關機構組織的業務專長，而採用適合其所需的範圍界定。因此，在探討教育研究資訊資源的範圍時，也就不必然要有絕對劃一標準的體系，重要的是只要能夠針對實際需求，而將相關的資訊資源均全部納入，即是適當的範圍體系。

---

[52] 同註 7 p.43

```
010 圖書（Books）

論叢（COLLECTED WORKS）
020 普通論叢（General）
021 會議論文集（Conference Proceedings）
022 連續性出版品（Serial）
030 原創性作品（文學、戲劇、美術）（Creative Works (Literature, Drama, Fine Arts)）

學位論文（DISSERTATIONS/THESES）
040 未能辨別（Undetermined ）
041 博士學位（Doctoral ）
042 碩士學位（Masters Theses）
043 實習報告（Practicum Papers）

指引（GUIDES ）
050 一般性課堂內使用（General (use more specific code, if possible) Classroom Use）
051 學習資料（Instructional Materials (for Learner)）
052 教學指引（Teaching Guides (for Teacher)）
055 非課堂內使用（Non-Classroom Use (for Administrative and Support Staff, and for
            Teachers, Parents, Clergy, Researchers, Counsellors, etc., in Non-classroom
            Situations)）
060 歷史性資料（Historical Materials）
070 資訊分析（Information Analysis (State-of-the-Art Papers, Research Summaries,
            Reviews of the literature on a Topic)）
071 教育資源資訊中心之資訊分析成果（ERIC Information Analysis Products (IAPs)）
072 書評（Book/Product Reviews）
073 教育資源資訊中心全文摘要（ERIC Digests (Selected) in Full text）
074 非教育資源資訊中心全文摘要（Non-ERIC Digests (Selected) in Full text）
080 期刊論文（Journal Articles）
090 法規資料（Legal/Legislative/Regulatory Materials）
100 視聽／非書資料（Audiovisual/Non-Materials）
101 電腦程式（Computer Programs）
102 機讀資料（Machine-readable Data Files (MRDFs)）
110 統計資料（Statistical Data (Numerical, Quantitative, etc.)）
120 觀點見解（Viewpoints (Opinion Papers, Position Papers, Essays, etc.)）

參考資料（REFERENCE MATERIALS）
130 一般性（General  ((use more specific code, if possible)）
131 書目／解題書目（Bibliographies/Annotated Bibliographies）
132 名錄指南／目錄（Directories/Catalogs）
133 地理資料／地圖（Geographic Materials/Maps）
134 字典辭典（Vocabularies/Classifications/Dictionaries）

報告（REPORTS）
140 一般性（General (use more specific code, if possible)）
141 描述性（Descriptive (i.e., Project Descriptions)）
142 評量性／可行性（Evaluative/Feasibility）
143 研究性／技術性（Research/Technical）
150 講演、會議論文（Speeches, Conference Papers）
160 測驗、評量指引（Tests, Evaluation Instruments）
```

圖一之五　ERIC 資料類型圖

資料來源：

Jennifer Rowley. Organizing Knowledge: An Introduction to Managing Access to Information. (Aldershot, Hampshire, England: Gower, 2000) p.43

第二章　教育研究資訊資源的理論基礎

　　從前述第一章的分析可以得知，資訊資源對於研究者的重要性。至於如何聯繫資訊資源的使用者以及資訊資源的提供者之間的需求與供給，則是有其立論的依據，其中最主要的要點有四：一是這些服務是如何進行的；二是如何確知研究者的需求以提供服務；三是如何針對研究者的需求，並統整提供相關的資訊資源；四是在現今講求知識經濟效益的氛圍之下，是否帶給資訊資源服務新的意涵與啟發。

　　這四項論點，也即構成教育研究資訊資源的理論基礎，以下就：參考資訊服務、資訊需求與資訊行為、資訊資源管理、知識管理等四個層面分析說明之。

第一節　參考資訊服務

　　今日型態的參考資訊服務（reference and information service）是由參考服務（reference service）逐漸演變而來。根據美國圖書館協會（American Library Association, ALA）編印之「圖書館學與資訊科學辭典」（The ALA Glossary of Library and Information Sciences）的定義，「參考服務」是：圖書館協助讀者利用圖書館資源以從事研究的一種服務[1]；另一本亦是由美國圖書館協會編印之「圖書館學與資訊科學百科全書」（ALA World Encyclopedia of Library and Information Services），對於「參考服務」的定義則為：針對讀者獲取資訊需求所提供的個人服務。[2]事實上這種針對讀者的需求所提供的服務，並不是平空產生的，乃有其產生的背景。

---

[1] Heartsill Young. The ALA Glossary of Library and Information Sciences. (Chicago : American Library Association, 1983) p.189, p.118

[2] Robert Wedgeworth. ALA World Encyclopedia of Library and Information Services. (Chicago : American Library Association, 1980) p.468

一、參考資訊服務的源起

今日圖書館的參考資訊服務源起於十九世紀後半期的美國，發生的原因有其特定的時空環境因素，總結而言，原因有三：一是如何有效利用館藏資料，二是教學研究型態的轉變，三是圖書館經營者的自我期許。

一般而言，西方國家自十五世紀中葉，自從 Johannes Gutenberg 發明印刷術之後，出版發行的文獻資料即日漸增多，到了十九世紀初期時，就常發生面對滿屋子的藏書，卻無法快速立即找出所要的圖書文獻資料何在之情形。因此，如何協助讀者查找所需的資料，或是如何規劃編製適用的目錄、索引，以便利讀者使用圖書館的館藏資料，乃成為當時必須面對並待解決的課題。這也為往後圖書館參考服務的興起埋下了種子。

雖然早在一六三六年，美國第一所大學哈佛學院即已設立，不過直到一八五零年以前，美國各大學的教學型態多仍只是注重教科書的講授，不重視課外書籍的閱讀，以致於圖書館的館藏資源與師生的教學研究並非密切相關。然而隨著美國大學教育方式的改革，逐漸朝向由學生自由選課、分組討論模式進行，在這種重視研究的自由學術風氣之下，圖書館與館藏資源的重要性即日漸顯著。各大學紛紛擴建新館並增加館藏，圖書館的經營型態也從早期閉架不便使用的情況，轉變為開架鼓勵利用的思維。由當時一些大學教授、校長的言論，例如：「如果能夠提供圖書館一年六千元於購書，將比遴聘三位教授還能獲致十倍提倡學術風氣和提昇校譽的效果」、「圖書館是大學的心臟」、「給我一所圖書館，我會建造一所好的大學」、「比如實驗室對於自然學者的重要性，圖書館是人文、社會科學研究者的實驗室」等等[3]，即可瞭解當時人們對於圖書館的重視與期待。也就是因為這種思維，加深了對於圖書館應該積極主動提供服務的期待。

就在當時那種重視圖書館功能，期待有效利用圖書館館藏資源的氛圍之下，圖書館的經營者自然也就要更加重視如何滿足讀者的需求，於是在一八七六年美國圖書館協會第一屆大會上，麻薩諸塞州伍思特公共圖書館（Worcester Free Public Library, Massachusetts）館長 Samuel S. Green

---

[3]　王錫璋。圖書館的參考服務：理論與實務（臺北市：文史哲出版社，民國 86 年 3 月），27-29 頁。

即提出一篇名為「建立公共圖書館館員與讀者間交流和人際關係」(The Desirableness of Establishing Personal Intercourse and Relations Between Librarian and Readers in Popular Libraries) 的論文,該論文隨後改以「館員與讀者之間的個人關係」(Personal Relations Between Librarians and Readers) 為名,刊載在「Library Journal」創刊號裡。[4]該文咸被認為是圖書館因應社會的需求與期待,自行體察到必須提供參考資訊服務的起源,其主要的論點是:圖書館員應竭盡所能,以親善的態度提供服務,滿足讀者的需求。

二、參考資訊服務的理念

在 Samuel S. Green 正式提出圖書館員必須協助讀者的呼籲時,還並未有正式的術語來描述此一新的觀念與作法,其後隨著此一理念內涵的不斷精進,又配合時代變遷的需求,圖書館員協助讀者的理念,也歷經了幾段變化,從相關專業術語的演變,即可以瞭解其發展的過程。

最早是在一八九一年時,有了「參考工作」(reference work) 一詞來概括表示圖書館針對讀者之需求所提供的服務。其後到了一九五零年代左右,所用的專業術語則逐漸改為「參考服務」(reference service),名稱從「工作」轉換為「服務」,代表的是服務精神的提昇。其後隨著資訊科技的逐漸發展,並將其導入圖書館的各項服務中,再者由於圖書館所提供的服務,依賴憑藉的不只限於傳統的紙質文獻而已,還包括各種非書資料和數位資訊等等,於是「參考服務」一詞也會以「參考資訊服務」(reference and information service) 或是「資訊服務」(information service) 來表示。

從發展之初直至今日,不論名稱術語如何演變,參考資訊服務的本質則並沒有改變:在工作上協助讀者、在目的上是利用資料尋求知識、在觀念上是具有教育及傳播知識的責任。[5]因此館員要隨時針對讀者的需求,主動蒐集、整理、提供相關的資料,若本館所缺者,也要向他館調閱。基於這一份服務的理念,圖書館即會針對不同讀者的需求,提供不

---

[4] Samuel S. Green. "Personal Relations between Librarians and Readers." Library Journal. vol.1 (October 1876) pp.74-81
[5] 胡歐蘭。參考資訊服務(臺北市:臺灣學生書局,民國 73 年 9 月),第 12 頁。

同層次與方式的參考資訊服務，其精神自十九世紀末葉以來，依然長存在圖書館的經營信念裡沒有改變。

三、參考資訊服務的範圍

圖書館參考資訊服務的範圍，可以依照是否直接接觸讀者，而分為直接服務與間接服務兩種不同類型。

在直接服務方面，主要包括有：閱讀指導、圖書館利用教育、專題選粹服務（Selective Dissemination of Information, SDI）、資訊轉介服務（Information and Referral, I & R）等等。

由於圖書館員熟悉各種的館藏資源，因此，常會根據讀者的需求，設計、提供系列的閱讀書目，藉以引導、增進讀者的閱讀興趣與能力。這種帶有「讀者顧問」性質的「閱讀指導」服務方式，源起於一九二零年代時期的美國，並且與其後興起的成人教育運動有密切的關聯。[6]

為了提昇讀者利用圖書館館藏資源的能力，圖書館亦會推展「圖書館利用教育」。依照內容層次的不同，圖書館利用教育得分為：圖書館導覽（library orientation）、圖書館指導（library instruction）、書目指導（bibliographic instruction）等方式。[7]又為了加強圖書館利用教育與學科教學的關聯，美國的「大學暨研究圖書館協會」（Association of College and Research Libraries）於一九九七年提出了「學術圖書館指導計畫綱要」（Guidelines for Instruction Programs in Academic Libraries）[8]，希望經由教師與圖書館員的合作，藉以培養學生利用館藏資源的能力，並提昇教學的成效。

為了主動提供相關的資料給研究者，在參考資訊服務中亦有「專題選粹服務」之措施。其具體作法是由圖書館員根據研究者所提出的需求，過濾各種新近到館的資料，將適合研究者所需者，篩選出來並提供給研

[6] 劉聖梅、沈固朝。參考服務概論（南京市：南京大學出版社，1993 年 9 月），第 57 頁。

[7] 范豪英。「大學圖書館讀者利用教育現況調查研究」。中國圖書館學會會報，第 48 期（民國 80 年 12 月），第 58 頁。

[8] "Guidelines for Instruction Programs in Academic Libraries." College & Research Libraries News. vol.58 no.4 (April 1997) pp.264-266

究者參考。近年來隨著資訊科技的發展與應用，有關專題選粹之服務方式也逐漸改為由資訊系統自動發送，不再由人工處理。除了純粹提供資料之外，有些更進階的專題選粹服務，還會綜合分析這些資料，歸納整理出要點之後再提供給研究者參考。不論何種方式，其目的都在於幫助研究者快速取得最新的相關資訊資源。

雖然每所圖書館都試著竭盡所能，收盡各種符合其服務宗旨的相關資料以滿足其服務對象所需，然而這畢竟只是一個理想，並不容易達成。當本館沒收藏讀者所需的資料時，圖書館員就應當指引讀者到其他可能的收藏處所去尋求，這就是「資訊轉介」服務。如要做好資訊轉介的服務，先決的條件則是館員必須掌握各種何處可能收藏有何資料的資訊，當讀者在本館得不到資料時，即可立即建議讀者到何處去就近利用，藉以彌補本館所缺並滿足讀者的需求。

至於間接的參考資訊服務方式，則包括有：充實館藏資源、編製參考工具、推廣參考服務等等。

豐富的館藏資源是所有圖書館服務的基礎，因此，館員必須隨時留意各種新近發行之圖書資訊的訊息，並盡快將之收藏入館，以提供讀者使用。

為了增進讀者利用各種館藏資料，因此，圖書館員會編輯例如期刊論文索引、專科主題書目，甚至年鑑、手冊等等有用的參考工具。透過這些便利的參考工具，讀者可以快速地查檢到所需要的資料何在，這是一項非常有意義的服務方式，也是圖書館能夠發揮所長，為人稱道之處。

圖書館的各項服務終究是要被人利用，才能夠真正發揮其價值，若讀者不知圖書館有那些服務，也不來利用，對圖書館而言乃是一種浪費。因此，為了增進被利用率，圖書館就必須透過各種途徑廣為宣傳，藉以吸引讀者前來使用館藏資源，進而達到推展、發揮圖書館功能的目的。

四、參考資訊服務對教育研究資訊資源服務的意義

長久以來，圖書館即被視為是文明的象徵，透過圖書館的館藏資源，人們得以快速取得資訊、累積知識，促進文明的提昇。為了有效整理、

利用眾多的圖書資訊，圖書資訊學界乃設計各種的分類法、主題法、編目規則等等方式，經過長久以來的實務經驗證明，這確實是有效的經營方法。然而，由於專業化的結果，一般人若不經指引、學習，不見得自己即能夠瞭解圖書館處理圖書資訊的模式，也就無法有效利用館藏資源。因此，圖書館也就透過各種的服務方式以增進館藏資源的被利用率，這些作法也就是所謂的參考服務。

在圖書館的各種參考資訊服務項目中，又以編纂相關的書目、索引、研究指南等，對於幫助讀者過濾、找尋必要的研究資訊，更具有非凡的價值。因此，今日當我們討論要如何增進教育研究的資訊資源服務時，首先還是必須要檢視百年來，圖書館在參考資訊服務方面的努力與成就，吸取其中的經驗與作法並發揚光大之。也就是說，要以主動積極的態度，提供讀者不論是直接的還是間接的各種參考資訊服務。當然這些服務還是必須以瞭解讀者的資訊需求與資訊行為為前提。

第二節　資訊需求與資訊行為

正如印度圖書館學家 Shiyali Ramamrita Ranganathan 在其「圖書館學五律」（The Five Laws of Library Science）中第一律所揭櫫的：「圖書是要被利用的」（Book are for use），意即所有圖書資訊存在的價值，乃在於是否能夠被充分利用。因此，當圖書館或是任何圖書資訊服務機構在蒐藏圖書資訊、研擬服務事項時，就必須考量讀者，即服務對象的需求，從而才能夠確保所收藏的圖書資訊，確實是讀者所需，也將會被充分利用。

如何確知讀者的需求，即必須研究服務對象的資訊需求。有關資訊需求（information need）的研究，事實上與資訊尋求（information seeking）以及資訊行為（information behavior）等研究，乃是一組相關的概念，必須統整來看才能顯示出其意義。[9]

---

[9]　Donald Owen Case. Looking for Information: A Survey of Research on Information Seeking, Needs, and Behavior. (San Diego, Calif.: Academic Press, 2002) p.5

一、資訊需求

　　有關資訊需求的內涵，可以從：資訊需求的意義、資訊需求的層次、資訊需求的調查研究、社會科學資訊需求的特點分析等層面分析，茲條述如下。

（一）資訊需求的意義

　　雖然由於「資訊」（information）一詞的定義不一，以致對於何謂「資訊需求」亦有數十種的定義。然而總括而言，「資訊需求」乃是個人的現有知識不足以滿足其預訂要達成之目標時的一種認知狀態。[10]

（二）資訊需求的層次

　　不論是從研究對象的那一特徵進行研究，事實上，資訊需求本身亦有層級之分，其中又以 Maurice Line 的界定方式較為人接受引用。Maurice Line 將一般泛指的需求區分為：需求（Need）、需要（Want）、要求（Demand）和使用（Use）等不同的層級。「需求」泛指個人一般的以及可能是隱藏未現的心理期待；「需要」則是指對資訊有知覺的期望，但可能還未提出正式的要求；「要求」則是指已具體表達出所要的是什麼（Request）；「使用」則是指已獲得所要求之資訊內容，並且利用之。[11]

（三）資訊需求的調查研究

　　如何確知使用者的需求以即時提供必要的資訊資源供其使用，就必須進行讀者的資訊需求調查研究。在西方國家，特別是在英、美兩國，早就有多次針對社會科學領域之研究者的需求進行研究。根據美國 Ralph Bisco 於一九六七年的分析，西方國家針對社會科學資訊需求之研究的件數計有：一九四七年至一九五一年兩件，一九五二年至一九五六年五件，一九五七年至一九六一年二十二件，一九六二年至一九六六年四十七件。英國的 Michael Brittain 則認為，Ralph Bisco 的統計僅限於較大規模

---

[10] 同註9
[11] Maurice Line. "Draft Definitions: Information and Library Needs, Wants, Demands and Uses: A Comment." Aslib Proceedings. vol.27 no.7 (July 1975) pp.308-313

的調查，事實上在二次大戰後至一九六零年代中期，大大小小的資訊需求調查研究數目約有四百至八百件之多。[12]

　　由此可以發現，早期有關社會科學資訊需求的調查研究，乃以一九六零年代中期至一九七零代為高峰。於該時段期間，在美國即有十五項大規模的資訊需求調查研究，其中較突出者有由 William Garvey 和 Belver Griffith 負責的美國心理協會心理學科學資訊交流計畫（The American Psychological Association's Project on Scientific Information Exchange in Psychology, APA-PSIEP），這是當時空前有關資訊需求與資訊交流的研究計畫，其成果均陸續發表為研究報告，並被收錄在美國的教育資源資訊中心之資料庫（Education Resource Information Center, ERIC）裡。[13]

　　同時期，在英國則有十八項較大規模的調查研究。其中最著名的是由巴斯大學（Bath University）Maurice Line 等人主持，於一九六九至一九七一年間進行的「社會科學資訊需求調查」（Information Requirements of the Social Sciences, INFROSS）[14]。該研究是迄今為止有關社會科學資訊需求調查研究中規模最大者，其調查內容涉及社會科學研究者、政府部門的社會科學家、社會管理和決策人員、社會科學教學人員等等，從該次廣泛性的調查研究中，發現了社會科學資訊需求者的許多特徵和利用資訊的習慣，也從而瞭解到社會科學資訊資源服務在滿足社會科學資訊需求方面，仍有許多待改進之處。隨後仍由 Maurice Line 以及 Michael Brittain 主持，於一九七二至一九七五年間，再進行一次大規模的「社會科學資訊系統設計」（Design of Information Systems in the Social Sciences, DISISS）研究，其主要的特徵是以前次的調查結果為基礎，設計出各種的服務方案，並徵詢使用者的意見。[15]

---

[12] 陳譽。社會學情報工作導論（上海市：華東師範大學出版社，1991 年 3 月），231-232 頁。

[13] 在資料庫中即收錄有以 APA-PSIEP Report 為名的系列報告。

[14] Information Requirements of Researchers in the Social Sciences. Volume 1. (England: University Library. Bath University of Technology., 1971) (ERIC ED054806)
Information Requirements of Researchers in the Social Sciences. Volume 2. (England: University Library. Bath University of Technology., 1971) (ERIC ED054807)

[15] 同註 12，第 233 頁。

由於 Maurice Line 等人之研究的影響，巴斯大學威爾特夏圖書館（Wiltshire Library）自一九七七年起又進行一項為期兩年的社會科學資訊服務調查「社會福利資訊實驗服務」（Experimental Information Services in Two Social Welfare Agencies, EISSWA）。此外，英國的謝菲爾德大學（Sharefield University）亦於一九七六年成立「使用者研究中心」（Center for Research on User Study, CRUS），隨後並進行有關人文學領域之資訊需求調查研究。[16]

由以上的資訊需求調查研究可以發現，從數十年前，即注意到釐清、瞭解使用者的資訊需求，乃是提供資訊資源服務的基礎。特別是由Maurice Line 等人主持之研究所立下的典範，幾乎成為往後相關研究的參照標準，即使是在三十年後仍曾再被相關的研究當作比較的參考依據。[17]

在進行資訊需求的研究時，不同的研究者得從不同的角度探討資訊需求的意義，偏重的要點亦有所不同。例如根據一篇「臺灣地區民眾資訊需求之比較」的統計分析，歷年來有關臺灣地區的資訊需求研究，其研究對象有依年齡層分，分別探討兒童、青少年、成人、老人等之資訊需求；有依教育層級區分為國小、國中、大學、研究所各層級學生或教師的資訊需求。[18]

除此之外，進行資訊需求的研究，亦可針對不同性別或是不同學科、領域之研究者或工作者的資訊需求進行研究。Donald Owen Case 曾統計自一九六四年至一九九零年間出現在「資訊科學與技術年度評論」（Annual Review of Information Science and Technology, ARIST）裡有關資訊需求、資訊行為與資訊使用之綜述評論文章所引用的文獻共計約有兩千筆。[19]為了便於回顧與評述，Donald Owen Case 將之區分為依職業別的研究，例如自然科學家、社會科學家、人文學家、管理人員、律師等等的資訊需求、資訊行為研究；其次是依照社會角色與人口特徵的研究，例如有關

---

[16] 同註 12，第 233 頁。

[17] Maurice Line. "Social Science Information--The Poor Relation." in: IFLA Council and General Conference. Conference Programme and Proceedings. (Bangkok, Thailand, 20-28 August 1999)

[18] 黃國正、黃玫溱。「臺灣地區民眾資訊需求之比較」，中國圖書館學會會報，第 73 期（民國 93 年 12 月），137-151 頁。

[19] 同註 9 p.223

一般公民、消費者、病人,以及不同年齡層、種族、社經地位人員的資訊需求、資訊行為研究。[20]

（四）社會科學資訊需求的特點分析

　　綜合歷年來有關社會科學資訊需求的研究可以發現,不同層級、不同階段、不同學科、不同領域之研究者或工作者的資訊需求自不相同,也呈現出極為多元的需求型態。為易於區別彼此之間的差異,可以將資訊需求者區分為研究者、決策者與實務者三類,以便於條列、分析其不同的資訊需求取向。

　　就社會科學領域,首先是研究者的資訊需求而言,由於研究者必須全面取得最原始的資料,才能夠進行前瞻、跨領域的研究,因此,其資訊需求的特徵則有:[21]

1. 首重未經加工的第一手資料。
2. 依賴學術性強的專著和期刊。
3. 灰色文獻需求大。
4. 統計資料需求強。
5. 跨學科資訊需求強。
6. 所需資訊之年代跨度長。
7. 常利用他人著作之引用文獻為線索。
8. 二次文獻之利用率不似科技人員高。
9. 在不同的研究階段時,其資訊需求亦不同。

　　其次是決策者的資訊需求,對於制定決策者而言,最重要的是要能夠針對現實的問題以及未來的發展,擬定出最可行的方針,因此,其資訊需求的特徵有:[22]

1. 現實性資訊利用高。
2. 概念性資訊與工具性資訊並重。
3. 聚焦性資訊需求顯著。
4. 要求資訊的高度選擇性、可靠性和客觀性。

---

[20] 同註 9 pp.232-280
[21] 同註 12,236-239 頁。
[22] 同註 12,239-243 頁。

　　第三類是實務者的資訊需求，實務工作者與研究者和決策者的取向不太一樣，重點在立即實務的施行，其資訊需求亦與前兩者有所不同，其特徵有：[23]

1. 需要較具體的事實和數據資訊。
2. 需要新穎的內部資料。
3. 較多利用非正式資訊管道。
4. 需要以最快速度獲得資訊。

　　從以上不同類型之資訊需求者的特徵，可以提供資訊資源服務者諸多的啟發，簡單而言，即使是同一學科領域，當處於不同角色時，其資訊需求亦會因而有所不同。

二、資訊行為

　　有關資訊行為的相關議題，可以從：資訊行為的意義與內涵、資訊行為的歷程與研究面向、資訊行為的影響因素與基本模式、資訊行為的理論建構、資訊需求與資訊行為研究的重要課題等層面分析，茲分述如下。

（一）資訊行為的意義與內涵

　　所謂「資訊行為」，其概念與「讀者研究」或「使用者研究」有密切的相關，其意義乃在於瞭解以下之過程與結果：[24]

1. 促動人們去找尋資訊的前因或動機。
2. 人們如何找尋所需要的資訊。
3. 找到資訊後如何研判資訊的相關性。
4. 如何使用、利用所得資訊。

　　因此，有關資訊行為研究的內涵，即包括有：資訊需求與促發需求的因素、回應需求的歷程與行動、影響回應需求的因素等面向。[25]

---

[23] 同註 12，243-244 頁。

[24] 林珊如。「淺談資訊心理學」。書府，第 22/23 期（民國 91 年 7 月），第 5 頁。

[25] T. D. Wilson. "Information Behavior: An Interdisciplinary Perspective. " in Pertti Vakkari, Reijo Savolainen, and Brenda Dervin ed. Information Seeking in Context. (London: Taylor Graham, 1997) pp.39-50 轉引自林珊如。「淺談資訊心理學」。書府，第 22/23 期（民國 91 年 7 月），第 5 頁。

　　有關資訊行為之研究的起源年代說法不一，有認為起源於一九零二年者，有認為起源於一九一六年者，有認為起源於一九二零年代者。大致而言是從一九五零年代開始，即有大量相關的研究出現，特別是自一九六六年起，在「資訊科學與技術年度評論」（Annual Review of Information Science and Technology, ARIST）中即有針對資訊行為研究之綜述評論[26]，由此也可以得知，就是因為在當時已有許多針對資訊行為的研究，所以，也才會有綜述評論之文獻出現。

　　分析早期有關資訊行為的研究可以發現，當時對於資訊行為的研究，多是偏重於如何取得資訊之管道，也就是資訊系統的研究，其研究的主題大多例如：工程師在工作中需要何種的文獻？資訊中心如何滿足其需求？醫師使用醫學資料庫的情形為何？等等之類的議題。這種研究取向到了一九七零年代以後，逐漸轉變成重視個人或是日常生活資訊需求的研究，其研究的主題就轉為例如：經理人除了正規資訊管道之外，如何獲取與工作相關的資訊？年長者如何面對、解決其日常生活的問題？等等之類的研究問題。[27]

　　事實上早在一九七零年代初即已陸續出現有關資訊行為取向轉變之研究，其中又以 Brenda Dervin 在一九七六年的研究，最具里程碑之意義。Brenda Dervin 提出十點有關資訊行為研究的迷思：[28]

　1. 只有「客觀」的資訊才是有價值的。
　2. 資訊越多越好。
　3. 客觀的資訊能從相關的情境脈絡中抽離出來。
　4. 資訊只能從正規的資訊管道取得。
　5. 人們的各項需求都能藉由適切的資訊以滿足之。
　6. 每個需求情境都有解決方式。
　7. 資訊都能夠被取得或使用。
　8. 資訊的功能單元，例如圖書館的一本書或是電視頻道的一個電視節目，都適合個人的資訊需求。
　9. 個人資訊尋求過程的時空因素可以被忽略。

---

[26] 同註 9 pp.220-221
[27] 同註 9 pp.6-7
[28] 同註 9 pp.8-9

10. 個人能夠輕易聯結內在的真正需求以及外在的可用資訊而毫無衝突困難。

Brenda Dervin 是從分析人們日常生活的資訊需求，綜合歸納出以上十點有關偏重資訊管道、系統之資訊行為研究的迷思，並逐一予以破解。從此以後，有關資訊行為的研究就進入到另一個階段，除了研究資訊供給體系之外，更重視資訊需求者自身的各種情境與過程。也就是說從偏重機構、系統的研究典範，轉向使用者需求的研究典範。

（二）資訊行為的歷程與研究面向

總括而言，所謂資訊行為乃是使用者察覺到自身之資訊需求，或者認知到本身之知識狀態產生異常時，為了滿足此需求或是解決此異常狀態所進行的一連串行動歷程。其歷程可概括為以下六個階段：

1. 察覺需求。
2. 表達問題。
3. 透過管道。
4. 尋求資訊。
5. 使用資訊。
6. 滿足需求。

資訊行為的六個階段代表一般人尋求資訊、滿足需求的過歷，這些歷程在學術研究層面來講，可歸結為以下五個研究面向：

1. 資訊需求。
2. 資訊搜尋。
3. 資訊蒐集。
4. 資訊評估。
5. 資訊利用。

這五項有關資訊行為研究面向的問題，與資訊系統、資訊資源的關係，可以圖二之一資訊搜尋行為之階段歷程圖[29]表示之。

---

[29] 同註 24，第 4 頁。

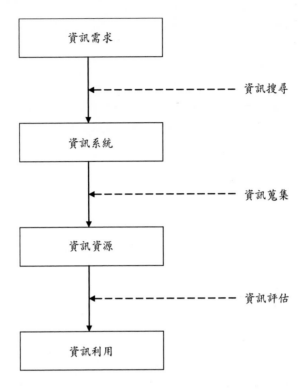

圖二之一　資訊搜尋行為之階段歷程圖

資料來源：
林珊如。「淺談資訊心理學」。書府，22/23 期（民國 91 年 7 月），第 4 頁。

　　透過分析、研究資訊行為之歷程以及研究面向，將有助於更加瞭解資訊行為的本質。歷年來即有許多相關的研究，釐清資訊行為方面的問題，並且得出不同的理論建構，使之能夠應用在提昇圖書資訊之服務而貢獻良多。

（三）資訊行為的影響因素與基本模式

　　早在學界進行資訊行為研究之初，即已注意到有關資訊行為的影響因素。例如 William Paisley 在其「資訊的需求與利用」（Information Needs and Uses）一文中，指出科學家的資訊利用，受到以下因素之影響：[30]

1. 文化體系（Cultural System）：不同的文化，將促成不同發展取向的科學研究，連帶也將影響社會對於科學的重視與支持。
2. 政治體系（Political System）：因科學研究經常必須仰賴政府大量的經費支援，故政治理念、政府政策等都將影響科學的研究與資料的獲取。
3. 專業學會組織（Membership Group）：專業學會組織透過舉辦會議討論、發行出版刊物等，影響科學研究的典範與研究成果的傳播。
4. 諮詢團體（Reference Group）：各學會的科學家，因專長與研究興趣相似而聚集，無形中形成一得以提供諮詢的非正式團體。
5. 無形學院（Invisible College）：為諮詢團體的次系統，雖然人數較少，但因相互熟識，故更能分享、交換彼此的經驗與資源。
6. 正式組織（Formal Organization）：組織所制定的政策與提供的設備，都將影響資訊的傳播與利用，以及成員之間的溝通管道。
7. 工作小組（Work Team）：當遭遇工作上的問題時，進行同一研究的小組成員，通常就是最先被諮詢的對象。
8. 個人心理因素（His Own Head）：科學家個人的情感、認知以及對於資訊價值的判斷，都將影響資訊的取用。
9. 法律經濟因素（Legal/Economic System）：有關專利、著作權法等的法律規章，可能會限制資訊的獲取與利用。
10. 正式資訊系統（Formal Information System）：如圖書館、資訊中心等組織，對於資訊的徵集、傳播與利用有重大的影響。

　　由於以上所條述之各項因素稍嫌繁瑣，因此，後來陸續有人進行歸併因素的研究，例如 C. L. Mick、G. N. Lindsey 和 D. Callahan 等人將相關

---

[30] William Paisley. "Information Needs and Uses." in Carlos Cuadra. ed. Annual Review of Information Science and Technology. vol.3 (New York: Knowledge Industry, 1968) p.5 轉引自楊曉雯。「科學家資訊搜尋行為的探討」。圖書與資訊學刊，第 25 期（民國 87 年 5 月），27-28 頁。

影響因素合併為：個人特質（Individual Attributes）、工作環境特質（Work Environment Attributes）和職務特質（Task Attributes）等三類。Nan Lin 和 William Garvey 也提出影響資訊行為的三種因素：工作型態是研究或是教學、學科背景領域、資料和設備的可得性，其中特別是可得性的問題，居重要之決定因素。[31]

綜合以上各家的說法，影響資訊行為的重要影響因素，可以 T. D. Wilson 的說法為代表，也就是說可以分為：[32]

第一，大環境系統，包括：文化、經濟、政策、法律體系以及正式系統等等。

第二，個人特質與人際關係。

第三，資訊的可得性，也就是資訊管道使用的便利性。

由於受到內外各種因素的影響，資訊需求者的行為模式也會呈現不同的模式。歷年來就有好幾位學者根據其研究所得，提出不同之資訊行為模式的看法，例如：T. D. Wilson、J. Krikelas、J. D. Johnson、G. J. Leckie 等人即分別提出不同的資訊行為模式。[33]每種模式各有其獨到之見解，能夠用來描述解釋不同的資訊行為。其中又以 T. D. Wilson 所提出之資訊行為模式，最為簡易清晰容易理解。其模式可以圖二之二資尋行為模式圖[34]表示之。

從圖二之二所顯示的模式中可以發現，資訊需求發生之後，會觸發謀求解決的心理機制，此時會受到各種中介變項的影響而稍有調整，歷經此一過程之後，會再激起進一步的行動機制，最後即會進入資訊尋求行為的實際操作階段。在完成資訊尋求行為之後，若獲取之資訊在利用後又產生另一資訊需求，則會按照前述之模式過程再進行一次循環。

---

[31] 楊曉雯。「科學家資訊搜尋行為的探討」。圖書與資訊學刊，第 25 期（民國 87 年 5 月），第 28 頁。

[32] T. D. Wilson. "On User Studies and Information Needs." Journal of Documentation. vol.37 no.1 (March 1981) pp.3-15 轉引自楊曉雯。「科學家資訊搜尋行為的探討」。圖書與資訊學刊，第 25 期（民國 87 年 5 月），第 29 頁。

[33] 同註 9 pp.116-129

[34] 同註 9 p.118

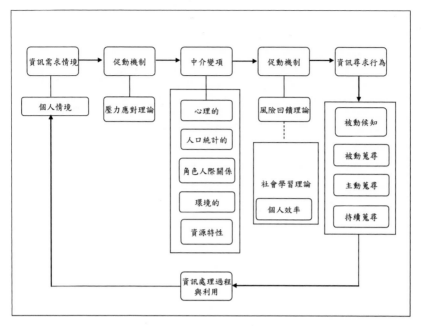

圖二之二　資尋行為模式圖

資料來源：

Donald Owen Case. <u>Looking for Information: A Survey of Research on Information Seeking, Needs, and Behavior.</u> (San Diego, Calif.: Academic Press, 2002) p.118

　　雖然資訊行為模式能夠顯現出資訊使用者，滿足、解決資訊需求的行為過程，但是若要進一步深化資訊行為的研究，則有賴資訊行為理論的建構。不過前述幾位提出資訊行為模式的學者卻都未將其模式建構成為一種理論，因此，若要對資訊行為有更深入的研究，就必須再參酌其他相關的資訊行為理論。

（四）資訊行為的理論建構

1. Robert Taylor 的資訊需求模式

Robert Taylor 是最早提出有關資訊需求模式的研究者，早在一九六二年即進行相關的研究，在一篇一九六八年發表並廣被引用的文章中，Robert Taylor 根據讀者到圖書館參考室尋求協助解決資訊需求時所呈現的不同狀態，將資訊需求模式分成以下四種階段：[35]

第一階段是內藏之資訊需求（Visceral Need）。當剛開始讀者提問請求館員協助時，經常還不能明確地說出真正的資訊需求是什麼，只是內心隱約覺得就是有所不足需要解答，但是卻又說不清楚。

第二階段是意識化之資訊需求（Conscious Need）。此時讀者已較能夠清楚表明需求大約是什麼，並且意識到真正的需求是什麼。

第三階段是正式之資訊需求（Formalized Need）。讀者經過意識化的階段之後，進一步將需求的內容、範圍等等予以正式表達清楚，館員即能夠據之給予協助。

第四階段是妥協後之資訊需求（Compromised Need）。在提出正式的需求之後，可能因為館藏範圍等因素的限制，不能滿足其初始的需求，這時候讀者就會根據現實的情況，調整其需求的內容。

Robert Taylor 的四階段資訊需求說，確實能夠解釋為何讀者到圖書館尋求協助之初，所提問之問題經常是太廣泛不明確，其後則經由館員與讀者之間的參考晤談過程，釐清其真正的資訊需求，並根據現有的館藏予以解答，或是轉介到其他圖書館尋求協助。

2. Nicholas Belkin 的知識異常狀態

所謂知識異常狀態（Anomalous State of Knowledge, ASK）意指一個人面對某種情境或狀況，發現其現有的知識不足以理解時，所產生意圖尋求更進一步相關之資訊以解決之的一種狀態。事實上這種希冀尋求資訊以降低內心不確定之感覺的研究，最早可回溯至十九世紀，其後也有

---

[35] Robert Taylor. "Question-negotiation and Information Seeking in Libraries." College & Research Libraries. vol.29 (May 1968) pp.178-194

好些研究者進行相關的研究。[36]不過以此一觀點來研究資訊行為者，乃以 Nicholas Belkin 及其共同研究者於一九八零年代前後所發表的研究成果最為有名。[37]其主要論點認為人們之所以會尋找資訊，乃是因為人們認知到自己既有的知識體系發生異常或是呈現不尋常的狀況，這時候就必須從探求資訊需求者的知識異常狀態著手，才能夠真正滿足其資訊需求。

　　Nicholas Belkin 的知識異常狀態學說，在提供資訊服務方面的貢獻，最主要的意義就在於不能一味地詢問資訊需求者的資訊需求為何，而應該要以探討其意圖和目的來瞭解其知識的異常狀態，如此才能夠真正協助解決其問題。[38]

3. Carol Collier Kuhlthau 的資訊尋求過程

　　Carol Collier Kuhlthau 從長期研究美國高中生撰寫學期報告之過程中的資訊需求與資訊行為，發現從發生資訊需求到解決需求的整體資訊行為過程中，可分為六個階段以及三種經驗。[39]

　　資訊行為過程的六個階段分別是：

①開始（Initiation）。

②選擇（Selection）。

③探索（Exploration）。

④成形（Formulation）。

⑤收集（Collection）。

⑥發表（Presentation）。

　　每個階段又得有三種心理經驗：

①感受（Affective or Feeling）。

---

[36] 同註 9 p.691

[37] Nicholas Belkin. "Anomalous States of Knowledge as Basis for Information Retrieval." The Canadian Journal of Information Science. vol.5 (May 1980) pp.133-134

[38] 傅雅秀。「資訊尋求的理論與實證研究」。圖書與資訊學刊，第 20 期（民國 86 年 2 月），15-16 頁。

[39] Carol Collier Kuhlthau. "Longitudinal Case Studies of the Information Search Process of Users in Libraries." Library and Information Science Research. vol.10 no.3 (July-September 1988) pp.257-304
Carol Collier Kuhlthau. "Developing a Model of the Library Search Process: Cognitive and Affective Aspects." RQ. vol.28 no.2 (Winter 1988) pp.232-42

②思想（Cognitive or Thoughts）。

③行動（Physical or Action）。

資訊尋求過程就是由六個階段以及三種心理經驗所交織而成的一種歷程。在資訊尋求過程中，每個階段的資訊需求重點各不相同，又加上會有不同的心理感受與行動，因此對於資訊服務的提供者而言，就必須瞭解資訊需求者是正處於何種的階段，再針對其預期的心理行動經驗，提供適切的服務。這也表示，事實上資訊行為的過程不僅僅是一種理性的智性行為，同時也受個人情感因素的影響，此即為 Carol Collier Kuhlthau 的資訊尋求過程在資訊行為理論建構方面的價值。

4. Brenda Dervin 的意義建構模式

有關資訊行為的研究，到了一九七六年之後，可說進入了另一個階段。其主要的貢獻者是 Brenda Dervin，她將資訊行為的研究取向從偏向系統機構轉向個人日常生活的資訊需求，並提出意義建構模式（Sense-making Model）來說明民眾日常生活資訊需求的重點乃在於意義的感覺（feelings）而不是過去所強調的認知（cognitions）。[40]

根據 Brenda Dervin 的說法，資訊需求發生於人們內在的知識不足以瞭解外在所發生的事物時，進而欲彌補此差距所採取的資訊行為，此行為乃是一種意義建構的過程。[41]

Brenda Dervin 意義建構模式的研究，提醒資訊服務的提供者，在提供資訊、滿足使用者的資訊需求時，要注意資訊對於使用者的意義與感覺，若使用者不能從而感覺該資訊的意義，那麼即使可能是很有用的資訊，也不算是滿足使用者的資訊需求。

---

[40] 同註 9 p.70
[41] Brenda Dervin. "From the Mind's Eye of the User: The Sense-Making Qualitative-Quantitative Methodology." in Jack D. Glazier and Ronald R. Powell ed. Qualitative Research in Information Management. (Englewood Cliffs, CO: Libraries Unlimited, 1992) pp.61-84

（五）資訊需求與資訊行為研究的重要課題

自從一九七六年 Brenda Dervin 有關資訊行為的里程碑研究之後，三十年來有無數的資訊行為研究，綜觀這些研究，得以讓我們更加清楚人們的資訊需求與資訊行為的本質。對此，Donald Owen Case 即歸納 Brenda Dervin 所提出的十項迷思，並綜合其個人的研究所得，提出八點有關資訊行為研究的重要課題：[42]

1. 正規的資源以及合理的檢索僅反映人們資訊行為的單一個面向。
2. 資訊越多並不見得更好。
3. 資訊的情境乃是資訊傳遞的核心。
4. 有時候特別是整套性的資訊並不一定有用。
5. 有時候並非所有的資訊都能夠被取得使用。
6. 資訊尋求乃是一動態的過程。
7. 資訊尋求並非都是以「問題」或是「問題情境」為核心。
8. 資訊行為也並非都是「意義建構」的。

綜合以上相關的研究結論及發現，將提供許多寶貴的經驗，可供規劃教育研究資訊資源服務時參考。

三、資訊需求與資訊行為對教育研究資訊資源服務的意義

資訊服務提供者竭盡其所能，蒐集、組織、整理各種資訊資源，依照各種的分類法或是主題法將之建構成為各種查檢的資料庫或是系統，自認為這些資訊資源的重要性與價值，還有查檢、使用資訊的方法都是不言自明的。殊不知即使是相似的資訊需求，也會因為使用者的個人差異、不同學科、不同身分、不同目的、不同階段等等因素的影響，而形成不同的資訊尋求行為。因此，資訊服務提供者就不能以單一的服務模式來滿足所有資訊使用者的需求，重點就在於必須事先瞭解使用者的需求，也就是要進行資訊使用者的資訊行為研究。再針對不同的需求、行為模式，提供最適切的服務。

---

[42] 同註 9 pp.288-291

　　就學術研究者的資訊需求而言，大致上可依照學科領域分為自然科學研究者的資訊資求與行為、社會科學研究者的資訊資求與行為、人文學科研究者的資訊資求與行為。教育學類的資訊資源服務是屬社會科學範疇，就社會科學類的資訊需求者而言，可依角色的不同而分為：研究者、決策者與實務者等三類，身分的不同將影響資訊的需求與行為模式。

　　教育研究資訊資源服務的對象較偏屬研究者，因此，在提供服務之前就必須瞭解教育學研究者的資訊需求與資訊尋求行為，才能真正滿足其需求，以達供需的平衡與一致，並發揮資訊資源的最大效益。

第三節　資訊資源管理

　　近三十年來，有關資訊資源管理的概念與作法被廣泛應到各學科、領域，其意義即在於能夠以一種較全面、整體性的觀念與方式，來統整、管理相關的資訊資源，以提昇資訊資源的服務品質並增進其效能。所以，在探討教育研究資訊資源服務時，也必須瞭解資訊資源管理的意義、發展及其內容項目等。

一、資訊資源管理的意義

　　資訊資源管理（Information Resources Management, IRM）是一九七零年代在美國興起的一種概念，其最主要之意涵乃在於認為資訊資源已成為一種和資金、人員同等重要的資本，因此，必須加以妥善規劃並發揮其效益，才能夠增進對於組織、團體或是個人的服務。

　　雖然截至目前為止，何謂「資訊資源管理」尚沒有一致被完全接受的定義，不過從分析「資訊資源」的內涵，亦可瞭解何謂資訊資源管理的本義。

　　一般而言，資訊資源有廣狹二義。狹義的資訊資源是指資訊內容本身所形成的有序化集合，而廣義的資訊資源除了資訊內容本身，還包括

提供資訊的設施、設備、組織、人員和資金等等，即資訊資源及與之有關之各種資源的總合。[43]

由於資訊資源廣狹二義的影響，資訊資源管理亦有廣狹二義。廣義的資訊資源管理強調管理全域性、功能集成性和手段多樣性，據此，所謂的資訊資源管理就是對資訊交流過程的所有要素，從決策、計劃、組織、協調、控制，進而有效地滿足社會資訊需求的過程。至於狹義的資訊資源管理，其重點則是關注對於資訊資源本身的有效管理。根據近年來的發展趨勢顯示，一般在談論、研究資訊資源管理時，所指涉的大多是傾向於廣義的資訊資源管理，雖然在界定上仍存有不同的看法，不過都一致認為：資訊資源管理是人類在漫長的發展歷程中，因為社會經濟高度發展並且資訊成為重要的社會發展資源之背景下，所發展起來的一種管理思想和模式。[44]

資訊資源管理一詞有時會與資訊管理（Information Management, IM）混用，不同的人使用該兩個名詞時，賦予的意義雖也不盡相同，但兩者之間的區別不易認定。一般來說在美國較常使用「資訊資源管理」一詞，而在歐洲則較常使用「資訊管理」一詞，例如原本英國有個創立於一九二四年的「專門圖書館與資訊機構協會」（Association of Special Libraries and Information Bureaux, Aslib），在一九八三年時，在原簡稱之後加上「資訊管理協會」（Aslib, The Association for Information Management）之名稱，藉以凸顯對於各種學科之資訊的研究與利用。[45]

二、資訊資源管理的發展

資訊資源管理之理念的興起有其背後的環境影響因素，總結而言主要有二：一是後工業社會（post-industrial society）資訊經濟（information economics）時代的來臨，二是科技的快速發展。[46]

---

[43] 黨躍武、孔桃。「關於信息資源管理研究中若干問題的評述」。圖書館，第 159 期（2000 年 12 月），第 25 頁。

[44] 同註 43

[45] Aslib, The Association for Information Management
http://www.aslib.com （96.12.27）

[46] Eileen M. Trauth. "Information Resource Management." in Miriam A. Drake ed. Encyclopedia of Library and Information Science. (New York: Marcel Dekker, 2003)

　　隨著社會上各種資訊量的快速增加，至一九六零年代時，人們多已體認到資訊的重要性，其意義將與以往促進經濟發展的重要因素：資金與人才同等重要。於是有關資訊時代、資訊社會、知識經濟等之用語大量湧現，不僅顯現出新時代的來臨，也提醒著如何有效掌握、管理各種資訊，將是未來必須面對的重要課題。

　　而如何有效管理資訊則必須仰賴資訊科技的發展，隨著第一部體積龐大的電子計算機發明之後，逐漸地相關的硬體與軟體也有快速的進展，不僅在體積上越趨精巧，在功能上也更強大，於是將之應用在資訊的管理上，也更加發揮其功效。

　　理念上的需求，再加上應用工具的配合，使得資訊資源管理不僅只是一種理論的想法而已，更是必須而且確實可行的一種實踐。在這理念與實踐交相影響之下，也更促進了資訊資源管理的發展。

　　若分析資訊資源管理的發展歷程，可以發現資訊資源管理與以下三個學科領域有密切的關係：資料庫管理（database management）、文件檔案管理（records management）、資料流程管理（data processing management），茲分述如下。[47]

（一）資料庫管理

　　資料庫管理的發展主要是源自於電子計算機科學（Computer Science）的興起。由於在企業裡必須快速處理眾多的資料，並從中分析、歸納出立即有效的資訊，才能充分滿足企業經營之所需，因此，在企業界就比其他行業更加重視資訊的有效處理。對企業界而言，所著重的問題是：什麼資訊對於公司的成功最重要？如何增進資訊的品質、即時、可信、一致與正確性？如何減低資料量？等等之類的問題。

　　為了滿足前述諸問題之需求，於是利用逐漸興起之電子計算機科學的技術與研究成果，將公司、企業裡的相關資料轉化成機器、軟體可以判讀的方式來處理，最後再以所需的形式呈現，藉以提高資料、資訊的處理效能。而隨著相關電子計算機科學與資訊科技的日新月異，所能夠

　　p.1325
[47] 同註 46 pp.1326-1333

處理的資料、資訊、資源形式也不斷地擴大，可以說是以資料庫管理的方式來統整相關的資訊資源，其效果當然也是值得肯定的。

　　總結而言，以資訊科技之資料庫管理的方式來增進資訊的處理效能，雖然名稱上不直接指稱就是資訊資源管理，但是不可諱言其對於促進資訊資源管理的發展是有相當大程度的影響。重要的是，所關注的要點不在於資料庫技術的進展，而是在於資訊科技、資訊系統所處理的資訊本身，包括其品質、完整、可得性，及對公司、企業的價值。

（二）文件檔案管理

　　文件檔案管理領域是第一個直接採用資訊資源管理一詞來描述其所進行的工作。其發展的源由肇因於如何有效儲存、檢索、利用公司裡面的所有文件檔案，於是就從圖書館學（Library Science）界引進如何收集、組織、保存、利用各種圖書資訊的相關觀念與作法，以增進對於組織內各項文件檔案的有效處理。

　　如何有效處理文件檔案，不僅是個別公司的需求，更是政府部門必須面對解決的問題。以美國聯邦政府為例，由於文件檔案量不停地增長，已造成聯邦政府的負擔與困擾，於是就在一九七四年成立「聯邦文件委員會」（The Commission on Federal Paperwork）以研究如何解決該問題。最後終於在一九八零年通過「文件刪減法案」（Paperwork Reduction Act），藉以有效管理美國聯邦政府的文件檔案。由於在文件刪減法案裡特別針對「資訊資源」（information resources）作了定義描述，無形當中也就促進了「資訊資源管理」一詞的被採用與興起。

　　在本領域內所指涉的資訊資源管理，其意義與前述資料庫管理領域所指稱的著重點稍有不同。資料庫管理領域的重點是所被處理的資訊本身，但在本領域內除了資訊本身之外，更重視要有一位「資訊長」（Chief Information Officer, CIO），以整體的視野來促進、統整文件檔案的分送與共享。

（三）資料流程管理

資料流程管理領域之所以會演變、促成資訊資源管理的發展，主要是源自於企業管理（Business Administration）以及管理資訊系統（Management Information Systems, MIS）的興起。

在企業界裡面，經常要制定各種經營決策，制定決策之前則需要能夠全面有效掌握企業內的所有資料，於是如何有效處理資料就成為企業管理的重要議題。這時如何引進科技來提昇處理的效能，就成為問題的關鍵。根據 Richard L. Nolan 的分析，企業組織為達有效處理內部資料、資訊而引進資訊科技，其歷程得有六個階段，名為「階段理論」（Stage Theory），包括：起始（initiation）、擴散（contagion）、控制（control）、整合（integration）、資料管理（data administration）、成熟（maturity）。[48]歷經此一過程，企業內的資料與資訊終將被有效處理。

本領域所涉及之概念與作法看似與前述資料庫管理的觀點相同，不過還是有些不一樣，相異之處最主要在於前者是從處理全企業組織的資料、資訊之需求的觀點著手，至於後者則是較偏重各種新資訊科技的應用效能。

事實上，從處理全企業組織之資料、資訊的需求，演變到以資訊資源管理（Information Resources Management, IRM）一詞來統整相關的概念與作為，即表示一種結合資料流程管理（data processing management）、企業計劃（corporate planning）、資料庫管理（database management）的興起與必要。也就是說，有關資訊資源管理的概念，是有多角度的內涵：學科觀點（disciplinary perspective）、管理範圍（management scope）、社會層面（societal sector）、名詞用語（vocabulary）和目的（goals）。其概念不僅應用在私部門（private sector corporation），同時也適用於公部門（federal sector agencies），目的都在於有效處理相關的資料、資訊與資源。[49]

綜合分析以上的現象可以得知，資訊資源管理之興起所隱含的意義是，針對現有之資訊需求與使用的問題，具有跨學科的特質，其解決途徑亦是跨學科的。更重要的是，資訊資源管理不只是對資訊的管理，而且是對涉及資訊活動的各種要素（資訊、人、機器、機構等）進行合理

---

[48]　同註 46 p.1331
[49]　同註 46 p.1331, p.1326

的組織和控制，以實現資訊和有關資源的合理配置，從而有效地滿足社會的資訊需求。[50]

三、資訊資源管理的程序模式

　　有效的資訊資源管理活動涉及以下五方面的關鍵要點：第一、識別：有什麼資訊？如何進行識別與編碼？第二、所有權：誰對不同資訊實體及其關係負責？第三、成本與價值：資訊徵集與利用過程的價值判斷模型為何？第四、開發：如何進行資訊增值或刺激資訊需求？第五、利用：如何最大限度地擴大資訊的價值？[51]

　　綜觀資訊資源管理活動的關鍵要點，其程序模式可以圖二之三資訊管理循環圖[52]表示之。茲將其主要內涵簡述如下。

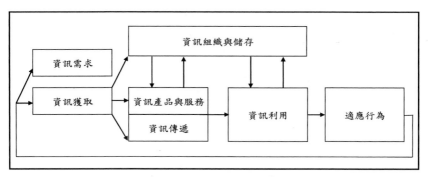

圖二之三　資訊管理循環圖

資料來源：
Chun Wei Choo. Information Management for the Intelligent Organization: The Art of Scanning the Environment. (Medford, N.J.: Information Today, 2002) p.24

---

[50] 吳慰慈。「從信息資源管理到知識管理」。圖書館論壇，22卷5期（2002年10月），第12頁。
[51] 同註50，第12頁。
[52] Chun Wei Choo. Information Management for the Intelligent Organization: The Art of Scanning the Environment. (Medford, N.J.: Information Today, 2002) pp.23-58

（一）資訊需求（Information Needs）

就整體組織而言，有關資訊的需求乃是源於所需面對之問題或是不確定性，這些問題與不確定性可以從以下十一個面向去分析：新的規劃或是舊的重現(between design and discovery)、結構性是強或是弱(between well- and ill-structured)、簡單或是複雜（ between simple and complex)、目標是明確或是未定（ between specific and amorphous goals)、初始階段已知或是未知（ between "initial state understood" and "initial state not understood")、假設已有共識或是沒有共識（ between "assumptions explicit" and "assumptions not explicit")、假設是明確或是不明確（ between "assumptions agreed upon" and "assumptions not agreed upon")、情境是熟悉或是新現（ between familiar and new patterns)、風險是高或低（ between "magnitude of risk not great" and " magnitude of risk great")、感性或是非感性的分析（ between "susceptible to empirical analysis" and "not susceptible to empirical analysis")、內發的或是外來的（ between "internal imposition" and "external imposition")。這十一個面向，以及各個面向不同的性質，都將影響資訊需求的分析。

因此，具體而言，對於資訊需求的描述，將不僅僅止於問「你想知道什麼？」而已，還要進一步細究「為何你需要知道那些？」、「你的問題像是什麼？」、「你已經知道什麼？」、「你期待發現什麼？」、「如何幫助你？」、「你如何知道？」以及「你希望以何種方式知道？」等等，如此才能夠發掘出真正的資訊需求。

（二）資訊獲取（Information Acquisition）

企業組織要繼續生存下去，就必須要有足夠的資訊來應付各種變化，至於需要那些資訊，則視企業組織本身的經營目標而定。

所需的資訊大致可分為兩個來源管道：一是內部的資訊，二是外部的資訊。內部的資訊包括企業組織的人力、物力、產能等等的資訊，外部的資訊則包括競爭對手的相關資料，甚至國家的政策、社會的潮流等各種變化的情況。根據適者生存法則的演繹，唯有靈活應付內外在環境變遷者，才能夠繼續生存下去。因此，Ross Ashby 的「必要多樣性法則」

（Law of Requisite Variety）之概念，在此也深具意義，也就是說，具備掌控、調適各種變化能力者，才能夠應付環境的多變性。

面對多樣性的變化，企業組織得有兩種方式：一是擴大組織的多樣性，二是縮小即將面對的變化範圍。後者以選擇性的方式來面對問題，或許暫時有效能夠脫離困境，但畢竟不是長久之計。前者則是以多樣性的方式來增進企業組織的適應能力，將各種可能涉及組織經營成敗的所有外在資訊全部予以收集，其方式可以借重圖書資訊學界的經驗或是委託相關的資訊服務公司代為收集。

具體而言，在收集企業組織內部的資訊時，可以資料庫的方式記錄分析各種人力、物力、經營等相關的條件。例如在人員部分就涵蓋有以下之資訊：專長、訓練、職務、顧客反映、會議參與等等，若員工願意，也可再加上例如下班後的興趣、休閒活動等等，此外還可加入例如外部的專家、演講者、訪客等等的回映訊息。綜合收集、分析這些內外在的資訊，都將有助於隨時調整企業組織的經營策略，以因應環境的變遷。

（三）資訊組織與儲存（Information Organization and Storage）

獲取得來的資訊必須經過有系統的組織與儲存，才能夠滿足、適應資訊共享與檢索的需求。

如何組織、儲存與檢索資訊，則視企業組織如何下決策而定，其中又可分為兩種情況：一種是已結構化的（programmed），另一種則是未結構化的（nonprogrammed）。所謂已結構化的決策意指相關的各種問題、現象都已經被分析清楚，並且條理成各種清單，因此，制定決策時，只須綜理這些表報，就能夠立即做出決定。至於未結構化的決策意指可能面臨的各種狀況、問題，事先並未有針對性的相關資料分析，只有在面對此類問題又必須立即反應做出決策時，才察覺出此類資料、資訊的重要性，這也是現今企業組織能否適應生存的重要關鍵。

由於拜資訊科技進步之所賜，已結構化之決策所需的資訊，大都已能利用各種資訊軟硬體進行有效的組織、儲存與檢索。至於未結構化之決策所需的資訊，則有賴於資料倉儲（data warehousing），進行模擬、分析、推論、比較等等，以因應外在環境快速變化之所需。

　　除了因應現實環境立即所需的資訊之外，對於過去以來所留存的各種資訊，如何善加保存並予以利用，也是另一項重要課題。例如花旗銀行（Citibank）、美國電話電報公司（American Telephone and Telegraph, AT&T）都成功將其公司的舊有資訊，以資訊加值（value-added）方式，建構成為代表公司營運發展成效的資料庫，備供新進人員、客戶查詢使用。

　　此外，如何隨時備份所有資料庫，也是資訊組織與儲存的重要課題。

（四）資訊產品與服務（Information Products and Services）

　　資訊被收集、組織、儲存之後，最終之目的還是要被利用。而資訊產品能否被充分利用，除了是否能被用來解決問題所需之外，還視其本身之若干特徵而定。Robert Taylor 曾分析二十餘種資訊加值活動，最後歸納出六種影響資訊產品與服務的要點：簡易使用（ease of use）、減低雜訊（noise reduction）、確保品質（quality）、彈性適用（adaptability）、節省時間（time saving）和節省費用（cost saving）。[53]

　　簡易使用是要以更合適的人機介面、版面呈現，讓使用者能夠快速透過瀏覽、歸類等方式查詢其所需要的資訊。

　　減低雜訊意指以索引、連結等方式，將讀者所需的資訊凸顯出來，並減低不適用之資訊的干擾。

　　資訊品質是使用者非常在乎的重點，因此，在提供資訊產品之服務時，就必須重視資訊的正確性、完整性、新穎性、有效性與可信性。

　　是否具備彈性適用的特徵，亦是影響資訊產品服務的要點。在這一方面，經常是要以人工調整的方式，以因應使用者隨時變化的需求。

　　所需耗費的時間與費用，也是資訊產品服務是否被採用的影響因素，就使用者而言，降低所需的時間與費用，代表著更可能使用該資訊產品服務。

　　綜合以上各項影響因素，Carmel Maguire 等人提出六項資訊服務的基本原則：[54]

[53] Robert Taylor. Valued-added Process in Information Systems. (Norwood, N.J.: Ablex Publishing Corp, 1986) 轉引自 Chun Wei Choo. Information Management for the Intelligent Organization: The Art of Scanning the Environment. (Medford, N.J.: Information Today, 2002) p.40

[54] Carmel Maguire, Edward J. Kazlauskas, and Anthony D. Weir. Information Services for

1. 資訊服務必須兼具彈性與多面向。
2. 任何資訊服務都不可能獨占，因此，必須發展出既競爭又合作的策略。
3. 必須發展出一種中介角色之功能，使資訊使用者具備辨別、擷取、利用、闡釋資訊的能力。
4. 傳統圖書資訊之人工守門人的角色，即使是在今日資訊處理自動化的時代，仍然有其存在的必要。
5. 資訊服務是以顧客為中心，而不是以徵集為中心，更不是以系統為中心，因此，必須留意使用者的需求，並且注重行銷。
6. 資訊服務必須不斷地創新。

（五）資訊傳遞（Information Distribution）

所謂資訊傳遞，意指在組織團體內傳遞、共享資訊的過程。透過傳遞與共享的過程，使得組織團體內的資訊更加容易被擷取，也更加容易進行檢索與利用。此一現象，也正如長久以來，圖書資訊學界所揭櫫的信條：「在最適當的時機，將最適用的資訊，以最恰當的型式，提供給最需要的人，進行合理的使用」（to provide the right information to the right person at the right time in the right format for the right use）。

如何將外部的各種資訊引進團體內，以供組織內成員使用，則必須仰賴資訊守門人（information gatekeeper）的協助，資訊守門人所能涉及的範圍多寡，將深深影響組織團體所能接觸、應用到之資訊的質與量。為了確保資訊來源的多樣管道與層面質量，最好組織內的所有成員，都能夠扮演相當程度資訊守門人的角色。

至於資訊在組織內的傳遞方式，可以網路上討論群組（Usenet newsgroups）的運作方式為例說明之：每則訊息都有一標題，使用者經由挑選有興趣的標題，再閱讀其詳細的內容，閱讀後可添加上補充說明、意見評論，其他人亦經由類似模式，提供其個人的想法。最後，每則原始訊息以及後續的說明、評論等等，都有相關條列的連結以便追蹤，進而形成一種資訊傳遞的脈絡。

Innovative Organizations. (San Diego, CA: Academic Press, 1994) 轉引自 Chun Wei Choo. Information Management for the Intelligent Organization: The Art of Scanning the Environment. (Medford, N.J.: Information Today, 2002) pp.41-42

如此的方式，比傳統團體面對面開會、交談，能夠免除困於情面、權威等因素，而不便真正表述的障礙，也更有助於資訊的傳遞。

（六）資訊利用（Information Use）

資訊被收集、組織、儲存的最終目的，乃在於要能夠被充分利用，其意義主要在於要將資訊轉換成為知識，並應用到企業組織中。所以，資訊利用所指涉的，除了是應用可能的資訊以解決現實的問題之外，還將是一種詮釋資訊的過程。Hans-Georg Gadamer 的詮釋學理論亦可提供相關的見解說明，其主要的意涵是：我們一方面根據對於整體的認識來理解局部，相對的，我們亦參考局部的知識來增進對於整體的瞭解，於是不斷地在這局部與整體、理念與實際之間來回擺盪，終究完成對於事物的詮釋與理解。

在企業組織內，有關資訊利用的情形，即相當程度地顯現出詮釋的過程。就以制定決策為例，在開始時為了弄清楚整體的狀況，於是就必須瞭解各個獨立的資訊，並發掘其間的關聯性；待掌握相當程度的獨立資訊之後，對於整體事物的理解也更加清楚；最後為了制定決策，就必須洞悉其間的各種資訊對於整體的影響，經評估其間的影響效力之後，選擇適用的資訊並做成決策。這過程看似一種單向式的：確認關聯（identification）、發展形成（development）、判斷選擇（selection）之過程，但是實際上卻是一種斷斷續續的歷程，在各個停頓點都可能再加入重新修正詮釋的因素，最後才將資訊利用成為知識，並應用於實務工作中。

四、資訊資源管理的項目內容

如何有效運用資訊資源，就必須重視資訊資源的管理。那些項目內容是資訊資源管理的範疇，則視對於資訊資源的定義而定。正如前述，狹義的資訊資源是指資訊內容本身所形成的有序化集合，而廣義的資訊資源除了資訊內容本身，還包括提供資訊的設施、設備、組織、人員和資金等等，即資訊資源及與之有關的各種資源的總合。因此兩者所要管理的資訊資源項目內容也會不一樣。一般來說，就使用者的立場而言，

比較重視某類資訊資源的質量問題，而不太會注意到如何提供這些資訊資源其背後的相關配合條件，也就是說偏向狹義的資訊資源管理。然而就整體資訊資源服務的觀點而言，僅注重狹義的資訊資源管理是不夠的，如此的話並不能構成完善的資訊資源規劃與服務，因此，在探討此一課題時，還是以廣義之資訊資源管理的觀點來看待，較符合事實所需。

　　從廣義之資訊資源管理的觀點來分析其應有的項目內容，得有不同的歸類分法，陳昭珍等人認為，資訊資源管理的項目包括以下四項：[55]

1. 硬體設備資源方面：有關硬體的購買、租賃，資訊設備的安全維護等。
2. 軟體技術資源方面：各種系統的開發、規劃、整合以及使用權限等。
3. 人力經費資源方面：有關人員的配置、培訓以及經費的運用等。
4. 通訊網路方面：強調所有資訊均能夠透過網路間傳遞、使用。

　　孟廣均等人則認為，有關資訊資源管理的內容包括許多個別的項目，整體來說可歸併為以下三類：[56]

1. 資訊資源的過程管理：包括資訊資源流、使用者需求分析、資訊源分析、資訊採集與轉換、資訊組織、資訊檢索、資訊資源開發、資訊資源傳播與服務等。
2. 資訊資源的網路管理：包括資訊系統與資訊網路、資訊網路管理體制、資訊資源的布局和共享管理、網路環境中的資訊資源管理等。
3. 資訊資源的宏觀管理：包括資訊服務業、資訊市場、資訊政策和法規、資訊資源管理的宏觀調控體制等。

　　Chun Wei Choo 認為資訊資源管理包括以下四個方面的議題：[57]

1. 資訊資源、文件、檔案的管理。
2. 資訊科技的管理。
3. 資訊處理過程的管理。
4. 資訊政策、標準的管理。

　　其關係如圖二之四資訊管理圖所示。

[55] 陳昭珍等。資訊資源管理（臺北縣蘆洲市：國立空中大學，民國 88 年 9 月），10-11 頁。
[56] 孟廣均等。信息資源管理導論（北京市：科學出版社，1998 年 9 月），212-401 頁。
[57] 同註 52 p.xiv

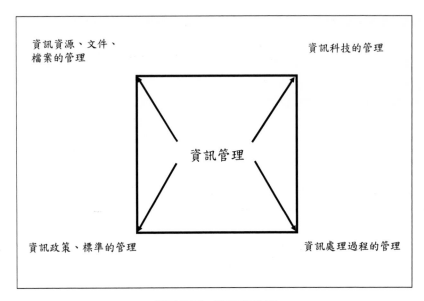

圖二之四　資訊管理圖

資料來源：
Chun Wei Choo. Information Management for the Intelligent Organization: The Art of Scanning the Environment. (Medford, N.J.: Information Today, 2002) p.xiv

　　另外還可以從整體資訊資源服務的過程，將其項目分為：資訊需求分析、資訊資源建設以及資訊資源開發等內容。

　　由以上之分析可以得知，資訊資源管理所涉及的內涵極廣，凡是能夠促進一單位、機構組織有效統整、運用其資訊資源者均是。以英國「專門圖書館與資訊機構協會，資訊管理協會」（Aslib, The Association for Information Management）引以為傲的旗艦級專著「資訊管理手冊」（Handbook of Information Management）為例，除卻討論英國的資訊自由法案、圖書館管理系統與數位圖書館等議題之外，有關資訊資源管理所論及的項目內容包括有：[58]

_____

[58] Alison Scammell. Handbook of Information Management. (London: Aslib-IMI, 2001)

1. 混合式圖書資訊的必要性

（Digital library services: an overview of the hybrid approach）

在這數位化的網路時代裡，人們對於資訊的認知幾乎全部是以便於傳遞使用的數位化資訊為主，但是也不能輕忽從古至今長久留存下來的傳統紙質文獻以及例如微縮型式之資料等的價值。在可預見的未來之內，混合式的圖書資訊服務將還會共存一段時間，因此，必須同等重視之。

2. 人員（Staffing the special library）

由於圖書資訊服務所面對的，是需求廣泛且又隨時變化的讀者，因此，唯有熟知各種圖書資訊且又具備靈活應變能力的從業人員，才能勝任資訊資源服務的工作。

3. 學科主題資訊的組織

（Organising access to information by subject）

在資訊爆炸的時代裡，將過多的資訊提供給使用者並無多大意義。重要的是要能夠針對使用者的需求，篩選過濾出其所需的資訊，並且參照分類、主題、索引典等方式將資訊資源呈現出，以便利使用者使用。

4. 資訊需求評估（Information needs assessment）

不同的對象、不同的時機、不同的場合、不同的目的，對於資訊資源的需求也會有所不同。因此，規劃提供資訊資源服務時，就必須進行服務對象的資訊需求評估，才能夠真正滿足其所需。

5. 資訊查核（Information audits）

資訊查核一詞約在一九八零年代才開始使用，其意義是：在實現、維護、改進資訊資源系統之目標下，進行調查、評估資訊資源的各種情況，具體的方式得有：資訊地圖分析（InfoMap）、資訊流分析（Information flow analysis）等。

6. 效能評量（Performance measurement and metrics）

雖然資訊資源的服務不易評估，不過為了確認服務的成效，還是應該要進行效能評量。評量的方式依議題性質而定，得有量的評量、質的評量和標竿的評量等方式。

7. 文件管理（Records management）

企業組織在經營過程中會產生出許多的文件，這些文件對於企業組織而言，不僅是一種紀錄，更是一種資產，因此，也必須予以妥善管理，以便因應必要時進行參考瀏覽。

8. 諮詢服務（The enquiry service）

由於需訊使用者有時候並不完全清楚自己的需求是什麼，因此，有關參考晤談（reference interview）的諮詢服務就顯得重要。其目的在於釐清真正的資訊需求何在，以針對需求，提供正確的服務。

9. 網際網路的應用（The use of the Internet in special librarianship）

經由網際網路提供資訊資源服務是免不了的趨勢，網路上的網站依使用權限的限制與否，得分為三個類型：一是開放性的網站（the open Web），二是限制性的網站（the gated Web），三是專業性的網站（the professional Web）。三者各能提供不同深度的資訊內容，應交互應用以謀求最大的效益。

10. 資訊資源的選擇
（Selecting information resources for the special library）

相似主題內容的資訊資源何其之多，如何從中挑選出最適合服務對象所需者，則有賴資訊服務從業人員的專業判斷。一般來說若能具體擬定資訊資源的發展政策，並且敘明可能的合作發展方式，則是理想的作法。

11. 資訊資源的徵集
　　（Acquiring information resources for the special library）

　　根據既定的發展政策，如何透過各種可能的途徑，快速又有效率地將必要的資訊資源徵集到來，也是資訊服務過程中的要點之一。徵集的方式得有：購買、交換、贈送等等，另外對於灰色文獻的徵集也是必須關注的焦點。

12. 資訊新知服務
　　（Current awareness services in an electronic age）

　　如何將最新的資訊資源提供給使用者也是資訊服務的重要課題。現今多是利用自動化的方式來提供此種服務，具體而言，得有：目次服務（table of contents services）、新知通告（new alerts）、專題選粹服務（Selective Dissemination of Information, SDI）等等，甚至最新發展的Really Simple Syndication（RSS）技術，都可用來作為資訊新知服務的工具。

13. 經費管理（Financial planning）

　　就圖書館提供資訊資源服務的立場而言，本就不認為是一種營利的行為。然而，為了提昇服務，不得不運用各種新式的資訊軟硬體設備，這些都是要耗費許多的費用，因此，如何在控制經費支出與最佳品質的服務之間取得平衡，亦是必須要妥善管理的事項。

14. 專案管理（Project management）

　　有時候資訊資源服務會以專案的方式推出，所以就必須確保專案的規劃、組織、執行等過程的完善，對於完成專案所需的人員、經費、時間等等要素，也要有妥善的管理機制。

15. 資訊服務行銷（Marketing the information service）

　　行銷是擴展資訊服務的重要手段，其內涵得有：產品（product）、價格（price）、通路（place）、促銷（promotion）、人員（people）、流程（process）、具體感受（physical evidence）等，形成一整套的行銷組合。

16.內部網路建置（Intranets）

如何提昇企業組織內部的資訊流通進而能夠有效利用，建置內部網路則是必經的歷程。完善的內部網路建置將可以有效管理企業組織內部的各種資訊，包括：人員、資金、產能等等各種情況，並從中分析、規劃未來可能的發展方向。

17.有效的網站服務（The effective web site）

透過網站提供各項服務，已是當今各行各業的必備條件之一，資訊資源服務自不例外。建置網站服務必須站在使用者的立場來考慮相關的問題，例如：連線方式、頻寬速率、全文格式、版面呈現等等，都是會影響使用便利與否的考量因素。

18.著作權（Copyright）

雖然數位檔案便利傳輸使用，但是也經常會因此而誤觸著作權法而不自知。因此，在提供資訊資源服務時，實在有必要詳細瞭解著作權法的相關規範，甚至對於世界智慧財產組織（World Intellectual Property Organization）的相關訊息也要有所掌握則更好。

19.資料安全（Data protection）

相對於擷取資訊的便利，事實上也隱藏著資料安全的問題。資訊資源服務經常是以資料庫系統的方式來運作，在這過程中，如何維護資訊資源的完整性與正確性，還有使用者的隱私等要求，都是必須要詳加考量的。各國對於此一議題，多已制定相關的法律來規範。

20.資訊供應的責任（Liability for information provision）

由於資訊越來越被視為是一種有價值的商品（commodity），一般人也常仰賴資訊服務從業人員的專才代為檢索以取得必要的資訊，兩者的關係也朝向委託人與代理人的關係發展。如何確保雙方的權利與義務，則是現今資訊資源服務過程的新興議題，值得多加關注。

21.資訊玩家（The information 'player': a new and timely term for the digital information user）

　　以往我們對於資訊的利用多是以較嚴肅的態度來看待，因此是以資訊使用者（information user）一詞描述使用資訊的人。然而今日人們使用資訊並不見得如過去般那樣是偏向研究、分析時所需，很多時候使用者有他自己的想法與利用之道，因此，產生了一個新鮮名詞「資訊玩家」（The information 'player'），藉以提示資訊資源服務者應留意如何調整服務，才能因應、滿足「資訊玩家」之需求變化。

五、資訊資源管理對教育研究資訊資源服務的意義

　　從分析資訊資源管理的意義、發展、內容項目等，可以深刻地體會到，雖然資訊資源管理是源起於公私部門、企業組織，為了因應資料、資訊暴增，思謀利用各種資訊科技，以增進管理、利用資訊資源之效能的一套作法。其具體運作方式發展至今，已不單只是狹義針對資訊資源內容本身的管理而已，還應包括提供資訊資源的設施、設備、組織、人員和資金等等之管理。

　　由於完整之資訊資源管理所涵蓋的範疇，能有效的將相關的資訊資源予以收集、整理並備供利用，因此，相關的概念與作法廣被各個學科、領域採納應用，並且研擬專著作為引據之參考。例如在健康資訊資源管理方面有：「Information Management in Health Care」[59]、「Information Management for Health Professions」[60]、「Management of Health Information: Functions and Applications」[61]；在志願部門有：「Information Management in the Voluntary Sector」[62]；在博物館方面有：「Information Management in

---

[59] Richard D. Marreel and Janet M. McLellan. Information Management in Health Care. (Albany, N.Y.: Delmar Publishers, 1999)

[60] Merida L. Johns. Information Management for Health Professions. (Albany, N.Y.: Delmar Publishers, 1997)

[61] Rozella Mattingly. Management of Health Information: Functions and Applications. (Albany, N.Y.: Delmar Publishers, 1997)

[62] Diana Grimwood-Jones and Sylvia Simmons. Information Management in the Voluntary Sector. (London: Aslib, 1998)

Museums」[63]；在檔案利用方面有：「檔案資訊資源管理」[64]；甚至有將之運用到統整全國性之農業資訊資源的規劃研究：「國家農業文獻信息資源系統分析與設計」[65]等等，都是針對個別學科主題之需要，運用資訊資源管理之概念，所規劃、提供的服務實例。

由各學科、領域採用資訊資源管理的情況，也顯示出其在提供教育研究資訊資源服務方面的必要性與可行性。所以，為了提昇教育研究資訊資源服務的品質與效能，除了必須確實做好教育研究資訊資源的徵集與整理之外，還必須妥善管理提供服務時可能涉及的使用者需求、資訊系統、服務人員、經費、行銷、評估等等要素。所以，如何進行整體性的資訊資源管理，應是規劃、提供教育研究資訊資源服務時，必須審慎考量的重點之一。

第四節　知識管理

近年來不論是在專書、學術期刊、學位論文甚至一般人的交談中，都經常會出現「知識管理」（Knowledge Management）一詞，可見知識管理應該是很重要的議題，才會激起那麼多的關注。然而，到底什麼是知識管理？知識管理又有何效用？假若知識管理是如此重要，那麼對於教育研究資訊資源服務來說，又有何關聯？有何意義？則都是值得探討的議題。

一、知識管理的內涵

有關知識管理的內涵，可以從：知識管理的源起與發展、知識管理的定義與目的、知識管理的對象與範圍等方面來探討，茲分述如下。

---

[63] Elizabeth Orna and Charles Pettitt. Information Management in Museums. (Aldershot, Hants, England: Gower, 1998)

[64] 檔案管理局編。檔案資訊資源管理（臺北市：檔案管理局，民國 93 年 12 月）。

[65] 潘淑春。「國家農業文獻信息資源系統分析與設計」。中國農業科學院研究生院博士學位論文，2001 年 5 月。

（一）知識管理的源起與發展

就一般的概念而言，知識管理並不是最近這些年才產生的新興議題，舉凡過去以來家族企業將經營策略傳授給其子弟、特殊手工業者將技藝秘訣傳授給繼承者等等，都是與知識管理有關的策略方式。然而，現代意義之知識管理的概念，則與經濟發展有密切之關係。在經濟競爭的時代裡，企業組織無不盡心盡力研究如何降低成本增加競爭力，於是在傳統經濟模式，注重有形的資金、土地、勞力之外，探討其他影響經濟發展的可能因素。例如管理學大師 Peter Drucker 在「後資本主義社會」（Post-capitalist Society）一書中提出：「知識將是後資本主義社會裡，最重要的資源，凌駕於傳統的勞工、資本、土地之上。」[66]、「知識成為最關鍵的資源，是我們的社會之所以為後資本主義社會的原因。因為它從根本上改變了社會的結構、創造出新的社會動力、經濟力以及新的政治體。」[67]於是，有關知識影響經濟發展的概念就陸續被提出討論，並且逐漸重視對於知識的管理。

又根據 Patrick H. Sullivan 的歸納分析研究，促成視知識為資本並進行管理的源起有三：一是 Hiroyuki Itarni 從研究日本公司企業的經營成效中發現，有一種無形的資本正被管理、利用，並且產生正面的效益。二是 David Teece 綜合歸納好幾位經濟學家們的研究，指出科技商品化（technology commercialization）之現象，對於經濟發展與理論模式的影響。三是 Erik Sveiby 的研究指出，人類智能在知識資本中的重要性，進而促成企業組織重視其員工之智能的開發與管理。[68]

可以說有關知識管理之源起乃是為了因應時代的變化以及經濟的發展所需，促使人們重視知識的價值以及其在知識經濟時代的意義，因此，有關知識管理的探討也就逐漸興起，並且成為時代的熱門議題。

---

[66] Peter Drucker . Post-capitalist Society. (New York: Harper Collins, 1993) 轉引自傅振焜譯。後資本主義社會（臺北市：時報文化出版公司，民國 83 年 9 月），第 50 頁。

[67] 同註 66，第 53 頁。

[68] Guy St. Clair. "Knowledge Management." in Miriam A. Drake ed. Encyclopedia of Library and Information Science. (New York: Marcel Dekker, 2003) p.1487

　　而知識管理自源起發展至今也歷經不同的發展階段。李仁芳提出第三代知識管理的觀點：[69]

1. 第一代的知識管理典範出現在 Federick Taylor 的科學管理時期，企業將產業智慧儲存在領導階層及中層管理者，至於負責生產的員工不涉及組織的知識管理。

2. 第二代的知識管理注重的是學習型社會，也就是知識的流通與連結（knowledge flow and linkage），以整個企業為合作學習的單位。

3. 一九九零年代中期以後，北美地區發展出第三代的知識管理，強調知識的創新與實踐價值，以互動的「知識流動」取代過去靜態的「知識儲藏」（knowledge stock）。

　　又根據「國際資料公司」（International Data Company, IDC）的報告，全世界知識管理的演進發展過程為：[70]

1. 一九九八年以前為知識擷取階段，主要發展重點是知識的儲存及擷取。

2. 一九九八年至二零零零年為知識連結階段，主要發展重點是發掘及維護人與資料物件的連結。

3. 二零零零年迄今為協同運作階段，主要發展重點是知識社群。

　　不論是何種觀點的發展階段分法，都可清楚地發現，知識管理的概念與意義，乃是隨著時代進步而演化的。

（二）知識管理的定義與目的

　　由於有關知識管理的觀念已廣被各行各業所接受、應用，而不同的人對於何謂知識管理則有不同的看法與著重點。綜合歷年來的不同觀點，Guy St. Clair 曾列舉了數種不同並較具代表性之知識管理的定義：[71]

1. 知識管理係指針對組織內知識的管理，藉以創造企業利益並產生競爭利基。

---

[69] 李仁芳、花櫻芬。「技術知識類型與知勢交流網路模型」。科技管理學刊，2 卷 1 期（民國 86 年 6 月），75-121 頁。轉引自劉宜君。公部門知識管理之探討：理論與實務分析（臺北縣永和市：韋伯文化出版公司，民國 93 年 6 月），43-44 頁。

[70] 戚正平。「以啟動知識鏈的重整，來參與價值鏈的重整」。電子化企業經理人報告，第 24 期（民國 90 年 8 月），78-82 頁。轉引自楊政學。知識管理學理與實證（臺北市：揚智文化公司，民國 95 年 1 月），8-9 頁。

[71] 同註 68 pp.1488-1489

2. 有效的知識管理策略，乃是能夠融合科技、文化變遷、新系統以及企業的目標，並且與公司的營運策略協調一致。

3. 知識管理乃是一套識別、擷取、轉換資訊的系統過程，人們得以利用作為創造、競爭和改善的依據。

4. 知識管理係指對資訊的識別、創造、收集、整合以及傳遞，藉以增進制定最佳的決策和效能。

5. 知識管理乃是一套整合發現、選擇、組織以及呈現資訊的系統過程，藉以增進員工對於公司企業之資產的瞭解與利用。

邱子恆亦曾羅列分析數位專家學者對於知識管理的定義，包括有：[72]

1. 知識管理提供組織在面對不確定性日益增加的環境變化時，能適應生存及競爭的關鍵議題。基本上，它把組織的程序具體化，力求資訊科技中資料及資訊程序能力的相關組合，並且重視人員的創造及革新能力。

2. 知識管理是提供工具給組織中所有的成員，協助他們控制並管理知識，以支持學習的能力。其牽涉的範圍極廣，包括有：文化和動機、組織與人事、管理，以及資訊科技。

3. 知識管理是一種把對的知識、在對的時間、傳遞給對的人的策略，可以幫助員工分享資訊，並將之付諸行動，以改善組織的表現。此乃是一種複雜的過程，必須得到策略與領導、企業文化、評量機制及科技等方面的支援，並包括對知識的創造、辨識、收集、組織、分享、採納及使用。

黃河明則從資訊科技的觀點來看待，認為「知識管理係為了達到組織目標，對知識的產生（創造）、傳播（流通）與運用（加值）加以管理的程序與機制，便於組織成員分享知識，以提昇組織競爭力並創造利潤。」[73]

除此之外，劉常勇認為，所謂「知識管理」乃是「有關知識的清點、評估、監督、規劃、取得、學習、流通、整合、保護、創新活動，並將

---

[72] 邱子恆。「知識管理及其對圖書館的影響」。中國圖書館學會會報，第 65 期（民國 89 年 12 月），第 102 頁。

[73] 黃河明。「由資訊科技觀點看知識管理」。中國圖書館學會、美國國際電腦中心研究院主辦。知識管理－方法與系統研討會（臺北市：國家圖書館國際會議廳，民國 89 年 12 月 3 日至 5 日），第 13 頁。

知識視同資產進行管理，凡是能有效增進知識資產價值的活動，均屬之。」同時能夠「結合個體與團體，將個體知識團體化，將內隱知識外顯化。結合內部與外部，將外部知識內部化，將組織知識產品化。」[74]

綜合眾人的說法，對於何謂知識管理，可參酌美國國際圖書館電腦中心執行長（Executive Director, Online Computer Library Center, OCLC）Erik Jul 的說明，將之定義為：「是一門以整合方法來識別、獲取、評估、檢索與共享企業全部資訊資產的學科」，並且「是以一種系統的、明顯的、謹慎的、更新的方式，應用知識以極盡擴展與企業組織有關之知識相關的效能」，藉以「對企業組織內部的知識，加以明確詳盡的控制與管理，以達成該企業組織的目標」。[75]

經由分析知識管理的源起與定義可以得知，知識管理是現今知識經濟時代裡不可或缺的一套作為。唯有做好知識管理，企業組織才能夠統整原本可能分散於各個部門、各位員工各自擁有的知識，使之得以廣泛流通、分享、加值、應用，並增進企業組織的經營效能。

因此，具體而言，知識管理的目的為：[76]

1. 增加組織整體知識的存量與價值。
2. 應用知識以提昇技術、產品、與服務創新的績效以及組織整體對外的競爭力。
3. 促進組織內部的知識流通，提昇成員獲取知識的效率。
4. 指導組織知識創新的方向。
5. 協助組織發展核心技術能力。
6. 有效發揮組織內個體成員的知識能力與開發潛能。
7. 提昇組織個體與整體的知識學習能力。
8. 形成有利於知識創新的企業文化與價值觀。

---

[74] 劉常勇。「知識管理與企業發展」。
http://cm.nsysu.edu.tw/~cyliu/paper/paper23.doc（95.07.10）
[75] Erik Jul. "Knowledge Management: Methods and Systems." 中國圖書館學會、美國國際電腦中心研究院主辦。知識管理－方法與系統研討會（臺北市：國家圖書館國際會議廳，民國 89 年 12 月 3 日至 5 日），第 9-11 頁。
[76] 同註 74

（三）知識管理的對象與範圍

　　既然知識管理是如此的重要，那麼知識管理的對象與範圍又是為何呢？根據一九九六年經濟合作發展組織（Organization for Economic Cooperation & Development, OECD）在「以知識為基礎的經濟」（Knowledge-based Economy）報告中，將知識經濟界定為：以知識資源的擁有、分配、產生和使用為主之生產因素的經濟型態。因此，知識管理所應包括的對象與範圍就包括有：[77]

1. 知事（know-what）：即關於事實認知的知識。
2. 知因（know-why）：即關於科學原理以及自然規律的知識。
3. 技能（Know-how）：即從事業務的技巧、秘訣、竅門與能力。
4. 知人（know-who）：即那些人有特殊專長的知識及特殊社會人脈關係。

　　而知識管理的基礎，則包括有：[78]

1. 資料（stuff）：文字、圖片、影像等等。
2. 技術（technology）：網路、電信和儲存技術等等。
3. 人員（people）：創造、維護和使用知識的人們。
4. 程序（process）：知識是如何被創造、儲存、獲取和使用的過程。

　　綜合來看，林珊如即將知識管理的對象與範圍分為：知識管理的知識對象、知識管理的管理對象、知識管理的範圍等三項，茲分述如下：[79]

1. 知識管理的知識對象

　　知識管理之知識對象的分類，包括有：理論知識（knowledge-in-theory）或實務知識（knowledge-in-practice）、外顯知識（explicit knowledge）或內隱知識（tacit knowledge）、公共知識（public knowledge）或個人知識（personal knowledge）。

　　一般而言，圖書資訊學界較強調理論知識的徵集與歸類，然而企業實務界則較重視實務知識的應用與效果。事實上，理論或實務也並非是全然對立，兩者其實各有其適用的時機。

---

[77] 同註 73，第 12 頁。
[78] 同註 75，第 16 頁。
[79] 林珊如。「知識管理：對什麼知識？做什麼管理？」。大學圖書館，6 卷 1 期（民國 91 年 3 月），5-11 頁。

　　就知識的表現方式而言，可將知識區分為外顯知識與內顯知識兩類。前者多為正式、有系統的知識，因此也較易流通分享；後者則是私人所擁有，不易被他人察覺利用。就企業界而言，更強調對於內隱知識的管理。

　　就知識的取用來源，知識可分為公共知識與個人知識。公共知識多已存在於學校、圖書館等機構中，任憑公眾自由取用。個人知識則是個體所擁有，具有私密性，尚未被公眾所利用。

　　就被管理的知識而言，在企業界裡知識管理的精髓乃在於如何把存在於員工私人腦海裡的內隱性、經驗性、未經編碼的知識加以外顯化，以便分享、管理，而成為組織的智慧資本。因為對企業而言，唯有能夠用出來的知識才具有意義。

2. 知識管理的管理對象

　　由於企業經營相關的知識主要是落在組織成員、活動事件與物件媒體中，因此，人、事、物即成為知識管理的管理對象。

　　就人，即人員之管理而言，重點在於如何將組織內每位成員的個人能力、因工作關係所產生的各種經驗、記憶，都能夠被文件化或結構化。消極而言，可避免因員工調職、離職而造成經驗傳承的中斷；積極而言，得以更加有效率地應用。

　　就事，即事件、流程之管理而言，組織內的各種作業流程，經由電子化的過程，可產生有利決策的數據資料或訊息。各部門再經由日積月累的作業研究，得以產生精進管理的最佳實務。

　　就物，即資源之管理而言，每一組織都有各種的表單、手冊、政策、備忘錄、業務報告、訓練教材等等，如何將這些零散的資料轉化成為有用的商業資訊與知識，則必須要有精心之分析、解釋、整合的管理。

3. 知識管理的範圍

　　依知識管理所涉及之範圍大小而言，可分為組織內部的管理以及組織外部的管理兩類。

　　組織內部的知識管理是以人為基礎的知識管理，著重於將員工內隱與外顯的知識加以蒐集、組織、儲存、傳遞，使成為企業的資產，不因人事調動或離職而消失。

　　至於外部的知識管理則是要有計畫地將外在的有用資訊引入組織內，即對於組織外部相關之人事物之資訊與知識的掌握，藉以備供組織決策、發展之參考。

二、知識管理的原理策略

　　有關知識管理的形成，其背後有許多不同學理的支撐，同時在實施策略上，得因組織之性質、目標不同而有差異，茲分述如下。

（一）知識管理的基本原理

　　多年來由於相關領域專家學者的相繼研究，形成多元化的知識管理理論。這些不同觀點的理論，各有其特色與應用之處，並且能夠供作解釋或是推動知識管理所需。楊政學將這些理論歸納為以下十項：[80]

1. Nonaka 與 Takeuchi 的組織知識轉化理論：引進「外顯知識」與「內隱知識」之概念，揭開知識管理的序幕。

2. Nonaka 與 Takeuchi 的知識螺旋理論：組織知識的創造，是透過「共同化」、「外化」、「組合化」、「內化」等四種知識轉換方式之知識螺旋過程。

3. Weggeman 的知識價值鍵理論：確認知識需求之後，乃是一連串「發展知識、「知識分享」、「應用知識」、「評估知識」的鏈結關係。

4. Nonaka 與 Takeuchi 的知識創造理論：知識創造過程有「分享內隱知識」、「創造觀念」、「確認觀念」、「建立原型」、「跨層次的知識擴展」等五階段。

---

[80] 楊政學。知識管理學理與實證(臺北市：揚智文化公司，民國 95 年 1 月)，117-143 頁。

5. Borghoff 與 Pareschi 的知識生命週期理論：將四種知識轉換方式視為一種「知識生命週期」，而其關鍵乃在於「外顯知識」與「內隱知識」的區分。

6. Tomaco 的知識管理理論：以「知識分類編碼模式」、「知識可接近性」、「知識管理的方法與系統」等三項基本單元，建構為知識管理理論。

7. Krebsbach-Gnath 的知識管理組織變革理論：視知識管理乃是組織變革的工具之一，意即知識管理是企業組織進行變革必要的輔助工具。

8. Hedberg 與 Holmqvist 的知識管理競技場理論：引用競技場概念，以知識管理為核心，以顧客、競爭者、組織員工、工作夥伴等四者為互動與服務的對象。

9. 知識管理變革促動理論：認為推動知識管理的變革促動是一連續的過程，其意義在於支持組織與知識工作者個人持續不斷之轉型。

10. 全面性知識管理：實行廣泛與系統化知識管理的企業發現，有些實務作業整體而言可以促使全面性的成功，故特別留意如何使知識工作更有效能。

由於以上十種有關知識管理的理論仍有相似互通或是部分重疊之處，事實上還可以再進行整合以利討論說明，因此，陳柏村將之總結為四個基本原理：知識螺旋、知識盤點與致能、知識發展與應用、導入公式與模型，茲分述如下：[81]

1. 知識管理第一基本原理－知識螺旋

知識螺旋模式是由日本學者 Nonaka 於一九九五年提出，可說是所有知識管理原理的基礎，其根源可說源自於認知心理學的「認知螺旋」。此模式的基本概念乃在於闡釋說明在一個組織之內，不同類型的知識，包括內隱性以及外顯性的知識，如何被轉化與利用。其基本架構如圖二之五知識管理第一基本原理模型圖[82]所示。

---

[81] 陳柏村。知識管理：正確概念與企業實務（臺北市：五南圖書公司，民國 94 年 2 月），69-101 頁。

[82] 同註 81，第 71 頁。

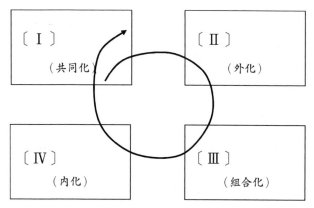

圖二之五　知識管理第一基本原理模型圖

資料來源：

陳柏村。<u>知識管理：正確概念與企業實務</u>（臺北市：五南圖書公司，民國 94 年 2 月），第 71 頁。

從圖二之五中可以發現，知識的轉換過程涵蓋四種不同的方式：

第一、共同化或社會化（socialization）

意思是說，在一個組織內的成員之間，可能為了解決某一問題或是某種目的，彼此透過對話，進而瞭解、學習各自原本不為他人熟知的概念、知識，這主要是內隱性對內隱性知識的交流。

第二、外化（externalization）

經由共同化所得的內隱知識，會以公開或是書面化等方式呈現出來，進而組織內所有成員得以知道相關的各種知識，這即是內顯知識外顯化的過程。

第三、組合化（combination）

從外化過程所得來的知識，會再被各成員或是各部門個別吸收、討論，從而再與其原本各自擁有的相關概念、知識結合，並形成一套新的共識結論，這些知識就被編碼、組合並將之數位化，故稱為組合化過程。

第四、內化（internalization）

經由組合化過程的知識即形成組織的知識庫，並變為組織的資產。而透過管理機制，組織內的成員得以再從中擷取其所需的資訊、知識，

並且再經過個人予以加值的過程，形成成員自身未來工作上的創新來源。也就是說，組合化後的知識，再被內化成為內隱性的知識，也就是更有價值的知識，而再度成為下一次知識螺旋轉換過程的起點。

2.知識管理第二基本原理－知識盤點與致能

所謂知識盤點（knowledge audit）與致能（enable），意指診斷或盤點目前企業的知識儲存狀態，並選擇適用的方式，以促進（facilitating）或致能知識管理導入專案能順利運作。此模式基本上也是發展自第一原理，其基本架構如圖二之六知識管理第二基本原理模型圖[83]所示。

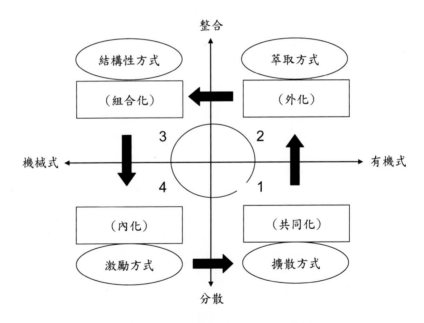

圖二之六　知識管理第二基本原理模型圖

資料來源：
陳柏村。*知識管理：正確概念與企業實務*（臺北市：五南圖書公司，民國 94 年 2 月），第 80 頁。

---

[83] 同註81，第80頁。

　　此模式原理將企業儲存知識的狀態，以分散或整合、有機式或無機式兩個層面來分析，故得出四種知識的盤點狀態，從而建議採取四種不同的方式，以發揮最大的利用效能。

　　在分散、有機式的狀態下，知識仍留存在組織內個別成員的腦內，知識的分享是以內隱性知識為主，因此，適合採取「擴散方式」，使組織內有經驗之資深成員的知識，能夠移轉給組織內的其他成員。

　　在整合、有機式的狀態下，雖然知識亦留存在組織內個別成員的腦內，但是由於相關成員之間平時已組成一種小組團隊的運作模式，因此，適合採取「萃取方式」，萃取個別成員之「訣竅」、「準則」，將知識方享給其他成員。

　　在整合、機械式的狀態下，企業組織的知識已有標準化的作業手冊、準則、文件等，有關知識管理與應用的重點就在於如何結合個別成員的經驗，因此，適合採取「結構化方式」，融合兩者之知識，使之形成新的知識價值。

　　在分散、機械式的狀態下，企業組織已建有完整的知識庫系統，每位成員都能夠從中獲取必要之資訊或知識，然而在快速變遷的時代，如何隨時因應外界所需，乃成為是否具備競爭力的基礎。所以在此狀態下，有關知識的管理與應用，就適合採取「激勵方式」，鼓勵成員們秉持創新之精神，以原有之知識架構為基礎，隨機應變提供高附加價值的知識產品與服務。

3.知識管理第三基本原理－知識發展與應用

　　知識發展與應用之知識管理模式，事實上是結合前述第一原理與第二原理組合而成的模式。此模式將第一原理中，原本以螺旋狀表現的知識擴散範圍：個人、團體、組織、跨組織，以一直線之向度來表示；至於有關知識類型：內隱性知識、外顯性知識、資訊、資料等，則以另一直線之向度來表示；再將兩者合併成為二維向度的矩陣模式。其基本架構如圖二之七知識管理第三基本原理模型圖[84]所示。

---

[84] 同註 81，第 85 頁。

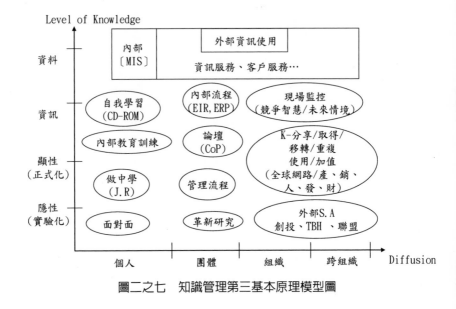

圖二之七　知識管理第三基本原理模型圖

資料來源：

陳柏村。<u>知識管理：正確概念與企業實務</u>（臺北市：五南圖書公司，民國 94 年 2 月），第 85 頁。

　　在此矩陣模式內的個別項目，即代表企業組織用來盤點知識的依據。藉由分析個別項目之知識被管理、應用的狀態，即可以顯現應該要加強管理的部分，並得以改進以求更進一步的發展。

4.知識管理第四基本原理－導入公式與模型

　　綜合前述三種模式的演繹可以發現，有四項最重要的要素是知識管理的關鍵，那就是：人（people）、知識（knowledge）、科技（technology）和分享（share）。因此，有關知識管理與此四項關鍵要素的關係，可以導入公式代表之，其關係如圖二之八知識管理第四基本原理模型圖[85]所示。

---

[85]　同註 81，第 93 頁。

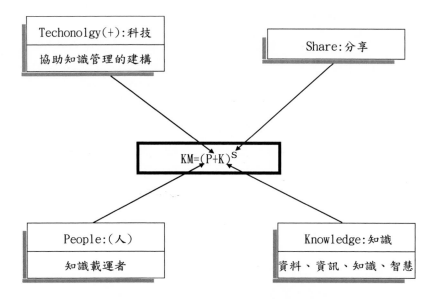

圖二之八　知識管理第四基本原理模型圖

資料來源：

陳柏村。<u>知識管理：正確概念與企業實務</u>（臺北市：五南圖書公司，民國94年2月），
第93頁。

　　在圖二之八的公式中，「人」代表的不只是組織內的成員而已，還可能包括任何有助於企業組織成長的上下游企業夥伴與顧客等。「知識」部分除了應該涵蓋完成個別專案事件所需的知識之外，還包括企業整體的知識力。「科技」則是表示要結合資訊科技的便利，建構一個能夠充分溝通、整合人員與知識的平臺，以利知識管理的作業流程。至於「分享」是以指數方式呈現，表示特別是在知識部分，組織知識的總合不僅只是成員知識的總合而已，乃是一種加乘的效果，相對的，若知識是零或是負數，即不具分享意願甚至不利組織時，那麼就無法達到「分享」的效果，或是將造成企業組織的負面影響。

（二）知識管理的實施策略

由於組織性質不同、發展目標不同，故採用之知識管理的實施策略也會不同。就最基本而言，知識管理的實施策略，可依內隱性知識與外顯性知識之不同，分為隱性策略與顯性策略兩種，其大要如下：[86]

1.隱性策略

重點在於如何將內隱性知識的創造過程加以效率化，可運用的策略包括：形成一致性的企業文化與共識、開放性的組織氣氛、運用多媒體網路來增加人際溝通的效率、專案型的團隊管理、良好的教育訓練與學習機制、更完善的周邊配套等等。

2.顯性策略

重點在將隱性知識迅速轉化為顯性知識，並提昇顯性知識擴散與流通的效率，可運用的策略包括：有計畫地發展組織知識庫、引進移轉外部知識、設置專責的知識管理部門來從事有關知識的收集、整理、分析，並且運用網際網路來流通知識、發展標準作業流程、開發專家系統與決策支援系統等。

M. T. Hansen 等人綜合研究數個產業推動知識管理的實例，歸納出以下兩種不同的知識管理策略：[87]

1.系統化策略

以電腦為中心，知識經過分類編碼並儲存在資料庫中，組織內任何成員都能自由便利使用。

2.個人化策略

知識仍儲存在原創者身上，主要是透過人際溝通來分享知識。電腦是用來協助成員溝通知識，而不是儲存知識。

---

[86]　同註 74

[87]　張玉文譯。「Harvard 教你知識管理」。遠見，第 156 期（民國 88 年 6 月），第 84 頁。轉引自邱子恆。「知識管理及其對圖書館的影響」。中國圖書館學會會報，第 65 期（民國 89 年 12 月），第 105 頁。

澳大利亞的 Erik Sveiby 顧問公司，曾蒐集、分析世界各地四十個著名企業實施知識管理的計畫，得出具體的策略有：[88]

1.由外部環境著手

包括：從客戶身上獲得資訊及知識、提供客戶額外的知識。

2.由內部組織著手

包括：善用組織內已有的知識創造新收入、建立分享知識的企業文化、擷取儲存傳布個人的內隱性知識、評估組織內知識創造的流程以及無形的智慧資本。

3.由提昇企業智商著手

包括：以知識管理為其事業的基礎、創造一個能轉移內隱性知識的環境、以通訊技術及資訊科技作為人員教育訓練的工具、從情境模擬及先導計畫中學習。

此外，美國的 Anderson Consulting 顧問公司，亦曾耗費三千萬美元，將數十年研究企業管理的心得，彙整開發出「最佳企業流程知識庫系統」（Best Practice Knowledge Base）[89]，建議企業藉由這流程的分析，從中選擇出最適合的策略。其步驟如下：[90]

1. 從「人員相關性」及「工作複雜度」兩層面，分析組織的工作性質是屬於以下那種模式：第一、整合型（integration model）：人員的相關性高，工作的複雜度低；第二、處理型（transaction model）：人員的相關性低，工作的複雜度低；第三、合作型（collaboration model）：人員的相關性高，工作的複雜度高；第四、專家型（integration model）：人員的相關性高，工作的複雜度高。
2. 將組織的工作流程分解，並逐一分析各個流程是屬何種工作模式。
3. 辨識出組織所屬工作模式的挑戰。

---

[88] 轉引自邱子恆。「知識管理及其對圖書館的影響」。中國圖書館學會會報，第 65 期（民國 89 年 12 月），第 104 頁。
[89] 同註 74
[90] 同註 72，104-105 頁。

4. 針對組織所屬工作模式的挑戰，訂出最佳的知識管理策略。

總而言之，在現今數位化時代裡，無論是那一行業，實施知識管理的策略都應以涵蓋下列各要項為首要：[91]

1. 建置資料庫

將原本散落的文件、檔案等等，進行數位化之後，再經資訊的組織、整理，以便於取用的方式，儲存在資料庫中。目的在於使相關問題或主題的資料、訊息得以集中，以利進一步利用。

2. 建立知識傳遞機制

在組織之內，可以建置 Intranet 之方式，再搭配相關的通訊軟體，促進組織成員之間的交流，使必要之知識可以快速地交換流通，以收廣為傳布之效。

3. 建立知識分享機制

就企業而言，可建置企業入口網站，藉以整合組織員工、客戶和供應商三個層次的相關資訊，使彼此之間可以交換分享心得、經驗或期待，並增進相互之間的聯繫。

4. 蒐集有價知識，提昇競爭力，創造智慧資本與企業利潤

知識管理的目的乃在於提昇效能並創造利潤，因此，在策略就必須透過知識管理的過程，從中找出有價值的知識，再加以組織、儲存、加值，以形成資產，建構成為組織競爭力的利基。

三、知識管理的應用比較

除了知識管理之外，圖書資訊服務與資訊資源服務也同樣是針對有關資訊、知識的徵集、整理、儲存以提供利用。知識管理與圖書資訊服務和資訊資源服務，又有何關聯、異同呢？茲分述如下。

---

[91] 同註 79，4-5 頁。

（一）知識管理與圖書資訊服務

知識管理與圖書館的資訊服務，同樣都是在蒐集、整理、保存人們的資訊、知識，進而提供被利用的機制，如此看來，兩者的關係似乎極為密切。不過細究兩者之間的關聯，則可以從：一、知識管理流程與圖書資訊服務在著重點上的差異，二、知識管理在圖書資訊服務之應用，進行分析。

1.知識管理流程與圖書資訊服務在著重點上的差異[92]

相對而言，企業界與圖書資訊學界對於知識類型的觀點即有差異。企業界著重的是動態的、難以編碼的、內隱的、個人領域的、實務的知識；圖書資訊學界傳統以來所著重的卻是可編碼的、外顯的、公共領域的，理論性的知識。其間之比較，參見表二之一企業界與圖書資訊學界對知識類型之觀點的比較表。

表二之一　企業界與圖書資訊學界對知識類型之觀點的比較表

	企業界	圖書資訊學界
處理的知識特性	難編碼的知識	可編碼的知識
強調的知識性質	實務知識	理論知識
重視的知識類型	內隱知識	外顯知識
擅長的知識領域	私人知識	公共知識

資料來源：
林珊如。「知識管理：對什麼知識？做什麼管理？」。大學圖書館，6 卷 1 期（民國 91 年 3 月），第 10 頁。

此外，就知識的生命週期或是知識流的概念而言，其歷程有：生產、蒐集、儲存、組織、傳遞、利用、分享乃至創新。就此流程而言，雖然每一階段都應加以有效的管理，不過就相對性之差異來說，圖書資訊學界較擅長且偏向有關知識之蒐集、整理儲存、組織等階段；至於對企業界之知識管理者而言，則更重視知識在生產、傳遞、利用、分享以及創新的階段。其間之差異比較，參見表二之二企業界與圖書資訊學界在知識管理流程上的重點比較表。

---

[92] 同註 79，10-12 頁。

表二之二　企業界與圖書資訊學界在知識管理流程上的重點比較表

	企業界	圖書資訊學界
知識生產	○	
知識蒐集		○
知識儲存		○
知識組織		○
知識傳遞	○	○
知識利用	○	
知識分析	○	

資料來源：

林珊如。「知識管理：對什麼知識？做什麼管理？」。大學圖書館，6 卷 1 期（民國 91 年 3 月），第 12 頁。

　　造成如此差異的原因，應是由於學科本質不同所形成的，也就是說，今日所論述的知識管理，雖然是源自於企業界的需求，但是，構成知識管理之完整體系者，尚有得自例如：圖書資訊、資訊管理、資訊工程、工商管理等學科之貢獻，由於不同學科有其不同的學科本質，因此在投入知識管理之領域時，其擅長之處與著重點有就會有所差異。

　　然而即使如此，也不必再強調其間的差異，重點乃在於各個學科均能貢獻其專長，進而使知識管理的體系與運作更加完善，乃是問題的重點。

2.知識管理在圖書資訊服務之應用

　　若將圖書資訊學界提供資訊服務之過程也當作是一專案來看的話，源自於企業界之知識管理的相關概念、作法、策略等等，也適用之。也就是說在圖書館內亦應進行知識管理，藉以提昇整體的資訊服務品質。具體而言，包括下列的活動：[93]

　　第一、知識資源的管理：圖書館應兼收紙本以及數位化的資源，設法獲取內隱性知識並擴大外顯性知識，在概念上則是從「擁有」（ownership）到「取用」（access）以及從「萬一」（just in case）到「及

---

[93] 李華偉。「圖書館在知識管理中的角色」。中國圖書館學會、美國國際電腦中心研究院主辦。知識管理－方法與系統研討會（臺北市：國家圖書館國際會議廳，民國 89 年 12 月 3 日至 5 日），第 20 頁。

時」（just in time）之轉變，目標是建設圖書館作為篩選過濾所有相關知識的窗口。

第二、人力資源的管理：館員的知識與經驗應視為圖書館的資產，同時還要形成共享知識和專業技術的學習組織文化，並建立館員間經驗交流的機制，創造良好的工作條件與環境以留住人才。

第三、資源共享和館際合作：長久以來圖書館具有資源共享和館際合作的優良傳統，以合作採購、編目、典藏、參考服務等方式，為讀者擴大獲取知識的廣度。

第四、善用資訊科技：要推動執行知識管理，必須選用最新的資訊科技，以建構一計畫周詳、可操作的知識管理系統。

第五、使用者服務：透過使用者的註冊、流通等資料，分析使用者之需求，同時以新知通告、專題選粹等方式，滿足個別讀者的需求。

（二）知識管理與資訊資源管理

除了曾從前述之分析得知，知識管理與圖書資訊服務有著特殊的關聯之外，知識管理還與資訊資源管理有著極為密切的相關。只是兩者在目的與範圍上並不相同，知識管理所關注的是如何發展出一套機制以將企業中的資訊轉換成為知識，其管理的對象是人員、工作流程、資訊技術，所強調的是內隱性知識的管理；而資訊資源管理則較注重外顯性知識或紀錄性資訊的管理。[94]

知識管理與資訊資源管理之間的異同，可歸納為：[95]

1. 知識管理與資訊資源管理相同之處

不論是知識管理還是資訊資源管理，所關注的對象與焦點，都是有關資料、資訊或是知識的分類與檢索（classification and search/retrieval）、排序與整合（ordering and integration）、選擇與過濾（selection and filtering）、使用與共享（use and sharing）、分析與評價（analysis and

---

[94] Robert Schwarzwalder. "Librarians as Knowledge Management Agents." Econtent. vol.22 no.4 (August/September 1999) pp.63-65 轉引自邱子恆。「圖書資訊專業人員與知識管理」。臺北市立圖書館館訊，19 卷 4 期（民國 91 年 6 月），32-49 頁。

[95] 同註 93，54-55 頁。

evaluation）。就這些層面而言，知識管理與資訊資源管理看似極為相同並無差異。

2. 知識管理與資訊資源管理相異之處

雖然知識管理與資訊資源管理有其相同之處，然而細究來看，兩者之間還是有著不同的著重點。

就知識管理而言，所偏重的是：以知識創新為中心（focus on knowledge renewal and creation）、注重動態過程、（action oriented）、以人和使用者為核心（people and customer centered）、注重應用與共享（emphasis on utilization and sharing）、知識資源加值（add value to knowledge resource）。

至於資訊資源管理，所偏重的則是：以資訊組織為中心（focus on information organization）、注重靜態對象（prefer static objects）、以文獻資訊為核心（document and information centered）、注重加工與保存（emphasis on processing and preserving）、外部形態整合（external orderliness）。

就相異之處來看，知識管理與資訊資源管理在有關資料、資訊或是知識的徵集對象、徵集方式、處理過程、應用層面等，各有偏重。由此所產生的意義是，知識管理與資訊資源管理應各本所長，或是吸取彼此的優點，共同完成對於資料、資訊或是知識的管理，進而提供更完善的資訊資源服務。

四、知識管理對教育研究資訊資源服務的意義

知識管理可說是近年來，除了資訊科技之外，最熱門的話題，其概念被應用到各領域之內，各公私部門、學科主題等，也都在進行如何將知識管理導入應用的研究。就以國內已出版的專著來說就有不少，例如：應用在公部門的「公部門知識管理之探討：理論與實務分析」[96]、應用在教育領域的「知識管理的理論與應用：以教育領域及其革新為例」[97]、應

---

[96] 劉宜君。公部門知識管理之探討：理論與實務分析（臺北縣永和市：韋伯文化出版公司，民國93年6月）。

[97] 王如哲。知識管理的理論與應用：以教育領域及其革新為例（臺北市：五南圖書公

用在教師在職進修的「知識管理在教師學習與專業成長之應用」[98]、應用在圖書資訊學領域的「知識管理與知識組織」[99]等等，至於研究如何將知識管理應用在各行業、部門、領域的學位論文，檢索國家圖書館「全國博碩士論文資訊網」，至少已累積有一千餘篇博碩士論文。此外在國外的相關研究與應用實例，查檢各種書目、索引、摘要資料庫，獲得的數量更是不可勝數。由此可以知道，雖然知識管理主要是源起於企業界的需求，但是亦可以被廣泛應用到其他領域。

因此，當探討如何擴展、提昇教育研究資訊資源服務時，也可以從知識管理的相關概念與作法中，吸取經驗並應用之。

如何將知識管理導入教育研究資訊資源服務裡，其效用又與既有的服務有何差別呢？回答此一問題，則可以從資訊流以及知識產生、應用的過程來看：知識管理更加重視內隱性知識的開發以及知識如何再被傳遞、利用、分析，以造就另一番循環的知識螺旋進展。這對於教育研究資訊資源服務來說，具有重大之啟發意義。在已往，不論是傳襲已久的圖書館資訊服務，還是隨後興起的資訊資源管理，在提供研究者必要之資訊服務方面，均有重大之貢獻，但是不可諱言的，所提供的服務是較偏向外顯性、可編碼、已文獻化的公共知識，這些知識被以各種標準化的分類、格式將之儲存以便利使用，是有極大之貢獻。然而對於研究者的學思歷程、研究觀點轉折，甚至研究過程中的心得、經驗、筆記，與同道間的私下通信辯難等等較屬內隱性質的資訊、知識，卻少能接觸利用。

所以，如果借用知識管理的觀點，將整體教育研究社群的互動關係，以一個虛擬的社群組織來看待，那麼如何促進社群組織間成員的各種知識，包括內隱性以及外顯性知識的交流、溝通、收集、儲存、利用，以整合社群組織的所有知識，並發揮更高的知識價值，則是知識管理應用於教育研究資訊資源服務的最大意義。

司，民國 90 年 4 月）。

[98] 高義展。知識管理在教師學習與專業成長之應用（臺北市：鼎茂圖書公司，民國 92 年 11 月）。

[99] 邱子恆。知識管理與知識組織（臺北市：文華圖書館管理資訊公司，民國 95 年 3 月）。

　　具體的作法是除了現有已行之多年的各種研究指引、線上資料庫、資訊服務系統之外，應可再利用新興資訊科技產品，例如網誌（Blog, Weblog）、討論群組（Newsgroup）等等，提供研究者之間，訊息交流與經驗傳遞的平臺，使超越過去因資訊流影響，所造成的知識延宕現象。並且要有一種能夠溝通外顯性知識與內隱性知識的機制，進而形成一種不斷循環的研究創新歷程，藉以提昇教育研究資訊資源服務的質量，致使教育研究進入另一嶄新的境界，並有助於學術研究的發展。

第三章　教育研究資訊資源的整理加值

綜合前述兩章分析，既肯定資訊資源對於進行教育研究的重要性與必要性，同時經由分析得知，如何聯繫資訊資源的使用者與資訊資源的提供者兩者之間的需求與供給，是有其立論的依據。事實上這些結合資訊資源與使用者之關係的理論，其核心的重點乃在於必須針對資訊資源進行標引、整序與加值，才能夠提供使用。也就是說，在提供資訊資源服務之前，必定會針對資訊資源予以蒐集、整理、分析與標記。因此，若要有效掌握相關的資訊資源，就必須對於資訊資源的發生、演進有清楚的認識與瞭解，才能夠真正蒐羅齊全所需的資訊資源，再經過處理、加值，最後再依讀者的需求，提供適切的服務。

以下即從：資訊的演進與文獻的循環、資訊組織與資訊加值、教育研究資訊資源的標引與整序等方面，分析資訊資源的整理、組織對教育研究資訊資源服務的意義。

第一節　資訊的演進與文獻的循環

雖然已明確知道，提供資訊資源服務就是要將相關的資訊資源予以統整，以供需求者使用。但是若再進行細部分析則可以發現，即使是同一主題的資訊資源，隨著時間序列的演進，可能會散布在不同類型的資訊媒體。因此，在探討資訊資源的服務時，實有必要針對資訊的演進以及文獻的循環進行分析以求全面性的理解。

一、資訊的演進

雖然人們可以透過不同的資訊媒體（media），例如：報紙、廣播、電視、雜誌、書籍、網路等等，取得各種所需的資訊。不過事實上，分散在以上所述之各種資訊媒體上的資訊，其間存在著某種的關聯性，其關

係可以時間序列的過程來表示，故稱之為資訊流（flow of information）或是資訊時列（information timeline）。其內涵可以圖三之一資訊時列圖[1]以及表三之一資訊時列內涵分析表[2]分析之。

事件發生當時	隔日	隔週	隔月	一至兩年後	二至十年後
電視廣播	報紙	通俗雜誌	商業雜誌	學術期刊　圖書	參考資源

圖三之一　資訊時列圖

資料來源：
Information Timeline
http://www.csuchico.edu/lins/handouts/information_timeline_handout.pdf　(96.04.08)

　　從圖三之一以及表三之一中可以發現，所謂資訊流是指就某一主題之事件的資訊資源而言，在事件發生當時，若要取得其相關的資訊，大致上是要透過廣播、電視、網路等資訊媒體取得。這多是由新聞記者採訪、撰寫，提供給一般社會大眾知道的訊息，其內容大致包括有：是誰？在什麼時候？什麼地點？發生什麼事？就這些立即性的訊息而言，人們多是透過網路介面的資訊蒐尋工具，即可取得立即的資訊。

　　當事件發生一、兩天之後，相關的資訊仍會出現在一般的廣播、電視、網路以及報紙上。雖然這些資訊也多仍是由新聞記者所發布，但是與事件發生當下之時不同的是，此時的報導可能會多了一些評論、統計數據等等之較深入的分析以及照片等相關的輔助資訊。一般社會大眾則可透過網路蒐尋工具、報刊等資料庫獲取相關的資訊。

　　待事件發生約一、兩個星期之後，相關的資訊則會出現在通俗雜誌上。這些資訊仍舊多是由新聞記者或是新聞從業人員撰寫，而且多會附帶上一些由編輯們所提供之較深入的評論、分析以及相關的數據、照片等資料。一般社會大眾也是一樣可透過網路蒐尋工具、報刊等資料庫以獲取相關的資訊。

---

[1]　Information Timeline
　　http://www.csuchico.edu/lins/handouts/information_timeline_handout.pdf　（96.04.08）
[2]　同註1

表三之一　資訊時列內涵分析表

時程	媒體	涵蓋訊息	撰稿人員	訴求對象	取得管道
事件發生當時	廣播、電視、網路	是誰？發生什麼事？什麼地點（通常不包括為什麼）	新聞記者	一般社會大眾	網路蒐尋工具
隔日及數日後	報紙、廣播、電視、網路	由編輯們所提供之較深入的評論、分析以及相關的數據、照片等資料	新聞記者	一般社會大眾	網路蒐尋工具、報紙期刊資料庫
隔週及數週後	通俗雜誌	是誰？發生什麼事？什麼地點？為什麼？以及由編輯們所提供之較深入的評論、分析以及相關的數據、照片等資料	新聞記者（通常不是該領域的專家）	一般社會大眾、外行博學之士	網路蒐尋工具、報紙期刊資料庫
隔月及數月後	商業雜誌、學術期刊	針對該事件所進行之研究的成果報告、較詳細之學理性的分析、相關的參考書目等等	該領域之專家學者	專家、學者、學生	期刊索引以及資料庫
隔年及數年後	學術期刊、圖書、會議論文集 參考資源，例如百科全書	涵蓋面較廣、較深入的評析，或是由更多有關該事件之相關報導、評論、分析、研究所形成的綜述，以及有關該事件主題的相關文獻之書目資料等等	該領域之專家學者	從一般社會大眾到專家 學者、學生、外行人士	圖書館館藏目錄、期刊索引以及資料庫 圖書館參考資源

資料來源：

Information Timeline

http://www.csuchico.edu/lins/handouts/information_timeline_handout.pdf　(96.04.08)

　　等到事件發生數個月之後，在一些學術性的專業期刊上面，則會刊載由該領域之專家學者們所撰寫的，針對該事件所進行之研究的成果報告、較詳細之學理性的分析、相關的參考書目等等。這些資訊較適合有興趣之專家、學者、學生等使用，而且多是要透過檢索相關之期刊論文索引資料庫等方式取得。

　　到了事件發生一年或數年之後，在學術性的專業期刊、相關主題的專書、研討會論文集甚至百科全書上面，則會出現由該領域之專家學者們所撰寫的，涵蓋面較廣、較深入的評析，或是由更多有關該事件之相關報導、評論、分析、研究所形成的綜述，以及有關該事件主題的相關文獻之書目資料等等。這些綜述、述評或是書目等，對於不論是一般社會大眾還是專家、學者、學生而言，都有極大之助益，也即是能夠立即較全面性地瞭解、掌握有關該事件的來龍去脈、意義，以及相關的書目等，以備供欲進一步研究時之所需。這些資訊則多是要透過圖書館的館藏目錄、期刊論文索引資料庫、參考室裡的參考資源等途徑取得。

　　綜合以上所述，在某一事件發生後，隨著時間序列演進，在不同的時間之後，於不同之資訊媒體上，可以找到由不同身分者所撰寫，適合不同人們所需之各種相關的資訊，這即是資訊流或是資訊時列所顯示出來的意義。

　　因此討論資訊資源服務時，之所以必須先分析資訊流或是資訊時列，乃是因為從中可以得到啟示：如要提供某一主題之資訊資源的服務時，則必須考量該主題是否為剛發生或是已發生多久後之事件，因為相關的資訊資源可能隨著時間的演進而散布於不同的資訊媒體上，這時就必須透過不同的管道才能夠查檢到不同類型、不同深淺度的資訊資源。這也即是資訊流或是資訊時列之概念，應用在提供資訊資源服務時的最大意義，因為在不同的時間序列上會形成不同的文獻類型循環，這些不同類型的文獻也正是提供資訊資源服務時必須蒐集、整理的主要對象。

二、文獻的循環

　　與「資訊的演進」相伴隨的，乃是「文獻的循環」。所謂文獻的循環意指當研究者針對某一議題開始進行研究之後，會將其研究所得透過正式或非正式的管道傳播出去，在傳播過程中也會再歷經改寫、整理、濃縮等等不同方式的重整，並且被刊載於不同類型的文獻之上，而被不斷再利用之循環過程。

　　早在一九七零年時，W. D. Garvey 等人即曾將研究者之科學技術成果的交流方式，以圖解表示之。圖三之二科學技術成果交流圖[3]，即具體呈現其過程。從圖中可以發現，初步的研究結果大致會透過非正式與正式的途徑傳播。非正式的途徑得包括有私人通信、私下討論、口頭報告等，其影響的範圍較狹小，多限於研究者私下所接觸的對象而已。而在正式的交流管道方面則不一樣，由於在正式的傳播過程中，多是以書面公開的方式傳播，因此，傳播的範圍就加大，也更容易被更多的人所利用。其傳播的方式得包括有例如在學術會議中發表宣讀、將改寫內容刊載於期刊上，或是最後結集成研究報告、學位論文、專書等等。這些公開的成果也更容易再被收錄於相關的書目、索引、摘要裡，或是被濃縮改寫而再呈現於百科全書之中。

　　雖然 W. D. Garvey 等人的說明圖解已將學術成果的交流途徑予以呈現，不過卻未將資訊傳播過程的時間向度或是資料類型的特徵予以凸顯出來，因此，後來即有多位研究者各自再提出相關的修正圖解，以進一步說明文獻循環的意義與特徵。

---

[3] 轉引自王崇德。<u>情報科學原理</u>（臺北市：農業科學資料服務中心，民國 80 年 12 月），第 161 頁。

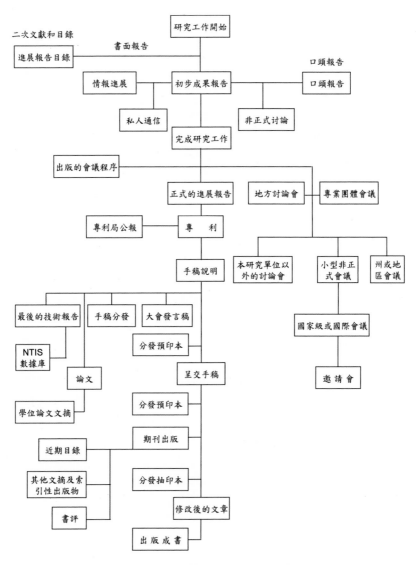

圖三之二　科學技術成果交流圖

資料來源：
轉引自王崇德。情報科學原理（臺北市：農業科學資料服務中心，民國 80 年 12 月），
第 161 頁

　　例如由 Krishna Subramanyam 所提出的科學文獻進化圖（見圖三之
三）[4]，即加上資訊流通週期的向度，因此，也特別容易看出各種文獻資
料類型在資訊的演進過程中，各自可能出現的時間點。也就是說，當資
訊轉變成為文獻，而且公開發行流通之後，該等資訊隨著時間的進展，
可能是一年、二年、三年之後，會被以不同的方式再利用，例如：再現、
重現、抽煉等方式，而分別出現在書目、索引、新知專題選粹、手冊、
圖表、指南、字典、百科全書、圖書、書評等等不同的圖書資訊類型之
中。瞭解文獻的循環過程，將有助於分析在多久時間之後，最初的研究
成果是否可能存在於何種資料類型中，進而便於判斷從何種資料類型中
可以查找到可能的相關資訊。

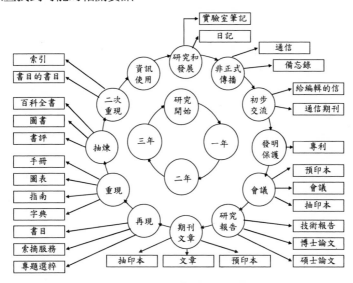

圖三之三　科學文獻進化圖

資料來源：
Krishna Subramanyam. <u>Scientific and Technical Information Resources</u>. (New York: M.
Dekker, 1981) p.5 轉引自賴鼎銘。「由學位論文的重要性看佛教相關論文提要的象徵性
意義」。<u>佛教圖書館館訊</u>，第 27 期（民國 90 年 9 月），第 46 頁。

---

[4]　Krishna Subramanyam. <u>Scientific and Technical Information Resources</u>. (New York: M.
　　Dekker, 1981) p.5 轉引自賴鼎銘。「由學位論文的重要性看佛教相關論文提要的象徵
　　性意義」。<u>佛教圖書館館訊</u>，第 27 期（民國 90 年 9 月），第 46 頁。

　　另外一種圖解的方式則是以文獻資料是否容易取得的觀點來說明。在圖三之四科技資訊循環圖中[5]，配合資訊的演進過程，在成為公開的資訊之前，將文獻資料的類型，特別標示以黑色文獻以及灰色文獻兩種，意即資訊傳播的過程大致會歷經黑色文獻、灰色文獻以及成為公開之資訊等不同的階段。在公開之資訊的部分，大都可透過各種資訊檢索系統以查檢之，因此在資訊的取得與利用方面較無問題；較令人困擾的是在灰色文獻部分，由於該等文獻資料取得不易，實在有礙於資訊的交流與傳播，因此必須要有更好的機制以改善之，才能夠促進文獻資料的傳播與利用。至於被歸屬為黑色文獻的資料，則多屬私密性質，在資訊的交流與傳播上，當然就更不容易取得，因此，研究如何降低黑色文獻傳播與利用的不便，例如設法將之轉換成為灰色文獻，則是當今提供資訊資源服務時，必須重視的重要課題之一。

　　此外如果從文獻資料的演變過程，即資訊的加值，也就是說一次文獻、二次文獻、三次文獻的歷程來看，則可以將文獻的循環過程，以圖三之五科學文獻結構圖[6]表示之。圖中明確顯示出，當某一研究結果產生之後是為一次文獻，這些一次文獻會被透過不同的利用方式而形成二次文獻，接著以二次文獻為基礎再加以運用，即成為三次文獻，然後再透過各種不同的管道加以傳播、利用，再成為另一階段之一次文獻的基礎，於是又再歷經一次文獻、二次文獻、三次文獻的轉換，這就形成不斷演變的文獻循環過程。

---

[5]　謝寶煖。資訊與網路資源利用（臺北市：華泰文化事業公司，民國93年3月），第74頁。
[6]　同註4，第47頁。

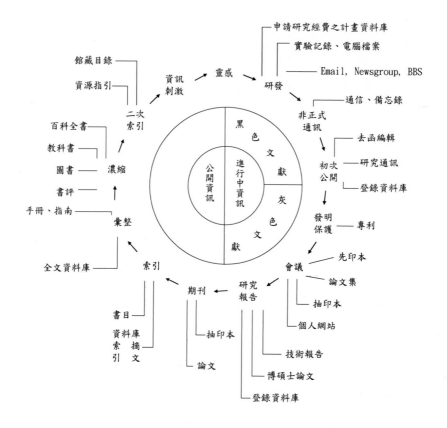

圖三之四 科技資訊循環圖

資料來源：
謝寶煖。<u>資訊與網路資源利用</u>（臺北市：華泰文化事業公司，民國 93 年 3 月），第 74 頁。

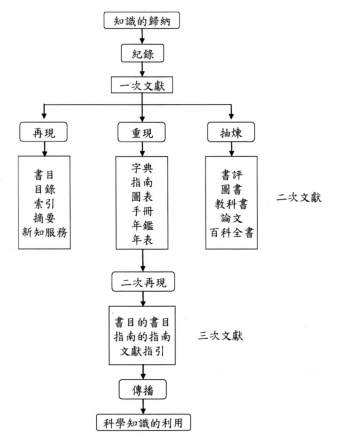

圖三之五　科學文獻結構圖

資料來源：

Krishna Subramanyam. Scientific and Technical Information Resources. (New York: M. Dekker, 1981) p.9 轉引自賴鼎銘。「由學位論文的重要性看佛教相關論文提要的象徵性意義」。佛教圖書館館訊，第 27 期（民國 90 年 9 月），第 47 頁。

　　綜合以上之分析，可以得到一個結論，那就是：資訊是變動的，隨著時間的演變，可能會被以不同的方式所擷取、利用，並且留存在不同的文獻類型上。事實上，資訊一詞乃是一個通稱，若詳究其被整理、利用的發展過程，則可將之區分為：資料（data）、資訊（information）、知

識（knowledge）、智慧（wisdom）等。由於「智慧」乃是一種睿智的洞察力，而在被吸收、利用之前的任何事實，都是「資料」，兩者都不易進行收集、整理。因此，當論及如何有效掌控、整理、利用現有之各種文獻資料、資訊資源時，則多是必須從做好「資訊組織」與「資訊加值」的工作開始。

第二節　資訊組織與資訊加值

　　所有的資訊資源唯有能夠被充分利用，才能夠顯示出其存在的意義與價值。然而資訊資源要能夠被充分利用，還必須要有一個前提，那就是必須要事先予以整理，才能夠便利查檢、利用。也就是說，唯有已經妥善整理的資訊資源，才能夠便利使用，進而發揮其價值與功能。由此可以知道，整理資訊資源對於提供資訊資源服務的重要性與必要性。

一、整理圖書資訊的兩種基本模式

　　自從人類發明文字，並且脫離口耳相傳的階段，直接利用文字書寫的方式將相關的成就、發明、事蹟等等，一一予以記載在不同的資訊媒體之後，肯定也就會開始進行保存、整理的工作。例如考古挖掘發現，兩河流域蘇美人是將文字刻劃書寫於泥版之上，而在亞述王朝最後一位國王亞述巴尼拔時期的泥版文獻裡，每塊泥版上都有註記，標明其收藏的地方。泥版存放在許多陶罐之中，按不同主題放置在不同的收藏室，並且在收藏室的門口和附近的牆壁上，還標有泥版的目錄。[7] 又如考古發掘出的殷商時期龜版尾尖的右方常見有「編幾」、「冊幾」或「絲幾」的符號，據考證應是龜版的編號，可見當時典藏放置時均是有順序排列[8]，目的應即是為了便於管理與利用。從這些例證都可看出，自有文字記載的文獻資料之初，即已意識到整理的重要性。

---

[7]　陳威博。「亞述巴尼拔」。載於中國大百科全書：圖書館學、情報學、檔案學（北京市：中國大百科全書出版社，1995 年 7 月），第 521 頁。

[8]　昌彼得、潘美月。中國目錄學（臺北市：文史哲出版社，民國 80 年 10 月），29-30 頁。

　　然而當文獻資料、資訊資源之數量累積到相當程度之後，如何促進資訊的流通與利用，則成為整理圖書資訊的重要考量因素。大致來說會有兩種方式，一種是百科全書式的整理方式，另一種則是編纂目錄的整理方式。[9]百科全書式的整理方式，是企圖將全天下所有的知識予以彙整，再以學科、主題的架構予以呈現，因此，早期百科全書的型式，不是如現今常見的是以個別款目之英文字母順序或是中文字之筆劃順序排列，而更像是一大套涵蓋所有學科知識的叢書，目的即在於企圖有條理地整理知識。至於編纂目錄的整理方式，則是因為當知識累積到更多時，實在不易將之完全融會貫通並且再整理改編成為百科全書式的內容，因此，就產生彙整每一筆圖書資訊之描述說明的方法－也就是目錄之編纂的整理方式，其想法是，只要掌握了這些描述、記載各種知識之專著的目錄，事實上也即是間接地統整所有知識。

　　這兩種整理圖書資訊的方式，乃是所有整理方式的原型，各有其重要性與適用時機，並且都曾出現在西方與東方的文明中。

　　在西方文明的進程中，古希臘時代學者 Speusippus 與 Aristotle 被認為是百科全書的先驅者。前者編有一套百科式的教材，後者則是在雅典講學時，對當時的所有知識進行分類，分為：理論的科學（數學及自然科學）、實踐的科學（倫理學、政治經濟學、修辭學）和創造的科學（詩學）等三大類。[10]其後隨著時代的演進，這種企圖收錄所有人類知識的方法，其體例也逐漸從具備教育功用之有系統呈現知識的架構，轉變成為現今型式之因應檢索功用需求的查找知識工具。但是其期盼能夠收錄所有知識，並予以有效整理以便於利用的初衷，則是沒有改變。

　　至於編纂目錄的作法，也是在古希臘時期即已出現，特別是到了中古世紀時，被喻為西方「目錄學之父」的 Konrad Gesner，曾於一五四五年編製了「萬國書目」（Bibliotheca Universalis），幾乎將當時所有不論已故或仍在世的拉丁語、希臘語、希伯來語作家的著作共一萬兩千種，全

9　陳昭珍。「圖書館員如何在資訊社會扮演資訊組織與分析者的角色」。中國圖書館學會會報，第 55 期（民國 84 年 12 月），第 40 頁。
10　邵獻圖。西文工具書概論（臺北市：書林圖書公司，民國 89 年 4 月），第 122 頁。

部收錄在內。[11]這種編纂目錄的作法，被視為是整理、查找相關著作的有效方法，及至近代仍是如此。

　　而在古代的中國，早在二千年前的西漢時期，也有類似的情況發生。一是司馬遷撰著史記，另一是劉向、劉歆父子校理圖籍。有關司馬遷撰著史記的貢獻，若是從文獻整理的角度來看，乃是一次自上古至西漢時期，所有口傳以及文字、實物等不同文獻的總整理。司馬遷透過閱讀文獻、實地訪查，再綜合比對、增刪改寫，因此形成亙古流傳的偉大著作，這是一種「整齊故事」的工作，其著作內容簡直就是西漢之前，留傳至當時之所有文明、知識與成就的百科全書。

　　而在司馬遷稍後之劉向、劉歆父子所做的事業，則是另一種整理圖書文獻的工作。他們不似司馬遷整理、改寫相關的文獻，而是採取針對每一筆圖書文獻，予以釐定內容範圍，並且簡述其大意概要的方式，即是所謂「條其篇目、撮其旨意」，最後形成別錄、七略，以今日的眼光而言，乃是編纂一種得以按圖索驥的目錄。

　　由此可以發現，整理圖書資訊乃是因應資訊劇增，為了提昇其使用效率而非做不可的必要措施。這也即是印度圖書館學家 Shiyali Ramamrita Ranganathan 在「圖書館學五律」（The Five Laws of Library Science）中所揭櫫的，任何圖書文獻存在的意義乃在於要能夠被利用（Books are for use），並且要能夠提昇讀者使用圖書文獻的效率（Save the time of reader）。因此，所有的圖書資訊服務機構、組織，就必須事先妥善整理各種的圖書資訊，進行必要的資訊組織或是資訊加值的工作，才能夠因應讀者的需求。

二、資訊利用的循環過程

　　根據研究分析可以發現，資訊的組織方式必須配合資訊的利用形態，才能夠真正發揮其最大的效益。因此，探討資訊的利用形態，就成為進行資訊組織的基礎。

　　人們對於資訊的利用型態，就其過程而言，可以分為七個方式，恰好可以七個字首是英文字母 r 的單字表示之：retrieval、reading、

---

[11]　同註 10，第 38 頁。

recognition、re-interpretation、reviewing、release、restructuring，其關係及過程如圖三之六資訊管理循環圖[12]所示。

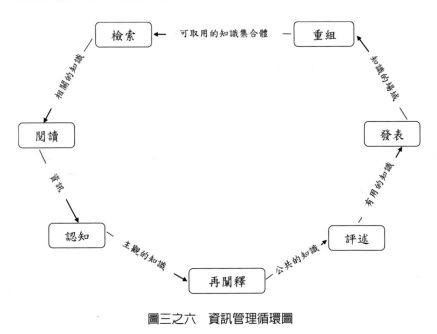

圖三之六　資訊管理循環圖

資料來源：

Jennifer Rowley. <u>Organizing Knowledge: An Introduction to Managing Access to Information</u>. (Aldershot, Hampshire, England: Gower, 2000) p.11

　　圖三之六顯示出資訊利用的循環過程。在圖的左邊，主要是指使用者個人在資訊利用的循環過程中的作為方式，相對的，在圖的右邊，主要是指團體組織在資訊利用的循環過程中的作為方式，如此即構成一套不停循環的過程。其各階段所需的資訊或知識的類型、各階段的利用方式以及不同利用方式後所產生出的資訊或知識類型，則可以圖三之七資訊管理輸入與輸出關係圖[13]表示之。

---

[12] Jennifer Rowley. <u>Organizing Knowledge: An Introduction to Managing Access to Information</u>. (Aldershot, Hampshire, England: Gower, 2000) p.11

[13] 同註 12 p.12

相關的知識	閱讀	資訊
資訊	認知	主觀的知識
主觀的知識	再闡釋	公共的知識
公共的知識	評述	有用的知識
有用的知識	發表	知識的場域
知識的場域	重組	資源庫
資源庫	檢索	相關的知識

圖三之七　資訊管理輸入與輸出關係圖

資料來源：

Jennifer Rowley. <u>Organizing Knowledge: An Introduction to Managing Access to Information.</u> (Aldershot, Hampshire, England: Gower, 2000) p.12

　　圖三之七中所顯示之資訊利用循環過程的意義為：[14]

1. 一開始時，某人會閱讀（Reads）被記載於不論是數位或是紙本型式上的相關的知識（relevant knowledge），同時也會從外在環境以及真實世界中，吸取相關的知識。

2. 外在的相關知識一旦被閱讀之後，就會變成為資訊（information），並且依照個人的認知架構，將這些資訊予以歸類儲存。經過此一認知（Recognition）的過程，之前所吸收進來的資訊，就會變成一種主觀的知識（subjective knowledge）。

3. 再闡釋（Reinterpretation）意指將各種主觀的知識轉換成為能夠便利交流傳播的型式，這些容易被擷取使用的知識，可能是一種不論是用文字書寫或是圖畫呈現的文件，統稱之為公共的知識（public knowledge）。

---

[14] 同註 12 pp.12-13

4. 所謂評述（Review），乃是有關公共的知識如何被轉換成為有用的知識（validated knowledge），意即透過參考、評論、條列等方式，利用公共知識的過程，而將該等知識轉換成為易由個人操作的知識。

5. 發表（Release）是指將有用的知識，透過各種不同的管道，再予以散布到外在的知識場域（knowledge domain）中，意味著更容易被其他個人、團體組織或是相關社群所擷取利用。此處所謂的知識場域，除了傳統的印刷媒介之外，還包括電視、電影等等相關的資訊媒介。

6. 有一些機構、組織、團體，會從整體知識場域裡，將某些特定人群所感興趣的知識予以挑選出來，再依照需求者便利使用的方式，予以重新排列組合，此即所謂的重組（Restructuring）。重組的方式得有例如：索引、書目等等，而有志於此工作者則包括有：圖書館、資訊服務公司等等。這些被挑選出來，且再經重組、儲存的知識，則可稱之為資源庫（resource bank）。

7. 存放在資源庫裡的資訊、知識，個人可依其不同的需求以及目的，將適合其所需的資訊予以檢索（Retrieve）出來，則成為個人即將閱讀的相關知識（relevant knowledge）。

8. 檢索所得的相關知識一旦被閱讀，就會再變成個人的資訊，於是就會再進入另一次資訊利用循環的過程。

以上所呈現的資訊利用循環過程乃是一種簡化的概念模式，事實上在真實生活中並非一定是如圖解中所表現的那種單向線性循環，也有可能是跳躍式的過程或是形成更小的次循環。不過無論如何，大致還是不出以上所述之階段、過程。

三、從個體資訊、整體資訊、個體知識、整體知識到群體知識[15]

何光國則以個體資訊、整體資訊、個體知識和整體知識之層次結構關係，說明圖書資訊組織的基本原理。

根據何光國的分析，所有的資料可以「定型、未定型」和「有形、無形」之特質，而區別為：「定型、有形」之資訊、「定型、無形」之資

---

[15] 何光國。圖書資訊組織原理（臺北市：三民書局，民國 79 年 6 月），11-39 頁。

訊、「未定型、有形」之資訊和「未定型、無形」之資訊等。一般而言，定型的資訊較容易被擷取利用，因此，未定型的資訊，只要經過適當的整理而成為定型的資訊時，也就成為圖書館提供圖書資訊服務的範圍。

　　傳統上，圖書館所處理的每一本書、每一本雜誌、每一張幻燈片等等，都是一個「個體資訊」（Micro-information），且是「整體資訊」（Macro-information）的一部分。每一個單位的「個體資訊」代表一個單位的「資訊點」，而每一個單位的「整體資訊」則代表一個「資訊面」。

　　利用「個體資訊」與「整體資訊」的相關原理，則可以將之延伸為資訊與知識之間的關係。也就是說每一單位的「知識點」（個體知識）是由若干個單位的「資訊面」（整體資訊）所組成；同樣的，「整體知識」（知識面）也是由若干個「知識點」（個體知識）所組成。

　　而「群體知識」則是指分散在不同「整體知識」內，具有相似概念之知識的組合。

　　有關個體資訊、整體資訊、個體知識、整體知識和群體知識的結構關係，以及與其對應之知識結構、學科主題例證和類目層次等關係，可以圖三之八資訊、知識結構層次圖[16]表示之。

---

[16] 同註 15，第 28 頁。

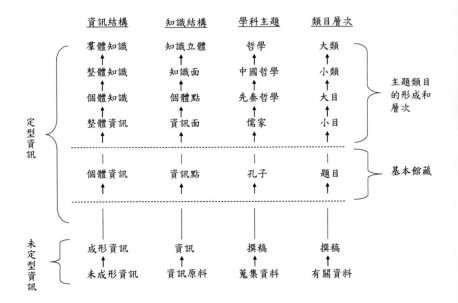

圖三之八　資訊、知識結構層次圖

資料來源：

何光國。圖書資訊組織原理（臺北市：三民書局，民國 79 年 6 月），第 28 頁。

　　此一架構圖，明白表示出，有關資訊的組織是如何從原本散亂的資料，經過整理後形成資訊，再依序與其他相關的資訊組成個體資訊、整體資訊，最後再構成個體知識、整體知識以及群體知識。由此一模式所發展出來的分類表，特別是等級模式的分類表，則是長久以來圖書資訊界，在資訊整理方面的重大貢獻。

　　事實上，有關未定型資訊、已定型資訊，個體資訊、整體資訊等的發展歷程，也是一個循環的過程，其過程可以圖三之九知識演進模式圖[17]表示之。

---

[17] 同註 15，第 38 頁。

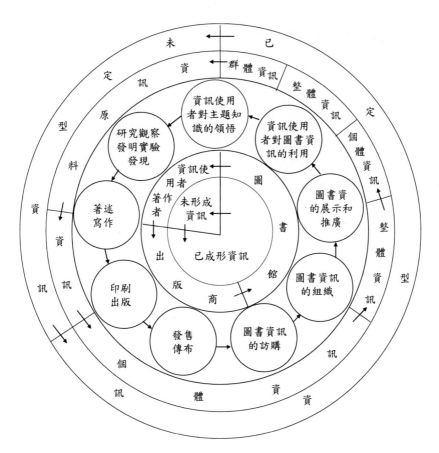

圖三之九　知識演進模式圖

資料來源：

何光國。圖書資訊組織原理（臺北市：三民書局，民國79年6月），第38頁。

　　圖三之九所顯示出來的最大意義是，整體資訊對於人們利用資訊的影響面最大，而圖書館長久以來已發展出各種方法以有效整理整體資訊，因此，就提供圖書資訊之服務而言，圖書館有其不可或缺的地位，特別是其整理圖書資訊的工具與方法，有其特殊的價值與意義，值得繼續予以開發與運用。

四、科學知識的組織系統[18]

吳萬鈞針對英國科學哲學家 Karl Popper 所劃分之人類認識對象之三個世界的第三個世界進行深入的分析。

Karl Popper 所指的第三世界是客觀知識世界（The Objective Knowledge World），也就是所謂科學文獻的世界。科學文獻有其獨立的客觀性與自主性，意即科學文獻一經產生，就會脫離認識主體的控制而獨立存在，並且能夠反饋影響第二世界，甚至進而再對第一世界發生影響或是改造。科學文獻之所以能夠發揮如此重大的影響力，乃是因為科學文獻被有條理、有計畫地蒐集、處理、組織、儲存及檢索，從而能夠被第二世界利用，進而引發一連串的影響，促進科學知識的進步與創新，並且產生更多的科學文獻，再被蒐集、整理、利用，而形成一循環不已的科學知識發展環境。

至於科學文獻是經過何種方式的組織整理，才能夠促進被利用的效率？根據吳萬鈞的綜合歸納分析，得有六個組織模式，除卻人工智能（的知識組織）系統以及模控空間（的知識組織）系統外，其餘四種乃是現今常見的知識組織方式，包括有：

1.科學文獻（的知識）組織系統

這是長久以來圖書資訊學界最擅長的處理方式，依結構性的不同，可再分為：等級分類系統（Hierarchical Classification System）、分面分類系統（Faceted Classification System）、索引典系統（Thesaurus System）等，近來的發展趨勢則是三者逐漸相互同化與兼容。

2.科學術語（的知識）組織系統

意即彙整各學科之專門用語，並依照一定的知識框架予以組織起來，而形成一套術語知識系統。這些各學科之術語系統的呈現方式有：字典、詞典和術語典（Terminology）。

---

[18] 吳萬鈞。「科學知識組織系統」。資訊傳播與圖書館學，5 卷 1 期（民國 87 年 9 月），19-42 頁。

3.學科體系（的知識）組織系統

將某一學科的所有知識內容，依照發展的先後順序，或是依照邏輯體系予以組織起來，即形成學科體系之知識的組織系統，常見的實例有教科書與百科全書。

4.綜述、述評、評鑑及預測（的知識）組織系統

當一學科主題的知識累積到某一程度之後，如何呈現其發展的成就與趨勢，則必須以綜述、述評、評鑑及預測的方式來統整、組織其間的知識。

針對不同知識組織系統的特性，得採用不同的加工技術、組織工具，其儲存與檢索的方式亦不同，所適用的服務機構也不同，其資訊加值後的產品當然也就不一樣。

總括來說，這些不同的知識組織系統、加工技術、組織工具、儲存與檢索方式、服務機構、加工產品，所形成的科學知識服務系統，即是當今現實社會中，如何組織科學文獻的具體作法。其關係可以綜合歸納為表三之二科學知識服務系統表。[19]

五、資訊組織的前瞻

自古以來，人們為了有效管理人類思想、言行的各項紀錄，已發展出各種的方法與工具，其具體的成就如前述之內容，並且也已發揮相當大之功效。然而資訊、知識並不是固定的，仍然一直在成長中，同時承載資訊、知識的媒體型式也是不斷在翻新中，因此，有關資訊加值、知識組織的作法，也必須隨著時代環境的變化而調整、更新才能夠滿足人們對於資訊的需求。

回顧一九四五年時，美國總統科學顧問 Vannevar Bush，敏銳地觀察到未來資訊爆炸將對人們取用資訊造成極大之挑戰，因此提出「MEMEX」之假想機器的構想，企盼能夠藉以有效組織、取用所需的資訊。該構想雖然在當時受限於資訊科技的能力限制而未能立即得到實現，但是終究在當今網際網路的時代裡成為事實。

---

[19] 同註 18，第 25 頁。

表三之二　科學知識服務系統表

科學知識組織系統	加工對象	加工技術	組織工具	儲存與檢索	服務機構	加工產品
原創性知識組織系統	自然信息及社會信息	信息分析	人腦多維知識框架	人腦	科學研究機構	原創性科學文獻
科學文獻組織系統	科學文獻	主題分析	分類系統及索引典系統	科學文獻資訊庫	圖書館、資訊中心	索引、摘要、檢索系統
科學術語組織系統	科學文獻	知識分析	術語知識框架	術語知識庫	知識中心	術語典
學科體系組織系統	科學文獻	知識分析	學科知識框架	學科知識庫	知識中心	教科書、百科全書
綜述、述評、評鑑及預測組織系統	科學文獻	資訊分析	綜述、述評、評鑑及預測分析框架	諮詢庫	智庫（資訊分析中心）	綜述、述評、評鑑及預測報告
人工智能系統	科學知識	知識佈建、知識推理、解題搜索	人腦多維知識框架	腦庫（體外大腦）	智庫（資訊分析中心）	人工智能產品
模控空間系統	科學知識；人物；事務；天文、地理及人文環境	實境模擬控制	實境模控知識框架	模控實境資訊庫	圖書館、資訊中心、知識中心、智庫、科學研究機構	模控實境產品

資料來源：
吳萬鈞。「科學知識組織系統」。資訊傳播與圖書館學，5 卷 1 期（民國 87 年 9 月），第 25 頁。

　　在現今資訊化、網路化的時代裡，人們所接觸到的資訊或是知識，越來越多是以數位化的型式呈現，並且更多是藉由網路的途徑流傳。因此，如何有效管理數位化、網路化的資訊，乃成為當今研究資訊加值、知識組織的重大課題。

　　一般而言，資訊組織得有三個層次：全宇宙觀的資訊組織（universal level）、社群觀的資訊組織（community level）以及個人資訊需求觀的資訊組織（personal level）。[20]然而不論是那一個層次的資訊組織，都必須考量三個重要因素：使用者需求、文獻特性、為了資訊單位間之合作分享而必要的標準化。[21]就以對於資訊組織最為擅長的圖書資訊學界的成就而言，為了有效管理資訊、滿足資訊使用者的需求，並且考量到前述三項因素的要求，近百多年來在此領域早有具體的成果：屬性描述（編目規則）、知識體系（分類表）、控制詞彙（標題表）。[22]這些具體的作法與成就，構成了當今資訊加值、資訊組織的基本框架工具。

　　然而隨著網路數位化資訊的逐漸興起，對於如何組織管理網路資訊資源，也有了新的處理方式。因此在各個領域都分別提出如何描述數位資訊資源的規範，例如一般性的都柏林核心集（Dublin Core, DC）、博物館學界的 CIMI/Dublin Core（Consortium for the Computer Interchange of Museum Information, CIMI）、檔案學界的 EAD（Encoded Archival Description, EAD）以及政府資源索引服務（Government Information Locator Service, GILS）等等，這些詮釋資料（MetaData）都是針對整理、使用新興數位資訊資源所需，所設計出來的處理方式。

　　身為長久以來以整理資訊為己任的圖書資訊學界，對於如何更精進整理資訊、提供資訊服務更是投入極大人力物力的研究與規劃。其中又以「書目記錄功能需求」（Functional Requirements for Bibliographic Records, FRBR）[23]、「資源描述與取得」（Resource Description and Access, RDA）[24]的

[20] 吳美美。「網路資源組織的三個層次」。大學圖書館，2 卷 1 期（民國 87 年 1 月），30-33 頁。

[21] 陳昭珍。「從使用者需求與文獻特性看圖書館界資訊組織模式發展趨勢」。大學圖書館，2 卷 3 期（民國 87 年 4 月），第 106 頁。

[22] 陳昭珍。「從實體到虛擬：談資訊組織發展現況與展望」。中國圖書館學會會報，第 68 期（民國 91 年 6 月），第 27 頁。

[23] IFLA Study Group on the Functional Requirements for Bibliographic Records.

發展最值得注意。此外，由資訊科技社群所提出之「資料探勘」（Data Mining）、「主題地圖」（Topic Map）、「知識本體」（Ontology）、「語意網」（Semantic Web）等資訊組織、知識組織的方式，亦是必須重視的發展趨勢。

（一）書目記錄功能需求
（Functional Requirements for Bibliographic Records, FRBR）

　　書目記錄功能需求是國際圖書館協會聯盟（International Federation of Library Associations and Institutions, IFLA）為因應現實環境變化，並且迎合使用者查找、取得資訊需求，針對如何建立核心書目記錄標準，所提出之九種解決方案之一種。

　　根據一九九七年，書目記錄功能需求研究小組於國際圖書館協會聯盟編目委員會於哥本哈根（Copenhagen）之會議中所提出的報告，制定書目記錄功能需求之基本理念有：[25]

　　1. 書目記錄所涵蓋的資料範圍包括資料、媒體、格式及資訊記錄模式。

　　2. 書目記錄針對不同種類的使用者。

　　3. 書目記錄考慮圖書館館內及館外的各種應用。

　　4. 研究方法係使用實體關係分析技巧。

　　5. 將圖書館目錄涉及的實體分成三組。

　　其中又以將圖書館目錄涉及的實體分成三組之概念，對於資訊組織與資訊服務的影響最大。根據書目記錄功能需求的分析，圖書館整理圖書資訊所要處理的實體特性主要有三，第一組是針對書目記錄中所稱之智慧產物或藝術產品之屬性而分為：作品（work）、內容版本（expression）、載體版本（manifestation）以及單件（item）等；第二組是針對智慧產物或藝術產品之創作負責人或是團體而分為：個人（person）及團體（corporate

---

　　Functional Requirements for Bibliographic Records: Final Report. (München: K.G. Saur, 1998)

　　http://www.ifla.org/VII/s13/wgfrbr/finalreport.htm（96.05.20）

[24]　Joint Steering Committee for the Revision of Anglo-American Cataloguing Rules. RDA: Resource Description and Access.

　　http://www.collectionscanada.ca/jsc/rda.html（96.07.27）

[25]　陳和琴。「書目功能需求（FRBR）初探」。載於淡江大學資訊與圖書館學系編。*2003年資訊科技與圖書館學術研討會論文集*（臺北縣淡水鎮：淡江大學資訊與圖書館學系所，民國92年5月）。

　　http://research.dils.tku.edu.tw/conference/2003/read/paper/C2--陳和琴.pdf（96.05.20）

bodies）；第三組是針對智慧產物或藝術產品之主題屬性而分為：概念（concept）、物件（object）、事件（event）以及地點（place）等。三組概念之關係可以圖三之十書目記錄功能需求分析圖[26]表示之。

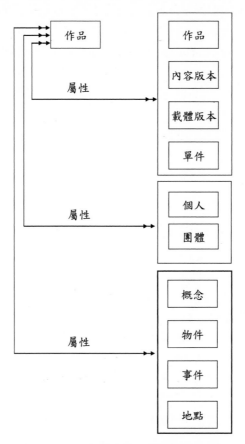

圖三之十　書目記錄功能需求分析圖

資料來源：
IFLA Study Group on the Functional Requirements for Bibliographic Records. Functional Requirements for Bibliographic Records: Final Report. (München: K.G. Saur, 1998) p.15
http://www.ifla.org/VII/s13/wgfrbr/finalreport.htm　（96.05.20）

---

[26]　同註23 p.15

　　在此三組描述資訊之實體特徵中，尤其是第一組之概念的影響層面最大。所謂之「作品」乃是一抽象的概念，人們是透過「內容版本」才得以瞭解，而現今圖書館所處理的，則多是屬於「載體版本」以及「單件」的層次。然而根據書目記錄功能需求研究小組的分析，使用書目記錄之工作有四：查尋（to find）、區辨（to identify）、選擇（to select）以及獲取（to acquire or obtain）。前三項的工作需求均可對應、應用到前述第一組概念之全部，至於第四項則只能應用到第一組概念中之載體版本以及單件這兩項。[27,28]也就是說在採行「書目記錄功能需求」之概念模式之後，圖書館目錄所要涉及之智慧產物或藝術產品之屬性的層次，將不再僅限於載體版本以及單件之層次而已，唯有進一步提昇處理智慧產物或藝術產品之屬性的層次，才能夠滿足使用書目記錄之工作的需求。這乃是論及資訊加值、資訊組織時，必須特別留意的發展趨勢。

（二）資源描述與取得（Resource Description and Access, RDA）

　　預定於二零零八年出版，用以取代英美編目規則第二版（Anglo-American Cataloguing Rules, AACR2）的「資源描述與取得」，乃是為了反映現今數位化時代之需求所制定之新的編目規則，並且已將「書目記錄功能需求」以及「權威記錄功能需求」（Function Requirements for Authority Records）等相關概念納入。其內容主要分為兩個部分：資源描述（Description）以及檢索點控制（Access Point Control）。制定此新規則的主要著眼點乃在於從整體數位化大環境考量，希望能夠簡化編目過程，並且與圖書館外之機構，例如博物館、出版者等之著錄格式資料相容。因此，具備彈性之標準，得用以描述不同類型以及不同媒體的資源。由於註明作品、內容版本、載體版本以及單件的描述，並且各單位得以自訂線上目錄的顯示格式，因此，將更能迎合各單位之個別需求。

　　由於舊版的規則已施行近三十年，與新版之編目規則－資源描述與取得，仍有相當性的差異。因此，可以預見的是，在即將來臨的未來，對於資訊資源的描述以及資訊的整理與利用，都將會造成程度不一的影

---

[27]　同註 23 pp.8-9
[28]　同註 25，184-185 頁。

響，所以必須留意其後續的發展，也才能夠將之實際應用到資訊加值與資訊組織中，以因應時代的變化並滿足使用者的需求。

（三）資訊科技界所提出之資訊組織、知識組織的方式

在以紙本型式作為最主要之資訊媒體的時代，圖書館是所有之資訊的儲存所在，因此，有關資訊的組織，最主要是依照圖書資訊學界的方式來處理，甚至可以說，圖書資訊學界是資訊組織的唯一負責人。然而此一情況到了數位化網路時代的今日，卻不再是如此。由於資訊科技的各項新技術、新發明，都成為傳播各種資訊的新管道，因此，特別是對於如何整理、利用這些能夠以數位化型式呈現，並且能夠在網路上流傳之資訊的相關議題，也成為資訊科技界的研究項目之一，並且也陸續提出一些與傳統圖書資訊學界不一樣的觀念與作法。

特別是近年來所逐漸興起之「資料探勘」（Data Mining）、「主題地圖」（Topic Map）、「知識本體」（Ontology）、「語意網」（Semantic Web）等資訊組織的處理方式，更適合於網路環境下，作為表達資訊、知識之關係的架構。這與過去圖書資訊學界偏重以分類編目為架構之體系的處理方式，有極大之不同。圖書資訊學界雖然在過去百餘年來，已在資訊組織與資訊服務領域方面建立起一套周延嚴密的體系架構，並且卓有貢獻，但是卻也在當今數位化網路時代裡，面臨瓶頸與挑戰。因此，未來理想之資訊組織與資訊服務的方式，應該是要結合圖書資訊學界以及資訊科技的努力，融合彼此的專長，才能夠建構更理想之資訊組織與資訊服務的願景。

第三節　教育研究資訊資源的標引與整序

從前述資訊的演進、文獻的循環可以瞭解，資訊資源有其發展的歷程，並且於不同階段形成不同類型的文獻。如何有效管理，並且進而能夠利用相關的資訊資源、文獻，乃成為資訊服務方面的重要議題，換句話說，如何有效整理這些龐大的文獻，乃成為能否有效利用之的基礎。

因此，為達成此目的，已有諸多研究分別從資訊組織、資訊加值、資訊管理、知識管理等面向進行探討，並且形成相關的作法與成就。

其中又以圖書資訊學界對於資訊資源的組織最有具體的成果，多年以來，透過其所發展出來各種的工具，已成為整理各種文獻資源的重要方法，也廣為人們所利用，在這些方法中又以分類法與主題法兩種最常被採用。除此之外，近年來由於網路資源的極速爆增，如何有效整理以滿足使用者之需求，也成為眾所囑目的焦點，因此，也興起各種網路教育資源的詮釋資料格式。這些分別偏向適合不同資料屬性之整理架構的模式，整體來說，都是有助於整理教育研究資訊資源的工具。

一、分類法

分類法可以再區分為：等級分類法（Hierarchical Classification）以及分面分類法（Faceted Classification）兩種類型。等級分類法是以學科分類為基礎，再依概念區分細目而形成一套層層隸屬、詳細列舉的等級結構體系。就國內常用的西文圖書分類法：杜威十進分類法（Dewey Decimal Classification）、美國國會圖書館分類法（Library of Congress Classification），以及常用的中文圖書分類法：中國圖書分類法（賴永祥）、中國圖書十進分類法（何日章）等等，都是屬於等級分類法。

在這些一般性的分類法中，都有一個一級類目或是二級類目是屬於教育學類，其架構體系雖因國家、地區的不同，以及基於文獻保證原則（Principle of literary warrant）或是用戶保證原則（Principle of user warrant）的不同，而稍有不同，不過都是用作為整理教育學相關資訊資源之工具。各種分類法對於教育學之體系的劃分，分別為：

（一）杜威十進分類法（Dewey Decimal Classification）[29]

杜威十進分類法最早的版本是源自於一八七六年的「A Classification and Subject Index for Cataloging and Arranging the Books and Pamphlets of a

---

[29] Melvil Dewey. Dewey Decimal Classification and Relative Index. (Dublin, Ohio: OCLC Online Computer Library Center, 2003)

Library」，目前最新的版本是第二十二版，於二零零三年七月出版。由於杜威十進分類法是以數字作為標記，具簡易容易使用之優點，雖然其架構是源自於一百多年前的學科知識內涵，但至今仍可適用，因此廣被世界各圖書館所採用。據統計，杜威十進分類法已被一百三十餘國家採用，並翻譯成三十多種語言的版本。就美國而言，有百分之九十五的公共圖書館及學校圖書館、百分之二十五的學院及大學圖書館、百分之二十的專門圖書館使用杜威十進分類法，由此可見其使用之廣。[30]因此作為整理教育學資訊資源的架構工具，有著極大的影響力。

　　杜威十進分類法是以傳統的學科來分類，第一級類目共分為十類，每一類之下再細分為十個二級類目。就教育學而言，是歸屬在 300 號大類之下的 370 類號，其內涵體系根據最新修訂之二十二版的內容，包括有：[31]

370 教育總論（Education）

371 學校及其活動；特殊教育（Schools and Their Activities；Special Education）

372 初等教育（Elementary Education）

373 中等教育（Secondary Education）

374 成人教育（Adult Education）

375 課程（Curricula）

378 高等教育（Higher Education）

379 教育相關的公共政策議題（Public Policy Issues in Education）

　　舊版表中原有「376 婦女教育（Education of Women）」以及「377 學校與宗教（Schools & Religion）」，於新版中則已取消。

---

[30] 杜威十進分類法
http://catweb.ncl.edu.tw/sect-2.htm （96.06.06）
[31] 同註 29 pp.767-885

（二）美國國會圖書館分類法（Library of Congress Classification）[32]

　　由於基本上美國國會圖書館分類法是基於文獻保證原則所設計，目的在於滿足美國國會圖書館藏書之排列的需要，因此，嚴格來說並不全然是屬於知識體系的分類，也不追求各學科之嚴格的概念系統，所以就第二級類目所呈現出來的架構體系，似乎與教育學研究所涉及的內涵有所差距。然而作為整理美國國會圖書館之藏書，是有其適用之處，又由於其地位的關係，也影響到世界各地，而常被各國大圖書館當作整理西文圖書的依據，同時又因為有專門部門負責分類法的修訂，較能及時呈現各個學科的最新發展，因此，仍具有不可輕忽的參考價值。

　　美國國會圖書館分類法中，L 大類是屬於教育學類，在此大類之下，再細分為各個二級類目，根據最新修訂版，其類目包括有：[33]

L　教育總論（Education (General)）

LA 教育史（History of Education）

LB 教育理論與實務（Theory and Practice of Education）

LC 特殊教育（Special Aspects of Education）

LD 教育機構－美國（Individual Institutions - United States）

LE 教育機構－美國之外的美洲（Individual Institutions - America (except United States)）

LF 教育機構－歐洲（Individual Institutions – Europe）

LG 教育機構－亞洲、非洲、印度洋群島、澳大利亞、紐西蘭、太平洋群島（Individual Institutions - Asia, Africa, Indian Ocean islands, Australia, New Zealand, Pacific islands）

LH 學院與學校的雜誌報紙（College and School Magazines and Papers）

LJ 美國學生社團（Student Fraternities and Societies, United States）

LT 教科書（Textbooks）

---

[32] 共分成二十大類，各大類最新之修訂年代不一
http://www.loc.gov/cds/classif.html （96.06.08）

[33] Library of Congress Classification Outline
http://www.loc.gov/catdir/cpso/lcco/lcco_l.pdf （96.06.08）

（三）中國圖書分類法（賴永祥）[34]

　　基本上，中國圖書分類法是由前南京金陵大學圖書館館長劉國鈞於民國十八年編訂，主要是以杜威十進分類法為基礎再擴編而成。

　　為了適應時代變化的需要，自民國五十三年起，賴永祥曾對中國圖書分類法加以增訂，最新一版是於民國九十年所出版的增訂八版。自後賴永祥即將中國圖書分類法版權無償捐贈給國家圖書館，國家圖書館隨即成立工作小組進行修訂，以原增訂七版及八版為基礎，民國九十六年改編為「中文圖書分類法」[35]。由於中國圖書分類法融合了傳統圖書分類體系以及西方圖書分類的優點，因此廣被各圖書館採用，乃是目前國內最多圖書館使用的分類法，就整理教育學資訊資源之工具而言，有其獨特的地位與價值。在本分類法中，有關教育學方面的類目是歸屬在 500 社會科學大類之下的 520 類號，其內涵體系根據增訂八版之內容，包括有：[36]

520 教育學總論
521 教育心理及教學法
522 教師及師資培育
523 初等教育
524 中等教育
525 高等教育
526 教育行政
527 學校管理
528 各種教育
529 特殊人教育

---

[34] 賴永祥編訂。中國圖書分類法（臺北市：文華圖書館管理資訊公司，民國 90 年 9 月）。
[35] 國家圖書館中文主題編目規範系統
http://catbase.ncl.edu.tw（96.07.27）
[36] 賴永祥編訂。中國圖書分類法（臺北市：文華圖書館管理資訊公司，民國 90 年 9 月），292-305 頁。

（四）中國圖書十進分類法（何日章）[37]

中國圖書十進分類法是由何日章與袁湧進於民國二十三年，依據杜威十進分類法，再參酌中外圖書分類法、世界圖書分類法、日本十進分類法以及美國國會圖書館分類法編訂而成，至民國六十一年止，共發行四版。

中國圖書十進分類法與中國圖書分類法一樣，都是企圖融合中西方對於圖書分類的優點，因此其類號體系亦能適用於現實所需。目前國內各大圖書館中只有國立政治大學圖書館、國立臺灣師範大學圖書館、輔仁大學圖書館、中央研究院歷史語言研究所傅斯年圖書館以及近代史研究所圖書館等是採用本分類法。由於本分類法自民國六十一年第四版之後，即不見正式修訂編印再版，為了因應時代的需要，自民國九十年十一月起由前述採用本分類法之五所圖書館中之前四所圖書館，共同進行合作修訂，至民國九十二年十一月完成。又為了增進查詢檢索之效率，國立政治大學圖書館並將之設計成為線上檢索系統，以利進行主題編目時使用。[38]

雖然採用本分類法的圖書館不是很多，故其影響面沒有中國圖書分類法之大，然而，由於國立政治大學圖書館收藏許多早期原教育部圖書室的藏書，國立臺灣師範大學圖書館設置有教育資料室專門收藏國內外教育文獻，兩者在教育文獻方面的收藏，占極重要之地位。雖然國立臺灣師範大學圖書館有意將沿用多時的中國圖書十進分類法改為中國圖書分類法[39]，不過在還沒有正式實施完成之前，所採用之作為整理教育資訊資源的工具－中國圖書十進分類法，亦有其重要性。

近年來為了加強採用中國圖書十進分類法以及採用中國圖書分類法之圖書館間，館藏資源的聯繫溝通與資源合作，國立政治大學圖書館曾進行研究兩種分類法之對照，成果包括「『中國圖書分類法』與『中國圖書十進分類法』對照表」以及「『中國圖書十進分類法』與『中國圖書分

---

[37] 最新的修訂版本可參考
林呈潢計畫主持。資訊組織規範整合之研究（臺北市：國家圖書館，民國93年12月），下冊：中國圖書十進分類法」與「中國圖書分類法」對照表。

[38] 曾秋香、郭麗芳。「中國圖書十進分類法之修訂與展望」。圖書與資訊學刊，第48期（民國93年2月），99-101頁。

[39] 教育部中等教育司主辦。96年度師範校院圖書資源整合計畫研討會會議暨活動紀錄（花蓮縣花蓮市：國立花蓮教育大學，民國96年11月），第91頁。

類法』對照表」[40]，這對於往後國內中文教育方面之文獻資訊資源的整合、查詢與利用，將有極大之助益。

在本分類法中，有關教育的類目是歸屬在 300 社會科學大類之下的 370 類號，其內涵體系根據由最新前述四所圖書館所修訂之內容，包括有：[41]

370 教育學總論
371 教育心理及教學法
372 教育行政
373 教師及師資培育
374 初等教育
375 中等教育
376 高等教育
377 各種教育及推廣教育
378 職業教育
379 特殊人教育

二、主題法

所謂主題，是指文獻所論述的對象，通常包括事物、問題、現象等；而經過選擇，用來表達文獻的詞語，就稱之為主題詞。因此，所謂主題法就是直接以表達文獻的語詞作檢索標識，以字順為主要檢索途徑，並且透過參照系統等方法揭示詞語間之關係的標引和檢索文獻的方法。[42]

主題法作為圖書文獻的檢索方法，具有以下之性質：概念化性質、規範化性質、組配性質、語義性質以及動態性質。[43]其類型因區分之方式

---

[40] 林呈潢計畫主持。資訊組織規範整合之研究（臺北市：國家圖書館，民國 93 年 12 月）。

[41] 同註 40，下冊，214-230 頁。

[42] 馬張華、侯漢清。文獻分類法主題法導論（北京市：北京圖書館出版社，1999 年 7 月），第 113 頁。

[43] 盧秀菊。「中文主題標目與標題表」。中國圖書館學會會報，第 59 期（民國 86 年 12 月），26-27 頁。

不同而有不同的類型，就廣義來說，從內容體系角度分，則有系統主題法、字順主題法；從檢索標識的組配程序分，則有先組式主題法、後組式主題法；從檢索標識的規範角度分，則有規範主題法、自由主題法；而就狹義來說，則可以從主題詞語的性質分為：標題法（Subject Heading）、單元詞法（Unit term）、關鍵詞法（Keyword）以及敘詞法（Descriptor）等四種，這是最基本、最實質的類型分法。[44]

　　由於主題法作為整理以及檢索文獻的方法，能夠彌補分類法的缺失，因此與分類法同是整理資訊資源的重要方法。茲將教育文獻資訊資源的標引模式，以及幾種與整理教育文獻資訊資源有關的標題表、主題詞表分述如下。

（一）教育文獻資訊資源的標引模式

　　探討教育文獻資訊資源如何標引，首先則必須瞭解教育文獻資訊資源能夠回答那些問題，以及教育文獻資訊資源包括那些主題因素。

　　教育文獻資訊資源是各種教育活動之經驗總結與紀錄，也反映出教育活動的各種特徵，因此，教育文獻資訊資源主要回答以下問題：[45]

　　1. 教育誰？（受教育者）

　　2. 教什麼？（課程）

　　3. 怎麼教？（教學理論和方法）

　　4. 誰來教？（教育者即教師及教育行政人員等）

　　5. 用什麼教？（教育設施、教具、教材等）

　　6. 在那裡教？（教育機構、教育環境）

　　至於教育文獻資訊資源所涉及的主題因素，則包括有：[46]

　　1. 學校，包括幼稚園、小學、中學、大學等等。

　　2. 教學，包括教學組織、教學方式、教學法等等。

　　3. 課程，包括課程類型，例如核心課程、選修課程等等，以及課程科目，例如國文課、生物課等等。

---

[44] 劉湘生。主題法的理論與標引（北京市：書目文獻出版社，1985 年 11 月），第 38 頁。

[45] 侯漢清。「教育文獻的標引模式和標引方法」。圖書館論壇，第 86 期（1998 年 12 月），第 35 頁。

[46] 同註 45，35-36 頁。

4. 教材，指教學用的書籍及參考資料。

5. 教具及學校設施，包括教學用的模型、圖表、實物等等，以及教室、實驗室、體育館等等。

6. 教育人員，指校長、教師、督學等等。

7. 學生，包括學前兒童、中小學生、研究生等等。

8. 空間和時間，指國家、地點、時代、紀年等等。

9. 文獻形式，如教師手冊、教學指南、年鑑、名錄、字典等等。

因此，總括來說，有關教育文獻資訊資源之主題標引的總體模式是：對象（學校或學生）／課程／教學／教材／教具以及學校設施／教育人員／空間／時間／文獻形式。

又由於教育乃是一種社會現象和社會活動，所以還會涉及與其他學科之關聯以及教育事業與教育管理的課題，因此，在教育文獻資訊資源中還存在著下列主題因素：

10. 教育學科，指與教育相關或交叉的學科，例如教育哲學、教育心理學、教育社會學、比較教育學等等。

11. 教育事業，如教育結構、教育發展策略、教育改革、教育成果等等。

12. 各級各類教育，如學前教育、基礎教育、中等教育、高等教育、成人教育、師範教育、特殊教育、社會教育、家庭教育等等。

13. 學校管理，包括教育法規、教育體制、教育財政、學校管理，例如學籍管理、教師管理、學生安全、學校衛生等等。

以上所述之各種主題，乃是標引教育文獻資訊資源時，必須考量的可能層面因素。也就是說在使用標題表或是主題詞表進行標引時，必須充分反映出其所涉及的各種主題因素，才算是完善的標引。

（二）標題表

標題法是各種主題法中最早出現者，基本上是一種先組合式主題法。彙集各個標題詞目所形成的標題表，乃成為標記、整理圖書文獻資訊資源之主題的工具，目前國內較常用的標題表有以下幾種：

1. 美國國會圖書館標題表（Library of Congress Subject Headings）[47]

美國國會圖書館標題表主要是依據美國圖書館協會於一八九五年所制定之「字典式目錄標題表」（The List of Subject Headings for Use in Dictionary Catalogs）為基礎修訂而成，第一版逐冊於一九零九至一九一四年間出版。其主要內容包括有：主題標目（Subject Heading）、地區複分（Geographic Subdivision）、類號（Class Number）、使用範圍註解（Scope Note）、參照（Cross Reference）以及複分（Subdivision）等。又為了提昇對於圖書資訊主題編目的效能，並搭配有相關的手冊、指南以及權威檔等，例如：「主題編目手冊：主題標目」（Subject Cataloging Manual: Subject Headings）、「通用複分」（Free-Floating Subdivisions: An Alphabetical Index）、「編目服務公報」（Cataloging Service Bulletin）、「主題標準檔」（Subject Authority File）等等，以作為實際主題編目時參考。[48]

雖然基本上而言，美國國會圖書館標題表仍是依循「作品保證原則」所制定，其目的是為了處理與檢索美國國會圖書館之館藏資料而建立，所以在整體架構上有其未能完全呈現所有知識體系之缺失。然而，由於美國國會圖書館的館藏豐富，使得該標題表較之其他標題表更詳盡，又加上美國甚至世界各大圖書館均相當程度依賴美國國會圖書館所提供之書目服務，因此，美國國會圖書館標題表的影響力也隨之擴大而廣被接受使用。又因為美國國會圖書館經常不斷地修訂該標題表，使之更具實用價值，所以奠定此表成為眾所依循的標準地位。[49]今日若論及有關西文教育研究之文獻資訊資源的整理，在進行主題編目時是不可不參酌美國國會圖書館標題表。

---

[47] 目前最新的版本是於 2007 年出版的第 30 版
http://www.loc.gov/cds/lcsh.html（96.06.08）

[48] 陳麥麟屏、林國強，美國國會圖書館與主題編目（臺北市：三民書局，民國 90 年 1 月），123-134 頁。

[49] 同註 43，第 28 頁。

2.席爾氏標題表（Sears List of Subject Headings）[50]

　　席爾氏標題表最早是於一九二三年由 Minnie Earl Sears 編訂，其目的是為了提供小型圖書館一套比美國國會圖書館標題表更適合其所需的標題表。由於 Sears 認為主題詞語應該統一，因此在編訂席爾氏標題表時，雖是以其他九所小型圖書館所使用之標題為主，然而其基本格式乃是仿照美國國會圖書館標題表，當未能在席爾氏標題表找到適用的標目時，仍可從美國國會圖書館標題表找到適用的標目，即使當館藏量擴增而成為大型圖書館時，也可直接轉用美國國會圖書館標題表，而不會有必須重新再全部改編的困擾。[51]

　　由於席爾氏標題表與美國國會圖書館標題表之關係密切，最主要的差別乃在於適用之對象因館藏量之大小而有別，因此，也可以將席爾氏標題表視為美國國會圖書館標題表之精簡版。目前國內各圖書館之西文圖書的主題標目，多是採用以上所述這兩種標題表。

3.中文圖書標題表[52]

　　中文圖書標題表是由前國立中央圖書館依據該館編訂之「中文圖書標題總目初稿」一書增補修訂而成。其標題詞主要是依據賴永祥先生編訂之「中國圖書分類法」以及該館編訂之「中國圖書分類法（試用本）」的類目加以規範而成，其中有若干標題詞是該館在編目工作中補訂增入的。編制本表的目的，主要在於為一般綜合性圖書館進行主題編目時，提供選擇標題詞之用。全書內容分為四個部分：序論（序、編例、使用說明）、一般複分標題、標題主表、分類索引。每一標題款目視其性質，由標目詞、參考類號、註釋文字、參照說明等四部分構成。[53]

　　本標題表乃是目前國內各大圖書館，標記中文圖書主題時常用之工具，對於整理教育相關文獻資訊資源而言，也是重要的參考依據。

---

[50] Sears Minnie Earl. Sears List of Subject Headings. (New York: H.W. Wilson, 2004)
[51] 王梅玲。「席爾氏標題表」。載於胡述兆總編輯。圖書館學與資訊科學大辭典（臺北市：漢美圖書公司，民國 84 年 12 月），第 1149 頁。
[52] 國立中央圖書館編目組編訂。中文圖書標題表（臺北市：國立中央圖書館，民國 84 年 6 月）。
[53] 同註 52，第 5 頁。

（三）主題詞表

主題詞表又稱敘詞表或是索引典，乃是反映文獻內容之主題詞及其詞間關係所組成的規範化詞典，是將文獻、索引人員或使用者的自然語言轉換成規範化語言的一種詞彙控制工具。由於其編纂方法係綜合多種檢索語言的原理，並且留取各法之長而捨棄各法之短，所以近年來的發展成效十分顯著，尤其是在大陸地區已制定多種中文的主題表，例如：中國中醫藥學主題詞表、中國檔案主題詞表、中國分類主題詞表、漢語主題詞表、大氣科學主題詞表、中醫文獻電腦庫主題詞表、廣州市人大公文主題詞表、電力主題詞表、煙草行業公文主題詞表、軍用主題詞表、國家漢語主題詞表、數學漢語主題詞表、物理學漢語主題詞表等等。其中又以漢語主題詞表（Chinese Thesaurus）的規模最為龐大，這是一部大型的綜合性中文敘詞表，包括社會科學與自然科學兩部分，共收敘詞十一萬條，幾乎涵蓋所有人類知識的門類。[54]此外，與教育較為密切相關者有：教育主題詞表、高等教育主題詞表、教育部公文主題詞表等。

以下以國家圖書館編印的中文主題詞表、大陸地區編訂的教育主題詞表以及美國教育資源資訊中心（Education Resources Information Center, ERIC）所制定的索引典（Thesaurus of ERIC Descriptors）為例，分別介紹如下：

1.中文主題詞表[55]

中文主題詞表係由國家圖書館邀集國內圖書資訊界、文教界、學界專家學者共同參與編訂而成，是臺灣地區第一部採用後組合式的詞表。本表之編訂是以「中文圖書標題表」為藍本，再參考各種相關專科詞典、主題詞表等，並參酌文獻編目實務經驗，採文獻保證及用戶保證原則，增補反映新學科、新事物、新概念的詞目。全表共收主題詞二萬三千餘條，其中主表部分有一萬九千餘條，附表部分則有四千餘條。全書詞目之排列係依照教育部頒訂之「常用國字標準字體筆順手冊」筆劃編排，

---

[54] 陳和琴。「主題詞表的內涵及在網路環境中所扮演的角色」。佛教圖書館館訊，第33期（民國92年3月），第26頁。

[55] 中文主題詞表編訂小組編訂。中文主題詞表（臺北市：國家圖書館，民國94年10月）。

同筆劃者則再依照康熙字典部首順序排列。[56]事實上在完成中文主題詞表之前，國家圖書館即曾先行編印有「中文主題詞表：人文社會科學類」[57]一書，廣徵各方意見，以作為正式擴編為中文主題詞表的參考。

中文主題詞表與中文圖書標題表最大之不同乃在於取消各式複分與採用單一概念的詞彙。其用途主要提供圖書館進行分類編目時，標引「圖書」而非「期刊論文」使用，故與一般綜合性之主題詞表或是索引典不同。因此，有關詞彙之關係的建立，不似索引典將參照款目是以 BT、NT、RT、Use 和 Use For 來建立關係，而是以「用」、「不用」及「參見」建立關係。[58]

2. 教育主題詞表[59]

教育主題詞表是大陸地區正式出版的第一部教育專業敘詞表，自籌劃到正式出版，歷時六年才完成。根據本表的編製說明，其研訂過程是由中央教育科學研究所教育信息中心主持，並結合北京師範大學圖書情報系、南京農業大學圖書情報系、上海空軍政治學院圖書檔案系、廣州中山大學圖書館的協作。共收詞三千七百零二個，其中正式主題詞三千零十一個，非正式主題詞六百九十一個。選詞的過程中，參考了「漢語主題詞表」、「教育資源情報中心敘詞表」（Thesaurus of ERIC Descriptors）、「聯合國教科文組織國際教育局教育敘詞表」（International Bureau of Education, IBE Education Thesaurus）、「聯合國教科文組織敘詞表」（United Nations Educational, Scientific and Cultural Organization, UNESCO Thesaurus）以及「社會科學檢索詞表」（初稿）等。詞語的選擇以教育科學的學科領域為主，包括教育方針政策、教育事業、學科理論和方法、人物傳記與人物研究、事物、機關與團體等，並選入部分心理學、社會學、語言學等相關學科的主題詞。主要是供各類學校、教育科研機構和

---

[56] 中文主題詞表
　　http://catweb.ncl.edu.tw/2-1-16.htm（96.06.07）
[57] 中文主題詞表編訂小組編訂。中文主題詞表：人文社會科學類（臺北市：國家圖書館，民國 92 年 12 月）。
[58] 同註 54，第 26 頁。
[59] 教育主題詞表編輯委員會編。教育主題詞表（北京市：教育科學出版社出版，1993年 12 月）。

教育行政部門用於圖書、期刊、學位論文、會議資料、公文、檔案等文獻的標引及檢索。

又為了實現分類主題一體化之檢索語言的趨勢，與教育主題詞表並冊出版了「中國圖書館圖書分類法教育專業分類表」，該分類表是以中國圖書館圖書分類法裡的教育類目為基礎進而擴編而成，共收類目近九百個。綜觀全書，主要分為分面分類表與字順敘詞表兩大部分，其中的類目敘詞一一對應，相互補充、相互輔助。因此，本書是針對教育文獻資訊資源，進行分類標引和主題標引時之重要參考工具

3.教育資源資訊中心索引典（Thesaurus of ERIC Descriptors）[60]

美國在一九六零年代之初即醞釀成立一處能夠統整全國性有關教育資源的中心，其後乃成立教育資源資訊中心（Education Resources Information Center, ERIC），並且於一九六六年建置完成資料庫，其收錄範圍主要分為兩個部分：一是教育相關資訊資源（Resources in Education, RIE），包括有專書、學位論文、研究報告等等；另一則是教育現期期刊索引（Current Index to Journals in Education, CIJE），主要是有關教育類期刊的文獻。經過四十年來的累積，本資料庫已收錄超過一百二十萬筆有關教育主題的書目資料[61]，乃是美國最重要的教育文獻資訊資源資料庫，又由於此資料庫透過光碟、線上系統等型式向世界各地發行，因此，也成為世界性重要的資料庫之一。

在設置資料庫之初，即考量如何增進查詢、檢索的效能，因此在一九六七年時，即編製有教育資源資訊中心索引典，其後則配合時代環境之變化而逐次修訂，現今紙本型式的最新版本是二零零一年的第十四版，[62]共收錄一萬零七百七十三個詞語，其中有二百多個是新增的詞語，然而透過線上查詢系統所提供的版本則是隨時增修其內容。[63]由於教育資

---

[60] Educational Resources Information Center. <u>Thesaurus of ERIC Descriptors</u>. (Phoenix, Ariz.: Oryx Press, 2001)

[61] Education Resources Information Center - About ERIC - Overview http://www.eric.ed.gov/ERICWebPortal/resources/html/about/about_eric.html （96.07.28）

[62] 同註 60

[63] ERIC Releases Update to the Thesaurus of ERIC Descriptors

源資訊中心的資料庫已成為世界性之重要的教育文獻資訊資源檢索系統，因此，其編製的索引典也成為整理、標引教育文獻的重要工具，所以也常成為各國編製相關工具時之參考。例如大陸地區編製教育主題詞表時即曾參考之，又如國立臺灣師範大學圖書館的「教育論文線上資料庫」（Educational Documents Online，EdD Online），其中有「中文教育類詞庫查詢」[64]，事實上主要也是仿照其內容並翻譯成中文，可惜並未針對本地的概念用語予以擴編，例如並不見「社會教育」一詞，以致稍減低其適用效能。即使如此，也顯現出美國之教育資源資訊中心索引典，在整理、標引教育文獻資訊資源方面的重要性與價值。

三、詮釋資料（Metadata）－網路教育資源的整理

　　嚴格來說，近年來興起，用以描述網路資源的作法－詮釋資料（Metadata），與前述分類法、主題法並不屬同一性質的概念。詮釋資料是針對網路資源之特性，所規劃、訂定的一套描述、組織網路資源的方式。不過由於其所描述的欄位、項目，也常包括分類法、主題法所要處理之相似名稱的欄位，例如：資料類型、主題、關鍵詞等等，又由於許多主題網站亦以之作為彙整該學科主題之網路資源的架構，因此，可以預見的是，隨著網路資源的數量越來越多，詮釋資料也將成為重要的整理網路資源的方式。

　　事實上，詮釋資料的建置，其目的不只在於能夠找到相關的網路資源而已，更重要的乃在於有效的利用。[65]所以在設計詮釋資料時，即會將未來可能供做檢索的項目予以納入。就目前國際上幾種較重要之教育資源的詮釋資料而言，都有其適用的對象與特徵。

---

http://www.eric.ed.gov/ERICWebPortal/resources/html/news/eric_news_46.html（96.06.11）

[64] 國立臺灣師範大學圖書館教育論文線上資料庫中文教育類詞庫查詢
http://140.122.127.251/edd/edd.htm（96.07.27）

[65] Stuart A. Sutton. "Conceptual Design and Development of a Metadata Framework for Educational Resources on the Internet." Journal of the American Society for Information Science. vol.50 no.13 (November 1999) p.1182

（一）The Institute of Electrical and Electronics Engineers Learning Object Metadata, IEEE LOM

學習物件詮釋資料（Learning Object Metadata, LOM）是由國際電機電子工程師學會（The Institute of Electrical and Electronics Engineers, IEEE）學習技術標準委員會（Learning Technology Standards Committee, LTSC）的學習物件詮釋資料工作小組（Learning Object Metadata Working Group），自一九九七年起，經過多年的研擬所得的一套詮釋資料格式。[66]

LOM 的基本結構是將描述學習對象各方面特徵的元素分為九個基本類別，包括：一般資訊（General）、生命週期（Life Cycle）、關於詮釋資料的資訊（Meta-Metadata）、技術（Technical）、教育資訊（Educational）、版權資訊（Rights）、關聯（Relation）、註解（Annotation）和分類（Classification）等，其下再分為四十七個二級類目。LOM 對每個元素定義其名稱、解釋、值域、數據類型、附註和示例等，許多元素可以自動生成或者通過模板生成。LOM 是目前國際上發展相對完備的一套教育資源詮釋資料標準，因此許多國家都是以之為基礎，再建立其本國適用的教育資源詮釋資料。[67]例如加拿大的學習物件詮釋資料（CanCore Learning Resource Metadata）[68]、英國的學習物件詮釋資料（UK Learning Object Metadata Core）[69]以及我國以「教育部教學資源網」為個案所研擬出的「數位教學資源交換規格」[70]等，都是以 IEEE LOM 為基礎而制定的。

---

[66] Learning Object Metadata (LOM) Standard Maintenance/Revision
http://ltsc.ieee.org/news/20021210-LOM.html （96.06.16）

[67] 曹樹全、馬利霞。「描述教育資源的元數據標準」。大學圖書館學報，22 卷 2 期（2004 年 3 月），第 5 頁。
IEEE LTSC | WG12 | Final LOM Draft Standard
http://ltsc.ieee.org/wg12/files/LOM_1484_12_1_v1_Final_Draft.pdf（96.06.16）

[68] CanCore
http://www.cancore.ca/en（96.06.16）

[69] The UK LOM Core home page
http://zope.cetis.ac.uk/profiles/uklomcore（96.06.16）

[70] 數位教學資源交換規格說明
http://www.sinica.edu.tw/~metadata/elearning/resource.html（96.06.17）

（二）Dublin Core Education, DC Education

　　為了有效利用都柏林核心集（Dublin Core, DC）描述教育資源，都柏林核心詮釋資料組織（The Dublin Core Metadata Initiative, DCMI）自一九九九年八月即成立教育資源工作小組（Education Working Group）進行相關的研究，隨後於二零零零年十月提出建議：直接將都柏林核心集應用到有關教育資源的命名上（DC Education）；補充兩個新元素：使用資源的用戶種類（Audience）和與資源相關的教育或訓練標準（Standard）；將關聯元素（Relation）擴展一個限制屬性即資源所遵循的標準（Confirms to）；採用 IEEE LOM 的三個元素：交互類型（Interactivity Type）、交互程度（Interactivity Level）和學習時間（Typical Learning Time）。二零零二年時，教育資源工作小組再向都柏林核心詮釋資料組織應用委員會建議，為受眾元素增加一個新的限制屬性，用以描述或培訓部門。目前該工作小組的主要工作是制定受眾詞表、資源類型詞表以及 IEEE LOM 與 DCMI 之間的應用綱要。[71]若有任何相關的進展或是成果，都隨時公布在其專屬的網站上。[72]

　　由於都柏林核心集受到國際的承認，因此也常被世界各國採用或據以參酌的修改適合本地使用的格式，例如美國的「Gateway to Educational Materials, GEM」[73]、澳大利亞的「Education Network Australia, EdNA Online」[74]等，都是以都柏林核心集為主，斟酌修改成為其本國適用的格式，再作為描述線上教育資源之用。

（三）跨詮釋資料的比較與合作

　　IEEE LOM 與 DC Education 是目前最主要的兩種教育資源詮釋資料之標準，由於 LOM 是專為教育資源所設計的，因此，與源自於都柏林核

---

[71] 同註 67，第 6 頁。
[72] DCMI Education Community
http://dublincore.org/groups/education（96.06.16）
[73] GEM 2.0 Element Set
http://www.thegateway.org/about/documentation/elementsArchive/gem-2-element-set-and-profiles（96.06.16）
[74] What Is Metadata and Why Use It?
http://www.edna.edu.au/edna/go/resources/ metadata（96.06.16）

心集的 DC Education 相比，顯然較為精確。[75]而且前者廣泛應用於學習對象的管理與使用，後者則側重於網路教育資源的發現，但是兩者在技術及需求描述方面則又有重疊，因此，如何合作共建一套能夠交換和使用的統一結構，以滿足、適應教育領域內的需求，則是一重要的課題。所以，於二零零零年十二月，IEEE LTSC 與 DCMI 即共同發表了 IEEE LOM/DCMI 備忘錄，其目的即在實現合作，並減低任何有關詮釋資料之創建、交換、使用上的障礙。[76]其後在歷年的 DC 年會中，也常包含有 IEEE LTSC 之 LOM 與 DC Education 的工作小組會議，藉以協調彼此的合作關係，使兩者得以對映，並增進對於數位典藏以及數位學習內容之間的互通。[77]

第四節　資訊組織對教育研究資訊資源服務的意義

　　資訊組織的目的除了是為了讓文獻資訊資源有序化之外，更重要的是要讓這些文獻資訊資源便利擷取使用並滿足使用者的需求。綜觀以上所述對於資訊的演進、文獻的循環、資訊的組織、資訊的加值、整序的工具等等的意義與作法，對於增進教育研究資訊資源的整理與利用，確有極大之啟發與助益。然而，也從分析現有之具體方式裡，發現幾項有關整理教育研究資訊資源的相關問題，茲綜述如下。

一、教育研究資訊資源整理的類型

　　從本章第一節「資訊的演進與文獻的循環」之分析可以清楚的發現，隨著資訊流以及資訊時列的演變（參見圖三之一、表三之一），亦會形成不同資料類型的文獻循環（參見圖三之二、圖三之三、圖三之四、圖三

---

[75] 鄧慧穎、陳和琴。「教育類網路資源之整理初探」。教育資料與圖書館學，39 卷 3 期（民國 91 年 3 月），第 345 頁。

[76] 同註 67，第 6 頁。

[77] DCMI Conferences and Workshops
http://dublincore.org/workshops（96.06.16）

之五）。面對這些眾多不同類型的文獻資訊資源，就能否有效利用之而言，不禁要問，是否針對每一種類型的文獻資訊資源，都已做好收集與整理的工作？

若將各種文獻資訊資源區分為：正式公開的文獻、灰色的文獻以及黑色文獻來看，有關正式公開之文獻的收集與整理，比較不是問題。因為這些正式公開的文獻，不論是一般性的圖書、期刊，還是屬參考工具型式的字辭典、百科全書、名錄、指南等等，因在正式出版發行之前，都要登錄國際標準書號（International Standard Book Number, ISBN）或是國際標準期刊號（International Standard Serial Number, ISSN）、國際標準錄音錄影資料代碼（International Standard Recording Code, ISRC），因此，多可以透過各個國家之國際標準書號中心，或是例如全國圖書館聯合目錄、全國期刊聯合目錄、國際標際錄音錄影資料代碼查詢系統等等，查詢、檢索有關的文獻資訊資源。因此，原則上多是可以有效收集、管理的。

然而，對於一些未正式發行，或是發行不廣的文獻，例如：學位論文、研究報告、會議論文、內部刊物等等而言，有的已有一些機制予以收集、整理，有的則還未有妥善的機制。就學位論文而言，在國外例如美國早已有相關的資料庫系統，如「ProQuest Dissertations & Theses, PQDT」[78]，可供檢索使用。而在國內，近年來已有由教育部高教司委託國家圖書館規劃執行的「全國博碩士論文資訊網」[79]，依規定任何博、碩士班研究生通過論文口試，必須上網填記其學位論文的相關資料，才能夠辦理畢業離校手續。因此，基本上，有關國內學位論文的收集、整理、查詢、利用，比起以往的不便，已改善良多。而且該資訊網也儘量補足自民國四十年代起，原本典藏於國立政治大學社會科學資料中心之早期學位論文的書目資料，使其學位論文之書目資料的完整性更進一步。雖然早期的學位論文仍以社會科學資料中心的收藏較為完整，但是至少在查詢上已便利不少，而不必再分向兩個網站進行檢索。不過稍有遺憾的

---

[78] ProQuest Dissertations & Theses, PQDT
　　http://www.umi.com/promos/product/feature01_umi.shtml（96.12.29）
[79] 全國博碩士論文資訊網
　　http://etds.ncl.edu.tw/theabs/index.jsp（96.06.10）

是，這幾年有些大學陸續建構自己學校的學位論文典藏系統，有的也與資訊服務公司合作，有些學校之學位論文只能在該校之系統，甚至該校之校園網路內才能夠下載瀏覽閱讀，如此情況造成的結果是，雖然可能在全國博碩士論文資訊網裡，仍然可查詢到各校學位論文的相關訊息，然而卻無法看到學位論文內容之全文，這對於資訊、知識的傳播，將會造成不利的影響。

　　與學位論文近似情況的還有各大專校院教師的專案研究報告，以及由各公私立機關、機構、組織，自行或委託進行的專案研究報告。在這些專案研究報告中，早些年只有由行政院國家科學委員會補助各大專校院教師進行的專案研究，有依結案機制繳交研究報告，並予以建檔保存，除了建置有管理、檢索系統，例如在「全國科技資訊網路」（Science and Technology Information Center Network, STICNET）中有「研究計畫摘要」以及「研究報告摘要」兩個資料庫，可供查詢檢索自民國五十九年以來，由行政院國家科學委員會所資助之研究計畫、成果報告、摘要等，有的直接在線上就可瀏覽其數位檔案格式全文，如無全文者，則可向「財團法人國家實驗研究院科技政策研究與資訊中心」申請提供。這對於查詢、收集、整理專案研究報告，是有極大之助益。然而由於自從民國九十七年四月一日起，「全國科技資訊網路」已停止服務，故相關的資源已轉由「政府研究資訊系統」提供。[80]

　　近年來政府為了有效管理所有由政府單位委託或自行進行之專案研究的計畫、成果報告，建置有「政府研究資訊系統」（Government Research Bulletin, GRB）[81]這對於統整政府單位的專案研究報告是有正面的意義。然而美中不足的是：第一，其完整性似乎並不十分齊全；第二，由於對於報告內容的要求，有些單位例如行政院國家科學委員會對於專案研究報告的繳交，似乎不似早期那麼的嚴格，容許幾頁之簡要報告，而鼓勵原研究者另外正式發表，然而在系統裡並未註記是否已發表在何種書刊上，因此對於成果報告之文獻的利用成效，就大打折扣，殊為可惜。

---

[80] 全國科技資訊網路
　　http://sticnet.stpi.org.tw/sticweb/html/index.htm（97.06.17）
[81] 政府研究資訊系統
　　http://www.grb.gov.tw（96.06.14）

　　此外，有關研討會的訊息以及相關論文集的整序，雖然在「全國科技資訊網路」中曾有「學術會議論文摘要」、「國科會補助出席國際會議論文摘要」以及「學術研討會訊息報導」等資料庫，備供查詢自民國八十年以來國內有關會議之論文及相關資訊。然而由於「全國科技資訊網路」已停止服務，故不再提供「國科會補助出席國際會議論文摘要」以及「學術研討會訊息報導」，若需要學術會議的相關資料，則可以使用「科技資訊網路整合服務」（REsearch ALl in one, REAL）裡的「學術會議論文摘要資料庫」。[82]因此，就整體來看，國內對於各種研討會之相關文獻資訊資源的徵集與整理，仍有再更進一步發展的空間。

　　至於黑色文獻的收集與整理，則更是一件艱難的工作。當一位研究者將其研究的心得、經驗、想法記載於其私人的筆記本、備忘錄等時，旁人是無從得知其內容，也談不上如何收集、整理以及利用之。即使研究者透過書信、電子郵件往返或是私下與他人交換意見，那也僅是其所接觸的對象知道而已。然而這種情況在今日的資訊時代裡，似乎也發生些許的變化，最主要的原因，乃是因為資訊媒介的影響。正如前述，研究者將研究所得之相關資訊記載於其私人的文件，只要不被公開，旁人永遠也無法得知；然而現今由於有越來越多的研究者，會透過公開或是封閉式的線上討論群，例如利用 News Group、Mail List 等，甚至有的還會透過個人的網站以及私人的網誌（Blog, Weblog）等，發表自己的研究心得、經驗、想法，以及個人對於教育相關議題的看法、評論等等，有的還會引發他人的回應並且造成系列的討論。特別的是，這些散布在網路上的相關訊息，都有可能被各種網路搜尋工具所收錄而被查詢出來。也就是說，一些原本可能屬於私密性的黑色文獻，因研究者使用媒介的變化，從記載於私人筆記本上，轉換到個人網站或是部落格上，而變成有可能被查詢、收集、整理、利用的機會。這是新興資訊媒體所帶來的改變，因此，是否應收錄或者是如何收集、整理這些可能或潛在的資訊資源，將也是如何整理教育研究資訊資源的一大挑戰。

---

[82] 全國科技資訊網路
　　http://sticnet.stpi.org.tw/sticweb/html/index.htm（97.06.17）

　　總而言之，如要真正全面性地收集、整理所有的教育研究資訊資源，那麼就應該對於各種類型的資訊資源，不論是正式公開的文獻、灰色的文獻以及黑色文獻，都要有適當的機制以管理之，才算是完整地做好教育研究資訊資源的整理工作。

二、教育研究資訊資源整理的單位

　　自古以來對於文獻資訊資源的處理，多是以一份實體上個別的書本為處理單位，也就是說視個別一本一本書之性質內容主題的不同，而將其歸屬到不同之類別；如果是一本期刊，其內有多篇個別的文章，則處理的單位將再縮小為一篇一篇個別的文章。不論處理的是一本一本的書，還是一篇一篇個別的文章，事實上，所處理的單位，乃是所謂的「書目單位」（Bibliographic unit）。這種處理的方式，長久以來也被認為是一種合理、有效的作法，並未產生不足或不適用之情況。

　　然而，因為資訊科技快速進步的影響，從網路上例如全文檢索的方式，竟然也可以檢索到除了書名或是篇名所揭示之主題性質以外的其他訊息，這就讓人們意識到，傳統以來對於文獻資訊資源的處理方式，以個別一本一本書或是個別一篇一篇文章為整體的處理單位，是否足夠應付使用者的期待與需求，也就是說以「書目單位」作為文獻資訊資源的處理基礎，是否仍有再改善的空間？否則一般的資訊需求者，會以字詞比對之全文檢索的查詢效果，批評傳統之文獻資訊資源的處理方式，並不能有效地查檢出包含在一本書或是一篇文章之內，隱而未顯的一些概念或主題。也就是說，例如如何分辨並標引出在一本被歸類為教學方法的書中，隱含一段有關高等教育的歷史，以提供研究教育史者使用；因為就現有的作法而言，基本上研究教育史者，不太會特意從有關教學方法的分類號或是標題項下去查找有關教育史的文獻資料。然而，就事實而言，甚至一些看似毫不相關的論著中，也可能記載有相關的資料，例如在談論有關經濟理論的書中，竟然描述了一段不廣為人知有關高等教育的歷史，這些都不是傳統以整本論著為單位之整理方式，所能夠呈現出來的盲點。

　　因此，如何在以整本論著為處理單位以及以論著中個別文字為處理單位之全文檢索方式之間，界定資訊整理的處理單位，將深深影響往後使用者的檢索效能。也就是說，在整理文獻資訊資源的概念上，除了書目單位之外，還應有「文獻單位」（Literary unit）之概念的區分，至於這文獻單位應落在那一層次上，則是往後要再進一步研究的重點。這也就是為何如前述國際圖書館協會聯盟（International Federation of Library Associations and Institutions, IFLA）為因應現實環境變化，並且迎合使用者查找、取得資訊需求，而必須研擬「書目記錄功能需求」（Functional Requirements for Bibliographic Records, FRBR），並將每一筆書目記錄所稱之智慧產物或藝術產品的屬性區分為：作品（work）、內容版本（expression）、載體版本（manifestation）以及單件（item）等不同之概念的原因。

　　所以綜合傳統整理文獻資訊資源的概念作法、現實使用者資訊需求的期待以及資訊科技能夠支援的程度，對於文獻資訊資源的整理單位，將在書目單位、文獻單位以及全文檢索之間，尋求一平衡點，以確實達到整理的目的並且滿足使用者的需求。

三、教育研究資訊資源整理的屬性

　　延續前述有關教育研究資訊資源整理之單位的問題，也牽涉到有關教育研究資訊資源整理之屬性的問題。在過去因處理工具與技術的限制，對於文獻資料的整理，多是僅及於整體之單件，而且是以學科體系分類為架構來整理之。然而，當資訊科技快速進步，只要是數位化的全文格式，任何一本書、一篇文章以內的任何字詞，都可以成為處理的單位，因此，整理之單位已不再僅僅是一本書或是一篇文章，而是一個作品（work）的文獻單位（Literary Unit），同樣改變的，則是原來以學科分類體系進行整理之架構已不盡然符合所需。

　　事實上，早在一九三三年，印度圖書館學家 Shiyali Ramamrita Ranganathan 即曾經創編「冒號分類法」（Colon Classification, CC）。冒號分類法是一種分面式的分類法（Faceted Classification），與以學科體系為架構的等級分類系統（Hierarchical Classification）不同，是將所有分類特

徵歸納為五種特徵：本體（Personality）、物質（Matter）、能量（Energy）、空間（Space）和時間（Time）。由此即可以看出，此種分面分類法比起等級分類法，更便利於將可能被歸類於不同學科領域，但是屬於相同性質特徵的文獻，予以檢索出來。此種分類體系特別適用於資訊科技進步以後，配合電腦的處理特性來使用，因此，在二次大戰之後，就逐漸為人們所重視。可是因為長久以來各圖書館多已習慣使用等級體系的分類法，一館所採用的分類表有其穩定性的要求，因此分面體系的分類法並未廣泛被實際採行，然而即使如此，仍不減其概念上的價值。

　　從分面體系的概念架構，即讓我們意識到，單從一分面，例如僅以學科體系為考量來進行文獻資訊資源的整理，是有其不足之處，若能同時處理多分面的屬性，對於未來滿足使用者查詢的需求，應該會更有價值與幫助。例如同是屬分面分類法的「布里斯書目分類法」（Bliss Bibliographic Classification），對於教育類的分面結構則是由：受教育者（受教育者類型）、教什麼（課程）、怎麼教（教學方法）、教育施動者（教師）、教育環境（受教育者的活動與性格特點、學習心理及教學過程等）、共同操作（行政、管理學）及其施動者（人員、建築和設備）、被考察的教育主題觀點（理論、哲學、社會等）、地點和時間、通用複分等分面所組成。[83]如此多分面的整理方式，應該比單一分面的整理方式，更加精細區分出各種文獻資訊資源的性質屬性，不論就整理或是使用來說，也應該更具價值。這即是顯示出，對於教育研究資訊資源整理的屬性，應該是多分面的比較理想。因此，近年來對於資訊組織、整理、描述、分類方式的修正，多會納入分面體系的概念，這也即是正如前面所提到的，為何國際圖書館協會聯盟（International Federation of Library Associations and Institutions, IFLA）所訂定的「書目記錄功能需求」（Functional Requirements for Bibliographic Records, FRBR），會將所要處理的書目記錄內容區分為三組：第一組是針對書目記錄中所稱之智慧產物或藝術產品之屬性（分為：作品（work）、內容版本（expression）、載體版本（manifestation）以及單件（item）等）；第二組是針對智慧產物或藝術產品之創作負責人或

---

[83] 俞君立、陳樹年主編。文獻分類學（武昌市：武漢大學出版社，2001年10月），第69頁。

是團體（分為：個人（person）及團體（corporate bodies））；第三組是針對智慧產物或藝術產品之主題屬性（分為：概念（concept）、物件（object）、事件（event）以及地點（place）等）。其目的即在於著眼將待處理之文獻資訊資源的各個屬性，均予以囊括在內一併整理標引，以利往後使用者的檢索利用。

隨著資訊科技的快速進展，處理各個資訊單位之屬性關係的能力也越來越強。特別是當所有的資訊資源都數位化並且放置在網路上供人擷取使用時，如何整理這些資訊資源，則成為一科際整合的研究問題，有待結合資訊科學、語言學、圖書資訊學等等學科專家之合作。就目前所提出之各種方案中，則以「語意網」（Semantic Web）為最具前瞻性的處理方式。所謂「語意網」，簡單來說就是要讓電腦看懂「語意」，其運作的基礎在於詞彙網路（WordNet）的建置，並釐清各個詞彙之間的詞義關係，包括有：反義關係（antonymy）、上位關係（hypernymy）、下位關係（hyponymy）、整體部分關係（holonymy）、部分整體關係（meronymy）、轉指關係（metonymy）、近義關係（near-synonymy）、同義關係（synonymy）、方式關係（troponymy）等。[84]

結合前述分面分類之標引、整理方式的概念，以及未來語意網之發展與應用的趨勢，都說明了有關文獻資訊資源的整理，不論其處理的單位是為何，亦能夠將多種性質特徵之關係予以呈現出來。換句話說，能夠依照使用者所欲檢索之不同屬性關係，而找出相關之文獻資訊資源。其能夠達到此目的原因，乃在於已完成各筆文獻資訊資源，或是各筆書目單位、文獻單位，甚至各筆文獻之內各個詞彙之間，各種屬性關係的標引。這對於未來如何更有效率整理教育研究資訊資源，具有極大之啟發意義。

四、教育研究資訊資源整理的整合

由於觀點或是使用目的不同的緣故，對於文獻資訊資源的整理方式，也產生各具特色的不同作法。然而在講求效率的資訊時代裡，則更

---

[84] 黃居仁。「語意網、詞網與知識本體：淺談未來網路上的知識運籌」。佛教圖書館館訊，第 33 期（民國 92 年 3 月），第 17 頁。

期待能夠結合各自不同方法之所長，並形成一整合性的多功能整理與檢索體系。就分類法與主體法而言，其標記方法與架構並不相同，分類法是使用數字或是符號，並且是一種學科體系的架構，而主體法則是採用文字敘詞，乃是一種相似概念的主體架構，兩者各有所長也各有所短。因此，如何整合搭配，以充分發揮更大的效益，則是整理文獻資訊資源的重要課題，於是也就興起有關檢索一體化的研究。

所謂一體化，是各種類型分類檢索語言的一體化，各種類型主題檢索語言的一體化，分類檢索語言與主題檢索語言的一體化。其理想是：既可從學科、專業角度檢索，又可從事物角度檢索；既可按系統入手檢索，又可按字順入手檢索；既可先組式使用，又可後組式使用；既可進行專指性檢索，又可進行泛指性檢索；既可用詞進行標引和檢索，又可用號碼進行標引和檢索；既可用人工語言進行標引和檢索，又可用自然語言進行標引和檢索。[85]

因此，在檢索語言一體化的概念與期待之下，也極重視有關分類與主題一體化的研究。例如在英國，即編製「倫敦教育分類法：倫敦教育詞彙索引典／分類法」（The London Education Classification: A Thesaurus/Classification of British Education Terms），用於倫敦大學教育研究所，包括：字順顯示、分類大綱與分面分類法等三種顯式方式。[86]此外在大陸地區，截至一九九六年，已有分類主題一體化的論文百餘篇，分類主題一體化詞表二十餘部。[87]其中又以「中國分類主題詞表」的規模最大，其第二版共收錄分類法類目五萬二千九百九十二條，主題款目十一萬零八百三十七條，提供圖書館、檔案館、情報所、書店、電子網路，進行各種類型、體裁文獻之標引與檢索使用。[88]面對此一發展趨勢，國內亦有學位論文「中文分類主題一體化之研究：以教育學類為例」[89]，是針

---

[85] 吳建中。二十一世紀圖書館展望（上海市：上海科學技術文獻出版社，1996 年 7月），94-95 頁。

[86] 侯漢清、王榮授主編。圖書分類工作手冊（北京市：中國科學技術出版社，1992年 3 月），142-143 頁。

[87] 同註43，第 37 頁。

[88] 國家圖書館中國圖書館分類法編輯委員會編。中國分類主題詞表（北京市：北京圖書館出版社，2005 年 9 月），第 15 頁。

[89] 何世文。「中文分類主題一體化之研究：以教育學類為例」。國立政治大學圖書資訊學研究所碩士學位論文，民國 88 年 1 月。

對教育學之分類主題一體化的研究，對於未來有關教育研究資訊資源的整理，具有參考之價值。

　　其次就網路資源的整理而言，也是呈現協調合作的趨勢。就如前述，由國際電機電子工程師學會（The Institute of Electrical and Electronics Engineers, IEEE）學習技術標準委員會（Learning Technology Standards Committee, LTSC）學習物件詮釋資料工作小組（Learning Object Metadata Working Group）所研訂的學習物件詮釋資料（Learning Object Metadata, LOM），以及由都柏林核心詮釋資料組織（The Dublin Core Metadata Initiative, DCMI）教育資源工作小組（Education Working Group）所研訂的教育類柏林核心詮釋資料（DC Education），兩者都是目前國際上常被採用的教育資源詮釋資料格式標準。而為了促進兩者之間的交流與協作，兩單位之間組成工作小組以進行相關的協調與研究，這對於往後教育資訊資源的互通、整理與利用，乃屬必要並具重要意義。

　　就現有之協調合作的情況而言，似乎也預見了未來還有更進一步改善的期待。因為目前網路資源與實體資源（例如紙本圖書、期刊、視聽資料等等）的整理與利用，基本上還是分由不同的系統處理，檢索利用的介面也不相同。然而從分類主題一體化、詮釋資料的協作等趨勢來看，期待一真正整合式之教育研究資訊資源的整理、利用系統，應該也是必要的努力與合理的期待。例如由聯合國教科文組織（United Nations Educational, Scientific and Cultural Organization, UNESCO）等機構所資助成立的「成人學習文獻與資訊網」（The Adult Learning Documentation and Information Network, ALADIN），即是基於此一理念，尋求如何在數位化環境下，結合傳統與數位服務的一項努力嘗試。[90、91]

---

[90] Ursula Giere and Eva Kupidura. "ALADIN: An Example of Integrating Traditional and Electronic Services in the Digital Environment." in Jane Greenberg ed. Metadata and Organizing Educational Resources on the Internet. (New York: Haworth Information Press, 2000) pp.44-52

[91] Adult Learning Documentation and Information Network http://www.unesco.org/education/aladin（96.06.18）

第四章　教育研究資訊資源的服務設施

　　所有有關分析、探討教育研究資訊資源的需求、範圍、理論、整理等等，最終的目的乃在於提供教育研究資訊資源服務，以因應並滿足教育研究者所需。

　　因為卓越之學術研究除了要有堅實之學理基礎外，更需要有豐沛之相關資源的配合，才能夠圓滿完成。尤其是在目前資訊爆炸的時代裡，進行學術研究時，從選題開始，如何吸取他人的經驗並避免重覆浪費，到研究過程中，如何掌握各種有用的相關資訊資源，更是影響研究成效的關鍵所在。也難怪根據調查研究顯示，在整體研究過程中，花在資料之搜集與過濾的時間比例，社會科學類者約占百分之五十以上，即使是偏重實驗的理工學科也占百分之三十的比例，可見如有完善之資訊資源服務，對於研究的進行有極大之助益。同時也明白顯示，如何有效取得必要的資訊資源，對於研究者而言，是有莫大之影響。

　　因此，如何針對各個學科領域之需要，並參酌相關資訊資源理論的發現，再以各種有效的整理方式，彙整該學科必要之資訊資源，進而提供研究者隨時查閱使用，應是提昇學術研究效能的必要作為。

　　以下即從：教育研究資訊資源指引、教育圖書館、教育研究資訊資源系統等方面，分析說明教育研究資訊資源服務的具體作法。

第一節　教育研究資訊資源指引

　　長久以來，學術研究者特別是人文社會學科的研究者，進行研究時莫不仰賴豐富的參考資料才能夠圓滿達成研究。在早期，參考資料多是指紙本型式的各類圖書，因此，各圖書館也以盡量收藏數量龐大的圖書資料為目標。然而，隨著資訊媒體的變更，參考資料的型態也從紙本型式擴大到微縮媒體，進而演變到今日之數位媒體的光碟片、網路資源等

等。除了資訊媒體的變革之外，有關研究時所需之資料的範圍，也從「參考工具書」（Reference books）之概念，逐漸擴大成為「參考資料」（Reference Materials）、「參考資源」（Reference Resources），直至今日則是以「資訊資源」（Information Resources）的概念較為重要。

　　所謂「資訊資源」是從企業界引進到圖書資訊服務來的概念，其主要的觀點是：資訊資源應是一整體的，包括資訊的生產者、供應者、處理者和傳播者，也包括所有不論是文件形式還是非文件形式的所有資訊。「資訊資源」大致可包括兩部分：潛在資訊資源和現實資訊資源；現實資訊資則涵蓋：口語的、肢體的、實物的以及文獻的資訊資源。

　　就提供學術研究所需之資訊服務而言，從「資訊資源」之概念所獲得的啟示是：第一，研究時所需之資料不只是傳統的文獻資料而已，還包括各種媒體、各種類型的資訊資源；第二，由於資訊資源之數量範圍極為龐大，因此，為了有效掌握、利用，必須針對不同學科、不同主題之特性、需求，調查彙整、分析過濾各種資訊資源，才能夠進而有效利用之。這也即是為何國外會編印那麼多名稱標示為某某學科主題之資訊資源的參考工具書指引的緣故，其目的即在於唯有如此才能夠有效掌握資訊資源、進而利用資訊資源。

一、歐美地區的教育研究資訊資源指引

　　是否提供適用的研究資訊資源指引，不僅是圖書資訊服務的重要本職，更是如何促進研究效能的重要指標之一。先進國家學術研究能夠蓬勃發展的重要原因之一，乃是因為編製有許多收錄各種資料類型，涵蓋各個學科主題之紙本型式或是網路型式的資訊資源指引可供進行研究時查檢使用。

（一）紙本型式的教育研究資訊資源指引

　　就有關教育方面的資料而言，事實上，早在十九世紀末葉時，不論是在歐陸或是在美國，一些較大之圖書館所收藏，有關教育主題之出版

品，包括專書和小冊子等等，均已達約十萬件。[1]因此，當時即察覺必須予以整編排序，才能夠便利讀者使用。所以，在一套於十九世紀末至二十世紀初所陸續出版發行的「國際教育叢書」（International Education Series）中有一系列共十冊的「教育史」（History of Education）叢書，其內即有一本「教育書目」（Bibliography of Education，一八九七年出版）[2]專門收錄當時所見有關教育方面的圖書資料，內容依教育主題排列共分為二十二章。較特別的是，其中第一章標示為參考工具書（Works of Reference），收錄書目和百科全書；第二十章收錄有關教育會議及展覽（Educational Conferences and Exhibits）的會議論文集和相關資料；第二十一章收錄美國全國及各州的教育相關報告（American Reports）；第二十二章則是收錄教育類期刊（Educational Journals）。此本名為「教育書目」的專書，以今日之觀點而言，不啻是為教育研究資訊資源指引，其功用也正如該叢書主編於前言中所提及的，該書不僅可供作教育研究學習者、實務工作者、研究者參考，更是可以供作圖書館挑選、核對教育類藏書時所用。[3]

再如一本美國最重要的參考工具書指引「Guide to Reference Books」[4]，該書初版於一九零二年，目前為第十一版，現正準備發行第十二版。其內容分為五大部分，在第三部分「Social and Behavioral Sciences」中，即包括教育學科，先依教育主題分為十三類，每類之下再收錄與各主題相關之各種類型的重要參考工具書以供參考使用。

英國亦有一本重要的參考工具書指引「Walford's Guide to Reference Material」[5]，目前已發行至第八版，全書共分為三冊，在其第二冊「Social & Historical Sciences, Philosophy & Religion」中，亦有專門一章介紹有關教育學科的參考資料，其內容先依資料類型介紹一般性的重要參考工具書，再依教育主題分別收錄與各主題相關之各種類型的重要參考工具

---

[1] Will Seymour Monroe. <u>Bibliography of Education</u>. (Bristol: Thoemmes Press, 1999)p.xi
[2] 同註 1
[3] 同註 1 p.ix
[4] Robert Balay. <u>Guide to Reference Books</u>. (Chicago: American Library Association, 1996)
[5] Marilyn Mullay. <u>Walford's Guide to Reference Material</u>. (London: Library Association Pub., 2000)

書。與前者相較，由於收錄的範圍主要有美、英兩國之別，因此，此兩本參考工具書指引若能搭配使用則具互補之效用。

除了綜合性的參考工具書指引之外，一些較著名的社會科學資訊資源指引工具書，亦都有教育學科之專章，收錄常用、重要之教育研究參考資源，茲舉三本為例，揭示其收錄內容，以瞭解資訊資源的意義與功用。

1. Social Science Reference Sources: A Practical Guide[6]

本書是有關社會科學之資訊資源的指引，其中第十一章專門介紹教育學方面的資訊資源，體例如同本書其他章節之模式分為兩個部分：第一部分是指引性的參考資源，包括：指引、書目、學位論文、評論、索引、摘要等類型之資源；第二部分則是資料性的參考資源，包括：百科全書、字典、名錄、傳記、統計、手冊、年鑑等等類型之資源。每筆資源均有文字評述，可供教育研究者參考。

2. Information Sources in the Social Science[7]

本書是有關社會科學之資訊資源的指引，其中第六章專門介紹教育學方面的資訊資源，包括十四個部分，首先簡述教育之本質及範圍，其餘則是介紹有關教育之各種類型的參考資源，依序為：年鑑、書目、字典、名錄、百科全書、指引和手冊、網路資源、期刊、索引摘要、政府出版品、統計、機構組織等等。每筆被收錄的參考資源均有簡短扼要的評述。

3. The Social Sciences: A Cross-Disciplinary Guide to Selected Sources[8]

本書是有關社會科學之資訊資源的指引，其中第九章專門介紹教育學方面的資訊資源，最前面是有關教育學之學科性質、如何利用教育參考資源之簡介，隨後即依資料類型，介紹有關教育研究的資訊資源，包

---

[6]　Tze-chung Li. Social Science Reference Sources: A Practical Guide. (Westport, Conn.: Greenwood Press, 2000)

[7]　David Fisher. Information Sources in the Social Science. (Munchen: K.G. Saur, 2002)

[8]　Nancy L. Herron. The Social Sciences: A Cross-Disciplinary Guide to Selected Sources. (Englewood, CO.: Libraries Unlimited, 2002)

括有：指引、書目、評論、字典、索引典、百科全書、索引摘要、名錄、手冊、傳記、統計、年鑑、網路資源等等，總共有兩百零三筆資源。與以上其他兩書相較，本書將各筆參考資源獨立排列並加上流水號，整體版面清晰容易查找，每筆參考資源之評述內容亦較詳細。

　　由於一般性、綜合性以及以社會科學為範圍的參考資源指引，因全書篇幅容量所限，無法全面性地盡收教育學科的所有重要資訊資源，因此，專門收錄教育研究所需的資訊資源指引就顯得更加重要。茲亦舉三本為例，從其體例及涵蓋範圍，即可明瞭此類教育研究資訊資源指引，對於進行教育研究的重要性與價值。

1. Education: A Guide to Reference and Information Sources[9]

　　本書第一版於一九八九年發行，二零零零年增訂再版。正如書名所標示的，本書主要是介紹有關教育類的參考資訊資源，提供研究者參考使用。第二版主要收錄一九九零至一九九八年間，美國、英國、加拿大、澳大利亞和荷蘭等國，以英文撰寫，有關教育研究所需的參考資訊資源。其內容依主題分為十四類，包括有：一般性教育資源、教育科技與媒體、國民教育、高等教育、多元文化教育、特殊教育、成人教育、職業教育、比較教育、課程及教材教法、教育行政與管理、教育史與教育哲學、教育測量和教育心理學等。

　　每一主題之下再依各資料類型列載相關之參考資源，共分為九類，包括有：書目、字典百科全書、名錄年鑑、指引手冊、索引摘要、統計資源、網路資源、期刊和傳記資料等。

　　每筆參考資源之書目資料格式依第十四版的「Chicago Manual of Style」寫定，包括著者、題名、版次、出版地、出版者、出版年、頁數、價格、LC 卡號和 ISBN 號碼。每筆參考資源並有簡介說明和評述。由於已有「Encyclopedia of Education Information」等相關的機構組織名錄參考工具書，故不收錄教育協會組織；又由於市面上已有「Children's Literature:

9　Nancy P. O'Brien. <u>Education: A Guide to Reference and Information Sources</u>. (Englewood, Colo.: Libraries Unlimited, 2000)

A Guide to Information Sources」可供參考，故亦不收錄兒童及青少年的相關資料。

　　本版與第一版相比較，不再列載社會科學一般性的資料，但增加了網路資源。本書較適合大專校院層級之教育研究者使用。

2. The Educator's Desk Reference: A Sourcebook of Educational Information and Research[10]

　　本書是教育研究者適用的資訊資源指引。全書共分為六大部分，包括有：

　　第一部分介紹傳統印刷型式之參考資源，共有三章。第一章為導論，介紹全書的結構與各章的大要。第二章以問題類型導出可以解答該問題之參考資源，問題類型分為：有關機構組織名錄的問題、有關人物傳記的問題、有關圖書的問題、有關資格的問題、有關定義的問題、有關教育資源的問題、有關基本教育和中等教育的問題、有關網際網路網址的問題、有關教育法規的問題、有關期刊的問題、有關教育組織的問題、有關專案研究成果的問題、有關研究設計的問題、有關軟體硬體的問題、有關教育統計的問題和有關測驗的問題等等。第三章則是依參考資源類型介紹一百四十五種教育類參考資源，所涵蓋的參考資源類型有：書目、傳記資訊、字辭典索引典、百科全書、手冊、索引摘要、統計資源和年鑑等等。每筆參考資源則記載：書名、版次、作者、出版地、出版者、出版年和出版週期等資訊。

　　第二部分介紹網路上的教育資訊資源，共分四章。第一章以問題型式導出相關的網路資源，共分為十九類問題，包括有：有關組織機構的問題、有關社區學院的問題、有關課程資料的問題、有關名錄的問題、有關教育法規的問題、有關國小國中教育的問題、有關教育設施的問題、有關高等教育人員的問題、有關教育財政的問題、有關高等教育的問題、有關機構研究的問題、有關教育調查工具心理測量工具的問題、有關教育議題與趨勢的問題、有關圖書館的問題、有關高等教育排行的問題、

---

[10] Melvyn N. Freed. The Educator's Desk Reference: A Sourcebook of Educational Information and Research. (Westport, Conn.: Oryx Press, 2002)

有關網址的問題、有關統計資料的問題、有關學生學習成就的問題和有關師資培育的問題等等。第二章介紹一百零八個有關美國的教育資源網站，包括網址、網站名稱和簡介等資訊。第三章依國別分，以問題導出有關世界各國網路上的教育資源，共分為十九個國家地區，包括有：非洲、澳大利亞及鄰近國家、加拿大、中國大陸、歐洲、芬蘭、法國、德國、印度、愛爾蘭、以色列、日本、紐西蘭、斯堪的納維亞國家、沙烏地阿拉伯、瑞典、土耳其、英國和全球性範圍的資訊。第四章介紹六十三個除美國之外，有關世界各國各地區之教育資源網站，包括網址、網站名稱和簡介等資訊。

第三部分為有關教育類的期刊和出版社，共分兩章。第一章為教育類期刊之介紹，前半段依主題列出相關的教育類期刊，後半段則是各筆教育類期刊的詳細資料，包括：刊名、出版者、地址、電話、網址、發行量等等將近三十項的資料。第二章介紹有關教育類的出版社，前半段依主題列出各有關的出版機構，後半段則是各出版機構的詳細資料，包括：出版社名稱、地址、電話、傳真、電子信箱、網址、出版主題方向、版稅等等約二十項的資料。

第四部分介紹有關教育研究與測量的電腦軟體，共分三章。第一章介紹非統計性的套裝軟體，資料內容包括該軟體的名稱、發行公司、地址、網址、價格、所需系統、記憶體容量、硬碟容量、該軟體的評論等資訊。若是文書軟體，則有各種功能的比較表。第二章介紹統計套裝軟體，資料內容包括該軟體的名稱、發行公司、地址、網址、價格、所需系統、記憶體容量、硬碟容量、該軟體的功能和評論等等資訊。各種功能則是以比較查核表的方式呈現。第三章介紹教育測量軟體，資料內容包括該軟體的名稱、發行公司、地址、網址、價格、所需系統、記憶體容量、硬碟容量、該軟體的功能和評論等等資訊。

第五部分是有關教育研究的設計與實施，共分八章。從研究目的開始，再依序介紹研究設計、擬定變項、抽樣方法、選定適用統計、以圖表呈現研究結果的方法等等。最後一章第八章則是研究過程的確認查核表。

　　第六部分是介紹有關教育的組織，共分兩章。第一章是條列美國有關各種教育主題的組織名稱，第二章則是各個教育組織的詳細資料，涵蓋之項目有：組織名稱、地址、電話、傳真、電子信箱、網址、地區分支機構資料、設立宗旨、主要服務項目、主要出版品、會員類型、入會資格條件、研究贊助、該組織所收集之教育資料的性質內容等等項目。

3. The Blackwell Handbook of Education[11]

　　本書是有關英國教育研究的手冊，全書分為四個部分。第一部分是闡釋有關教育相關之各種概念和名詞，有的並且附上與該名詞概念相關之組織的聯絡資料和進階閱讀書目。雖然這些名詞款目是依英文字母順序排列，不過在本書最後則附有分類詞目共八類可供依主題類別查找相關款目。第二部分是有關教育組織、團體之簡稱與全稱對照表。第三部分是教育相關組織的資料。第四部分則是依年代先後次序，簡述英格蘭、威爾斯、蘇格蘭自一八六一年以來，歷年有關教育之法案、報告的相關資料。

（二）網路型式的教育研究資訊資源指引

　　除了以上紙本式的資訊資源指引之外，網路上還有許多有關教育研究的資源可供利用，因此，也就促成了好些教育研究的入口網站誕生。茲舉幾個世界上較著名的網站為例說明如下：

1. Intute: Social Sciences - Education[12]

　　「Intute: Social Sciences - Education」乃是由原屬於「Resource Discovery Network, RDN」的「Social Science Information Gateway, SOSIG」以及「Altis」所合併而成。建置之目的在於為社會科學研究者提供高品質之網路資源。目前包括有十八個學科主題，教育學是其中之一。點選進入每個學科主題之後，會再細分學科主題，例如教育學類之下即再細分為成人教育、教育

---

[11] Michael Farrell. The Blackwell Handbook of Education. (Oxford, UK: Blackwell Publishers, 1995)

[12] Intute: Social Sciences - Education
http://www.intute.ac.uk/socialsciences/education（96.12.20）

政策、教育理論等等十六個類別。每種小類別之下再依資源類型，排列相
關的網路資源。所收錄之資源類型包括有：資源指南、研究報告等等。除
此之外，還提供有：「Blog」、「Conferences & events」、「Departments」、「News
channels」、「Newsround」、「Timelines」等附加服務（Additional services），
提供使用者得以獲知與學科主題相關之會議訊息、最新消息、尋找志同
道合者等等之功能。若是進行一般性之查詢並不須登錄成為會員，不過
若有登錄的話，則能享有個人化之服務（MyIntute）。此網站是以英國之
網路資源為主，因為有極佳之品管控制，因此被評價相當高。

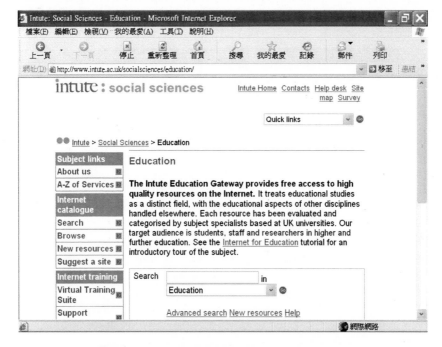

圖四之一　　Intute: Social Sciences - Education

資料來源：

Intute: Social Sciences - Education

http://www.intute.ac.uk/socialsciences/education（96.12.20）

2. The Gateway to Educational Materials, GEM[13]

　　「The Gateway to Educational Materials, GEM」是由美國教育部資助成立，提供有關教育資訊資源服務之網站。目的在整合美國聯邦政府、州政府、大學、非營利組織、商業組織等等之教育類網路資源，建構便利使用之介面，提供各層級教育研究、實務工作者使用。查找內容之方式，除了使用網站提供之檢索功能外，還可透過瀏覽的方式進行，計分為：主題細分、資料類型、適用程度等等七種類別。同時設有聯盟組織，凡是願意提供網路資源給本網站，或是有志於推廣本網站者均可加入聯盟而成為會員。由本網站針對教育類網路資源所訂定設計之詮釋資料（Metadata），已有其他國家多個相關網站採納使用。

圖四之二　The Gateway to Educational Materials, GEM

資料來源：
The Gateway to Educational Materials, GEM
http://www.thegateway.org　（96.12.30）

---

[13] The Gateway to Educational Materials, GEM
http://www.thegateway.org（96.12.30）

3. The Internet Public Library, IPL: Education[14]

The Internet Public Library, IPL 是由美國密西根大學資訊學院創設，目的在為網路使用者蒐尋、選擇、評鑑、描述各種網路資源以便於使用。在教育類網路資源中，再細分為成人教育、教育新知等等十一個小類別，每個小類別之下還包括有期刊雜誌以及相關組織等兩類網路資源。由於 IPL 在圖書資訊服務方面卓有名聲，因此，雖然目前其所收錄之教育資源稍嫌不足，不過仍維持相當之品質水準。

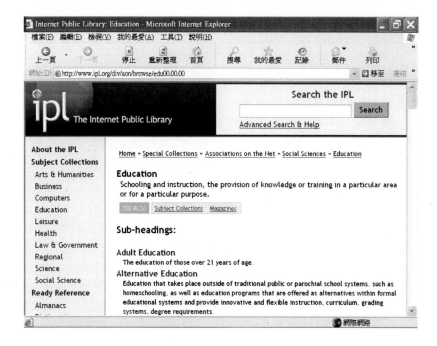

圖四之三　The Internet Public Library, IPL: Education

資料來源：
The Internet Public Library, IPL: Education
http://www.ipl.org/div/aon/browse/edu00.00.00 （96.12.30）

---

[14] The Internet Public Library, IPL: Education
http://www.ipl.org/div/aon/browse/edu00.00.00（96.12.30）

4. The Educator's Reference Desk: Resource Guides[15]

The Educator's Reference Desk: Resource Guides 是由 The Information Institute of Syracuse 規劃設立。網站內容主要分為四個部分：資源指引（超過三千筆）、課程教案（超過兩千筆）、問題集（超過兩百筆）和教育資源檢索。由於規劃設立者尚有籌設例如：Ask ERIC、The Gateway to Educational Materials 和 The Virtual Reference Desk 等之經驗。因此，本網站之水準亦是可被信賴的。

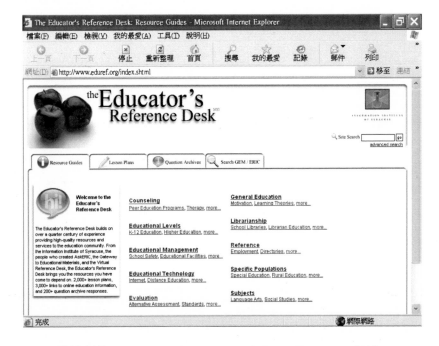

圖四之四　The Educator's Reference Desk: Resource Guides

資料來源：
The Educator's Reference Desk: Resource Guides
http://www.eduref.org/index.shtml　（96.12.30）

---

[15] The Educator's Reference Desk: Resource Guides
http://www.eduref.org/index.shtml（96.12.30）

　　除了以上較具規模的網站之外，許多歐美國家設有教育科系之大學的圖書館，都針對其校內教育相關科系的需求，編製各式主題的研究指引或是資源示意圖（Pathfinders）以供參考使用，內容記載如何查檢該教育主題之相關資源的途徑與方法、有用的各類型參考資源等等資訊，對於教育科系之師生的教學研究而言，均有極大之助益。

　　除此之外，在教育相關的期刊、論文集之中，也偶而會刊載針對某一較細主題之資訊資源的介紹，因其規模體例較小，故不再特別舉例說明。

　　以上所舉例說明的是較偏向教育研究適用的資訊資源指引，事實上還有不少適合中小學教學使用的教學資源指引，有紙本式的也有網路型式的，例如美國的「Education World: The Educator's Best Friend」[16]、加拿大的「Canada's SchoolNet」[17]等等，都因內容充實深獲教學工作者喜愛。另外，若要查詢有關歐洲各國之教育情形，則是以「Eurydice: The Information Network on Education in Europe」[18]為最佳之管道。

　　另外值得注意的是，雖然長久以來網路蒐尋工具一直被認為所檢索出的資源混雜不精，使用者還要再費相當多的時間精力去逐一辨認才能去蕪存菁，找到真正想要之資源。不過近來一些網路蒐尋工具也逐漸針對其缺點進行改善，以確實滿足使用者之需求。例如著名之 Google 就推出 Google Scholar[19]，讓使用者能直接查找到，在網路上較嚴謹、較具學術性價值之專書、論文、研究報告等全文資料。而由 Elsevier 公司所發展出來的 SCIRUS[20]亦具有類似之功能，可供參考使用。這也說明使用者對於如何能夠更精確地查找到所需之各種類型的資料，具有高度的期待，因此，不論是學術性、非營利之機構組織，還是商業性質的網路蒐尋工具，都注意到此一需求，並且朝此方向努力。

---

[16] Education World: The Educator's Best Friend
　　http://www.educationworld.com（96.12.30）
[17] Canada's SchoolNet
　　http://www.schoolnet.ca（96.12.30）
[18] Eurydice: The Information Network on Education in Europe
　　http://www.eurydice.org/accueil_menu/en/frameset_menu.html（96.12.30）
[19] Google Scholar
　　http://scholar.google.com（96.12.30）
[20] SCIRUS
　　http://www.scirus.com（96.12.30）

二、大陸地區的教育研究資訊資源指引

　　歷年來大陸地區所編印的學科主題資訊資源累續有數百種之多，對於提昇學術研究的廣度與深度而言，具有一定的意義與價值。以下亦分為紙本型式與網路型式的教育研究資訊資源指引，分別舉例說明。

（一）紙本型式的教育研究資訊資源指引

　　大陸地區有關一般性、綜合性的參考工具書指引或是相關的資訊資源指引為數不少，不過其編排體例多是以資料類型為架構，因此，較無法凸顯出是否適合教育研究所需。

　　有一本有關針對社會科學研究所需而編製的指引，其編排體例與一般常見的指引不同，是以問題導向來排列。即「中國社會科學工具書檢索大典」[21]一書中，有教育專章，收錄各種有關進行教育研究時所需的參考工具書。其編排方式首先分為：教育學、教學管理、世界各國教育、中國教育、幼教、初等教育、中等教育（語文教學、外語教學、史地教學、數理化生教學、音樂美術體育教學、招生升學）、高等教育、師範職業成人特殊教育、自學家庭教育等十個類別，每一類別之下再依問題不同，條列可供以解答該問題的參考工具書。例如在教育學之下，涵蓋的問題有：「從何處查教育學基本理論、概念、名詞術語」、「從何處查教育學著作、論文」、「從何處查英俄日漢對照教育學詞匯」、「從何處查英漢教育技術詞匯」、「從何處查中外古今教育名人」、「從何處查中外古今教育名言」等，在每一問題之下，則逐一條列用以解答該問題的參考工具書。每一筆參考工具書都依序載有：書名、作者、出版者、出版年等書目資料，有的則視情況需要並附有簡介說明。這是一本以解答問題為架構所編纂的資訊資源指引，體例較特殊也較不常見。

　　雖然近年來在大陸地區，已出版發行數百種針對不同學科、主題所需的資訊資源指引，然而與其他例如歷史、文學、哲學等學科、主題之指引的數量相比，有關專指教育方面之資訊資源指引的數量，顯然少了許多，故僅舉三本為例。

---

[21] 劉榮。<u>中國社會科學工具書檢索大典</u>（北京市：北京圖書館出版社，1999年10月）。

1. 實用教育文獻學[22]

「實用教育文獻學」是大陸地區第一本針對教育文獻資訊資源進行綜合性彙整的專著，目的在於為教育研究者，提供重要並可利用的文獻。全書共分六章，包括有：

第一章為教育文獻概述，介紹教育文獻的分布、作用與發展趨勢。

第二章為教育文獻載體類型，分為印刷型載體、非印刷型載體兩類，分別介紹專著、文集、機讀資料庫、微縮、光碟等型式教育文獻

第三章為教育文獻檢索工具書，介紹有關教育的指引性參考工具書，包括：書目、期刊指南、索引、摘要等。

第四章為關於教育文獻的其他檢索工具，介紹圖書館目錄、微縮式檢索工具以及磁帶式檢索工具等。

第五章為教育文獻參考工具書與工具書指南，介紹與教育有關的各類型參考工具書，包括：字典、辭典、百科全書、類書、政書、統計資料、年鑑、手冊、大事記、機構指南、傳記資料等等。

第六章為教育文獻檢索，介紹進行文獻檢索的途徑、方法、策略，並以實例說明進行文獻檢索的過程。

附錄則包括有：國內外主要教育專業期刊一覽、國內外主要教育文獻情報出版和研究收藏交流機構等等。

本書雖然是十餘年前的出版品，不過倒是已注意到有關非傳統性資訊資源的收集與利用，例如線上資料庫、光碟資料、微縮資料等，然而，畢竟是第一部指引，而且已發行十餘年，因此，仍有待繼續修正、充實。

2. 中國古代文獻概要[23]

另外一本有關教育文獻的指引是「中國古代文獻概要」。本書是大陸地區第一本全面介紹中國古代教育文獻的專著，全書體例結構主要是分章節依照時代發展之順序，介紹各歷史時期的教育文獻。各章所介紹之各時代的教育文獻，大致可以分為兩大類：教育制度文獻與教育思想文

---

[22] 錢振新。實用教育文獻學（上海市：上海教育出版社，1995 年 5 月）。
[23] 馬鏞。中國古代教育文獻概要（上海市：上海古籍出版社，2003 年 12 月）。

獻，在各大類之中，按文獻題材的不同，分為若干小類。全書共分七章，包括有：

第一章為先秦教育文獻，內容包括有：五經中的教育文獻、諸子論著中的教育文獻等。

第二章為秦漢教育文獻，內容包括有：竹簡與史志中的教育制度文獻、文集論著中的教育思想文獻。

第三章為魏晉南北朝教育文獻，內容包括有：以紀傳體史書為主的教育制度文獻、子書與文集中的教育思想文獻。

第四章為隋唐五代教育文獻，內容包括有：以政書為重點的教育制度文獻、儒道佛著作中的教育思想文獻。

第五章為宋元教育文獻，內容包括有：體裁豐富的教育制度文獻、內容多樣的教育思想文獻。

第六章為宋元教育文獻，內容包括有：教育制度文獻內容的專門化、豐富多彩的教育思想文獻。

第七章為歷代教育文獻的查閱，內容包括有：教育文獻的分布和目錄書的使用、家譜與傳記資料的查閱、地方志與書院資料的查閱、叢書與類書的查閱。

本書是關於中國古代教育文獻的指引，對於研究中國古代教育史者而言，特別是教育制度與教育思想部分，極具參考價值，能夠按圖索驥，快速查檢到分散於史書、政書、類書、實錄、詔令、奏議、筆記、文集、年譜、地方志等等古代文獻裡，有關教育的相關資料。

至於紙本型式的網路資源指引，北京教育科學研究院資訊中心曾編有「全球教育資源網址精選」[24]，內容是將海內外教育資源網址進行分類介紹，涉及教育機構、教育科研、基礎教育、高等教育、職業教育、成人教育、遠端教育、考試與留學機構等。又為了便利點取使用，另備有光碟型式的版本。[25]

---

[24] 北京教育科學研究院資訊中心編。全球教育資源網址精選（北京市：北京工業大學出版社，2001 年）。

[25] 北京教育科學研究院資訊中心編。全球教育資源網址精選（北京市：北京電子出版物出版中心，2001 年）。（CD-ROM）

3. 中國教育書錄[26]

由於大陸地區一直缺乏針對自一九四九年之後有關教育學論著全面性的徵集與整理，以致不利教育研究的推展與提昇，因此首由中央教育科學研究所圖書館、天津教育科學院信息研究所、北京師範大學信息技術與管理學系合作，收集一九四九年之後至一九九零年間，大陸地區各大出版社出版的教育學相關圖書，共計二千九百五十九種，編輯成為「中國教育書錄（1949-1990）」，詳記其書目資料，其中約半數並附載有內容提要，以供教育研究人員、教育行政人員、各級各類教師和關心教育的人士參考使用。

該書所涵蓋收錄的範圍，包括有：教育方針政策、教育法制、教育理論、教育思想、教育史、教學理論、教育行政、幼兒教育、基礎教育、高等教育、師範教育、職業教育、特殊教育、成人教育、遠距離教育、華僑教育、少數民族教育、社區教育、家庭教育、德育、教育心理、外國教育、教育教學改革、學科教育學、教學法等；涉及的圖書資料類型，包括有：法規文獻、理論研究專著、論文彙編、實踐經驗總結及教育工具書等。由於收錄齊全、涵蓋面廣，因此廣受好評與利用，所以持續編印兩次補編，包括：「中國教育書錄（1991-1995）」以及「中國教育書錄（1996-2000）」，前者收錄五千一百零四筆，後者收錄九千三百筆。

雖然本套書錄並不算是典型的資訊資源指引，不過基本上反映出自一九四九年之後，大陸地區各類教育圖書的狀況，對於教育研究而言，仍有極大的參考價值。

---

[26] 田東平等主編。中國教育書錄（1949-1990）。北京市：北京師範大學出版社，1996年2月。
龍華軍等主編。中國教育書錄（1991-1995）。北京市：北京師範大學出版社，1999年6月。
龍華軍等主編。中國教育書錄（1996-2000）。北京市：北京師範大學出版社，2007年1月。

（二）網路型式的教育研究資訊資源指引

網路型式的指引，主要有屬於「中國高等教育文獻保障系統」（China Academic Library & Information System, CALIS）[27]子項目建設之一的「重點學科網絡資源導航門戶」。[28]

中國高等教育文獻保障系統是大陸地區國務院批准的三個公共服務體系之一，設立宗旨在於結合國家的投資、現代化圖書館的理念、先進的技術以及高校豐富的文獻資源和人力資源，建設以中國高等教育數字圖書館為核心的教育文獻聯合保障體系，實現資訊資源之共建、共知、共用，以發揮最大的社會效益和經濟效益，為整體高等教育服務。其組織體系為在北京大學設立管理中心，下設文理、工程、農學、醫學四個全國文獻資訊服務中心，此外還設有華東北、華東南、華中、華南、西北、西南、東北七個地區文獻資訊服務中心和一個東北地區國防文獻資訊服務中心。後來又結合「中英文圖書數位化國際合作計畫」（China-America Digital Academic Library, CADAL）[29]，形成「中國高等教育文獻保障體系－中國高等教育數位化圖書館」（China Academic Digital Library & Information System, CADLIS），其目標係要以系統化、數位化的學術資訊資源為基礎，先進的數位圖書館技術為手段，建立包括文獻獲取環境、參考諮詢環境、教學輔助環境、科研環境、培訓環境和個性化服務環境在內的六大數位服務環境，為高等院校教學、科研和重點學科建設提供高效率、全方位的文獻資訊保障與服務。[30]為達成此目標，已規劃完成數個子項目建設，「重點學科網絡資源導航門戶」即是重點學科導航庫子項目的成果。

「重點學科網絡資源導航資料庫」是以大陸地區教育部正式頒布的學科分類系統作為構建導航庫的學科分類基礎，建設一個集中服務的全

---

[27] 中國高等教育文獻保障系統
http://www.calis.edu.cn（96.06.24）
[28] 重點學科網絡資源導航門戶
http://202.117.24.168/cm/main.jsp（96.06.24）
[29] 高等學校中英文圖書數位化國際合作計畫
http://www.cadal.zju.edu.cn（96.06.24）
[30] CALIS 介紹
http://www.calis.edu.cn/calisnew/calis_index.asp?fid=1&class=1（96.06.24）

球網路資源導航資料庫，提供重要學術網站和免費學術資源的導航，主要負責單位是西北地方中心（西安交通大學圖書館），再聯合有關高校組成專案管理組，負責專案研究分析、軟體系統功能設計、軟體招投標組織、相關標準的制定、數據質量控制及導航資源建設的管理和協調工作。本項目之實施遵循「統一平臺、統一標準、合作建設、分頭維護、集中服務、全國共用」的方針，並貫徹「追求品質、強調應用、兼顧數量」的總原則。經過專家評審，共有五十二個學校獲得導航庫參建許可。導航庫建設的學科範圍涉及除軍事學（大類）、民族學（無重點學科）之外的所有一級學科，共七十八個。經費上獲得重點資助的學科為四十八個，一般資助學科十三個，非資助學科十七個。[31]目標在於建置一級學科之系統的、完整的網路資源學科導航資料庫。每個學科的導航內容應包括支撐學科發展的必備內容和可選內容，應涵蓋該學科下所有重點二級學科。平均每個二級學科鏈結的獨立單位資源不少於五百個，整個導航庫所鏈結的獨立單位資源不少於十萬個。[32]

　　從重點學科網絡資源導航門戶，即可點選進入「教育學」。[33]其類目包括有：教育學原理、課程與教學論、教育史、比較教育學、學前教育學、高等教育學、特殊教育學、教育技術學等；查詢方式包括有：高級檢索、分類瀏覽等。可供進行檢索的欄位有：資料類型、標題、作者、關鍵詞、出版者、描述、來源、相關資源、許可權管理、版本、推薦級別、日期、格式、語種、覆蓋範圍、學科等。

　　資料類型則再細分為：參考資源（資源導航、辭典與百科全書、文摘與索引、統計資料、其他參考資料）、全文資源（資料庫、電子期刊、研究報告、政府出版物）、教學資源（教學資料）、多媒體資源（圖像資源、音頻資源、視頻資源）、黃頁資源（協會／學會、大學院系、研究機構／中心、其他組織機構、專家學者）、交互資源（郵件列表、論壇／討

[31] 重點學科導航庫子項目
http://www.calis.edu.cn/calisnew/calis_index.asp?fid=3&class=6（96.06.24）
[32] CALIS 十五導航庫主要建設內容
http://202.117.24.168/cm/allnews.jsp#（96.06.24）
[33] 教育學
http://202.117.24.168/cm/classifymain.jsp?subject=04&subjectname=教育學（96.06.24）

論組、新聞組、搜索引擎）、事件（會議、研究專案、學術動態）、其他（網站、服務、軟體、分類）。

　　格式則再細分為：text（html、richtext、plain、xml）、application（pdf、msword、vnd.ms-powerpoint）、image（jpeg、gif、tiff、vnd.dwg、png）、audio（mpeg）、video（mpeg、quicktime）。

　　語種則再細分為：漢語、英語、荷蘭語、法語、德語、義大利語、日語、朝鮮語、葡萄牙語、西班牙語、瑞典語。

　　檢索或瀏覽所得的每一筆網路資源，所顯示的欄位項目，即是前述所有可供進行檢索的欄位。

　　由於透過重點學科網絡資源導航門戶首頁，即可點選使用，進而查詢與該學科或是其下類目有關的網路資源，因此，乃是大陸地區重要的網路資訊資源指引。

　　此外在香港，優質學校教育學報編輯委員會曾透過「香港學校使用資訊科技情況」研究，共收集到七百六十七個網站，其中與教育類別有關者有五百三十一個，經查檢後有三百多個處於有效聯結狀態。於是研究小組採用頻率數及網站內的關鍵詞作分析，再將這些網站收錄於不同的歸類系統中，並編製成「網上教育資源－本地教師常用網站」[34]，以便教師能夠更容易點取、查閱有關香港地區的教育網路資源。

三、教育研究資訊資源指引對教育研究資訊資源服務的意義

　　事實上，從前述一些有關教育研究之專著裡，一再提及對於如何掌握相關資訊資源的需求，以及從這麼多有關教育研究資訊資源的指引，充分證明編製各種不論是紙本型式或是網路型式之資訊資源指引，對於進行教育研究的重要性與必要性。因為在現今資訊爆炸的時代裡，不論是那一學科主題的資訊資源，都已累積充斥到快無法全面掌控的地步，即使是善長收集、整理文獻資料的圖書資訊人員都已感到難以處理，何況是一般的使用者，更加是無法有效地找尋到所要之資訊資源並利用

---

[34] 李子建、陳茂釗、程綺琪。「網上教育資源－本地教師常用網站」。優質學校教育學報，第 2 期（2002 年）。
http://www.ied.edu.hk/cric/jqse/chi/content/vol2/paper7.pdf（96.06.21）

之。因此，編製相關之資訊資源指引，就成為協助研究者查找資料、運用資料的首要工作。

相對而言，就提供教育研究資訊資源服務的觀點來說，教育研究資訊資源指引的意義在於提供使用者對於整體教育研究資訊資源的概括性瞭解。使知道有何相關的資訊資源，如何利用之。因此，就前述第一章第二節所分析之資訊資源的範圍而言，良好的資訊資源指引必須涵蓋各種資料類型的資訊資源，並酌以篩選，將最重要、最有價值的部分予以條列出來，便利使用者按圖索驥，進而利用之。

所以，編製教育研究資訊資源指引，可說是提供教育研究資訊資源服務的基礎，對於提昇教育研究的成效，具有重大的影響。從國外眾多的相關實例，不僅驗證了此一論點，同時也可提供我們編製相關教育研究資訊資源指引時參考。

第二節　教育圖書館

如何滿足教育研究者的需求，除了有相關之資訊資源指引可供利用之外，將各種類型的資訊資源予以彙集於一處以便直接使用，也是一重要的服務方式。圖書館長久以來乃是收集、整理、保存各種類型之文獻資訊資源，並且提供服務的機構。而在各類型圖書館中，又以專門圖書館，特別是有關教育主題之圖書館，對於教育研究資訊資源的服務，更具有重大之意義與價值。因此，教育圖書館就成為教育研究資訊資源的重要服務設施之一。

一、美國國立教育圖書館

目前在世界各國設有教育圖書當中，以美國的國立教育圖書館（National Library of Education）[35]之組織體系與功能服務最具規模與成效，因此，值得探討其相關的作法與設施，以為觀摩與借鏡。

---

[35] Archived: National Library of Education

（一）源起發展

　　有關美國國立教育圖書館的源起，最早可以追溯到一八六七年由國會授權在聯邦政府內設立一個不屬內閣層級的獨立單位教育部（the autonomous, non-Cabinet-level Department of Education），該單位配屬三位工作人員，其最主要的任務是收集並分送有關教育的資訊。由於該單位第一位負責人 Henry Barnard 熱心圖書的徵集，又將其個人的收藏攜至該單位並且提供使用，於是成為教育圖書館的前身。在美國由於教育事項是屬各州的權限，所以聯邦層級的教育部門就處於變動的狀態，常隨着聯邦政府內有關教育部門之組織體系的調整而變更，有時是一獨立單位，有時又歸屬其他部，例如：內政部（Department of the Interior）或是健康、教育與福利部（Department of Health, Education and Welfare）內的一個部門，不僅層級歸屬變更多次，而其所屬有關教育之圖書館的名稱也迭經更改。[36]最後在一九九零年代，因為教改議題備受重視，連帶著也興起必須有要一所能夠提供、支援教改所需之各項資料之圖書館的呼聲。

　　自一九八零年代之後，為了因應時代的變遷與社會的需要，美國即針對教育現況的缺失，發布一系列有關教育改革的研究、報告、措施與法案。例如：一九八三年的「國家在危機之中：教育改革的絕對必要」（A Nation at Risk： Imperatives of Educational Reform）[37]、一九八八年的「改革中的美國教育」（American Education: Making It Work.）[38]、一九九一年的「美國兩千年教育策略」（America 2000: An Education Strategy）[39]以及

---

http://www.ed.gov/NLE/index.html（96.06.25）

[36] Shelia M. McGarr, Christina J. Dunn, and Stephen J. Sniegoski. "National Library of Education." in Miriam A. Drake ed. Encyclopedia of Library and Information Science. (New York: Marcel Dekker, 2003) pp.1969-1971

[37] David P. Gardner and Others. A Nation At Risk: The Imperative For Educational Reform. An Open Letter to the American People. A Report to the Nation and the Secretary of Education. (Washington, D.C.: Department of Education, 1983) (ERIC ED226006)

[38] William J. Bennett. American Education: Making It Work. A Report to the President and the American People. (Washington, D.C.: Department of Education, 1988) (ERIC ED299959)

[39] AMERICA 2000: An Education Strategy. (Washington, D.C.: Department of Education, 1991) (ERIC ED327009)

一九九四年的「目標兩千：教育美國法」（Public Law 103-227, Goal 2000: Educate America Act）[40]等等均是。

　　而為了提供進行教育改革時所需應用的研究資料，一位曾經擔任過圖書館員的美國國會眾議員 Major Owens 曾於一九九一年提出一項法案，倡議成立國立教育研究圖書館（National Education Research Library）以支持教改的工作，此建議終於在一九九四年初獲得國會兩院通過，並由總統簽署後正式成為「目標兩千：教育美國法」的一部分。[41,42]

　　於是在一九九四年，根據該法的授權（Part E of Title IX of the Goal 2000: Educate America Act），美國教育部就結合其原已存在的教育研究圖書館（Education Research Library）以及其他相關的資訊服務設施（information branches）和教育資源資訊中心系統（Education Resources Information Center, ERIC System），設立一所國立有關教育的專門圖書館，這就是美國國立教育圖書館的由來。[43]

（二）功能任務

　　根據「目標兩千：教育美國法」的規定，國立教育圖書館的功能主要有三：[44]

1. 在聯邦政府之內，提供一處集中保存有關教育資訊的場所。
2. 為教育部內部人員、委託計畫合約人員、資助計畫人員、其他聯邦政府單位人員，甚至是一般社會大眾，提供有關教育事項完善的參考服務。
3. 促進全美國有關教育資訊之提供與收藏者間的資源分享與合作。

---

[40] Goals 2000: Educate America Act
http://www.ed.gov/legislation/GOALS2000/TheAct/index.html（96.06.26）
[41] Nancy L. Floyd. "A New National Library Fuels the Engine of Education." American Libraries. vol.26 no.10 (November 1995) p.1032
[42] 劉朱勝。「教育改革與教育資料－以美國教育圖書館為例」。文教新潮，5 卷 2 期（民國 89 年 6 月），第 7 頁。
http://www.tw.org/newwaves/52/1-3.html（96.06.26）
[43] Shelia M. McGarr, Christina J. Dunn and Stephen J. Sniegoski. "National Library of Education." in Miriam A. Drake ed. Encyclopedia of Library and Information Science. (New York: Marcel Dekker, 2003) p.1971
[44] Goals 2000: Educate America Act
http://www.ed.gov/legislation/GOALS2000/TheAct/sec951.html（96.06.26）

為了發揮其功能，因此國立教育圖書館的任務有四：[45]

1. 成為收集、保存並且有效利用各種有關教育以及改善教育成果之研究與資訊的主要中心。
2. 致力於確保社會大眾能夠廣泛使用國立教育圖書館之有關各種教育議題的設施與資料，並且做好品質管控。
3. 必須配置有專業的服務團隊。
4. 運用現代資訊科技，結合全美各主要圖書館、學校和教育中心，使之成為一個全國性的教育資源網路。

總括來說，就是要建設國立教育圖書館成為一處綜合性的提供資訊轉介服務的中心（One-Stop Information and Referral Service），並且要積極回應並滿足不論來自一般信件、電子郵件或電話等，所詢問之有關教育方面的問題，包括有：[46]

1. 教育部的計畫與活動。
2. 教育部的出版品以及其他部會有關教育方面的資料。
3. 有關教育資源資訊中心所屬之各個資料交換中心（ERIC Clearinghouses）、研究機構以及全國教育資訊分送系統（the national education dissemination system）之資源與服務。
4. 有關由國家教育統計中心（National Center for Education Statistics）所發布之統計資料與相關資訊。
5. 提供轉介服務，指引讀者洽詢或利用其他教育組織、基金會、私人部門、大學校院、圖書館以及相關書目資料庫的資訊資源。

（三）部門組織

目前國立教育圖書館的組織，主要分為以下幾個部門：[47]

---

[45] 同註 44

[46] 同註 44

[47] Archived: National Library of Education - Organization
http://www.ed.gov/NLE/organization.html（96.06.27）

1. 館長室（Office of the Director）

館長綜理全館的所有事務，包括：督導所屬三組、規劃長期策略、編製預算、評鑑讀者服務、行銷協調相關的活動、研擬特別的計畫方案等。

2. 參考與資訊服務組（Reference and Information Services）

參考與資訊服務組負責協助各方人士，解答有關教育統計以及教育相關之各項問題。其所屬的立法參考服務部門（the Legislative Reference Service unit）針對政府部門、國會、學生以及一般社會大眾，提供自一八六七年成立教育部以來，有關教育立法的相關資料。

許多參考使用的索引、摘要等，都可透過光碟片或網路來利用。一些過期的期刊、通訊、報紙等，則有紙本、微縮片型態或是網路方式以使用之。為了便利讀者使用各種類型的資料，館內並備有：電腦、影印機、微縮資料閱讀機等，以利讀取不同型態的各種資料。

3. 館藏發展與技術服務組
（Collection Development and Technical Services）

館藏發展與技術服務組的主要任務在於發現、選擇、取得有關教育的出版品，並且編製成為書目以利檢索使用。本組致力於收羅齊全所有有關教育的資訊，同時也是美國教育部出版品的收藏處所，並且將收藏編製成為目錄資料，以保存並促進利用。

4. 資源分享與合作組（Resource Sharing and Cooperation）

資源分享與合作組負責全國教育資訊網路的發展與維護，具體的作為包括有：促進全國圖書館專業人員、政策制定者、社會大眾以及教育資訊提供者之間的合作與資源分享；運用資訊科技，促進教育資訊的散布；開發嶄新型態的資訊資源，例如：資料庫、網路服務、便利的檢索介面等，並且率先有效運用資訊科技於館內的各項計畫與運作。

（四）館藏資源

　　作為全國最主要的教育資料收藏場所，國立教育圖書館的館藏自有其特別之處。目前館藏資源大致包括有：[48]

1. 一般圖書約十萬冊。主要是一九六五年以後出版，有關教育方面，特別是關於教育理論、政策與研究之主題的論著。此外也涵蓋一些有關法律、公共政策、經濟、社會、歷史、哲學以及圖書資訊學的資料。

2. 訂閱期刊約八百多種。主要是有關教育主題的英文期刊，特別是被「Current Index to Journals in Education」以及「Education Abstracts」所收錄的期刊，是收藏的重點。此外，還訂閱八種主要的全國性報紙，並收藏四種微縮型式的全國性報紙。

3. 微縮片四十五萬件。包括所有 ERIC 資料庫中屬於 ED 編號的資料，其中有百分之九十七是研究報告、技術報告、會議論文、專案計畫、課程資料以及教學指引等。此外還有微縮型式的聯邦紀錄、國會紀錄等等。

4. 特藏資料，意指不流通外借的資料。包括：所有教育部的出版品、所有 ERIC 資料庫的微縮片、由聯邦圖書館與資訊網路（Federal Library and Information Network, FedLink）[49]提供的影片、若干聯邦機構組織的出版品、出版年代二十年以前而且具有歷史意義的圖書、歷年來國會有關教育立法的資料、一八零零年以前的珍本圖書、十九世紀以及二十世紀的教科書等，都列為特藏資料，不提供外借服務。

---

[48] Archived: National Library of Education - Resources
http://www.ed.gov/NLE/resources.html（96.06.27）
Archived: National Library of Education - Primary Collections
http://www.ed.gov/NLE/collections.html（96.06.27）

[49] FLICC: FEDLINK
http://www.loc.gov/flicc/fedlink.html（96.06.27）

（五）服務項目

根據「目標兩千：教育美國法」的規定，國立教育圖書館必須為教育部內部人員、委託計畫合約人員、資助計畫人員、其他聯邦政府單位人員，甚至是一般社會大眾，提供下列有關教育議題的完善參考服務：[50]

1. 特別主題之資料的蒐尋。
2. 電子資料庫的檢索。
3. 以電子郵件、傳真等方式傳送文件資料。
4. 檢索諮詢、書目指導以及其他的訓練服務。
5. 館際互借服務。
6. 專題選粹服務。

雖然以上各項之服務得適用於各個不同身分的人士，但是依法規定，是以滿足教育部內部人員的需求為優先。

又為了提昇教育資訊資源的統整與利用，國立教育圖書館必須增進各主要收藏教育資料之圖書館、檔案館間的合作與資源分享，具體的作為有：[51]

1. 建立各館間資訊資源分享的網路。
2. 統整、編纂分藏於全國各圖書館之教育性期刊的聯合目錄。
3. 統整、編纂分藏於全國各圖書館之教科書以及特殊館藏的目錄並建置索引。
4. 合作保存、維護、增進利用具有特殊歷史價值意義的資料。

又為了統整教育資訊資源的服務，在國立教育圖書館的網站裡，除了已建置有關教育議題的常見問題及其相關資料（Frequently Asked Questions, FAQ）以供查詢利用之外，另外亦特別列出幾個與國立教育圖書館有直接或間接關聯的教育資訊資源網站，以供使用者得進而點取利用之，這些專屬的網站包括有：

1. Gateway to Education Materials, GEM[52]
2. Education Resources Information Center, ERIC[53]

---

[50] 同註 44
[51] 同註 44
[52] GEM - Gateway to 21st Century Skills
   http://www.thegateway.org（96.06.27）

3. National Clearinghouse for Educational Facilities, NCEF[54]

4. U.S. Network for Education Information, USNEI[55]

5. U.S. Department of Education - ED Pubs[56]

以上這些專屬的網站，有的是針對網路資源的指引，有的是已有數十年基礎的教育資源資訊中心，另外還有針對教育設施、教育資訊的資源以及教育部的出版品等，這些資訊資源結合國立教育圖書館本身的資源與服務，大致就構成全美國有關教育的資訊資源與服務。也就是說，經由美國國立教育圖書館的統整，已相當程度實現其設立的宗旨－成為一處綜合性的提供資訊與轉介服務的中心。這也為建構教育研究資訊資源的服務，提供一良好的典範。

二、其他國家的教育圖書館

有鑑於設置國立教育圖書館對於全國教育事業與研究的重要，因此有些國家亦設置國立教育圖書館或是類似的設施，以為全國教育相關研究者服務。茲舉丹麥、德國、北歐－波羅的海諸國以及以色列等國家為例說明之。

（一）丹麥國立教育圖書館[57、58]

丹麥國立教育圖書館是由兩所圖書館合併而成，一所是成立於一八八七年的舊國立教育圖書館，事實上原本是一所學校博物館（school museum），另一所是皇家丹麥教育研究學院（The Royal Danish School of

[53] Education Resources Information Center
http://www.eric.ed.gov/ERICWebPortal/Home.portal（96.06.27）
[54] National Clearinghouse for Educational Facilities
http://www.edfacilities.org（96.06.27）
[55] U.S. Network for Education Information
http://www.ed.gov/about/offices/list/ous/international/usnei/edlite-about.html（96.06.27）
[56] ED Pubs - US Department of Education
http://www.ed.gov/pubs/edpubs.html（96.06.27）
[57] Jakob Anderson. "Denmark's National Library of Education: Growth and Choices between Media." INSPEL vol.32 no.3 (1998) pp.167-175
[58] National Library of Education, Denmark
http://www.dpb.dpu.dk/site.aspx?p=158（96.06.29）

Educational Studies）成立於一八九五年的圖書館，這兩所圖書館於一九九零年合併成為國立教育圖書館。

合併後的館藏量包括有：一百萬冊圖書、四千五百種期刊、五十萬件微縮片（大部分是 ERIC 的報告）。一百萬冊圖書中有八萬五千冊是丹麥以及其他國家的兒童讀物，其餘則是涵蓋十二年中小學教育之各個學科、各個教育相關主題的資料、論著。此外還收藏有大量的教學指引（educational aids），其中大部分是丹麥文，不過也包括一些歐洲主要語文的資料。

雖然國立教育圖書館體制上是為丹麥教育大學（The Danish University of Education）的圖書館，不過是以全國性之圖書館的角色來營運，並對社會大眾提供服務。總館是位於首都哥本哈根（Copenhagen），不過在全國各地共設有七個分館，這意味著在丹麥最遠不超過七十五公里，即可就近利用到國立教育圖書館的服務。任何人只要年滿十八歲且在丹麥有住所，不會被詢問任何理由，即可申請借書證。每週開放時間若合計總館與分館則高達二百九十二小時又三十分鐘，開放時間之長在丹麥並不多見，其維持的成本也是不低。

由於重蓋新館後改進設施服務，又加上丹麥高等教育的改革，要求更多的課外研讀與報告，許多館藏量不豐之學院的學生，就必須尋求其他圖書館的協助，這也就造成國立教育圖書館的借書量與服務量於一九九五年之後劇增的情況，而且多是以學生的需求為大宗。

為了滿足這些龐大的借書量並提昇服務的效能，自一九九七年起，國立教育圖書館與原隸屬文化、教育和研究三個部總共十二所圖書館，籌設丹麥數位研究圖書館（Electronic Research Library of Denmark），希望能夠整合各館的資源與服務。此外，並希望將自一八一四年起，丹麥首次明令要求孩童接受讀寫算等基本教育以來，所有相關的立法、研究報告、藍皮書、教學指引等等，全部予以數位化，並編製完善的書目、索引，以因應日趨龐大的需求。

（二）德國虛擬國立教育圖書館網[59]

　　嚴格來說，德國並沒有一所名為國立教育圖書館的獨立機構，不過是以合作的模式建構好比是虛擬國立教育圖書館的方式，以支援教育資訊資源的需求，並提供相關的服務。這種服務方式，有其歷史的背景因素使然。

　　二次大戰之後，一些原本是為文化基地的教育設施與圖書館，都因為因應去納粹化（de-nazification）的緣故而進行結構性的變革。而且為了避免重蹈那些導致二次大戰之政策的弊端，許多措施包括圖書館以及教育體制都採取分散非集中化（decentralized）的方式運作，以致於到後來呈現出多樣化的形式，而不利圖書館之間的合作，甚至於沒有相關的整合書目，使致無從得知從何處可以取得所需的資料。為了解決此一問題，自一九六四年起，八所主要收藏教育主題資料的文獻單位與圖書館，組成「教育文獻網」（Dokumentationsring Pädagogik, DOPAED）（Documentation Ring for Pedagogics）。雖然這組織的成員，總共使用六種不同格式資料、四種不同編目規則以記載圖書資料，但是仍然克服困難，於一九六六年編製成「教育書目」（Bibliographie Pädagogik）（Educational Bibliography），其內容收錄了一九六四出版，德文地區亦包括奧地利、瑞士等國的教育論著。其後並且在一九七零年代初期，根據德國改革後的教育體系實情，編製成「教育索引典」（Thesaurus Pädagogik）（German Educational Thesaurus and Classification System），包括有關教育的敘述詞以及分類號，以供作編纂教育書目參考。

　　一九七零年代，德國聯邦政府研究與科技部原本擬定設立二十所各學科主題的資訊中心，其中也包括「教育資訊中心」（Information Center for Education），但是後來只成立了十六所，教育資訊中心等卻沒成立。在此同時，教育文獻網的組織成員增加到二十七個單位，還有一些在大學校院以及培訓師資之學院裡，負責有關教育圖書文獻的館員，也組成一個教育文獻專家（Subject Specialists in Education）的團體，共同為教育文獻

---

[59] Diann Rusch-Feja. "A Virtual National Library of Education? German Libraries Cooperate to Support Education." INSPEL vol.32 no.4 (1998) pp.243-261

資訊資源的服務而努力。但是原本所存在的,各圖書館之間作業程序、格式、標準不一,以致不利交流的阻礙因素,依舊存在。

到了一九八九年,由於政治上東西德統一的緣故,因此,許多的措施也都朝向合併、統整、集中的方向發展。在教育資料方面,德國聯邦政府於一九九一年計劃以前述教育文獻網成員的館藏為基礎,成立先導計畫「教育文獻協調辦公室」(Fachinformationssystem Bildung, FIS-Bildung)(Coordinating Office for Educational Literature)以統整有關教育文獻的協調與合作,並規劃設置資料庫。於是原本的教育文獻網組織,就分為兩個部分,由若干所屬成員另組一個名為「德國教育資訊學會」(Gesellschaft Information Bidung, GIB)(The German Society for Information in Education)[60]的組織,持續進行有關教育資訊的相關研究,並定期召開會議,持續探討有關如何改進教育資料之標示、檢索等問題;而原有之館藏書目資料則併入聯邦政府所籌設之先導計畫中有關教育文獻的資料庫裡。

此一新設置的教育文獻資料庫後來亦陸續加入原屬東德地區有關教育之文獻的書目資料,因此,成為涵蓋自一九六四年以後,所有德語地區之教育文獻的總合。截至一九九八年,整個資料庫的書目資料主要是由二十一所圖書館所提供,總共有近三十八萬筆資料,每年以約三萬筆至六萬筆資料的數量增加,大部分是德語,也有若干其他語種資料,整體而言約有百分之二十九的資料附有摘要。每一筆書目資料都附記有收藏館所名稱,若是期刊資料,則更註明收藏的刊期年月,以及各個收藏館的使用限制。目前該資料庫已屬「德國國際教育研究所」(Deutsche Institut für Internationale Pädagogische Forschung, DIPF)(German Institute for International Educational Research)[61]的服務項目之一,除了發行有光碟型式(CD-Bildung)之外,也可以透過網際網路使用。

由於德國缺乏一所全國性的教育圖書館,因此一直有設置全國教育網路的呼聲,終於在一九九五年,教育資訊學會的年會中正式提出建議,

---

[60] Gesellschaft Information Bidung
http://www.educat.hu-berlin.de/gib(96.06.29)
[61] Deutsche Institut für Internationale Pädagogische Forschung
http://www.dipf.de(96.06.29)

於是後來就設立「德國教育資源網」（Deutscher Bildungs-Server, DBS）
（German Educational Resources Server, GER）[62]，其設立的目的為：

1. 作為德國教育資訊資源的傳播中心。
2. 將教育資訊置於透明的環境（transparent infrastructure）。
3. 進行協調合作，並且讓所有的資訊能夠被教育工作者以及社會大眾使用。

透過德國教育資源網，還可以再轉接到其他自建並各有特色之教育相關文獻資料庫的圖書館網站，所以在無形當中，也構成一種全國性的教育研究資訊資源服務網。因此，在德國，雖然因為「去納粹化」、「去社會主義化」（de-Socialization）等歷史因素的影響，而沒有設立集中式之國立教育圖書館，不過因為資訊網路的布建，得以聯結全國各圖書館的教育資訊資源，所以，也可以視為是一種虛擬式的國立教育圖書館。

（三）北歐－波羅的海諸國教育圖書館網[63]

北歐－波羅的海諸國（The Nordic-Baltic Countries）為了增進教育文獻資訊資源的交流，由各國專責教育圖書文獻的圖書館組成合作會議，以促進彼此之間的協調與合作。

事實上早在此一合作會議之前，北歐五個國家負責教育文獻服務的圖書館，業已形成合作網並運作多年，後來蘇聯解體後，再加入波羅的海三國，總共有八個國家參家。首次會議於一九九五年十二月在瑞典斯德哥爾摩舉行，其組織成員包括有：

1. 丹麥的國立教育圖書館（National Library of Education, Denmark）[64]。
2. 芬蘭的奇哇斯基拉大學圖書館（Jyväskylä University Library, Finland）[65]。

---

[62] Deutscher Bildungs-Server
http://dbs.schule.de（96.06.29）

[63] Emilija Banionytè. "A Network Of Educational Libraries in The Nordic-Baltic Countries." INSPEL vol.32 no.3 (1998) pp.176-181

[64] National Library of Education, Denmark
http://www.dpb.dpu.dk/site.aspx?p=158（96.06.30）

[65] Jyväskylä University Library, Finland
http://www.jyu.fi/~library（96.06.30）

3. 冰島的教育學院圖書館（The Library of the University College of Education, Iceland）[66]。

4. 挪威的國立教育資源中心圖書館（The Library of the National Center of Educational Resources, Norway）[67]。

5. 瑞典的國立心理與教育圖書館（The National Library for Psychology and Education, Sweden）[68]。

6. 愛沙尼亞的塔林教育研究大學圖書館（The Library of Tallinn University of Educational Studies, Estonia）[69]。

7. 拉脫維亞的立佩嘉教育學院圖書館（The Library of Liepaja Academy of Pedagogy, Latvia）[70]。

8. 立陶宛的維爾紐斯教育大學圖書館（Vilnius Pedagogical University Library, Lithuania）[71]。

組成此一合作會議的目的有三：

1. 增進各館及館員間的瞭解。

2. 對於北歐－波羅的海各國的教育資訊資源服務，能有整體性的瞭解。

3. 討論並確認未來合作的需求與可能性。

綜觀這些專責教育資訊資源服務之圖書館的性質，除瑞典之外，大都是隸屬大學或是學院的圖書館，這就造成這些圖書館肩負兩種任務：一是服務其所從屬之機構，二是滿足全國性有關教育資訊資源的需求。然而在這八所圖書館中，只有丹麥、芬蘭、瑞典、愛沙尼亞四國，有明文規定其具有服務全國教育資訊需求之任務，其它四國之圖書館則無明文之規定。

---

[66] The Library of the University College of Education, Iceland
http://www.khi.is/bok（96.06.30）

[67] The Library of the National Center of Educational Resources, Norway
http://www.nls.no/bibliotek/bibliotek.html（96.06.30）

[68] The National Library for Psychology and Education, Sweden
http://www.sppb.se（96.06.30）

[69] The Library of Tallinn University of Educational Studies, Estonia
http://www.tpu.ee（96.06.30）

[70] The Library of Liepaja Academy of Pedagogy, Latvia
http://www.cs.lpu.lv/library.html（96.06.30）

[71] Vilnius Pedagogical University Library, Lithuania
http://193.219.54.34/biblioteka（96.06.30）

　　此外在圖書館的經營與服務方面，這些北歐－波羅的海諸國的教育圖書館，都面臨著相同的問題：經費不足、資源不足、館員不足、英語及其他語文之資料不足等等諸多問題的障礙。即使如此，希望透過會議進行協調合作，以增進圖書館間的聯繫溝通，並且期盼透過資訊科技的設施，以提昇服務的效能。

（四）以色列阿瑞尼中央教育圖書館[72、73]

　　以色列的阿瑞尼中央教育圖書館（The Z. Aranne Central Education Library），也是兼負兩種角色，既是耶路撒冷希伯來大學（Hebrew University of Jerusalem）的圖書館，也是全國性的教育圖書館。館藏量包括有約十五萬冊圖書以及五百種期刊，涵蓋教育學、社會學、心理學、人類學等學科的資料。

　　作為大學圖書館，則必須滿足教育學院以及全校師生的需求；作為全國性的教育圖書館，則收藏以色列有關教育之報告、政策、檔案、學校課本等等資料，以供應教育研究者所需。

　　近年來的營運重點則是放在圖書館資源的利用，例如舉辦圖書館導覽，針對教師、研究生不同層級需求的講習，使能夠善用圖書館的紙本以及數位化資源。此外，並且針對學校教師的實際需要辦理講習，提供有關熱門話題的相關資訊，例如：防止誤用藥物教育（drug education）、學校裡的暴力行為（violence in schools）等。

　　各個講習的目的，除了提供相關的資訊資源之外，還指引參加者如何運用館藏進行研究、辨別資料的價值，並且能夠佐以批判性的思考，綜合形成個人的觀點，實施成效不錯。

　　因為大學內組織調整的緣故，自二零零三年七月起，阿瑞尼中央教育圖書館與校內的其他兩所圖書館合併在圖書館總管理處（the Libraries Authority）之下，包括摩西社會工作圖書館（Moses Leavitt Library of Social

---

[72] Sanda Bercovici. "Diversity of Training versus Diversity of Users: The Z. Aranne Central Education Library Case Study." in IFLA Council and General Conference. Conference Programme and Proceedings. (Jerusalem, Israel, 13-18 August 2000) http://www.ifla.org/IV/ifla66/papers/065-171e.htm.（96.06.30）

[73] The Z. Aranne Education Library http://educlib.huji.ac.il/jzf.html（96.06.30）

Work）以及墨爾登呢猶太教育中央圖書館（The Melton Centre Library for Jewish Education），不過各館仍然保有其原有的館藏與特色。

三、國立教育圖書館調查[74]

長久以來，國際圖書館協會聯盟（International Federation of Library Associations and Institutions, IFLA）之下的社會科學圖書館組（Social Science Libraries Section）極重視社會科學類圖書館的發展，也曾經在一九九八年的第六十四屆年會當中，以「圖書館支援教育」（Libraries in Support of Education）為主題，探討各個國家有關教育圖書館的議題。而為了促進世界各國教育圖書館的聯繫與合作，有必要針對世界各國的教育圖書館進行分析，因此，乃提議進行此項調查。

（一）調查的範圍

所謂國立教育圖書館乃是泛指負責全國性教育文獻資訊資源服務的圖書館，其類型大致有四種：

1. 依法明定的國立教育圖書館。
2. 由綜合性館藏之國立（國家）圖書館來承擔全國性教育文獻的服務。
3. 由一群負有國立（國家）圖書館功能之圖書館分別承擔，並且透過協調合作的方式以滿足社會大眾對於教育文獻的需求。
4. 結合以上類型的綜合型式。

（二）調查的目的

此項調查的主要目標是希望所有國際圖書館協會聯盟的會員都能夠參與，並且以統一格式的調查表，說明自己國家全國性之教育文獻資訊資源的服務狀況。調查表格備有各種檔案格式，各會員可自行選用，填記後再以電子郵件、傳真、一般郵寄等方式寄回。

---

[74] IFLA Survey of National Libraries of Education
http://inet.dpb.dpu.dk/survey（96.06.30）

（三）調查的內容

調查的項目內容包括有：

1. 本國文字之圖書館全名。
2. 圖書館簡稱、其他語文的圖書館名稱、歷史、任務等。
3. 聯繫方式：地址、電話、傳真、電子信箱、網址、館長等。
4. 人員與年度預算。
5. 藏書規模：專著、期刊種數、現刊種數、縮微片、數位文獻等。
6. 特藏說明。
7. 各種語文的館藏：英語、法語、德語、俄語、西班牙語、其他等。
8. 目錄：線上公用目錄名稱、線上公用目錄能夠查詢的範圍、檢索介面、Z39.50 介面、其他特點等。
9. 使用、借閱和版權政策：讀者群、使用限制、館際互借費用、影印複製費用、數位文獻的使用及服務、其他使用規定等。
10. 其他活動與評論。
11. 本國其他有關教育資料的收藏。

就本調查的項目內容來看，對於瞭解世界各國教育圖書館的現況與服務，應有極大之助益，然而已事隔幾年，卻仍不見調查結果的彙整與公布，乃美中不足之處。

四、教育圖書館對教育研究資訊資源服務的意義

自從人類發明文字，並將文明的歷程記載下來以後，收藏人類文明之各項紀錄的圖書館，就一直被視為是人類文明的象徵。近代以來，雖然圖書館因應服務對象以及功能的差異，而有五種不同類型之圖書館的區分，不過其核心的職能：將人類思想言行的各項紀錄，加以蒐集、組織、保存，以便於利用[75]，是永遠不變的。

因此，圖書館作為資訊資源的服務機構，可說是融合了有關：參考服務、資訊組織與資訊加值、資訊資源管理等理論，並分析讀者的資訊

---

[75] 王振鵠。「圖書館與圖書館學」。載於王振鵠。圖書館學論叢（臺北市：臺灣學生書局，民國 73 年 12 月），第 5 頁。

需求與資訊行為，提供必要的協助與服務。因此，圖書館就經常被視為是資訊資源服務的節點，將資訊資源服務的各種職能予以結合在一起，針對讀者的需求提供完善的服務。

　　這也正是美國國立教育圖書館所揭示的目標，希望將教育圖書館建設成為全國有關教育文獻資訊資源的主要服務中心，並做到四項以英文字母 A 為字首之詞語的內涵：[76]

1. 提供資訊（Awareness）

　　收集所有館內外的各式資訊資源，告知讀者使用，並且透過各種的推廣服務方式，擴大圖書館的服務範圍。

2. 便利取用（Access）

　　藉由各種方式，提供讀者各種便利的途徑，隨時使用圖書館內外的各種文獻資訊資源。

3. 立即協助（Assistance）

　　指導、協助讀者如何使用各種資訊資源，包括紙本型式以及數位化型式的線上資料庫等等。

4. 自我期勉（Accountability）

　　隨時留意來自讀者以及各相關機構、組織的意見回饋與建議，藉以改進、提昇整體圖書館的服務品質。

　　總而言之，圖書館是資訊資源服務的代表，而國立或是由國家所資助成立的教育圖書館則是針對教育研究資訊資源服務的具體象徵，可視為一個國家對於該國教育研究支持程度的指標，也提供未設立相關教育圖書館之國家，在規劃教育研究資訊資源服務時，一項可以考慮的具體服務方式。

---

[76] National Library of Education. Access for All: A New National Library for Tomorrow's Learners. The Report of the National Library of Education Advisory Task Force. (Washington D.C.: National Library of Education, 1997) p.2

第三節　教育研究資訊資源系統
－以美國教育資源資訊中心為例

　　自從資訊科技被引進資訊服務的範疇以後，教育研究資訊資源的服務也進入另一嶄新的階段。與早期的服務方式比較，運用資訊科技以後的資訊服務，其最大的特徵乃在於將原本是紙本型式的書目、索引、摘要，甚至研究報告、學位論文等等之資料，建置成為資料庫，使讀者能夠透過網路介面，於任何時間只要是能夠連接上網際網路的地方，就可以進行檢索或是下載所需的全文內容。

　　於是針對不同細分主題的需要，許多資訊服務公司也陸續推出有關教育主題的不同資料庫，例如：「Education & Information Technology Library」、「Professional Development Collection」、「Education Abstracts、Education Research Complete、Career & Technical」等等，都是有關教育的資料庫。其後隨著對於資訊行為之研究以及使用者之經驗的回饋，從中獲得不少的啟發，因此，各資料庫不論在檢索介面或是伴隨著的資訊加值服務等方面，也不斷地進行改善，可以說目前各種有關教育的資料庫，大致上都已達到一定的水準之上，其差別主要在於資料庫收錄的範圍、全文的比例，以及所提供之附加價值之項目多寡等等項目，也就是說，是否能以資料庫為基礎，進而再統整各項的服務而成為名副其實的教育研究資訊資源服務系統。

　　就此一觀點而言，美國的「教育資源資訊中心」（Education Resources Information Center, ERIC）[77]所開發的資料庫及其相關的服務設施，本質上乃是一套很典型的教育研究資訊資源服務系統。雖然嚴格來說，目前就行政體制而言，教育資源資訊中心乃屬國立教育圖書館之下的一項服務，不是一個別獨立的設施，然而由於此資料庫、系統的設立，比國立教育圖書館還早，已累積數十年的經驗，不僅資料庫體系完整、涵蓋面廣，而且針對教育研究者、實務工作者的需要，提供各種的服務，實為教育領域提供資訊資源服務的優良典範，值得觀摩學習。因此，乃以之

---

[77] Education Resources Information Center
http://www.eric.ed.gov（96.07.13）

為範例，從：源起發展、組織架構、服務措施、運作原則、服務評鑑等層面，分析說明之。

一、教育資源資訊中心的源起發展

美國設置教育資源資訊中心的源起，可以回溯到一九五七年因為前蘇聯成功發射人造衛星所造成的影響。為此，美國大為震撼，於是進行各項檢討研究，探討如何迎頭趕上。結論之一是建議要改進、增強美國的教育設施與成效，隨後美國政府也就陸續推出數種教育法案以作為提昇教育品質的施政依據。在此全面重視教育之提昇的同時，也注意到支援教育研究之資訊資源的收集與利用之問題，所以有關如何統整各種教育資訊資源的建議也被提出。當時的想法其實很簡單：只要能夠彙集所有的教育研究文獻資料，並且便利教育研究者擷取使用，自然就會改善並提昇教育的學術研究。[78]因此，教育資源資訊中心就在這樣的時代氛圍中被設立。

教育資源資訊中心最初的名稱是「教育研究資訊中心」（Educational Research Information Center），於一九六四年在美國教育辦公室教育研究組（U.S. Office of Education, Division of Educational Research）下成立，原本僅是規劃作為聯邦政府內部傳統機構形式，不久即發現因限於不能增加人力的限制，使得發展不易。幸好後來因爭取到相關教育法案之經費的補助，並逐步將收集之資料建置成為資料庫，最後才脫胎換骨，成為全國性的教育資源資訊的服務系統。[79]

自一九六六正式完成建置至今，該資料庫所收錄的資料量已超過一百二十萬筆[80]，其中屬於期刊文獻（EJ - Journal Articles）者約占百分之六

---

[78] R. David Lankes. "Assessing the Provision of Networked Services: ERIC as an Example." in Charles R. McClure and John Carlo Bertot ed. Evaluating Networked Information Services: Techniques, Policy, and Issues. (Medford, N.J.: Information Today, 2001) p.69

[79] 吳美美。「美國『教育資訊資源中心』（ERIC）資料庫今昔」。教學科技與媒體，第55 期（民國 90 年 3 月），92-103 頁。

[80] Education Resources Information Center - About ERIC - Overview
http://www.eric.ed.gov/ERICWebPortal/resources/html/about/about_eric.html（96.07.28）

十，屬於教育文獻（ED - Documents）者約占百分之四十。[81]隨著時代的演進，檢索、利用資料庫的途徑，從最早期紙本的「Research in Education」（RIE）、「Resources in Education」（RIE）、「Current Index to Journals in Education」（CIJE），到後來建置成為光碟片、線上資料庫等，為教育研究者以及第一線教學工作者，甚至一般關心子女教育的家長們，提供便捷的利用管道。除了美國本土之外，也廣被世界各國引入，作為查檢教育文獻資訊資源的重要工具。因此，可說是當今世界上，最常被利用、影響面最廣的教育研究資訊資源資料庫。

二、教育資源資訊中心的組織架構

教育資源資訊中心創立之初，是隸屬美國教育辦公室教育研究組，其後隨著教育辦公室之名稱以及所屬部會的變更，還有後來美國國立教育圖書館的成立，都曾經造成教育資源資訊中心所從屬之關係的異動，不過其本身的營運組織架構則大致沒有多大變化。

為了廣收教育主題的相關文獻資訊資源，自教育資源資訊中心設置資料庫時起，即與有關的學術研究機構簽約合作，成立特定主題的資料交換中心（clearinghouse），委由代為徵集、過濾相關教育主題的資料，以及進行必要的服務工作。最後總共有十六個資料交換中心、九個附屬資料交換中心、一個資料交換分所和支援機構。[82]

十六個資料交換中心（大多附屬於大學校院）的主要工作為：蒐集、編製所負責之教育主題文獻的索引、摘要，並回覆該主題領域的問題等等。其經營的原則為：專精（Specialization）、分散（Fragmentation）、科際整合（Interdisciplinarity）、兼顧品質完整與使用者優先（Quality, Comprehensiveness, and User Preferences）。收錄資料的審查標準為：相關性、適用性、使用效益及內容品質，例如：對於教育知識之貢獻、創新

---

[81] 駐美國臺北經濟文化代表處文化組。「美國教育部教育資訊中心（ERIC）簡介」。收錄在國立教育資料館，國外教育訊息全文資料庫，民國 91 年 1 月 1 日。

[82] 同註 81

程度、報告的完整性、與當前熱門議題之關聯、時效性、來源之權威性、訴求對象等等。[83]

　　九個附屬資料交換中心的主要工作為：為本資料庫尋覓並取得該領域的重要文獻資料、提供參考諮詢轉介服務、提供技術協助、維護或提供資料給各資料交換中心等等。惟附屬資料交換中心之經費係來自中心以外的資助者。[84]

　　支援部門的主要工作為：製作、出版、推廣資料庫系統的服務，以及產品的銷售等等。[85]

　　然而這些組織架構在營運近四十年後，卻面臨了重大的變革。美國教育部在二零零三年十二月底契約期滿後結束委託，自二零零四年起，改變原由十六個資料交換中心各依主題收集、過濾資料的作法，統一交給一家管理，某些查詢服務也將配合資訊時代的趨勢而取消，希望代之以高科技知識庫分類管理，引導使用者隨時取用資料。[86]此項重大的營運組織結構的變革，是否仍然繼續保有三十多年來的服務成效，則尚有待觀察。

三、教育資源資訊中心的服務措施

　　教育資源資訊中心的服務是以累積四十年，收錄超過一百二十萬筆之文獻的資料庫為核心，其收錄的資料類型包括五大類三十六小類（詳見第一章第四節「教育研究資訊資源的範圍」），可說是幾乎涵蓋所有可能刊載教育相關訊息的所有資料類型，又因為有專責之受託資料交換中心的過濾，因此，也確保所收錄資料之品質。

　　在當今之數位時代裡，該資料庫除了可從該中心網站進行檢索之外，也被收錄在好幾個資訊服務公司的資訊檢索系統內，以不同的檢索介面型式呈現，例如：EBSCO、ProQuest、Cambridge Scientific Abstracts、OCLC FirstSearch、Silver Platter、Ovid、Thomson Dialog 等，甚至 Google、

---

[83] "What Is an Information Clearinghouse?" ERIC Review. vol.5 no.1/2 (1996) pp.7-8 (ERIC ED405844)

[84] 同註 81

[85] 同註 81

[86] 駐舊金山臺北經濟文化辦事處文化組。「各界力阻美教育部重整教育資訊中心資料庫」。收錄在國立教育資料館，國外教育訊息全文資料庫，民國 92 年 5 月 8 日。

Google Scholar、MSN、Yahoo 等也可以查到資料庫所收錄的資料。[87]不同系統的檢索介面，其查詢的功能亦稍有差異，讀者可依其個人的需求，選用不同的版本進行查詢、檢索，不過大致上還是以資訊服務公司所建置之系統，較能夠進行精確的檢索，並獲得較多的全文下載服務。

　　較早期時讀者從資料庫檢索所得到的，基本上只是所檢索主題的相關書目資料而已，若要閱讀全文，則必須利用中心所發行的微縮片或是到有典藏該筆資料之圖書館調閱瀏覽。而近年來為了提昇服務，也因為一九九五年時美國國會決議，所有聯邦政府資訊必須在網路上免費公開，因此，該中心將收錄的資料，特別是教育文獻部分（ED - Documents），均陸續回溯製成 pdf 格式的全文檔案，以利使用者直接下載瀏覽閱讀。這對於提昇讀者的使用效率而言，有極大之助益。

　　至於來自期刊文獻（EJ - Journal Articles）的全文，目前的情況是，不同的資訊服務公司、系統，收錄有不同種數、年分的期刊全文，並視不同圖書館訂購電子期刊之年分的差別，各圖書館的使用者，透過不同系統檢索，得轉接、取得相關的期刊文獻全文。這對於使用者而言，可以節省許多轉查、確認、調閱、影印某期期刊文章的時間，使用上更有效率，不過這將增加訂購該系統、資料庫之圖書館的經費負擔，如何在使用者需求量與經費容許的範圍內取得平衡，則是必須仔細評估。

　　原本資料庫僅是被動提供使用者個別檢索使用，然而，既然已收藏有一百二十萬筆的文獻資料，如何更主動地從中發掘出更有意義、更有助於教育發展的東西，則視主事者的經營理念而定。在此方面，該中心有不錯的表現。即是除了建置資料庫之外，也以該資料庫的豐富資源為基礎，進而發展出幾種資訊加值的服務，例如在組織重整之前即有多種特殊的服務，包括：「Access ERIC」、「ERIC Digest」、「ERIC Review」、「Ask ERIC」等，均是主動發揮資料庫之附加價值、提昇服務品值的優良表現。

　　為了增進對於教育資源資訊中心之資料庫、系統的服務，特設立「Access ERIC」以提昇服務效率與品質。因此，「Access ERIC」可說是整個教育資源資訊中心系統的服務閘道（gateway），其服務項目包括：回

---

[87] Education Resources Information Center - Help - General FAQs
http://www.eric.ed.gov/ERICWebPortal/resources/html/help/help_popup_faq_general.html（96.07.28）

答有關資源資訊中心之產品與服務的相關問題、轉介使用者到其他的資料交換中心以尋求更適當的資訊資源等等。此外，並出版發行許多的參考文件、指南、名錄、手冊等等，以協助使用者有效利用各種教育文獻資訊資源，例如：「Directory of ERIC Information Service Providers」、「Directory of Education-Related Information Centers」、「Calendar of Education-Related Conferences」、「All About ERIC」、「A Pocket Guide to ERIC」等等均是。這些資料除了以紙本型式發售之外，還可透過網際網路的方式使用。另外還編印一些有關親職教育的簡介，例如：「How Can I Be More Involved in My Child's Education」、「Rights and Responsibilities of Parents of Children with Disabilities」等等。[88]

「ERIC Digest」是由各資料交換中心所製作的兩頁式研究摘要，提供現行教育議題的簡短概述。其選錄之主題大多取決於十六所資料交換中心最常回應之問題，以問答的形式來呈現其內容，並且附上相關的參考資源，由於都再送請專家審閱，因此具有極高的參考價值。每篇摘要約一千至一千五百字，訴求的使用對象為：教師、行教育行政人員、政策擬定者以及廣大的教育領域社群。截至二零零五年七月止，已累積約三千筆研究摘要。由於自從二零零四年起，原本的資料交換中心已不再受託徵集各類教育主題的文獻資料，而為了便利使用者檢索這些研究摘要，目前另設有專門的網站繼續提供服務。[89]

「ERIC Review」係自一九九零年起，得自美國教育部教育研究發展司（the U.S. Department of Education's Office of Educational Research and Improvement, OERI）資助，由 Access ERIC 發行之免費通訊性質的刊物（newsletter），每年出刊三次，每一期有特定之主題。主要內容刊載有關教育之計畫、研究、出版品以及教育研究資源資訊中心的最新發展，兼具資訊性與實用性，適合廣大教育工作者閱讀。除此之外，也收錄報導取自各資料交換中心所獲致之研究成果以及相關的出版品及計畫。[90]

---

[88] Access Points to ERIC
http://www.ericdigests.org/1996-1/eric.htm（96.07.28）
[89] ERICDigests.org
http://www.ericdigests.org（96.07.15）
[90] ERIC Review
http://clas.uiuc.edu/special/newsletters/ericreview.html（96.07.28）
ERIC Review

「Ask ERIC」是教育資源資訊中心委託資訊與科技資料交換中心（ERIC Clearinghouse for Information & Technology）規劃，於一九九二年起開始運作的線上諮詢服務，針對各界有關教育方面之問題提供答覆，曾經達到一週答覆一千四百個問題，每月三百萬次點閱的高紀錄[91]，是使用者最常使用的系統功能之一。然而因受限於經費困難，自二零零三年十二月起關閉，相關資料已轉由「The Educator's Reference Desk: Resource Guides」[92]接續，然而因限於無經費支持的緣故，僅提供查詢，而不再提供個別的問答服務。目前該網站可瀏覽查詢二千多筆課程方案（lesson plans）、三千多筆線上教育資訊（online education information）以及二百多個問題回應的檔案（question archive responses）。

綜合教育資源資訊中心在二零零四年組織重整之前所提供的各項服務來看，實在是一套極具規模的教育研究資訊資源服務系統，這套系統包括有：資料庫、線上諮詢、轉介服務、資源指引、趨勢報導、研究成果摘要等等，從而建構成為一套相當完善的服務體系，對於教育領域之工作者而言，極具價值與意義。現今雖因經費不足而遭致重整，重整後的服務成效是否仍保有以前的水準尚有待觀察，不過其原有的組織規模體系以及相關服務措施，仍具有參考、觀摹的價值。

四、教育資源資訊中心的運作原則

綜合前述有關教育資源資訊中心的服務項目來看，這是一套極有成效的教育研究資訊資源服務系統，值得分析其運作的模式，以作為規劃相關資訊資源服務之參考。

自一九六六年至今，教育資源資訊中心的資料庫已累積收錄一百二十萬筆有關教育主題的資料，涵蓋的資料類型包括：期刊文獻、專門論著、研究報告、學位論文、會議資料……等等，並由不同的資訊服務系統公司以光碟片、線上資料庫等型式，發行世界各國。據統計，綜合這

---

http://www.neiu.edu/~hrd/jrnals.htm#ERIC（96.07.28）
[91] 同註 78 p.73
[92] The Educator's Reference Desk: Resource Guides
http://www.eduref.org（96.07.28）

些不同版本的使用量，全球每個月的檢索次數達六百萬次[93]，因此，可說是目前世界上有關教育領域的最大資料庫。而在眾多有關教育的資料庫中，教育資源資訊中心的資料庫之所以會一枝獨秀，除了因為累積年代久、收錄資料數量大的原因之外，最主要的關鍵點還在於，此資料庫做到了幫助使用者，如何在資訊爆炸的洪流中，過濾出適用、有價值的資訊，進而讓使用者能夠快速有效率地找到所要的資訊資源。

前「國小暨學前教育資料交換中心」（ERIC Clearinghouse on Elementary and Early Childhood Education）主任 Lilian G. Katz 曾在一九九六年慶祝教育資源資訊中心成立三十週年時，根據中心資料庫過去的運作經驗，從六個層面分析中心在建置資料庫以提供教育文獻之檢索與服務的成效與發展。此一架構，可用為分析、檢視、觀摹教育資源資訊中心之營運模式，從中也可以獲得如何經營並提昇資訊資源服務的經驗與啟發，茲分述如下：[94、95]

1. 最適當的資訊量
（Too Much Information: The Optimum Information Hypothesis）

根據研究發現：越多的資訊，表示要進行更多選擇，惟有經過適當的選擇、過濾後的資訊，才容易被使用者接收、利用。相對的，若是資訊量太少時，也是不易被發現使用。也就是說任何的新資訊、概念、想法、知識、事實等，若超過或低於某些資訊量時，將不容易被使用。因此，作為一套提供資訊資源服務的資料庫系統，就必須斟酌、衡量如何在資訊洪流中，為使用者過濾、分析適量的有用資訊。

因此，教育資源資訊中心的具體作法是，依不同教育主題，分由資料交換中心委請該領域的專家學者，擷取、篩選出有價值的文獻資料，再建置到資料庫內，提供使用者檢索利用，為使用者做好資訊徵集與把關的工作，並保證資料庫之質量。

---

[93] 同註 80
[94] Lilian G. Katz and Dianne Rothenberg. "Issues in Dissemination: An ERIC Perspective." ERIC Review. vol.5 no.1/2 (1996) pp.2-9 (ERIC ED405844)
[95] 吳美美。「美國『教育資訊資源中心』（ERIC）資料庫今昔」。教學科技與媒體，第 55 期（民國 90 年 3 月），第 99 頁。

　　其次又考量到，即使經過篩選，有價值的資訊資源還是很多，如何更快速、更有效率地利用這些有價值的資訊資源呢？於是教育資源資訊中心就曾推出「ERIC Digest」以及「Translating Research into Policy and Practice, TRIPP」等系列的服務，其著眼點就在於希盼透過這一系列的評論，根據現有的文獻資訊資源，綜述某一主題的最新發展情形並且將原本分散的資源予以統整起來，以極精簡的資訊量（例如 ERIC Digest 只有兩頁，字數約只有一千到一千五百字），幫助使用者立即掌握到最新、最有價值的資訊資源，並且盡可能地將研究成果與實際應用結合起來。

2. 資訊散布需要適當的重現（Repetition: Optimum Redundancy in Information Dissemination）

　　分析資訊的傳播與使用得知，資訊若能夠多次反覆呈現，那麼就比較不會被遺漏、誤解或忘記，也就是說資訊若能透過多重管道重複出現，人們較易獲取使用。但是所謂的重複呈現，也必須是要在適當的範圍之內，太多與不足，同樣無法達到預期的效果。太多的重複呈現，會造成擷取、過濾的負擔，而太少的重複呈現，則容易被忽略，所以，必須視情況，再以最有效率的方式推出資訊的重現，以便利使用者利用。

　　在此考量之下，教育資源資訊中心的因應對策是：以多種資料類型的方式來重現其產品，並以多重管道的方式，協助讀者使用其資源。因此，從早期以來，在資料庫的文獻資源部分，有紙本型式、光碟片、線上資料庫等不同類型，並授權多家資訊服務公司以不同的檢索介面，向全世界推銷使用其產品，這都是增加重現機會，吸引人們使用的方式。

　　除此之外，還透過「Access ERIC」、「Ask ERIC」等方式，以印製說明文件、書面信件、電話、傳真、電子郵件、網路線上諮詢等多重管道方式，指導使用者如何查詢所需的資訊，並協助解決檢索過程中所遭遇的問題。

3. 概念的適當大小（Concepts Too Small or Too Large for Practical Application: Optimum Conceptual Size）

　　所謂概念的適當大小，是指教育方面的議題範圍，可能因為涉及範圍太廣泛不易聚焦而不便採用，也可能因為主題範圍太窄小以致無法被

採用。面對數以百萬計的文獻資料，各筆資料有其涉及的主題範圍，有些可能是一篇篇相當細微主題之研究發現的期刊論文，有些則可能是宏觀性的概述論著，如何善用這些涉及不同主題範圍，概念或大或小的期刊論文或是概述論著，再從中擷取、利用作為佐證個人當時之研究主題的論據，雖然是視使用者的匠心獨運而定，不過在提供資訊資源服務時，若也能夠酌以分析與歸納，對於使用者而言，也是一大福音。

教育資源資訊中心為了將涉及不同教育主題領域的文獻資料，依主題概念予以有機地組合起來，因此早自一九六七年起，即編製有索引典（Thesaurus of ERIC Descriptors），作為整理、描述各筆資料的工具。當每一筆資料都依其概念主題標上適當的敘述詞語，而各敘述詞語之間又有著上下位階以及相關從屬之關聯，因此，透過此一作法，無形當中也是將所有的文獻資料予以組合起來，從某個程度來說，使用者也可以據以查檢其所需要之主題概念範圍的相關資料。

其次，如前述之「ERIC Digest」以及「ERIC Review」，也是一種基於特定主題需要，而將相關之文獻資料、論著觀點、研究發現等予以綜合起來的作法。只是這種進階的資訊資源服務，已不是一般性僅提供文獻資料服務的資訊資源中心所能夠承擔，基本上已是屬智庫類型的服務。美國國會圖書館國會研究服務部（Library of Congress, Congressional Research Service）針對國會的服務，即具有此類之服務性質，組織重整後的教育資源資訊中心是否亦能提供類似的服務，則仍有待觀察。

4. 鮮明活潑的呈現
（Effective Information Presentation: Vividness Effect）

在電影與原作之間有一種現象：人們在看完電影後，經常會進而想閱讀原作。因此，當某一改編自某原著之電影或是電視劇上演之後，圖書館或是書店裡該原作的借閱量或是銷售量就會隨之增加。這是因為經過電影或是電視劇生動活潑的呈現以後，讓人物、劇情更加有趣，於是促發人們想再找來原作一窺究竟的動機。

從此一現象所帶來的啟發是，傳統以來對於資料庫系統的資訊資源，是否能夠以另一種更加活潑的方式來呈現，藉以吸引人們常來使用？

當然不能期待這些偏向學術研究使用的文獻資料被拍攝成電影或是電視劇，不過在呈現方面卻可以再加改進。

例如教育資訊資源中心就可以在相關會議場合中，以動態的簡報或是簡短的影片方式來吸引人們的注意，進而吸引使用者直接利用中心的資訊資源。尤其是在當今具備呈現文字、聲音、圖像、影片等多媒體型式的網路時代裡，如何改變傳統較屬平淡無奇之資料庫系統的檢索介面，使之更鮮明活潑、更吸引人們操作使用，則是值得開發的新作法。

近來由 EBSCO 所發行的 ERIC 版本，其檢索介面，除了傳統的「基本檢索」（Basic Search）以及「進階檢索」（Advanced Search）之外，新增一項「視覺檢索」（Visual Search），以不同顏色、圖形，生動活潑的動態方式，讓使用者直接以視覺點取利用資料庫的資訊資源，乃是一項極為新穎的操作介面，也算是一種脫離窠臼、鮮明活潑的呈現方式，值得作為未來規劃、設計各種資訊資源服務系統之介面時參考。

5. 便利性（Information Presented When Relevant or When Needed: Propitiousness）

意思是說資訊如果是在使用者最需要的時候出現，則最容易被充分利用，不過在現實環境中，卻往往不盡然如此。就以大學裡的授課科目為例，每一科系都會依其專業領域規劃各種必選修科目，這些科目之間也會有著某種的邏輯體系關聯，然而在學的學生因尚無實際的工作經驗以應用所學，以致經常無法體會這些科目的真正意涵，並顯現出為何要學習這些課程的疑惑。然而等到畢業進入職場之後，才又慶幸說當時在校時曾經學過，否則如今將不知所措。這是學與用之間，經常處於不同步發生的現象。

由於何時會有需要相關之資訊資源的情境發生並無法預知，因此提供資訊資源服務的系統，就必須保有能夠隨時提供服務的設計，以因應使用者可能一年三百六十五天，一天二十四小時的隨時需要。

在今日，這種一年三百六十五天，每天二十四小時的服務已不是空想，而是實際可行的作法。建置在網路上的資料庫系統，提供使用者即使是三更半夜也能夠立即查詢所需的資訊資源。若是需要個別的指導與

服務，以前的「Ask ERIC」也多能在四十八小時之內給予解答。因此，就滿足讀者之需求的便利性而言，多已是能夠實現的目標。而在關閉「Ask ERIC」之後，就如何提供立即性的協助而言，近年來圖書資訊學界已發展出各種的虛擬參考服務，結合各圖書館的力量，建構出服務層面更廣的線上立即服務。此外，有些圖書館則與適當的資訊服務公司簽約，以外包（outsourcing）的方式，將每日晚上圖書館閉館以後的線上立即參考服務，委由該等公司提供服務。就讀者而言，仍然保有一天二十四小時，得以隨時查檢所須資訊資源或是尋求個別協助的服務。

這些便利的服務，比起以往一旦圖書館閉館以後即無法查閱相關的資料，也無法尋求館員的協助而言，可說是一大進展。只是特別是在服務外包的作法方面，則必須審慎選擇，並且明定相關的權利義務關係，才不會有後遺症。

6. 對於知識的看法（Differences in Orientations to Knowledge）

根據研究分析顯示，不同身分或工作取向的人，對於資訊或知識的需求取向也不一樣。大致來說可以粗略區分為兩種類型：研究取向者以及實務取向者。研究取向者對於資訊或知識的需求，較偏向：思考的（Reflective）、概念的（Conceptual）、理論的（Theoretical）、存疑的（Skepticism）以及明確的（Determinacy）。相對而言，實務取向者對於資訊或知識的需求，則較偏向：行動的（Active）、實用的（Pragmatic）、主觀的（Subjective）、信賴的（Faith）以及不定的（Indeterminacy）。在不同學科裡，都大致呈現出如此的差異，即使是教育領域也不例外。也就是說教育研究工作者，例如大學教育科系教師、研究員等，與基層中小學教師的資訊需求取向，顯然有極大之差異。近年來雖然因為興起行動研究（action research）以及教師參與或自行研究的風潮，而稍微減低兩者不同取向之資訊需求，然而其差異情況卻依然存在。

面對此一情景，基於提供資訊資源服務的立場而言，就必須要有適當的作為，一則滿足不同取向者的需求，二者讓兩者能夠相互瞭解進而吸取彼此的研究發現與實務經驗。

　　就教育資源資訊中心的資料庫系統而言，本身就是一個提供研究者與實務者交流互動的平臺，因為此資料庫不僅收錄各種的專門論著、研究報告等等，也收錄相關的教學指引、測驗問卷等等，讓不同性質、類型的文獻資料聚集在一起，透過檢索與利用，讓不同取向者得以彼此瞭解，並增進相互引用的機會。同時在將資料建檔收錄至資料庫裡時，都會針對每一筆資料，記載其：適用對象（Intended Audience）、教育程度（Educational Level）以及出版品類型（Publication Type）等等，以便利不同取向者，檢索其適用的資訊資源。如此雖然增加了建檔工作的負擔，然而就其後續的使用效益而言，則是值得的。

　　再就增進兩種類型取向以及相伴之資訊資源的交流與利用而言，最直接明顯的例子，是如前述在早期曾經推出過的服務：「Translating Research into Policy and Practice, TRIPP」之系列叢刊。這種進階的服務方式當然並不容易做到，需要有相當的專才人力才能夠達成，事實上亦是偏向智庫類型的服務。在規劃、設計、提供資訊資源服務時，是否要將此類服務亦列為工作項目之一，則視自身的自我定位以及自我期待的理想目標而定。無論如何，也是一項值得考量的方向。

五、教育資源資訊中心的服務評鑑

　　雖然就美國教育資源資訊中心的服務項目與運作原則來看，已是一套十分有規模架構並且營運成效良好的服務系統。然而就教育資源資訊中心內部的自我評鑑而言，卻發現中心自一九六六年成立三十餘年後，當網路逐漸成為社會上各行各業的溝通管道，特別是約在一九九三年，當 World Wide Web 盛行之後，已造成中心所提供的服務方式，在本質上發生了變化。

　　面對這些變化，教育資源資訊中心應該如何因應，才能繼續保有其原有的優勢與服務呢？曾任「資訊與科技資料交換中心」（ERIC Clearinghouse on Information and Technology）主任以及「Ask ERIC」、「The Gateway to Educational Material, GEM」之開發、設計者之一的 R. David

Lankes，就曾針對此議題，根據其實際的經驗，以專業的角度進行精闢分析並提出具體建議，茲綜述其要點如下以供參考。[96]

綜觀來看，在 World Wide Web 盛行之前 ERIC 的服務模式，可以圖四之五網路盛行之前 ERIC 的服務模式圖[97]表示之。

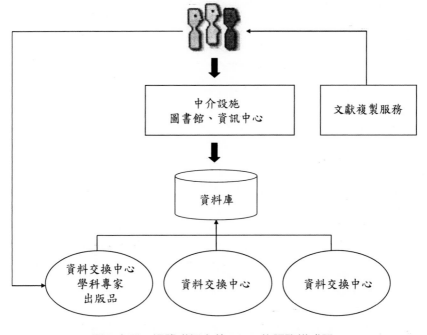

圖四之五　網路盛行之前 ERIC 的服務模式圖

資料來源：
R. David Lankes. "Assessing the Provision of Networked Services: ERIC as an Example." in Charles R. McClure and John Carlo Bertot ed. Evaluating Networked Information Services: Techniques, Policy, and Issues. (Medford, N.J.: Information Today, 2001) p.71

96　同註 78 pp.67-83
97　同註 78 p.71

　　從圖四之五中可以發現，在早期，中心所提供之服務主要是以資料庫為核心，使用者透過圖書館或是類似功能的資訊服務中心，使用教育資源資訊中心所建置之資料庫的資訊服務。除了這種主要的利用服務管道之外，在若干情況下，有時候使用者也會直接向各資料交換中心尋求協助，或是透過「教育資源資訊中心文獻複製服務」（ERIC Document Reproduction Services, EDRS）取得所需要的文獻全文。因此，在網路盛行之前，就中心所提供之服務方式以及使用者的利用管道而言，基本上比較是屬於統整性的服務。

　　然而自從以網路為溝通介面之方式盛行之後，情況卻有了極大的變化，此後使用者與中心服務的關係模式可以圖四之六網路盛行之後 ERIC 的服務模式圖[98]表示之。

　　從圖四之六中可以發現，因為網路介面具有直接取用的特性，因此，使用者利用中心之資源的服務方式，可以不再透過中介的設施，如之前的圖書館或是類似功能的資訊服務中心，而且也不見得是以中心所建置的資料庫為核心，而是透過網路介面直接轉向各資料交換中心以及「Ask ERIC」尋求協助。這主要的原因乃是因為各資料交換中心所分別收藏之各個主題的資源豐富，使用者若需查詢各有關該主題之資源時，只要直接連向該中心的網站，就可獲得所要的文獻資料與相關服務。若不清楚如何取得相關的資訊資源，也可以直接連向「Ask ERIC」，就可獲得適當的指引與服務。

　　然而由於各資料交換中心是各自獨立的單位，所提供的服務也是各憑所能，並未統整劃一以及顯示出還有那些相關的資料交換中心各自提供那些不同的服務，有的也未指引出與中心資料庫的關聯，甚至還有些資料交換中心另外提供不被資料庫系統所收錄的相關資料及全文等服務，於是成為一個以資料庫為中心，但又包含好多個半獨立資料交換中心的系統。而且，各資料交換中心重視其使用者的服務，更甚於對維護資料庫的完整性。所造成的結果是，如此的發展趨勢與之前的情況相比，就整體教育研究資訊資源的服務而言，雖然因為網路的便利而提供使用者更多的利用管道，但是也在無形當中逐漸將原本就不是完全統整的服

---

[98]　同註 78 p.72

務系統，使之更加趨向於碎裂化（fragmentation），同時也將彙整相關資訊資源之資料庫的功能趨向於邊緣化（marginalizing）。

面對這些變化，在美國教育部以及國立教育圖書館的要求下，教育資源資訊中心從一九九九年起，即分別從五個面向探討中心未來的可能發展方向，包括：任務、組織結構和資源；中心所建置的資料庫及其處理過程；科技與中心系統；使用者服務；中心的產品及資訊的散布等，進行系列的專案研究，並提出改進的建議。

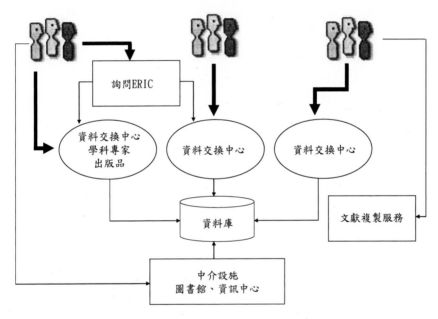

圖四之六　網路盛行之後 ERIC 的服務模式圖

資料來源：

R. David Lankes. "Assessing the Provision of Networked Services: ERIC as an Example." in Charles R. McClure and John Carlo Bertot ed. Evaluating Networked Information Services: Techniques, Policy, and Issues. (Medford, N.J.: Information Today, 2001) p.72

　　在這些改進的建議當中，有關與各個資料交換中心的合作關係尤為關鍵。一種方式是讓各個資料交換中心繼續發揮其各有的特色與服務，甚至發展成為特定主題的資訊服務網路系統，但是缺點是將使得原有形式上完整的教育資源資訊中心瓦解，而且將造成大量經費上的負擔，恐無法獲得政府相關部門的支持。

　　另一種方式則是運用資訊科技，將教育資源資訊中心重整成為更為集中、更有效率的服務網路系統，不僅要彙整各資料交換中心的服務，同時也要將例如：「Access ERIC」、「Ask ERIC」、「EDRS」等個別的服務融為一體，而不似之前僅是一項項獨立附屬的功能而已。

　　具體而言，就是要將原有的教育資源資訊中心，轉變成為知識庫的型式（The ERIC Knowledgebase）來經營，以因應數位時代，讀者對於資訊需求的使用模式。在此知識庫的型態之下，新的教育資源資訊中心將不僅僅是資訊資源的匯集者（content aggregator），同時也是資訊資源的生產者（content creator）以及發掘資訊資源之意義的提供者（context provider）。也就是說，希望教育資源資訊中心的未來發展，不僅只是收集、提供各種資料類型的資訊資源而已，而且還要利用這些資訊資源，經過資訊加值的服務，使之發揮更大的意義與價值。同時也應考量是否在制定完整的格式、規範之下，讓一些有教育專精知識背景的個人、團體或組織等，能夠自行上傳教育相關的資訊資源，以擴大徵集的範圍並滿足未來例如 Web 2.0 之精神的資訊服務型態。

六、從教育資源資訊中心看未來的教育研究資訊資源系統

　　由於面臨前述幾項發展上的限制，也因上屬機關的要求以及相關評估報告的建議，美國的教育資源資訊中心乃自二零零四年起，進行組織與服務的重整。但是因為在初期這幾年還未呈現出較特殊的具體成果，因此也不多見有關重整成效的評論報告。不過畢竟仍是歷史悠久而且是世界上規模最大的教育研究資料庫服務系統，從前述自其設置以來的各種營運與服務的作法、方式來看，多有可供作為往後規劃、設計、提供資訊資源服務系統之參考。

　　除了前述從綜觀美國教育資源資訊中心所提供的各項服務，所獲致較宏觀的經驗啟發之外，經由分析其他資訊服務公司所提供之資料庫系統的實際營運情形，亦發現有幾項不一樣的作為，實可一併提供參考，茲將相關的要點綜述如下：

1. 結合專家人士以及網路資源

　　目前教育資源資訊中心的資料庫原則上是不收錄某主題領域之專家人士的個人資料，也沒有將相關的網站資源予以納入。就網路資源而言，也許認為如本章第一節「教育研究資訊資源指引」所指出的網路資源指引，例如：「The Gateway to Educational Materials, GEM」、「Social Science Information Gateway, SOSIG: Education」等等，都能夠作為滿足使用者查找網路資源的工具，因此沒有必要再重複建置。至於查找某一主題領域之專家學者的需求，則可透過相關的人名錄以求解答，所以也沒有特別予以標示。

　　然而現今使用者的需求服務，經常是希望「一次購足」（one stop shopping），也就是說希望能夠在同一個檢索介面之內，查詢到所有不同類型的資訊資源，而不必再逐一個別登入不同的資料庫查詢。事實上目前已有個別的資訊服務系統，例如「Cambridge Scientific Abstracts, CSA」，已提供如此的整合服務，對於使用者而言，實是一大便利。此系統將使用者的檢索結果區分為：專書、期刊、同儕評審期刊、研討會、專家學者（Scholars）、網站（Web Sites）等等，就專家學者之類別而言，若點取個別的專家學者的姓名，則會顯示其現職、專長或是個人的網站等，方便使用者進一步瞭解該名專家學者的相關資料。這是一種十分貼心的服務，值得觀摹參考。

　　因此，即使不便再重覆建置其他資料庫或系統已收錄的資訊資源，事實上也可以透過欄位對應的方式，設計出跨資料庫的整合查詢介面，以節省使用者的時間並滿足其需求。基本上這是牽涉到資料庫格式以及各種詮釋資料（metadata）間交流合作的問題，理論上無多大問題，技術部分則可再細入研究。

2. 綜合專題選粹以及期刊目次服務

在數位化網路時代之前，專題選粹服務（Selective Dissemination of Information, SDI）是以人工書面影印的方式進行，近年來因已建置資料庫的緣故，服務的方式都已改由系統根據使用者所登錄的主題性質，當一接收到相關的新資料時，即以電子郵件的方式通知使用者。由於專題選粹服務是一種幫助使用者過濾、篩選資訊的服務，比較不關注某一期刊某一卷期刊載有那些文章之問題，因此，有提供專題選粹服務的系統，卻經常沒有提供新書通報或現期期刊目次的服務。

事實上這兩種服務是可以結合並存的。因為就使用者而言，經由專題選粹服務所得到的訊息，一定是與其所關心之議題有關，然而，有時候也會想知道例如某一期刊某一卷期，還刊載有那些文章，但是可能因為已經過篩選而沒全部收錄到資料庫之內，因此無法得知。所以，特別是期刊的文獻資料，若能夠也有現期期刊目次（Current Contents）服務，應該也是蠻好的。

就現有之資訊服務公司的系統來看，若要同時提供這兩種服務並不困難，因為即使某一資料庫所收錄的期刊是選擇性的收錄，但是由於該公司經常亦與各個期刊訂約而收錄全部卷期之期刊的全文，因此除了由某資料庫所提供之已篩選過的專題選粹服務之外，也能夠再由該系統提供期刊目次服務，甚至還可以以瀏覽的方式，點取各卷期，再逐一閱讀各期期刊的全文，不過這是要視圖書館或是系統有無訂購該等電子期刊而定。

3. 結合目次、書評以及相關資源

透過網路介面進行資訊檢索，最大的效益乃在於能夠將原本分散的資源予以聯結在一起。就美國出版之專書而言，在美國國會圖書館的館藏紀錄裡，只要是近年來出版的新書，則多已附上該書的目次內容，讓讀者除了從書名、分類號、標題等項目瞭解該書的主題內容之外，還可以在借閱之前即先從全書的目次，判斷該書的內容是否真的是自己想要閱讀的。除此之外，每一本專著出版之後，多會得到各方人士的評述，這些書評可能散布於各個期刊、報紙，若能夠將之彙整在一起，則當使

用者在查詢得知有該專著，並且在閱讀該專著之同時，亦能夠一併參考別人對該書的評論，這應該也是很有意義的資訊加值服務。

事實上，這種在相關資料庫系統裡收錄或是聯結所收錄之專著的目次、書評等作法，已陸續被一些資訊服務公司的系統所採用，有的例如 Silver Platter 則是將書評的全文以文字檔格式收錄在資料庫內，以便利使用者直接閱讀，十分便利。除此之外，一些網路書店的作法則更是開風氣之先，例如 Amazon 等，在網站上還開放一般民眾發表針對該書的閱讀心得、內容評述等等，雖然不見得都是很專業的評論，不過也提供想要借閱或是購買該書的人，另一種參考的意見，這也是值得斟酌考量的作法。

除了結合目次、書評等作法之外，還可以針對資料庫的每一筆資料，若無提供線上全文可供閱覽者，則連結其所在圖書館或是其他圖書館的收藏情形，以協助使用者立即得知何處可借閱。也就是說，資料庫系統應盡其所能，將有用的相關資源予以聯結在一起，如此才能發揮資料庫系統的最大效益。至於應該聯結那些相關的資訊資源，則視不同主題之資料庫性質而定。例如國內的「法源法律網」[99]，除了可以針對法規之：條文、條號、編章節、沿革等進行查詢之外，還將與每一條法條有關的：司法解釋、判例、裁判、決議、法律問題、行政函令、相關法條、歷史法條、法學論著等等，予以結合在一起，這簡直已是一種知識庫的型式，十分便利法學、法律界專業人士使用。

因此，就教育研究資訊資源的服務而言，應結合那些的資訊資源，才能夠發揮資料庫系統的最大效益，則是值得深思規劃的要點之一。

4. 持續提供即時快速的線上參考諮詢

近年來因限於人力、經費不足的緣故，許多圖書館基於合作互補的精神，多開辦線上合作參考諮詢服務，或是獨立提供類似的服務。在標榜每週七天每天二十四小時不間斷服務的號召下，也吸引許多使用者的熱烈反應。由圖書館、資訊服務系統所提供的線上參考服務，與網路蒐尋工具所提供的類似服務，例如「Yahoo!奇摩知識+」等，基本上還是有

---

[99] 法源法律網
http://www.lawbank.com.tw（96.07.20）

極大之差別。前者都是由專業人士回覆解答，在資訊的可信度、正確性等方面，較能取得品質之保證。相對的，後者一般多是由所謂的網友提供意見說明，顯然在品質方面參差不齊，不能保證其所提供之資訊的正確與可信。

較值得注意的是，有些系統因經費等問題而關閉其原有的線上參考諮詢服務，例如即使「Ask ERIC」廣受歡迎，使用人數一直高居不下，但是仍難脫離被關閉的命運，如此將致使一般的使用者轉向使用網路蒐尋工具所提供的相關服務，所造成的後果是，在品質方面將無法與專業的服務相比。而且，就自許為資訊服務的專業人士、組織而言，沒有積極作為而且放任使用者自行尋求解答，實有虧自我期許的專業信念。

由於再怎麼好的知識庫，也無法完全解答使用者的所有問題，總有需要與參考服務人員進行晤談以尋求協助的情況，因此，基於專業的服務理念，也為了提供使用者更高品質的服務，即時快速的線上參考諮詢實不宜輕廢。

5. 直接提供各種引註格式

最後一項有關資料庫系統所提供之服務的具體作法，是能夠直接提供各種引註格式。不同的學科對於參考文獻之引註格式的要求也不一樣，雖然目前各資料庫系統多與各個書目管理軟體合作，得將檢索得出的各筆資料，匯入到書目管理軟體裡，再選擇需要之書目格式輸出，以應製作參考文獻之需。

然而應用這些原創於英文的書目管理軟體，雖然基本上已是很便利，然而在進行匯入、編製參考文獻時，目前還是有些需要調整的地方，例如中英文的標點符號差異等均是，並不完全合乎本地的需求。

其次，有時候對於引註參考文獻的需求並不是整批幾十筆或上百筆，而是單獨個別一兩筆，這時如果採用匯入、編製等過程以取得特定格式的參考文獻，並不是很有效率的作法。因此，可以仿照例如線上大英百科全書等線上資料庫的作法，直接於每一筆資料之後，即附上各種格式的參考文獻條列，讀者只要標記之，就可以直接將之複製到文章的

參考文獻裡，十分便利而且有效率。這雖然只是一小小的改進，對於使用者而言，但卻有大大的便利，亦值得考量採用。

七、教育研究資訊資源系統對教育研究資訊資源服務的意義

原本圖書館的設施與服務，已是一種綜合性、統整性的資訊資源服務，然而，自從網際網路以及各種新式的資訊科技被引入以後，使得資訊資源服務的範圍、方式、內涵等等都發生了變化。尤其是透過某一個資訊檢索介面，不僅能將各種的服務項目彙集於一處，同時也結合了看似不太相關的各種服務，因此，對於讀者、使用者而言，過去所謂的實體圖書館已不再是找尋、利用資訊資源的首選途徑，取而代之的是一種虛擬圖書館（virtual library）、數位圖書館（digital library）、無牆圖書館（library without wall），這些名稱多元的圖書館服務型態，亦可以「系統」（system）的概念統稱之。所以，教育研究資訊資源系統即為現今網路、數位時代，一套對於教育研究資訊資源服務之統整性的服務體系。

教育研究資訊資源系統與過去的服務方式，除了在資訊資源之取用、傳播等方面更為快速、便利、有效率之外，其更大的意義乃在於結合資訊資源的提供者、使用者以及相關者的互動關係，並且能夠以更宏觀的角度來看待有關資訊資源的服務。從第一章第二節有關「資訊利益相關者理論」（Information Stakeholders Theory）以及「資訊生態學理論」（Information Ecology）的觀點，即可看出資訊資源系統的此一特徵。這也是當今所謂 Web 2.0 之精神所在：一套資訊服務系統，不再僅是提供者向使用者的單向服務而已，還必須結合使用者的回饋，才符合當今對於資訊資源服務系統的概念，換言之，必須是雙向甚至是多向的互動服務，才是理想的服務系統。

因此，就建構完整的教育研究資訊資源的服務系統而言，必須以原有之圖書館服務體系為基礎，再結合利益相關者理論、資訊生態學理論以及 Web 2.0 等之理論觀點，分別檢視資訊演進與文獻循環的各個階段，是否都有提供資訊生產者以及資訊使用者間足夠的互動機制，以促進資

訊加值，進而能夠做好知識管理，並發揮教育研究資訊資源之服務系統的最大效能。

第五章　教育研究資訊資源服務的實例分析（一）－臺灣地區教育研究資訊資源的需求分析

　　唯有充分瞭解使用者的資訊需求，進而據以規劃安排適切的服務，才能真正滿足其所需，並做好資訊資源的服務。所以，瞭解使用者的資訊資源需求，可說是規劃資訊資源服務的基礎。因此在規劃、設計教育研究資訊資源服務之前，必須先行分析、瞭解教育研究者的資訊需求，才能提供適切的服務。

　　為了瞭解國內教育研究者的資訊需求，以提供規劃相關資訊資源服務時參考，因此擬從教育學博士論文引用文獻以及教育研究者資訊行為等兩方面進行分析，藉以釐清教育研究資訊資源的需求特徵。

第一節　教育學博士論文引用文獻分析

　　進行學術研究必定會參考、引用許多相關的文獻資料，所以學術研究成果之專著、論文等所參考引用之文獻資料，可說是完成該研究的必要條件。換言之，從分析引用文獻入手，亦將可以瞭解研究者之資訊資源需求的特性，所以，分析引用文獻，即常成為瞭解資訊需求的方法之一。

　　因此，為了瞭解國內教育研究者的資訊需求，首先就可以從分析引用文獻開始。至於教育研究者所指為何，就廣義而言，任何對教育研究相關議題有興趣，並進行有系統之探討者均是，只是如此寬鬆之界定，其範圍將失之廣泛而無法集中，故以較狹義之教育研究者為限較為適宜。也就是以教育學術研究為職志之人員為限，其中又以大學校院之教師、研究機構之研究人員以及研究所之研究生為主。由於教師與研究員之研究成果專著可能分散於各種專書、研究報告、期刊之中，較不易於集中分析，故不選擇作為研究分析的對象。其次就研究所之研究生而言，

就一般之情況而論，博士班研究生所接受之訓練與要求，已近專門以學術研究為職志之研究人員的層次，而且總人數還不似碩士班人數那麼龐大，並且已有相關之機制以統整收錄博士學位論文以供查檢。因此，在研究層次、數量適當、易於取得等因素之考量之下，乃選擇以博士學位論文為主，以作為進行教育研究者之引用文獻分析使用。

一、相關研究

事實上國內外已有不少針對學位論文的研究，有的是以分析研究主題為取向，有的則是藉以瞭解所引用之參考文獻的特性以及圖書館館藏的支援情形。

就美國之實例而言，Erin T. Smith 即曾抽樣比較分析喬治亞大學（University of Georgia）一九九一和二零零一年兩年之學位論文的引用文獻，藉以瞭解研究者對於文獻資料需求的情形及變化。雖然整體而言，該校圖書館之館藏能夠滿足百分之八十七的需求，不過比較十年之間的差別，卻呈現下降之趨勢。[1]

其次，Laurel A. Haycock 則曾分析二零零零至二零零二年間，明尼蘇達大學（University of Minnesota）四十三篇有關課程與教學之教育學博士論文的引用文獻，結果發現，平均之引用文獻數量為一百零五筆，如就引用之資料類型而言，專書論著約占百分之五十六，期刊文獻則占百分之四十四。[2]

至於國內的情況，薛瑞君在其學位論文「一九九六至二零零一年臺灣地區教育研究趨勢之評析」[3]中，分析、比較國內八所教育研究所共七百七十五篇學位論文，藉以瞭解國內教育研究的現況與趨勢。

---

[1]　Erin T. Smith. "Assessing Collection Usefulness: An Investigation of Library Ownership of the Resources Graduate Students Use." College & Research Libraries. vol. no.5 (September 2003) pp.344-355

[2]　Laurel A. Haycock. "Citation Analysis of Education Dissertations for Collection Development." Library Resources & Technical Services. vol.48 no.2 (April 2004) pp.102-106

[3]　薛瑞君。「一九九六至二零零一年臺灣地區教育研究趨勢之評析」。國立中山大學教育研究所碩士學位論文，民國 91 年 7 月。

　　此外，麥馨月的學位論文「臺灣教育研究的發展趨勢－以教育研究所學位論文為研究對象」[4]，則是針對民國四十五至九十二年間國立臺灣師範大學、國立政治大學以及國立高雄師範大學之教育研究所的二千零八十二篇學位論文進行分析，探討所涉及的研究主題、研究工具、研究典範、研究方法、統計方法、統計軟體、研究對象等等，以探討教育研究的發展現況與趨勢。

　　以上之研究乃針對學位論文之研究主題的分析，至於針對引用文獻之分析，則多是著重於資料類型特性的探討，並且進一步核對館藏，藉以瞭解圖書館支援研究的情況。

　　早在民國七十六年時，吳明德即曾進行行政院國家科學委員會專案研究「我國公立大學圖書館支援研究所學術研究之探討」[5]，實地調查核對分析國內九所大學圖書館之館藏支援博碩士學位論文的情形，得出的結論是：九所大學圖書館之館藏圖書、期刊滿足研究生博碩士論文引用文獻需求的程度，只有百分之五十五點四。

　　李亞蘭在其學位論文「從引用文分析探討臺灣地區傳播學研究特質：以國立政治大學新聞學研究所博碩士論文為例」[6]中，以國立政治大學新聞學研究所民國四十五年至八十六年間之四百三十二筆學位論文為研究樣本，分析探討：傳播學學科領域的基本單元、傳播學研究發展的歷史演變、最常被引用的國內及國外重要作品、被引用次數最高的國內及國外作者。

　　隨後，李亞蘭又在「以新聞學博碩士論文評鑑政治大學傳播學院圖書分館館藏」[7]一文中，從三個面向分析引用文獻的特徵，包括：使用語文（中文、英文）、資料類型（圖書、期刊、博碩士論文、會議論文集、研究報告、參考工具書、法律法規、政府出版品、報紙、其他）和文獻

---

[4]　麥馨月。「臺灣教育研究的發展趨勢－以教育研究所學位論文為研究對象」。國立高雄師範大學教育研究所碩士學位論文，民國93年6月。

[5]　吳明德。<u>我國公立大學圖書館支援研究所學術研究之探討</u>（臺北市：行政院國家科學委員會，民國76年10月）。

[6]　李亞蘭。「從引用文分析探討臺灣地區傳播學研究特質：以國立政治大學新聞學研究所博碩士論文為例」。淡江大學教育資料科學學系碩士學位論文，民國89年。

[7]　李亞蘭。「以新聞學博碩士論文評鑑政治大學傳播學院圖書分館館藏」。<u>圖書資訊學刊</u>，第23期（民國86年11月），71-91頁。

年代。此外，並分析國立政治大學圖書館館藏滿足新聞學研究所博碩士學位論文引用文獻需求程度。

　　蔡炎盛在「一九九九年中原大學博碩士論文引用文獻調查報告－理學院部分」[8]一文中，分別從：語文類別（中文、西文、日文）、文獻類型（期刊、會議論文、圖書、國科會研究計畫、專利資料、標準、學位論文）、文獻年代等三方面，分析該校理學院六十七篇學位論文之引用參考文獻的特徵，以及該校圖書館館藏是否收藏的情形。

　　蘇蓉波則是在「從博士學位論文引用文獻探討成功大學圖書館館藏支援程度」[9]一文中，分析該校九十一年度畢業之博士學位論文共六十七筆，從年代、資料類型（圖書、期刊、會議資料、技術報告、專利資料、論文、網路資源、其他、無法驗證資料）、媒體類型（紙本、微縮、電子型式）、語文（中文、西文、日文）等四方面，分析引用文獻的特質。除此之外，並查核該校圖書館收藏各筆引用參考文獻的情形。

　　所以整體來說，學位論文常被用作分析學術研究主題的發展趨勢，並且從分析引用文獻的特性，藉以瞭解研究者的資訊資源需求，進而查核圖書館館藏支援、滿足資訊需求的程度。

　　由於近年來圖書資訊服務的理念，逐漸從「萬一」（just in case）轉變成「及時」（just in time），也就是說從強調「擁有」（ownership）轉向強調「取用」（access）。所以不太期待一所個別的圖書館能夠藏盡所有圖書資料，但是重視是否能夠提供可靠的檢索管道，以查檢所需的文獻資料，需要時再透過各種的管道，及時傳遞給使用者。因此，以下所進行之研究分析，將不核對個別館藏有無，而是偏重在瞭解使用者所使用的資料類型為何，並且檢視有無相對應的資料庫檢索系統，以滿足使用者查檢所需。

---

[8]　蔡炎盛。「一九九九年中原大學博碩士論文引用文獻調查報告－理學院部分」。中原大學張靜愚紀念圖書館館訊，第119期（民國89年夏季）。http://www.lib.cycu.edu.tw/lib_pub/news119.html（97.03.08）

[9]　蘇蓉波。「從博士學位論文引用文獻探討成功大學圖書館館藏支援程度」。國立成功大學圖書館館刊，第12期（民國92年10月），53-69頁。http://www.lib.ncku.edu.tw/journal/12/pdf/12-5.pdf（97.03.08）

二、實施歷程

為了瞭解國內教育研究者的資訊資源需求，因此，乃參酌國內外相關研究的作法，進行教育學類博士學位論文參考引用文獻之分析，茲將實施歷程分為：調查設計、調查對象、調查進行等，分項說明如下。

（一）調查設計

正如前述之分析，進行博士學位論文之研究，約略可以歸納為三個目的：一是發掘出學術研究主題的發展趨勢，二是試圖從參考引用文獻瞭解研究者的資訊需求，三是藉以核對圖書館館藏以評量支援程度。本研究的目的是為了瞭解研究者的資訊需求，因此將側重對於博士學位論文參考引用文獻之特徵的分析。

整體而言，分析博士學位論文參考引用文獻的項目主要有三：一是語文種類，二是資料類型，三是出版年分。

在語文種類方面，主要可以區分為：中文、日文、英文（西文）等三種。

從第二章第二節「資訊需求與資訊行為」之分析可以知道，不同研究者所需要之資料的類型也不一樣，因此，資料類型的分析也常成為引用文獻文析的重要項目之一。至於資料類型的區分，綜合前述有關學位論文之分析的歸類，以及其他針對期刊論文之引用文獻分析的資料類型歸類，例如：「中國圖書館學會會報論著之計量分析」[10]、「我國一九九零至一九九九教學科技期刊論文及引述文獻分析之研究」[11]等等，初步綜合擬出類別項目之後，再隨機抽取三本教育學博士學位論文，檢視、驗證類別項目的完整性與適用性，並根據事實情況再予修正，最後確定分為以下十二種，以作為分析之用，包括有：專書、專書中之單篇論文、期刊論文、學位論文、研究報告（含調查報告、出國考察報告、訪視報告、規劃報告等）、會議論文（含研討會、研習會等之會議資料）、政府資訊（含法令規

---

[10] 林巧敏。「中國圖書館學會會報論著之計量分析」。中國圖書館學會會報，第 51 期（民國 82 年 12 月），107-117 頁。

[11] 朱則剛、王國聰。「我國一九九零至一九九九教學科技期刊論文及引述文獻分析之研究」。大學圖書館，6 卷 2 期（民國 91 年 9 月），2-30 頁。

章、公報、公文、計畫、會議紀錄、宣傳資料、內部文件等）、教科用書（含教學指引、教學手冊等）、報紙新聞、網站資源、視聽資料（含錄音帶、錄影帶等）、其他（含課表、講義、演講筆記、訪問資料、手稿等）。

　　分析出版年分的目的，乃是為了瞭解研究者所需要之參考文獻的新穎情況，所以可以彙整各筆參考文獻的出版年代進行分析。然而若所欲分析之學位論文跨越好幾個年分，則不同畢業年分之學位論文即使參考引用同一筆文獻，所代表的新穎程度應不一樣。為了避免如此的誤差，因此，除了單從分析所引用之參考文獻的出版年分之外，還應折算為乃是出版後多久被引用，較能真正反映出使用者引用文獻的新穎程度。

（二）調查對象

　　由於國立臺灣師範大學自六十餘年前創校之初，即是以教育學之研究為發展重點之一，因此不僅教育相關系所的設置較為完整，而且圖書館的館藏亦包括大量的教育學相關資源，此外並建置有「教育論文線上資料庫」，收錄教育相關的資料以滿足教育研究者的需求。因此，整體來說，國立臺灣師範大學可說是國內重要之教育學術研究與教育資料典藏機構之一。雖然國內亦不乏著名之教育學研究的大專校院，不過為了必要時能夠隨時借閱學位論文查核，基於地利之便的緣故，因此乃選擇國立臺灣師範大學作為探討、分析教育學博士論文的機構。

　　至於系所的選擇，由於即使是在國立臺灣師範大學教育學院之內，仍包括有十四個系所，事實上所涵蓋的學術研究領域已不以教育學研究為限，還擴及到政治學、傳播學、社會工作等等範疇，為了集中焦點，因此乃以教育學系之博士班畢業生的博士學位論文作為分析的對象。

　　因囿於時間、人力、經費等之限制，也為了瞭解最新的需求狀況，故以近五年之教育學系博士班畢業生的博士學位論文為限，藉由分析博士學位論文所引用的參考文獻，以瞭解進行教育學術研究時所需之資訊資源的情形。

（三）調查進行

　　因為依據國立臺灣師範大學研究生畢業離校手續之規定，研究生畢業離校之前，必須將學位論文送繳圖書館收藏，並且將學位論文的相關

資料登錄於該校的博碩士論文系統中，才算完成辦妥手續可以領取畢業證書離校，所以原則上，該校的博碩士論文系統應完整記錄所有畢業生之論文的相關資料。故以「國立臺灣師範大學博碩士論文系統」[12]為準，於民國九十七年二月十四日進行查詢，檢索條件為自九十一學年以來，教育學系博士班的畢業學位論文，共得六十篇，包括有：九十一學年度十篇、九十二學年度十一篇、九十三學年度九篇、九十四學年度十六篇、九十五學年度十三篇、九十六學年度一篇，合計六十篇，詳見表五之一國立臺灣師範大學教育學系近五年博士學位論文篇數統計表。

表五之一　國立臺灣師範大學教育學系近五年博士學位論文篇數統計表

畢業學年度	論文篇數
91	10
92	11
93	9
94	16
95	16
96	1
合計	60

資料來源：
國立臺灣師範大學博碩士論文系統
http://etds.lib.ntnu.edu.tw/gs/ntnu/etd.htm（97.02.14）

（四）編碼建檔

　　由於該博碩士論文系統中已載有各篇學位論文的參考書目，因此直接下載利用，逐一將各篇博士學位論文之各筆參考文獻予以編碼建檔，為求資料之精確，若發現所記載之書目資料不齊全者，則至該校圖書館核對紙本學位論文，或是再查檢其他相關的資料庫，以儘量補全資料為原則。建檔資料之欄位主要有四：流水編號、出版年分、資料類型、語文種類等。

---

[12] 國立臺灣師範大學博碩士論文系統
　　http://etds.lib.ntnu.edu.tw/gs/ntnu/etd.htm（97.02.14）

三、結果分析

建檔完畢後即利用統計套裝軟體「社會科學統計程式」（Statistical Program for Social Sciences, SPSS）第十五版進行分析，茲將統計分析結果分述如下。

（一）參考文獻數量總計

總共累計六十篇博士學位論文的參考文獻有一萬三千四百七十二筆。各篇博士學位論文之參考文獻數量，最少者有八十四筆，最多者有五百零九筆，平均為二百二十四點五三筆。各種語文的平均參考文獻數量為：中文一百一十四點二二筆，英文（西文）一百零九點三八筆，日文零點九三筆，各篇論文之個別參考文獻數量，詳見表五之二各篇博士學位論文引用參考文獻數量統計表。

表五之二　各篇博士學位論文引用參考文獻數量統計表

論文編號	中文參考文獻筆數	英文參考文獻筆數	日文參考文獻筆數	合計
9101	191	91	0	282
9102	48	88	0	136
9103	140	77	0	217
9104	54	48	5	107
9105	57	102	0	159
9106	156	11	41	208
9107	89	166	0	255
9108	245	203	0	448
9109	77	301	0	378
9110	54	94	0	148
9201	72	86	0	158
9202	27	72	0	99
9203	37	72	0	109
9204	31	71	0	102
9205	40	111	0	151

9206	73	85	0	158
9207	135	178	0	313
9208	113	54	0	167
9209	88	230	0	318
9210	159	11	0	170
9211	231	67	0	298
9301	17	84	0	101
9302	35	120	0	155
9303	42	98	0	140
9304	136	47	0	183
9305	134	169	0	303
9306	108	151	0	259
9307	92	67	0	159
9308	244	265	0	509
9309	74	228	0	302
9401	168	138	0	306
9402	84	125	0	209
9403	53	84	0	137
9404	100	79	0	179
9405	200	49	0	249
9406	325	84	0	409
9407	133	122	0	255
9408	81	260	0	341
9409	162	160	0	322
9410	127	194	0	321
9411	99	52	0	151
9412	89	83	0	172
9413	61	45	0	106
9414	217	61	0	278
9415	94	81	0	175
9416	61	67	0	128
9501	42	83	0	125
9502	131	49	0	180

9503	217	158	0	375
9504	30	100	0	130
9505	298	147	0	445
9506	87	117	0	204
9507	23	166	0	189
9508	65	218	0	283
9509	63	21	0	84
9510	205	2	0	207
9511	76	95	0	171
9512	354	117	10	481
9513	109	57	0	166
9601	100	102	0	202
合計	6853	6563	56	13472
平均	114.22	109.38	0.93	224.53

（二）參考文獻語文種類

　　綜觀這六十篇博士學位論文所引用之參考文獻的語文種類，主要是以中文和英文為主，還包括若干的日文，此外還有極少量的德文資料，則是與英文合併計算。經統計後所得之結果為：中文參考文獻共計有六千八百五十三筆，占百分之五十點九，英文（西文）參考文獻共計有六千五百六十三筆，占百分之四十八點七，至於日文參考文獻則只有五十六筆，占百分之零點四，詳見表五之三博士學位論文引用參考文獻語文種類統計表。

表五之三　博士學位論文引用參考文獻語文種類統計表

語文種類	筆數	百分比
中文參考文獻	6853	50.9
英文（西文）參考文獻	6563	48.7
日文參考文獻	56	0.4
合計	13472	100.0

（三）參考文獻資料類型

再者就參考文獻之資料類型而言，根據統計分析結果顯示，數量最多者是專書類型的參考文獻，有五千一百二十三筆，占百分之三十八；期刊論文為第二位，有三千二百六十五筆，占百分之二十四點二；第三位則是專書中之單篇論文，有一千九百八十二筆，占百分之十四點七；第四位則是學位論文，有一千二百五十九筆，占百分之九點三；其次則依序為：網路資源、會議論文（含研討會、研習會等之會議資料）、政府資訊（含法令規章、公報、公文、計畫、會議紀錄、宣傳資料、內部文件等）、研究報告（含調查報告、出國考察報告、訪視報告、規劃報告等）、報紙新聞、教科用書（含教學指引、教學手冊等）、其他（含課表、講義、演講筆記、訪問資料、手稿等）、視聽資料（含錄音帶、錄影帶等）。各種資料類型之參考文獻的數量及所占的百分比，詳見表五之四博士學位論文引用參考文獻資料類型統計表。

表五之四　　博士學位論文引用參考文獻資料類型統計表

資料類型	筆數	百分比
專書	5123	38.0
期刊論文	3265	24.2
專書論文	1982	14.7
學位論文	1259	9.3
網站資源	494	3.7
會議論文	478	3.5
政府資訊	269	2.0
研究報告	226	1.7
報紙新聞	116	0.9
教科用書	85	0.6
其他	31	0.2
視聽資料	3	0.0
無法辨別	141	1.0
合計	13472	100.0

　　從統計表中可以發現，專書與期刊論文這兩種資料類型合計即占百分之六十二點二，由此可見專書與期刊論文仍是目前最重要的參考文獻來源管道。另外值得關注的是，專書中的單篇論文則占第三位，顯示出使用者對於散布於各種專書論文集中之單篇論文的需求程度。再者由於近年來網路資源逐漸普及，許多文獻資料不見得以紙本型式發行，不過可透過網路管道獲得，從網站資源的比例居於第五位的現象，即可以瞭解其重要性。若合計前五種資料類型（專書、期刊論文、專書論文、學位論文、網站資源）所占的比例，則達百分之八十九點九之多。

（四）參考文獻出版年分

　　有關引用參考文獻的出版年分，西元一九零零年之前者以百年為區間，之後者以每十年為一區間，最大數量者為一九九一年至二零零零年的出版品，有五千九百八十二筆，占百分之四十四點四；其次為二零零一年之後至今的出版品，有三千九百六十五筆，占百分之二十九點四；第三則是一九八一年至一九九零年的出版品，有二千一百六十九筆，占百分之十六點一。各個年分之引用參考文獻的數量及所占的百分比，詳見表五之五博士學位論文引用參考文獻出版年分統計表。

表五之五　博士學位論文引用參考文獻出版年分統計表

出版年分（西元年）	筆數	百分比
1700-1800	1	0.0
1801-1900	8	0.1
1901-1910	6	0.0
1911-1920	15	0.1
1921-1930	17	0.1
1931-1940	32	0.2
1941-1950	43	0.3
1951-1960	120	0.9
1961-1970	318	2.4
1971-1980	772	5.7
1981-1990	2169	16.1
1991-2000	5982	44.4
2001-	3965	29.4
無法辨別	24	0.2
合計	13472	100.0

（五）參考文獻新穎程度

　　由於本次調查之博士學位論文跨越五個年度，因此如果僅彙整統計引用參考文獻的出版年分，並不能完全顯示出各篇博士學位論文對於最新文獻資料的使用與需求程度，所以除了前述之出版年分統計分析之外，再進一步分析所引用之參考文獻的新穎程度。具體作法即是計算出畢業年度與參考文獻之出版年分的差數，意即若是民國九十三年出版發行的參考文獻被九十五年度的博士學位論文引用，其差數為二，其餘則依此類推。

　　從統計分析後所得之結果可以發現，使用者最常引用的參考文獻，多是較新的資料，隨著文獻資料出版發行年數增加，被使用的機會乃逐漸降低。使用者最常引用的是五年內的文獻資料，有五千五百四十六筆，占百分之四十一點二；其次是六到十年內的文獻資料，有三千零六十三筆，占百分之二十二點七；第三則是十一到十五年內的文獻資料，有一千九百二十二筆，占百分之十四點三；三者累計的百分比則達百分之七十八點二，詳見表五之六博士學位論文引用參考文獻新穎程度統計表。

表五之六　博士學位論文引用參考文獻新穎程度統計表

新穎程度（單位：年）	筆數	百分比
0-5	5546	41.2
6-10	3063	22.7
11-15	1922	14.3
16-20	1169	8.7
21-25	610	4.5
26-30	401	3.0
31-35	265	2.0
36-40	171	1.3
41-45	95	0.7
46-50	53	0.4
51-55	43	0.3
56-60	22	0.2
61-65	15	0.1
66-70	21	0.2
71-75	15	0.1
76-80	6	0.0
81-85	5	0.0
86-90	8	0.1
91-95	4	0.0
96-100	1	0.0
101-200	12	0.1
201-300	1	0.0
無法辨別	24	0.2
合計	13472	100.0

（六）參考文獻資料類型與語文種類之交叉分析

　　為了瞭解不同語文之不同資料類型文獻資料被引用的情形，因此乃進行參考文獻資料類型與語文種類之交叉分析。由於日文資料數量太少，只有五十六筆，因此併入中文資料計算；視聽資料亦數量太少，只有三筆，因此併入其他之類型計算。

　　經統計分析結果發現，在中文（含日文）引用參考文獻之資料類型方面，最多的是專書，有二千三百六十四筆，占百分之三十四點二；第二是期刊論文，有一千四百七十九筆，占百分之二十一點四；第三則是學位論文，有一千一百一十三筆、占百分之十六點一；第四則是專書論文，有七百二十七筆，占百分之十點五；第五則是會議論文（含研討會、研習會等之會議資料），有三百五十七筆，占百分之五點二；其餘依序為：政府資訊（含法令規章、公報、公文、計畫、會議紀錄、宣傳資料、內部文件等）、研究報告（含調查報告、出國考察報告、訪視報告、規劃報告等）、網站資源、報紙新聞、教科用書（含教學指引、教學手冊等）、其他（含課表、講義、演講筆記、訪問資料、手稿、視聽資料等），詳見表五之七博士學位論文引用中（日）文參考文獻資料類型統計表。

表五之七　博士學位論文引用中（日）文參考文獻資料類型統計表

資料類型	筆數	百分比
專書	2364	34.2
期刊論文	1479	21.4
學位論文	1113	16.1
專書論文	727	10.5
會議論文	357	5.2
政府資訊	258	3.7
研究報告	198	2.9
網站資源	193	2.8
報紙新聞	116	1.7
教科用書	85	1.2
其他	19	0.2
合計	6909	100.0

　　至於英文（西文）引用參考文獻之資料類型方面，因視聽資料數量太少，只有一筆，因此併入其他之類型計算。從統計結果得知，最多的是專書，有二千七百五十九筆，占百分之四十二；第二是期刊論文，有一千七百八十六筆，占百分之二十七點二；第三是專書論文，有一千二百五十五筆，占百分之十九點一；第四是網站資源，有三百零一筆，占百分之四點六；第五是學位論文，有一百四十六筆，占百分之二點二；其餘依序為：會議論文（含研討會、研習會等之會議資料）、研究報告（含調查報告、出國考察報告、訪視報告、規劃報告等）、其他（含課表、講義、演講筆記、訪問資料、手稿、視聽資料等）、政府資訊（含法令規章、公報、公文、計畫、會議紀錄、宣傳資料、內部文件等），另有一百四十一筆資料，因書目資料不全，無法辨別資料類型，詳見表五之八博士學位論文引用英（西）文參考文獻資料類型統計表。

表五之八　博士學位論文引用英（西）文參考文獻資料類型統計表

資料類型	筆數	百分比
專書	2759	42.0
期刊論文	1786	27.2
專書論文	1255	19.1
網站資源	301	4.6
學位論文	146	2.2
會議論文	121	1.8
研究報告	28	0.4
其他	15	0.2
政府資訊	11	0.2
報紙新聞	0	0.0
教科用書	0	0.0
無法辨別	141	2.1
合計	6563	100.0

　　綜合比較前五者最常被使用之中（日）文、英（西）文參考文獻的資料類型可以發現，專書以及期刊論文都是最常被使用的兩種資料類型，其餘三者，中（日）文、英（西）文則有所不同。在中（日）文方

面，依序是學位論文、專書論文、會議論文，在英（西）文方面，則依序是專書論文、網站資源、學位論文。綜觀這兩者所呈現之差別的意義，在中文部分有會議論文，而英文部分則沒有，其原因可能是因為中文的會議論文及相關會議資料，相對而言，比較容易取得的緣故。至於網站資源高占英文部分的第四位，所顯示的仍是當今網路上不同語文資源的現象，因為就目前的情況而言，整體的網路資源中，英文的資源仍是占絕大多數，所以被取得利用的機會也就會比較多。然而除了數量的因素之外，各種資訊是否盡量被公開而自由取用，應也是重要的因素之一。以美國為例，自一九九五年起，依第一百零四屆國會的決議，聯邦政府資訊必須在網路上免費公開使用，這對於網站資源的獲取與使用，有絕對正面的意義，應該也是帶動網路資源廣被利用的重要因素之一。

（七）參考文獻資料類型與出版年分之交叉分析

為了瞭解不同年代不同資料類型之文獻被引用的情況，因此進行參考文獻資料類型與出版年分之交叉分析。由於日文資料數量太少，只有五十六筆，因此併入中文資料計算；視聽資料亦數量太少，只有三筆，因此併入其他之類型計算。

經統計分析結果發現，在中文（含日文）方面，不同資料類型之引用參考文獻的出版年分，大都集中在「一九九一年至二零零零年」（占百分之四十五點七）以及「二零零一年至今」（占百分之四十二點一）這兩個區間之內。不論是何種資料類型，若合計這兩個區間的數量，除了專書類型是占百分之七十九點二，專書論文占百分之八十七點三，教科用書占百分之八十四點七，其餘都占近百分之九十以上之比例。相關之統計分析，詳見表五之九博士學位論文引用中（日）文參考文獻出版年分統計表。

至於英文（西文）引用參考文獻之資料類型方面，因視聽資料數量太少，只有一筆，因此併入其他之類型計算，另有二十四筆無法辨別出版年分，故不列入統計分析。從統計結果得知，不同資料類型之引用參考文獻的出版年分，大都集中在「一九八一年至一九九零年」（占百分之二十四）、「一九九一年至二零零零年」（占百分之四十三點二）以及「二零零一年至今」（占百分之十六點一）這三個區間之內。不論是何種資料類型，若合計後兩者，即「一九九一年至二零零零年」以及「二零零一

年至今」這兩個區間的數量，除專書是百分之四十九點七，會議論文（含研討會、研習會等之會議資料）是百分之四十六點四，略低於百分之五十之外，其餘都超過百分之五十，若再合計「一九八一年至一九九零年」之區間的數量，則都占百分之七十五以上。相關之統計分析，詳見表五之十博士學位論文引用英（西）文參考文獻出版年分統計表。

表五之九　博士學位論文引用中（日）文參考文獻出版年分統計表

資料類型		參考文獻出版年分（西元年）												合計
		1800-1900	1901-1910	1911-1920	1921-1930	1931-1940	1941-1950	1951-1960	1961-1970	1971-1980	1981-1990	1991-2000	2001-	
專書	筆數	0	0	1	2	6	4	20	23	82	353	1217	656	2364
	百分比	0.0	0.0	0.0	0.1	0.3	0.2	0.8	1.0	3.5	14.9	51.5	27.7	100.0
專書論文	筆數	0	0	0	0	1	0	2	4	13	72	400	235	727
	百分比	0.0	0.0	0.0	0.0	0.1	0.0	0.3	0.6	1.8	9.9	55.0	32.3	100.0
期刊論文	筆數	0	0	0	0	1	2	2	3	22	90	697	662	1479
	百分比	0.0	0.0	0.0	0.0	0.1	0.1	0.1	0.2	1.5	6.1	47.1	44.8	100.0
學位論文	筆數	0	0	0	0	0	0	0	1	15	63	468	566	1113
	百分比	0.0	0.0	0.0	0.0	0.0	0.0	0.0	0.1	1.3	5.7	42.0	50.9	100.0
研究報告	筆數	0	0	0	0	0	0	0	1	3	5	131	58	198
	百分比	0.0	0.0	0.0	0.0	0.0	0.0	0.0	0.5	1.5	2.5	66.2	29.3	100.0
會議論文	筆數	0	0	0	0	0	0	0	2	0	6	120	229	357
	百分比	0.0	0.0	0.0	0.0	0.0	0.0	0.0	0.6	0.0	1.7	33.6	64.1	100.0
政府資訊	筆數	1	1	1	1	0	3	1	2	6	8	72	162	258
	百分比	0.4	0.4	0.4	0.4	0.0	1.2	0.4	0.8	2.3	3.1	27.9	62.8	100.0
教科用書	筆數	0	0	2	7	2	1	0	0	1	0	14	58	85
	百分比	0.0	0.0	2.4	8.2	2.4	1.2	0.0	0.0	1.2	0.0	16.5	68.2	100.0
報紙新聞	筆數	0	0	0	0	0	1	0	0	2	1	12	100	116
	百分比	0.0	0.0	0.0	0.0	0.0	0.9	0.0	0.0	1.7	0.9	10.3	86.2	100.0
網站資源	筆數	0	0	0	0	0	0	0	0	0	0	23	170	193
	百分比	0.0	0.0	0.0	0.0	0.0	0.0	0.0	0.0	0.0	0.0	11.9	88.1	100.0
其他	筆數	0	0	0	0	0	0	0	0	0	1	4	14	19
	百分比	0.0	0.0	0.0	0.0	0.0	0.0	0.0	0.0	0.0	5.3	21.0	73.7	100.0
合計	筆數	1	1	4	10	10	11	25	36	144	599	3158	2910	6909
	百分比	0.0	0.0	0.1	0.1	0.1	0.2	0.4	0.5	2.1	8.7	45.7	42.1	100.0

表五之十　博士學位論文引用英（西）文參考文獻出版年分統計表

資料類型		參考文獻出版年分（西元年）												合計
		1700-1900	1901-1910	1911-1920	1921-1930	1931-1940	1941-1950	1951-1960	1961-1970	1971-1980	1981-1990	1991-2000	2001-	
專書	筆數	6	3	8	6	20	27	77	176	345	720	1099	269	2756
	百分比	0.2	0.1	0.3	0.2	0.7	1.0	2.8	6.4	12.5	26.1	39.9	9.8	100.0
專書論文	筆數	1	1	2	0	1	0	3	57	112	301	660	116	1254
	百分比	0.1	0.1	0.2	0.0	0.1	0.0	0.2	4.5	8.9	24.0	52.6	9.3	100.0
期刊論文	筆數	1	1	1	0	1	4	15	41	147	456	773	346	1786
	百分比	0.1	0.1	0.1	0.0	0.1	0.2	0.8	2.3	8.2	25.5	43.3	19.4	100.0
學位論文	筆數	0	0	0	0	0	0	0	1	5	34	77	29	146
	百分比	0.0	0.0	0.0	0.0	0.0	0.0	0.0	0.7	3.4	23.3	52.7	19.9	100.0
研究報告	筆數	0	0	0	0	0	1	0	2	4	8	7	6	28
	百分比	0.0	0.0	0.0	0.0	0.0	3.6	0.0	7.1	14.3	28.6	25.0	21.4	100.0
會議論文	筆數	0	0	0	0	0	0	0	2	6	18	50	45	121
	百分比	0.0	0.0	0.0	0.0	0.0	0.0	0.0	1.7	5.0	14.9	41.3	37.2	100.0
政府資訊	筆數	0	0	0	0	0	0	0	0	0	0	5	6	11
	百分比	0.0	0.0	0.0	0.0	0.0	0.0	0.0	0.0	0.0	0.0	45.5	54.5	100.0
教科用書	筆數	0	0	0	0	0	0	0	0	0	0	0	0	0
	百分比	0.0	0.0	0.0	0.0	0.0	0.0	0.0	0.0	0.0	0.0	0.0	0.0	0.0
報紙新聞	筆數	0	0	0	0	0	0	0	0	0	0	0	0	0
	百分比	0.0	0.0	0.0	0.0	0.0	0.0	0.0	0.0	0.0	0.0	0.0	0.0	0.0
網站資源	筆數	0	0	0	1	0	0	0	3	3	6	60	213	286
	百分比	0.0	0.0	0.0	0.3	0.0	0.0	0.0	1.0	1.0	2.1	21.0	74.5	100.0
其他	筆數	0	0	0	0	0	0	0	0	0	0	9	5	14
	百分比	0.0	0.0	0.0	0.0	0.0	0.0	0.0	0.0	0.0	0.0	64.3	35.7	100.0
無法辨別	筆數	0	0	0	0	0	0	0	0	6	27	84	20	137
	百分比	0.0	0.0	0.0	0.0	0.0	0.0	0.0	0.0	4.4	19.7	61.3	14.6	100.0
合計	筆數	8	5	11	7	22	32	95	282	628	1570	2824	1055	6539
	百分比	0.1	0.1	0.2	0.1	0.3	0.5	1.5	4.3	9.6	24.0	43.2	16.1	100.0

（八）參考文獻資料類型與新穎程度之交叉分析

　　由於本次調查之博士學位論文跨越五個年度，因此若僅從引用參考文獻的出版年分進行統計分析，並不能完全顯示出各篇博士學位論文對於最新文獻資料類型的使用與需求程度。所以除了前述之資料類型與出版年分的交叉分析之外，再進一步進行資料類型與新穎程度之交叉分析，藉以瞭解使用者對於不同資料類型之新穎程度的需求及使用情況。由於日文資料數量太少，只有五十六筆，因此併入中文資料計算；視聽資料亦數量太少，只有三筆，因此併入其他之類型計算。

　　經統計分析結果發現，在中文（含日文）方面，所使用之不同資料類型的新穎程度，不論是何種資料類型，最常被引用的都是五年內所發行的。使用者所引用之各種類型資料，五年內所發行者之比例，除了專書、專書中之單篇論文、研究報告（含調查報告、出國考察報告、訪視報告、規劃報告等）等三類型是低於百分之五十之外，其餘都占百分之五十以上，而且有多種類型達百分之七十五以上之多。若整體來看的話，五年內的資料占所有被引用之文獻資料的百分之五十五點五，由此可以知道資料之新穎程度，對於進行研究的重要性。詳細之統計調查結果，見表五之十一博士學位論文引用中（日）文參考文獻新穎程度統計表。

　　其次就英（西）文參考文獻的新穎程度而言，因視聽資料數量太少，只有一筆，因此併入其他之類型計算，另有二十四筆無法辨別出版年分，故不列入統計分析。經統計分析結果發現，政府資訊（含法令規章、公報、公文、計畫、會議紀錄、宣傳資料、內部文件等）、網站資源、其他（含課表、講義、演講筆記、訪問資料、手稿、視聽資料等）等三種類型，五年內所發行的資料占該類型全部被引用之資料數量的比例高達百分之七十以上，其餘者則多占百分之二十左右。若整體來看的話，五年內的資料占所有被引用之文獻資料的百分之二十六點二，六至十年內的資料則占百分之二十一，十一至十五年內的資料則占百分之十八點六，三者合計則占百分之六十五點八。若與中文（含日文）相比，所引用英（西）文參考文獻之新穎程度的年數跨度較大，主要是集中在十五年內所發行的資料。詳細之統計調查結果，見表五之十二博士學位論文引用英（西）文參考文獻新穎程度統計表。

表五之十一　博士學位論文引用中（日）文參考文獻新穎程度統計表

參考文獻新穎程度（單位：年）

資料類型		0-5	6-10	11-15	16-20	21-25	26-30	31-35	36-40	41-45	46-50	51-55	56-60	61-65	66-70	71-75	76-80	81-85	86-90	91-95	96-100	101-200	合計
專書	筆數	971	638	349	207	87	38	20	12	18	7	4	4	3	3	0	2	1	0	0	0	0	2364
	百分比	41.1	27.0	14.8	8.8	3.7	1.6	0.8	0.5	0.8	0.3	0.2	0.2	0.1	0.1	0.0	0.1	0.0	0.0	0.0	0.0	0.0	100.0
專書論文	筆數	357	220	74	49	7	11	4	1	1	1	1	0	0	1	0	0	0	0	0	0	0	727
	百分比	49.1	30.3	10.2	6.7	1.0	1.5	0.6	0.1	0.1	0.1	0.1	0.0	0.0	0.1	0.0	0.0	0.0	0.0	0.0	0.0	0.0	100.0
期刊論文	筆數	875	374	146	46	11	10	10	1	3	0	0	0	2	1	0	0	0	0	0	0	0	1479
	百分比	59.2	25.3	9.9	3.1	0.7	0.7	0.7	0.1	0.2	0.0	0.0	0.0	0.1	0.1	0.0	0.0	0.0	0.0	0.0	0.0	0.0	100.0
學位論文	筆數	718	246	91	29	21	5	3	0	0	0	0	0	0	0	0	0	0	0	0	0	0	1113
	百分比	64.5	22.1	8.2	2.6	1.9	0.4	0.3	0.0	0.0	0.0	0.0	0.0	0.0	0.0	0.0	0.0	0.0	0.0	0.0	0.0	0.0	100.0
研究報告	筆數	86	84	22	1	3	0	1	1	0	0	0	0	0	0	0	0	0	0	0	0	0	198
	百分比	43.4	42.4	11.1	0.5	1.5	0.0	0.5	0.5	0.0	0.0	0.0	0.0	0.0	0.0	0.0	0.0	0.0	0.0	0.0	0.0	0.0	100.0
會議論文	筆數	272	69	9	3	2	0	0	2	0	0	0	0	0	0	0	0	0	0	0	0	0	357
	百分比	76.2	19.3	2.5	0.8	0.6	0.0	0.0	0.6	0.0	0.0	0.0	0.0	0.0	0.0	0.0	0.0	0.0	0.0	0.0	0.0	0.0	100.0
政府資訊	筆數	193	28	13	6	3	3	3	0	1	1	0	3	0	0	0	1	0	1	0	1	1	258
	百分比	74.8	10.9	5.0	2.3	1.2	1.2	1.2	0.0	0.4	0.4	0.0	1.2	0.0	0.0	0.0	0.4	0.0	0.4	0.0	0.4	0.4	100.0
教科用書	筆數	66	4	2	0	0	1	0	0	0	0	0	0	2	1	7	0	1	1	0	0	0	85
	百分比	77.6	4.7	2.4	0.0	0.0	1.2	0.0	0.0	0.0	0.0	0.0	0.0	2.4	1.2	8.2	0.0	1.2	1.2	0.0	0.0	0.0	100.0
報紙新聞	筆數	104	8	0	1	0	2	0	0	0	0	0	0	0	1	0	0	0	0	0	0	0	116
	百分比	89.7	6.9	0.0	0.9	0.0	1.7	0.0	0.0	0.0	0.0	0.0	0.0	0.0	0.9	0.0	0.0	0.0	0.0	0.0	0.0	0.0	100.0
網站資源	筆數	174	19	0	0	0	0	0	0	0	0	0	0	0	0	0	0	0	0	0	0	0	193
	百分比	90.2	9.8	0.0	0.0	0.0	0.0	0.0	0.0	0.0	0.0	0.0	0.0	0.0	0.0	0.0	0.0	0.0	0.0	0.0	0.0	0.0	100.0
其他	筆數	17	1	1	0	0	0	0	0	0	0	0	0	0	0	0	0	0	0	0	0	0	19
	百分比	89.4	5.3	5.3	0.0	0.0	0.0	0.0	0.0	0.0	0.0	0.0	0.0	0.0	0.0	0.0	0.0	0.0	0.0	0.0	0.0	0.0	100.0
合計	筆數	3833	1691	707	342	134	70	41	17	23	9	5	7	8	6	8	2	3	1	1	0	1	6909
	百分比	55.5	24.5	10.2	5.0	1.9	1.0	0.6	0.2	0.3	0.1	0.1	0.1	0.1	0.1	0.1	0.0	0.0	0.0	0.0	0.0	0.0	100.0

表五之十二　博士學位論文引用英（西）文參考文獻新穎程度統計表

資料類型		參考文獻新穎程度（單位：年）																					合計
		0-5	6-10	11-15	16-20	21-25	26-30	31-35	36-40	41-45	46-50	51-55	56-60	61-65	66-70	71-75	76-80	81-85	86-90	91-95	96-100	101-200	201-300	
專書	筆數	485	563	515	388	209	186	136	95	51	33	36	12	6	13	7	3	1	5	3	1	7	1	2756
	百分比	17.6	20.4	18.7	14.1	7.6	6.7	4.9	3.4	1.9	1.2	1.3	0.4	0.2	0.5	0.3	0.1	0.0	0.2	0.1	0.0	0.3	0.0	100.0
專書論文	筆數	284	310	282	152	82	56	46	28	7	2	0	0	0	1	0	0	1	1	0	0	2	0	1254
	百分比	22.6	24.7	22.5	12.1	6.5	4.5	3.7	2.2	0.6	0.2	0.0	0.0	0.0	0.1	0.0	0.0	0.1	0.1	0.0	0.0	0.2	0.0	100.0
期刊論文	筆數	531	370	311	244	161	76	36	27	12	9	2	2	1	1	0	0	0	1	0	0	2	0	1786
	百分比	29.7	20.7	17.4	13.7	9.0	4.3	2.0	1.5	0.7	0.5	0.1	0.1	0.1	0.1	0.0	0.0	0.0	0.1	0.0	0.0	0.2	0.0	100.0
學位論文	筆數	43	29	50	10	8	4	1	1	0	0	0	0	0	0	0	0	0	0	0	0	0	0	146
	百分比	29.5	19.9	34.2	6.8	5.5	2.7	0.7	0.7	0.0	0.0	0.0	0.0	0.0	0.0	0.0	0.0	0.0	0.0	0.0	0.0	0.0	0.0	100.0
研究報告	筆數	7	5	4	4	3	1	2	1	0	0	0	1	0	0	0	0	0	0	0	0	0	0	28
	百分比	25.0	17.9	14.3	14.3	10.7	3.6	7.1	3.6	0.0	0.0	0.0	3.6	0.0	0.0	0.0	0.0	0.0	0.0	0.0	0.0	0.0	0.0	100.0
會議論文	筆數	57	23	21	12	2	4	1	1	0	0	0	0	0	0	0	0	0	0	0	0	0	0	121
	百分比	47.1	19.0	17.4	9.9	1.7	3.3	0.8	0.8	0.0	0.0	0.0	0.0	0.0	0.0	0.0	0.0	0.0	0.0	0.0	0.0	0.0	0.0	100.0
政府資訊	筆數	9	1	1	0	0	0	0	0	0	0	0	0	0	0	0	0	0	0	0	0	0	0	11
	百分比	81.8	9.1	9.1	0.0	0.0	0.0	0.0	0.0	0.0	0.0	0.0	0.0	0.0	0.0	0.0	0.0	0.0	0.0	0.0	0.0	0.0	0.0	100.0
教科用書	筆數	0	0	0	0	0	0	0	0	0	0	0	0	0	0	0	0	0	0	0	0	0	0	0
	百分比	0.0	0.0	0.0	0.0	0.0	0.0	0.0	0.0	0.0	0.0	0.0	0.0	0.0	0.0	0.0	0.0	0.0	0.0	0.0	0.0	0.0	0.0	100.0
報紙新聞	筆數	0	0	0	0	0	0	0	0	0	0	0	0	0	0	0	0	0	0	0	0	0	0	0
	百分比	0.0	0.0	0.0	0.0	0.0	0.0	0.0	0.0	0.0	0.0	0.0	0.0	0.0	0.0	0.0	0.0	0.0	0.0	0.0	0.0	0	0	100.0
網站資源	筆數	242	26	7	3	1	3	0	1	2	0	0	0	0	0	0	1	0	0	0	0	0	0	286
	百分比	84.6	9.1	2.4	1.0	0.3	1.0	0.0	0.3	0.7	0.0	0.0	0.0	0.0	0.0	0.0	0.3	0.0	0.0	0.0	0.0	0.0	0.0	100.0
其他	筆數	10	3	1	0	0	0	0	0	0	0	0	0	0	0	0	0	0	0	0	0	0	0	14
	百分比	71.4	21.4	7.2	0.0	0.0	0.0	0.0	0.0	0.0	0.0	0.0	0.0	0.0	0.0	0.0	0.0	0.0	0.0	0.0	0.0	0.0	0.0	100.0
無法辨別	筆數	45	42	23	14	10	1	2	0	0	0	0	0	0	0	0	0	0	0	0	0	0	0	137
	百分比	32.8	30.7	16.8	10.2	7.3	0.7	1.5	0.0	0.0	0.0	0.0	0.0	0.0	0.0	0.0	0.0	0.0	0.0	0.0	0.0	0.0	0.0	100.0
合計	筆數	1713	1372	1215	827	476	331	224	154	72	44	38	15	7	15	7	4	2	7	3	1	11	1	6539
	百分比	26.2	21.0	18.6	12.6	7.3	5.1	3.4	2.4	1.1	0.7	0.6	0.2	0.1	0.2	0.1	0.1	0.0	0.1	0.0	0.0	0.2	0.0	100.0

四、教育學博士論文引用文獻分析對於教育研究資訊資源服務的啟示

　　所謂文獻分析係指利用數學、統計學以及比較、歸納、概括等邏輯方法，對各種分析對象（例如：期刊、科學家、科技論文等等）的引用或被引用現象和規律進行分析，以便揭示出研究對象所蘊含的特徵或者是對象與對象之間的關係。[13]Melvin Weinstock 曾將引用文獻的動機分為十五項[14]，羅思嘉則進一步將這十五項動機歸併為以下五種類型：類型一：對於先前作品的作者或研究表示尊敬的一種方式；類型二：提供與文獻內容或所涉及研究相關的背景資訊；類型三：展現作品的獨特之處；類型四：支援文獻所希望表達的看法與理論；類型五：隱含蒐尋資訊的線索。[15]

　　縱使使用者引用文獻有不同的動機，然而就資訊資源服務之觀點而言，不論其原因為何，所引用的參考文獻都代表對於完成該研究的必要與需求。因此，分析引用文獻之性質，乃是瞭解使用者之資訊需求的重要方式之一。

　　所以，進行教育學博士論文引用文獻分析之目的，乃是為了瞭解國內教育研究人員之資訊需求，進而提供規劃教育研究資訊資源服務時參考。相關之統計調查結果分析及其特徵，詳如前述之說明，以下將從新穎程度、資料類型、整合查詢等層面，進一步探討對於教育研究資訊資源服務的意義。

　　由於國外的文獻資料，特別是英文方面，多已有針對各種類型之資訊資源建置成極為便利查檢使用的資料庫以供使用，國內各大圖書館也多引進以利其讀者利用，因此，查檢利用英文的文獻資料，大多沒有什麼問題。再者也因為本研究之最終目的，乃在於瞭解教育研究者對於國

---

[13]　孟連生。「中文科學引文分析」。情報科學，1983 年第 3 期（1983 年），11-21 頁。

[14]　Melvin Weinstock. "Citation Index." in Allen Kent ed. Encyclopedia of Library and Information Science. vol.5（New York: Marcel Dekker, 1971） pp.16-40

[15]　羅思嘉。「引用文獻分析與學術傳播研究」。中國圖書館學會會報，第 66 期（民國 90 年 6 月），73-85 頁。

內各種類型之資訊資源的需求情況，因此以下之分析主要是針對中文之情況而言。

（一）新穎程度

綜合表五之十一博士學位論文引用中（日）文參考文獻新穎程度統計表可以發現，整體來看，近五年內的資料占所有被引用之文獻資料的百分之五十五點五，近六至十年內者則占百分之二十四點五，兩者合計則高達百分之八十之多。換言之，使用者進行研究時，所引用的資料以近五年內的資料最多，其次則是近六至十年內的資料。由此可以知道資料之新穎性，對於進行研究的重要性，所以在提供教育研究資訊資源服務時，必須以最快速的方式，收集、彙整相關的資料，以便利使用者取用。

首先，就能否檢索到最新之資訊資源而言，以國內目前的情況來說，由於各種資料類型大都已建置成為資料庫的方式來提供服務，因此，理論上應該可以隨時將最新之資料建檔存入資料庫中，以讓使用者能夠掌握最新之資訊資源。不過就實際情況分析，有些資料庫系統可能是因為作業程序限制的緣故，卻不是隨時更新，而且採行每月或每季更新的方式，這雖然還不致於造成太大的影響，不過若能在一收到最新之資料時，隨時更新資料庫內容，對於協助使用者掌握最新之資訊資源而言，則應是更理想的處理方式。

其次是當獲知最新之訊息之後，能否隨時取得最新之資訊資源的問題。就有提供電子全文之系統來說，在使用者檢索結果之同時，也多能立即下載瀏覽全文內容，不過還是有些例外。例如國家圖書館的「中華民國期刊論文索引 WWW 版」、「中文期刊篇目索引影像系統」即因著作權法的限制，不提供最近六個月內的期刊電子全文；「全國博碩士論文資訊網」以及各校圖書館的學位論文資訊網，雖然隨時登錄最近取得學位之學位論文的相關資料，然而卻也常因應研究生的要求，須隔若干時日之後才能夠將其學位電子全文公開使用，如此恐將影響使用者對於最新文獻資料的取用。另外有關圖書部分，雖然從「ISBN 全國新書資訊網」可以查檢到最新出版之圖書的相關資料，然而自新書出版之後到陳列在

圖書館架上可供借閱，恐將耗費一段不短的時日，這也是經常聽到讀者對於圖書館服務效率不佳的抱怨之一。

總結來說，從統計分析結果所顯示的意義是，資訊使用者對於最近之新穎資訊有極高度的需求，作為有效率的教育研究資訊資源服務，應該力求最新之資訊資源的收集與提供，才能真正發揮功能並滿足使用者的需求。

（二）資料類型

綜合表五之七博士學位論文引用中（日）文參考文獻資料類型統計表的數據可以發現，合計最常被利用之前四種資料類型的比例，即占全部引用參考文獻的百分之八十二點二，已超過五分之四之多。此現象得有兩個解釋，一是與各種資料類型的數量有關，也就是說發行量越多的資料類型，其被利用的比例也會越高，這也即是專書所占之比例最高的緣故，因為圖書的總發行數量最多，因此被利用的比例也就最高；除此之外，從調查結果統計表中所顯示出來的排列順序，似乎與該類型之資料是否被收錄齊全，並被建置於資料庫中以供檢索利用，有著密切的關係。換言之，各種資料類型之資料庫系統的完善與便利性，將影響該資料類型能否被充分利用。

因此以下將針對前四種最常被利用之資料類型，分析其是否有相關的機制，收集、整理各種資料類型，以便利資訊使用者查檢、利用，並且將參酌比較國外之相關措施與作法，提出得參酌改進之處，期盼能藉以提昇國內教育研究資訊資源服務的品質。

1. 專書

就專書而言，由於依規定任何圖書要出版發行之前，必須先向國家圖書館的書號中心申請「國際標準書號」（International Standard Book Number, ISBN），這些書目資料已建置於「ISBN 全國新書資訊網」裡以供檢索利用，因此透過該資訊網即能查檢到所有已出版，不論是否已被圖書館購置的圖書。再者若已被圖書館收藏的圖書，全國各大圖書館也都將其館藏圖書資料建檔，讓讀者透過各圖書館的「線上公用目錄」（Online Public Access Catalog, OPAC）（Web OPAC, WebPAC）即能查檢

到所需要的圖書。此外還可以透過例如「全國圖書書目資訊網」的「NBINet聯合目錄」，或是各大圖書館所建置的各種聯合目錄，以一次查檢各大圖書館的館藏。因此，除了因為專著圖書仍是目前最主要的資訊媒體的緣故之外，已建置有多種書目資料庫系統可供查檢各種圖書，應該也是促成專著圖書最常被利用的緣故之一。

因此，就教育研究資訊資源服務而言，除了已有各種統整性、整合性的書目資料庫系統可供查檢所有的圖書之外，更應當進一步思考如何協助使用者從中過濾出適合教育研究使用的相關圖書資訊。因為，就新書而言，國內每年的新書數量約有四萬種，全國各圖書館的總藏書量，共約有一億三千萬冊[16]，面對這麼龐大數量的圖書，很多使用者會有不知如何篩選出適合其所需的困擾。所以，應有適當的機制，以協助使用者擇取適用的圖書，這也是提供教育研究資訊資源服務的重要功能。具體的作法，例如彙整、編製各種主題的教育研究書目，應是可行的方式之一。

2.期刊論文

由於期刊文獻的刊期間隔較短，經常能反映出最新的學術發展趨勢與成果，因此乃是極為重要的學術研究資源。目前國內有關期刊文獻資源的利用，主要是可以透過國家圖書館的「中華民國期刊論文索引WWW版」、「中文期刊篇目索引影像系統」以及「中華民國出版期刊指南系統」等，進行查檢所需要的期刊文獻。由於這些系統乃是綜合性的資料庫，涵蓋各種學科主題的期刊，若只要檢索教育學類的期刊文獻的話，則可以利用國立臺灣師範大學圖書館的「教育論文線上資料庫」以及國立教育資料館的「教育論文全文索引資料庫」。因此，整體來說，有關國內教育研究所需之期刊文獻，主要有以上幾種期刊文獻資料庫可供查檢與利用，這應該也是促成期刊文獻廣被利用的重要原因之一。

不過若與國外的期刊文獻資料庫系統相比，目前國內的現況似乎仍有再發展的空間，茲綜述如下。

---

[16] 國家圖書館編。中華民國九十六年圖書館年鑑（臺北市：國家圖書館，民國96年12月），第270頁。

　　首先就所收錄的單篇期刊文獻而言，在過去由於多將性質範圍界定為「學術性文獻」，因此只收錄期刊中屬於研究論著性質的文獻，至於其他性質的文獻則不被收錄。這種取捨方式乃是為了精確擇出適合學術研究所需的論著，是有其必要性，然而，那些未被收錄的一般性文章，也有可能作為驗證、支持研究論點所需，如今未被收錄進資料庫系統中，除了透過瀏覽期刊時得知內容之外，將不容易被檢索得出而利用之。為改善此一缺失，近年來國家圖書館的「中華民國期刊論文索引 WWW版」、「中文期刊篇目索引影像系統」，除了收錄學術性文獻的研究論著之外，還收錄其他屬於報導性、休閒性、生活化與文藝作品、通訊消息、會計報告、人事動態、定期統計資料、產品介紹、隨筆漫談等之一般性的文獻，並且在檢索介面中區分為「學術性」與「一般性」兩種選項，以供使用者勾選，是為一大進步。不過若與例如美國的「教育資源資訊中心」（Education Resources Information Center, ERIC）所開發之資料庫系統所區分的文獻性質種類相較，則仍嫌不足。因此，不論是「中華民國期刊論文索引 WWW 版」、「中文期刊篇目索引影像系統」，還是「教育論文線上資料庫」、「教育論文全文索引資料庫」等，都應該可以仿照，考慮增加文獻性質種類的選項，以便利使用者更精確查檢出所需要的期刊文獻。

　　其次，延續前面所述之問題，既然期刊內的所有文章，不論是學術性或一般性都已收錄，而且有時候使用者查檢到某一篇文章，得知該卷期是某一主題的專輯，於是很想知道該卷期還有那些文章，可能是與現在所查得之文章的性質相關者，因此，資料庫系統應該提供可以讓使用者指定個別期刊卷期進行瀏覽的功能，以滿足使用者所需。因為既然期刊內的所有文獻均已收錄，表示資料庫系統已存有各期刊各卷期的所有資料，再提供得以從指定刊名卷期的功能，應也不是多大問題。就美國好幾個較大系統的文獻資料庫而言，多已將這種類似瀏覽期刊目次的服務納入，實在是值得國內各主要期刊文獻資料庫系統參考仿效。

　　再者，就摘要而言，資料庫系統如附有各篇文獻之摘要，則可以讓使用者在直接閱讀全文之前即瞭解內容大意，以確認是否真的符合所需，不過國家圖書館的系統卻沒有此功能，值得斟酌改進。

　　而當使用者想隨時掌握符合其指定主題、關鍵詞、刊名的最新訊息時，可以利用例如「專題選粹服務」、「新知目次」等功能，例如「教育論文線上資料庫」與國立教育資料館的資料庫系統即有提供此種服務，然而經過實地登錄使用的經驗，與使用國外資料庫系統的「Alerting」服務相比，似乎並沒有完全發揮其預期的功能，實在有點可惜。

　　另外使用美國各大資訊系統之資料庫時，最令使用者滿意的原因之一是各筆期刊文獻附有電子全文的比例非常高，意味著是在檢索完畢之同時，不用再到圖書館去翻閱紙本期刊，即能立即下載瀏覽閱讀文章內容，節省使用者許多寶貴的時間。美國各大資訊系統之所以能夠大量提供期刊電子全文，主要原因之一是有較為完善之期刊文獻授權與仲介的規範和制度，因此相對地也促進期刊文獻的傳播與使用。然而對照之下，國內的作法卻仍停留在由各資料庫系統向個別作者尋求授權，因為不易取得大部分作者的書面同意書，因此，整體來說有全文的比例就不會太高。幸好例如「中華民國期刊論文索引 WWW 版」和「教育論文線上資料庫」等，若無線上電子全文者，在檢索結果之畫面，亦附上可以轉查館藏目錄、聯合目錄或是全國文獻傳遞服務系統、館際合作代表人、期刊出版單位等訊息，以協助使用者進一步透過各種管道快速取得文章全文，這也是不錯的替代方案。不過就長遠來看，還是以能夠直接在檢索結果時，立即閱覽全文，比較合乎使用者的期待。

　　近年來國外的資料庫系統逐漸附加一種新的功能，那就是將查詢引用文獻的功能併入到原來的檢索系統內，而成為整個資料庫系統的檢索功能之一。這對於使用者而言十分有用，不僅在進行一般性之主題檢索時，可以立即得知何篇文獻引用那些參考文獻，另外也可以從查詢何篇文獻或是何人的著作被誰引用之角度進行檢索。也就是說原本是「Science Citation Index, SCI」、「Social Science Citation Index, SSCI」等才有的功能，如今在一般性的資料庫系統中亦可以用到，另外以大陸地區的「中國期刊全文數據庫」為例，亦增添此一功能。所以，這應該也是一種發展趨勢，值得國內各期刊文獻資料庫系統參考。

　　此外，國內有兩個專門提供教育學類之期刊文獻的資料庫系統：一是由國立臺灣師範大學圖書館建置的「教育論文線上資料庫」，另一則是

由國立教育資料館建置的「教育論文全文索引資料庫」。由於這兩個資料庫系統在所收錄的期刊方面，有相當程度的相似性，以致於近年來常聽見是否要整併之議。雖然避免重複是必要的考量，然而更積極的作為則是應該思考如何相輔相成。就以美國為例，有關教育學類的期刊索引，主要有「Education Resources Information Center, ERIC」中的「Current Index to Journals in Education, CIJE」以及由 H. W. Wilson 公司創編於一九二九年的「Education Index」，後來更名為「Education Abstracts」。雖然前者所收錄的期刊種數遠大於後者，然而後者的總標引量卻勝過於前者，也就是說兩者在標引深度方面，有著極大的差異。因此，就使用者而言，經常會搭配兩種相互使用，換言之，這兩種資料庫雖然性質相似，但是卻處於相輔相成的地位。[17]事實上美國還有不少其他類型的參考工具，雖然性質相近，但是卻能各自分工保有特色，以收相輔相成之效，這實在是值得參考借鏡之處。

　　總而言之，期刊文獻是僅次於專書，最常被使用的資料類型，因此如何提昇期刊文獻的被利用率，國內各期刊文獻資料庫系統應該在現有的基礎上，參酌國外資料庫系統的功能，進而規劃、設計出各種能夠滿足使用者需求的服務。

3. 學位論文

　　學位論文是占所有最常被使用之資料類型的第三位，這應該也是歸功於已建置有「全國博碩士論文資訊網」，並且多能下載瀏覽各篇學位論文之全文的緣故。雖然就早期之紙本學位論文的收藏而言，國立政治大學社會科學資料中心更為齊全，不過後來「全國博碩士論文資訊網」也盡量回溯補全原收藏於國立政治大學社會科學資料中心之學位論文的書目資料，而且針對每筆檢索結果，附上「延伸查詢」之功能，讓使用者可以快速查出國內何所圖書館有收藏該紙本論文，或是再轉查該研究生還有何著作，因此「全國博碩士論文資訊網」可說是目前國內最重要的學位論文資料庫系統。

---

[17] William A. Katz. <u>Introduction to Reference Work. vol.1 Basic Information Services</u>. （New York: McGraw-Hill, 2002）p.190

　　依據學位授予法的規定，任何研究生畢業時，都必須將其學位論文送交國家圖書館典藏，因此也會將學位論文的相關資料登錄於「全國博碩士論文資訊網」中。然而，這幾年來由於各大專校院圖書館也多自建該校之學位論文系統，有的還與坊間之商業系統合作，只限在該校網站或是該系統才能下載學位全文，以致於有越來越多的學位論文無法透過「全國博碩士論文資訊網」取得，這將使得原本立意良好的設計大打折扣，就長遠來看，將不利於資源共享的實踐。事實上就連國內各大圖書館所購買的國外學位論文電子全文，都已建置成為「數位化論文典藏聯盟」（Digital Dissertation Consortium），使各圖書館能互通有無、共享資源，為何國內自己的數位論文典藏卻反其道而行，實在不妥。雖然有些情況是研究生個人的意願或是其他因素而未能立即公開，然而就典藏廣義之國家文獻而言，還是應該確保「全國博碩士論文資訊網」的完整收藏，才不致造成使用上的不便，而降低利用率。

　　其次就「全國博碩士論文資訊網」的檢索功能而言，歷經幾次的改版，所提供的操作介面與功能也越來越進步，除了有簡易查詢、進階查詢、瀏覽查詢等可以進行多層面的檢索之外，並且可以針對檢索結果進行延伸查詢與查詢結果分析，十分貼心。因此，整體來說，新版的檢索介面是比舊版更好，然而唯獨有一項舊版的功能，在新版時卻無法使用，那就是有關系所簡稱的查詢。由於一般人多會直接用簡稱進行檢索，例如「成人教育」簡稱「成教」，「社會教育」簡稱「社教」，原本舊版之系統可以接受判別，然而在新版時卻無法接受，這是稍微需要再改進的地方，否則有些比較不細心的使用者，若未使用「系所名稱瀏覽」再確認的話，恐會遺漏而未能查出其所需要的論文資料。

4. 專書中之單篇論文

　　就統計分析結果得知，引用參考文獻中，專書中之單篇論文所占的比例，居於第四位。此一現象所顯示的意義是，使用者對於隱藏於各論文集中之單篇文章，仍有相當比例程度的需求。因此，應該有相當對應的機制，以協助使用者檢索出其所需要的個別文章。

　　由於專書形式的論文集，可能是某個學會的年度專題論著彙編，也有可能是祝壽論文集或是幾週年之類的紀念文集。這些論文集內可能包括十篇左右或是數十篇不同性質或主題的文章，而且從書名中也不盡然能完全顯示出各篇文章的主題，因此當被收藏在圖書館內時，經常是被歸類在總類中之普通論叢的類號之下。其結果是，若該論文集中收錄多篇有關教育方面的文章，然而一般人僅會從教育學類之分類號去查找相關的資料，卻不太會想到在總類之下的普通論叢類號裡，也有相關的文章隱藏在看似無關之書名的論文集內。所以，如何增進論文集中各篇文章的被使用率，也是規劃設計教育研究資訊資源服務的重要課題。

　　雖然圖書館所採用之編目相關的規範裡，亦有文獻分析的相關格式規範，得以著錄專著中的個別文章，不過由於耗時費力，一般而言少有圖書館會做到那麼細。因此，比較理想的方式，則是透過相關的索引工具以查檢之。就英文之文獻而言，早有例如「Essay & General Literature Index」[18]之類索引，得以檢索分散在美國、英國、加拿大等國家發行之文集內有價值之文章。反觀國內的情況，長久以來卻缺乏對於各種論文集內單篇文章之彙整的機制，以致減少被利用的機會。然而值得肯定的是，國家圖書館正視到此一需求的重要性，因此乃於民國九十四年時，邀請國立臺北大學古典文獻學研究所進行合作計畫，針對文史哲類學術性論文集、會議或個人論文集，由該所師生共同進行資料整理與建檔、校對，建置成為「臺灣文史哲論文集篇目索引系統」[19]，共收錄國家圖書館館藏論文集三千三百餘種，約六萬篇篇目資料。不過較為不足的是，收錄內容只限文史哲類，期盼以後能擴及其他學科主題，以利教育研究者亦能夠據此檢索、利用分散在各論文集中的單篇文章。

　　以上是針對四種使用者最常利用之資料類型的分析，可以得知的是，是否建置有完善的資料庫系統，乃是影響各種資料類型之文獻資料能否能被充分利用的重要關鍵。因此，對於其他較不常被利用之資料類

---

[18] Essay & General Literature Index
http://www.hwwilson.com/dd/egl_i.htm（97.04.02）
[19] 臺灣文史哲論文集篇目索引系統
http://memory.ncl.edu.tw/tm_sd/index.jsp（97.04.02）

型的文獻資料來說,這應該也是其較不常被利用的原因之一。例如長久以來,國內對於有關各種會議之訊息、資料的彙整,雖然財團法人國家實驗研究院科技政策研究與資訊中心,曾建置「學術會議論文摘要」、「國科會補助出席國際會議論文摘要」以及「學術研討會訊息報導」等資料庫,然而收錄似乎並不齊全,有的甚至也不再更新,如此情況之下,當然就會影響各種會議相關資料被利用的機會。

再者如各種的研究報告,早期是以行政院國家科學委員會所補助之各種專案研究為大宗,近年來為了整合各機關的各種研究報告,因此乃規劃建置成為「政府研究資訊系統」(Government Research Bulletin, GRB)。不過由於近年來政策上鼓勵研究者將研究成果另行發表,並不強制要求附上完整的研究報告內容,如此對於使用者來說,即使查檢到可能有用的資料,但是卻看不到全文內容,也無法直接參考引用之。

除了一般性的研究報告系統之外,國立教育資料館建置有「專案研究報告全文系統」,收錄自民國六十五年起,教育部、行政院教育改革審議委員會、國立教育資料館、國內各教育機關(構)以及各級學校送館典藏之專案(題)研究報告,並提供已授權之全文影像。[20]這雖然是教育主題的研究報告系統,只是收錄的範圍只限送交國立教育資料館典藏者,因此完整性方面仍有所不足,將來可以再擴大收錄範圍,以服務教育研究者所需。

另外有些研究者因研究主題的需要,還引用一些政府資訊,不過詳查其性質內容,有些則是屬於計畫、綱要等內部文件,這原本就是屬於很難取得的灰色文獻,不過為了讓全體國人瞭解政府的施政作為,除了限制公開或不予提供者之外,各政府機關應遵循「政府資訊公開法」之精神與規定,以各種方式公開或提供相關的文件,便利民眾取得所需的資訊。甚至若能仿效例如美國聯邦政府的作法,建置成為「USA.gov: The U.S. Government's Official Web Portal」[21],以滿足民眾有關政府資訊的需求,將是更為理想的方式。

---

[20] 專案研究報告全文系統
http://192.192.169.230/edu_project/help.htm(97.04.08)
[21] USA.gov: The U.S. Government's Official Web Portal
http://www.usa.gov(97.04.03)

（三）整合查詢

　　綜觀前述有關使用者對於各種資料類型之文獻資料的需求，原則上是各種資料類型各有其相對應的資料庫系統可供查檢與利用。然而即使資訊使用者瞭解各種資料庫系統的功能以及所能夠提供的資料類型，但是還是會有兩種需求：一是是否能一次查檢各種資料類型的文獻，二是如何過濾出適用的文獻資料。

　　就第一種需求而言，資訊使用者為了查全各種可能的文獻資料，因此就必須分別檢索各種收錄不同資料類型的資料庫系統。這原本也是適當的方式，只是在當今講求效率的資訊時代裡，使用者會期待是否只要進行一次檢索就能夠得到所有不同資料類型的文獻資料。事實上近年來由於資訊交流之規範越趨完善，因此有越來越多的資訊系統即採取這種所謂整合式查詢的介面，讓使用者自行勾選所要的資料庫種類，以一次檢索的方式，即能獲得多種不同資料類型的文獻資料。

　　就第二種需求而言，雖然各種資料類型多有相對應的資料庫系統以彙整該資料類型的所有文獻，然而由於包括所有不同主題的文獻資料，對於只要某一主題之文獻的使用者，例如教育研究者而言，則數量稍嫌龐雜，還必須再經過篩選的過程，才能得出較符合所需的文獻。因此，可能期待有一專指性主題的資料庫系統，其收錄之資料即是某一主題的文獻，使用者查檢的結果，即一定是符合某一主題的文獻資料，以節省使用者再行過濾的時間。

　　綜觀以上這兩種需求，對於規劃教育研究資訊資源服務具有相當大的啟發意義，也就是說理想的教育研究資訊資源資料庫系統，應該是採分散式的比較好，還是應該是採集中式的比較好，則是必須抉擇的要點。

　　從第一種需求所導致的作法乃是一種分散式的方式，其優點是不必再大費周章先行過濾每一筆文獻，但是相對的，也會產生如第二種需求之原因的缺點。因此，若是要採行分散式的服務方式，其關鍵重點則在於必須搭配更詳細的資訊組織工具，例如分類表、主題表、索引典等，針對每一筆文獻資料進行適切、詳盡的描述，讓使用者在進行查檢時，即能夠自行篩選出更為適用的文獻，故也是一種可行的服務方式。

　　而從第二種需求所導致的作法乃是一種集中式的方式，例如建置一套收錄各種資料類型的教育文獻資料庫，由於所收錄的文獻資料都是與教育學類有關，因此對於教育研究而言不必再花時間過濾，這乃是其最主要的優點。不過由於若要事先徵集、過濾所有文獻的話，恐需大量的經費、人力支援才能夠持續下去，若經營政策一變更，就難以為繼。以之前美國的「教育資源資訊中心」（Education Resources Information Center, ERIC）為例，雖然曾委託十多個單位收集相關的文獻資料，不過整體來說，其資料庫系統也是一種集中式的服務，只是近年來因經費的緣故，不得不中止續約而另行調整，就是一個實際的例子。

　　總而言之，分析引用文獻資料可以反映出使用者的資訊需求，連帶的也可以進而檢驗相關的服務設施是否能滿足使用者所需，是否仍存有尚待改善的地方。至於如何規劃出最佳的教育研究資訊資源服務，則必須要有相關的條件的配合，例如資訊組織的工具、經費、人力的支持等，才能夠促成理想的服務。

第二節　教育研究者資訊行為訪談分析

　　雖然分析教育研究成果的引用文獻，也是瞭解教育研究者之資訊需求的重要方式之一，不過由於有些行為特徵並無法從單純的引用文獻分析中顯露出來。因此，必須再透過直接訪談，藉以釐清教育研究者的資訊行為及其所背後所蘊藏的意義，故乃進行教育研究者的訪談分析。

一、相關研究

　　事實上自從興起資訊需求的調查研究開始，深度訪談法就經常與問卷調查、引用文獻分析等搭配使用，被當作探討使用者資訊行為的重要方法之一。深度訪談法的重要意義乃在於發掘出透過一般性之調查法無法發現的問題，較能夠探究受訪談對象對於某一事物的個人經驗體會以

及深層心理感受。其實施方法有：結構性訪談（Structured Interview）、非結構性訪談（Unstructured Interview）、半結構性訪談（Semi Structured Interview）等三種，視研究者對於研究問題性質之需要而有別。不過由於深度訪談需耗費極大的時間、人力、經費等成本，事後還要進行龐大之歸納與分析的工作，因此，一般來說實施的範圍大多不會太大。

由於深度訪談具有前述之優點，因此廣受研究資訊需求、資訊行為者採用，就英文之研究而言，即有眾多的相關文獻是運用此方法，但因數量龐大，故不再個別舉例說明。

至於國內的情況，亦有許多有關資訊需求、資訊行為的研究係採用深度訪談法，茲僅以大學教師或是研究人員為訪談對象者，擇要說明如下。

例如林珊如曾以深度訪談法，分析來自五所大學六個院系的大學教師，探討其網路閱讀情境、網路閱讀行為、網路閱讀與媒體特性、網路閱讀之影響等四層面的現象，最後總結為「大學教師網路閱讀行為之初探」[22]一文。

在自然科學領域方面，為探討中央研究院生命科學研究人員的科學傳播型態與資訊尋求行為，以及在資訊網路環境中研究人員對未來科學傳播與資訊尋求的感知，傅雅秀除運用文獻分析法和調查研究法之外，並針對中央研究院植物、動物、生物化學、生物醫學和分子生物等五所生命科學領域研究所的研究員、副研究員和助研究員進行深度訪談，其學位論文「從科學傳播的觀點探討中央研究院生命科學專家的資訊尋求行為」[23]即為研究成果。

蘇諼曾訪問臺灣北部地區數所公私立醫學校院的專任教師，探討其資訊需求與資訊行為的特徵，其結果成為「醫學網路資源的使用與評鑑」[24]專書中一章。

林彩鳳的學位論文「國防科技人員資訊尋求行為之研究－以中山科學研究院航空研究所為例」[25]，是以中山科學研究院研究人員為對象，除

---

[22] 林珊如。「大學教師網路閱讀行為之初探」。圖書資訊學刊，1卷1期（民國92年6月），75-92頁。

[23] 傅雅秀。「從科學傳播的觀點探討中央研究院生命科學專家的資訊尋求行為」。國立臺灣大學圖書資訊學系碩士學位論文，民國84年。

[24] 蘇諼。醫學網路資源的使用與評鑑（臺北市：文華圖書館管理資訊公司，民國92年3月）。

進行問卷調查之外，並再透過深度訪談，藉以瞭解科技研究人員的資訊尋求行為。

在人文學科、社會科學領域方面，亦有不少的例子。林玲君的學位論文「國立藝術學院教師資訊行為之研究」[26]，係以深度訪談法為主，輔以觀察法蒐集資料，探討國立藝術學院教師從事藝術相關之工作任務、目標、情境特徵、接觸資訊資源種類和管道、如何使用資訊資源，以及工作任務、目標與資訊行為之關係。

林珊如的專題研究報告「人文學者資訊搜尋與使用行為之研究」[27]，是以深度訪談法配合非參與式觀察法、關鍵事件回述技巧等方式，訪問人類學、考古學、歷史學、社會史研究等等的人文學家，藉以瞭解研究對象的任務與目標，以及各種特定資訊行為、動機與特定文獻特徵之關係。

林珊如的另一篇專題研究報告「臺灣史料使用者資訊需求與搜尋行為之研究」[28]，亦是採用深度訪談法與非參與式觀察法，探索從事臺灣研究之學者（平埔研究人員），在其專業活動中資訊蒐尋與使用的行為。

林玉雲的學位論文「中央研究院歷史語言研究所研究人員之文物使用行為研究」[29]，旨在探討中央研究院歷史語言研究所研究人員使用文物的經驗。研究方法以訪談為主，並長時間觀察其中兩位研究人員的資訊行為，重點置於史語所研究人員獲取文物資訊之來源、使用文物的種類及其觀察的特徵。

---

[25] 林彩鳳。「國防科技人員資訊尋求行為之研究—以中山科學研究院航空研究所為例」。國立中興大學圖書資訊學研究所碩士學位論文，民國95年。

[26] 林玲君。「國立藝術學院教師資訊行為之研究」。國立臺灣大學圖書資訊學系碩士學位論文，民國87年。

[27] 林珊如。人文學者資訊搜尋與使用行為之研究（臺北市：行政院國家科學委員會，民國88年6月）。(NSC87-2415-H002-048)

[28] 林珊如。臺灣史料使用者資訊需求與搜尋行為之研究（臺北市：行政院國家科學委員會，民國88年6月）。(NSC88-2413-H002-025)

[29] 林玉雲。「中央研究院歷史語言研究所研究人員之文物使用行為研究」。國立臺灣大學圖書資訊學系碩士學位論文，民國86年。

　　陳碧珠的學位論文「檔案館使用者之資訊行為研究：以中研院近史所檔案館為例」[30]，是採用內容分析法與深度訪談法進行研究，探討使用檔案之研究人員的資訊行為。

　　陳相如的學位論文「網路時代社會科學研究者使用政府資訊之探討」[31]，係採用訪談法，實際訪談國立政治大學社會科學院、法學院與國際事務學院之研究生與教師，探討在網路時代的社會科學研究人員對於政府資訊的資訊需求、資訊尋求行為、使用的政府資訊類型與途徑，以及圖書館的利用情形。

　　整體來說，深度訪談法確是探究受訪對象深層之心理感受與經驗的適用方法，特別是對於獨立性較強的大學教師、研究人員等研究對象而言，進行深度訪談常能夠獲得個人使用資訊資源的獨特經驗與看法，得以彌補僅實施問卷調查或是引用文獻分析之不足。

二、訪談歷程

　　茲將與教育研究者的訪談歷程，區分為：訪談設計、訪談對象、訪談進行等，分項說明如下。

（一）訪談設計

　　進行直接訪談的最主要目的，乃在於希望透過訪談的方式，以進一步瞭解教育研究者的資訊行為與特徵。為了能夠順利、圓滿完成訪談，因此在進行訪談之前，乃參閱相關的實例與探討，並且參酌前面幾個章節有關教育研究資訊資源服務的綜述與分析，最後擬定訪問的內容架構，主要包括以下幾項：

　　1. 研究過程中，對於不同類型之資訊資源的需求情況為何？
　　2. 透過那些管道，獲知、查詢、取得前述之不同類型的資訊資源？
　　3. 對於各種資料庫系統的收錄範圍、操作介面、……等等，有何看法？

---

[30] 陳碧珠。「檔案館使用者之資訊行為研究：以中研院近史所檔案館為例」。國立政治大學圖書資訊研究所碩士學位論文，民國91年。

[31] 陳相如。「網路時代社會科學研究者使用政府資訊之探討」。輔仁大學圖書資訊學系碩士學位論文，民國91年。

4. 現今國內圖書館提供教育研究資訊資源服務的成效為何？有無待改進之處？

5. 有關是否應建置一套教育研究資訊資源服務系統，以滿足進行教育研究時所需的看法？理想的教育研究資訊資源服務系統，應該提供那些資源？那些服務項目？

6. 其他。

（二）訪談對象

有關訪談對象的選擇，由於時間、經費的限制，因此最後決定以地利之便的國立臺灣師範大學教育學系專任教師為主。由於該系自民國三十五年創立以來，陸續於民國四十四年、六十年成立碩士班、博士班，不僅學系規模完整，教師編制齊全，而且全系合計每年均有相當數量的研究成果發表，乃是國內重要的教育研究機構之一。因此，應為適當之教育研究者訪談對象。

由於大學教師的教學、研究負擔繁重，平常的行程安排緊湊，並不並容易取得同意進行實地訪談。經多次聯繫協調之後，最後獲得五位教師的同意，其相關背景資料如表五之十三受訪者基本資料表。

表五之十三　受訪者基本資料表

編號	性別	職稱	服務年資
A	男	副教授	20-30 年
B	男	副教授	10-20 年
C	男	教授	20-30 年
D	男	副教授	20-30 年
E	女	副教授	10-20 年

（三）訪談進行

經受訪對象同意接受訪談後，即依照受訪對象方便的時間，前往其研究室進行實地訪談，時間自民國九十七年四月十四日起，至四月二十五日止，每位受訪時間約為一小時三十分鐘。

　　進行訪談時亦提示一些相關之資料庫、系統名稱及其網址，以供受訪者指認，若有必要時則直接上網操作說明，以確認問題所在。訪談過程中除筆記要點之外，為了便利後續的整理分析，經受訪者同意，均將訪談內容錄音，再於事後進行要點歸納與綜合評析。

三、要點歸納

　　訪談結束後，即進行訪談內容的歸納分析。每位受訪者的錄音紀錄，均重複仔細聆聽三次並記下要點，以確保不致遺漏受訪者的寶貴意見。又為了不致顯露出個別受訪者的身分，因此在分析過程中將不直接標記是為何位受訪者的意見，以保護受訪者的隱私。茲將訪談內容，依照訪談設計之架構，將要點歸納如下。

（一）研究過程中對於不同類型資訊資源的需求情況

　　進行研究時必須參閱許多不同性質的文獻資訊資源，其類型得有多種不同的分法，經綜合後可以歸納為以下十二種：專書、專書中之單篇論文、期刊論文、學位論文、研究報告（含調查報告、出國考察報告、訪視報告、規劃報告等）、會議論文（含研討會、研習會等之會議資料）、政府資訊（含法令規章、公報、公文、計畫、會議紀錄、宣傳資料、內部文件等）、教科用書（含教學指引、教學手冊等）、報紙新聞、網站資源、視聽資料（含錄音帶、錄影帶等）、其他（含課表、講義、演講筆記、訪問資料、手稿等）。茲以這十二種類型為主，請問研究者的實際使用情況。

　　首先就最常用之資訊資源的類型而言，專書以及期刊論文是受訪者最常使用的資訊資源類型，這與前述針對博士學位論文之引用參考文獻資料類型的分析結果一致。可見圖書專著與期刊論文乃是進行學術研究時，最重要、最常被使用的資訊資源類型。

　　除了圖書專著與期刊論文之外，其餘類型之資訊資源的使用需求情形則因研究者之興趣與研究領域不同而有差異。

　　有研究者很有興趣查找使用特別是論文集性質之專書中的單篇文章，有的則不是很在乎。

　　有關學位論文方面，似乎都不是受訪者經常會使用的資料類型，其原因可能是因為受訪者都是學有專精且經驗豐富的研究者，並已指導過眾多學位論文的撰寫，對於學位論文的性質已瞭然於胸，故未必會經常使用學位論文。

　　在研究報告以及會議論文方面，有些受訪者表示很有興趣使用，不過因為苦於難以找到全文內容，以致無法經常參閱利用。而且也因性質內容而異，偏向哲史研究領域者，則不太需要實務方面的研究報告。

　　對於網站資源的使用，較常利用者表示，多會事先過濾、挑選適當的網站資源，例如大學相關科系、教師所彙整的網站資源，則較可信也較常利用。

　　至於其他類型之資訊資源的使用情況，則視個別研究者之研究領域的差異而定。偏向政策與行政領域者，必然會經常參閱公報、法令規章等政府資訊。教科用書、教學指引等類型，則是當研究主題有涉及課程設計時才會使用。報紙新聞以及視聽資料等類型之資料，則多是配合教學課程使用，較少因研究需要而使用。

　　另外值得關注的是，有關資料類型的使用，在訪談過程中亦有好幾位受訪者談到有關電子書的問題。意即專書是最常會使用的資料類型，隨著時代的演變，圖書館也逐漸購置各種電子書，不過最令研究者感興趣者的是，如何得知那一本紙本書籍亦發行數位版本可供利用，若得知有何電子書可供使用的話，則也會經常使用數位版本的電子書。因此，未來在提供、滿足教育研究者資訊資源需求時，電子書的提供與利用，應該也是重要的項目之一。

（二）獲知、查詢、取得前述不同類型資訊資源的管道

　　綜合受訪者所述透過那些管道以獲知各種不同類型之資訊資源，總括來說大致可以歸納為三種方法：一是同事同行間的告知，二是從所閱讀之文獻的引用文獻得知，三是自行檢索各種資料庫系統獲知。

　　就第一種方法而言，那是屬於文獻傳播過程中的非正式傳播，其特徵是研究者相互之間十分清楚彼此的研究興趣與領域，因此，在某一特殊的時空場合之下，會將自己所知，而且是對方所感興趣的資訊資源介

紹給對方知道。一般而言，經由這種管道所獲取的資訊資源，其數量不
會太多而且多是個別單筆的資料，因此，只能算是一種輔助性質之蒐尋
資訊的管道。

　　至於第二種從所閱讀之論著的引用文獻，以進一步得知其他相關資
訊資源的方法，則是學術研究者常見的資訊蒐尋行為。由於研究者所閱
讀的論著，大都就是其感興趣的主題，而這些論著所引用的參考文獻，
也大多是相似主題的文獻，因此，也常會引起閱讀者的注意，並且試圖
取得原文以進一步瀏覽。由於這些引用文獻的主題與研究者的研究領域
與興趣相符，所以，透過這種方式獲取資料，就常成為學術研究者獲取
資訊資源的重要管道之一。

　　如果進一步分析如何取得不同類型的資訊資源，則多是透過現有的
各種資料庫系統，茲依不同類型之資訊資源分述如下：

1.專書

　　對受訪者而言，所謂專書大都意指圖書館館藏中的專著圖書，因
此，圖書館的館藏線上公用目錄（Online Public Access Catalog, OPAC）
（Web OPAC, WebPAC）就成為最常利用的蒐尋管道。其中最常使用的
乃是所服務之學校的館藏，如有不足時，則多會再檢索國家圖書館、中
央研究院以及其他大學圖書館的館藏，不過多以臺北地區的學校為主，
只有一位受訪者表示，曾查檢、借閱新竹地區之大學圖書館的館藏資
料。所以總括來說，各大圖書館的館藏線上公用目錄，乃是檢索專著圖
書的重要管道。

　　除了利用館藏線上公用目錄以查找圖書館所收藏的圖書之外，是否
會再透過其他管道以蒐尋尚未被圖書館收藏的圖書？經訪談得知，研究
者多不熟悉也不常使用例如「ISBN 全國新書資訊網」、「政府文獻資訊網」
或是「OPEN 政府出版資料回應網」等資料庫系統，以查檢最新出版的出
版品。不過有一位受訪者表示，個人經常透過美國的網路書店購買研究
需要的圖書。

2. 專書中之單篇論文

　　相較於專書有相對應的資料庫系統可以查找所需，目前國內除了國家圖書館的「臺灣文史哲論文集篇目索引系統」之外，並無針對社會科學或是教育學的論文集篇目系統。因此，受訪者表示，有關單篇論文的利用，多是瀏覽閱讀論文集時發現可供參考引用而記錄下來。由於如此並非是有效率的方法，因此受訪者都期待能有針對教育學方面的論文集篇目系統，以利查找所需的單篇論文。

3. 期刊論文

　　有關期刊論文的蒐尋，可以分為中文以及英文兩種，不過因為受訪者研究領域、興趣的差別，有的中文、英文的期刊論文都會使用，有的則多使用英文的文獻。

　　在中文方面，最常使用的是國家圖書館的「中華民國期刊論文索引系統」，其次則是國立臺灣師範大學圖書館的「教育論文線上資料庫」。至於國立教育資料館的「教育論文全文索引資料庫」以及大陸地區的「中國期刊全文數據庫」，則都只有一兩位受訪者表示偶而會使用。

　　有關英文期刊論文的檢索，受訪者最常使用的是「EBSCOhost 系統」，由於該系統涵蓋多種資料庫，操作介面容易使用，並且收錄多種期刊全文，十分便利下載瀏覽，因此，最常被受訪者使用。其次則是「ProQuest 系統」，其使用介面亦屬簡易容易操作，同時涵蓋多種期刊全文，故也是經常被利用的系統之一。

　　由於近年來資訊資源服務的發展，特別強調以滿足使用者之需求為導向，因此各資料庫系統不斷更新其使用介面，不僅容易操作使用，同時增加各種的新功能，例如：依使用者習慣，提供多樣彈性的檢索介面；若無收錄全文之期刊者，則可導向查尋何所圖書館有收藏；將檢索結果匯出到使用者指定的書目管理軟體系統，以便彙整編製各種不同格式的參考書目；將全文內容依使用者指定，翻譯成不同語文版本等等。

　　事實上有些資料庫系統所收錄的資料類型，也不以期刊論文為限，還包括其他類型之資料，期盼能讓使用者一次檢索即能獲取多種的文獻

資料。因此，整體來說，各個期刊論文資料庫系統，多能滿足使用者之需求，這也是能夠吸引使用者經常利用的重要原因。

4. 學位論文

查找學位論文也和查找期刊論文的方式一樣，得分為中文和英文兩種情況。

在查找中文學位論文方面，早期多仰賴國立政治大學社會科學資料中心的收藏，近年來由於國家圖書館所建置的「全國博碩士論文資訊網」逐漸完善，不僅回溯收錄較早期之學位論文的書目資料，如果是近年來畢業的學位論文則多附有全文，因此，受訪者一致表示，該資訊網乃是查找國內學位論文的最主要資料庫系統。至於各校自行建置的學位論文資料庫系統，受訪者表示，除了所服務學校之圖書館的系統之外，很少使用其他大學的學位論文資料庫系統，也不曾使用由國內各大學合作開發的「分散式學位論文共建共享計劃」、「OAI 博碩士論文聯邦查詢系統」等資料庫系統。除此此外，有關大陸地區的中文學位論文，則只有一位受訪者表示，會透過「中國優秀碩士學位論文全文數據庫」、「中國博士學位論文全文數據庫」進行檢索。

至於外文，特別是英文學位論文的查找，則都是使用「ProQuest 系統」中的「Dissertations & Theses 資料庫」。然而當進一步詢問如何取得全文時，有的受訪者表示會再查找圖書館是否收藏，有的表示會自行購買，有的則表示是再透過 Google Scholar 檢索，竟然偶而可以獲得全文，不過卻沒有一位受訪者表示知道國內已有「數位化論文典藏聯盟」（Digital Dissertation Consortium），合作典藏由各大圖書館所購置的英文數位化論文檔案，透過該網站可以下載瀏覽英文的學位論文。由此也顯現出，國內圖書館在資訊資源服務的宣導方面，還有待加強之處。

5. 研究報告

根據受訪者的經驗，有關研究報告的檢索與利用，由於時常無法取得報告全文，因此也多不會刻意去查找。而一位會特別檢索使用研究報

告的受訪者表示,會利用「政府研究資訊系統」以及行政院國家科學委員會的「學術補助／獎勵統計查詢」,檢索相關的研究報告。

6. 會議論文

有關會議論文的檢索與利用,其情況也與前述研究報告的現象類似,由於根據經驗常無法順利取得全文,所以也一樣不會刻意去查找,多是因為從其他論著中得知有相關的會議論文,再透過網路蒐尋工具,以論文篇名或是論文發表人為檢索詞,企盼能夠查找到所要的會議論文全文。

7. 政府資訊

會使用政府資訊的受訪者表示,如果需要政府部門的相關資訊時,則多會直接上政府部門的網站,最主要是教育部的網站,以蒐尋所需的資訊。不過根據受訪者的經驗,國外政府部門所提供的相關訊息,就以英、美兩國教育部門網站為例,不僅提供詳盡的教育相關政策、規章等等,還經常可以獲得各種教育專案研究報告的全文,比較合乎政府資訊公開的原則;然而相較之下,國內政府部門網站所提供的資訊,就不如國外的表現,這是值得政府相關部門檢討的地方。

8. 網站資源

有關網路資源的蒐尋,幾乎無例外,都是以「Google」為最主要的蒐尋工具,不過也都是會面臨必須再逐一過濾蒐尋結果的困擾。有的受訪者則偏向使用「Google Scholar」,其優點是蒐尋的範圍指定在學術方面的資料,而且若蒐尋結果之個別文獻的全文,剛好是所服務學校圖書館已訂購者,則經過 IP 之認證,就可以直接下載瀏覽,而不必透過專屬資料庫系統的檢索,這是最令受訪者滿意的地方。此一現象所代表的意義是,若使用者習慣於透過「Google Scholar」檢索所需的文獻,則表示由圖書館所提供之針對各種資料類型的資料庫系統,除了必須要再加強宣導使用之外,還要再增強其特有的各種檢索介面與附加價值,才能夠吸引讀者使用,抵擋「Google Scholar」的挑戰。

9.報紙新聞

對於報紙新聞的利用，多是每日瀏覽所得，較少回溯查找以往特殊主題的相關新聞。若是要進一步閱讀某一特定事件的相關新聞時，則是會利用服務學校之圖書館所訂購的報紙資料庫系統，偶而也會利用「教育論文線上資料庫」裡的「教育新聞剪報資料庫」，以獲取相關新聞之全文內容。至於其他圖書館所建置的報紙資料庫則較少使用。

以上是受訪者較常使用之資料類型及其查找途徑，至於其他類型的資訊資源，由於甚少使用，因此，也不曾利用相關的資料庫系統檢索之。

（三）使用各種資料庫系統的經驗與建議

由於資料庫系統已成為檢索、利用各種類型之資訊資源的重要工具，換言之，資料庫系統是否真正符合、滿足使用者所需，乃成為影響各種資訊資源能否被充分利用的重要關鍵。因此，有必要瞭解使用者的實際使用經驗，以確認現有的資料庫系統是否完善，有無待再改進之處。

一般而言，受訪者均表示，與過去早期的情況相比，現今的資料庫系統大都有進步，也提供不少的改進的功能，不過在使用過程中，也遭遇到一些問題，茲分項條述如下：

1.收錄範圍

根據受訪者的經驗，有關資料系統之收錄範圍的問題，可以分為兩個層面，一是各系統所收錄的資料庫種類，二是各資料庫所涵蓋的全文範圍。

就各系統所收錄之資料庫種類而言，由於個別的英文資訊系統，多整合各種不同學科、主題之資料庫於同一系統之內，甚至同一資料庫還會分為不同適用對象的版本，原本的設計是要便利使用者只透過一種操作介面，就能夠根據所需挑選適用的資料庫，進行跨資料庫的整合查詢。不過由於雖然在系統的首頁有針對個別資料庫之性質的簡要說明，然而在進行檢索時，卻只有條列個別資料庫名稱以供勾選，卻不知其性質內容，以致受訪者表示，在不確知各資料庫性質內容的情況之下，基於寧

願多也不要少的心理，多勾選全部的資料庫進行檢索。即使如此，受訪者仍覺得並不適當，建議能夠在進行檢索操作時，亦能夠讓使用者清楚瞭解各資料庫的性質、主題、收錄範圍等，以利正確勾選所需的資料庫，避免不需要的多餘檢索。

　　其次是針對個別資料庫所收錄之全文範圍的問題。由於使用者多期待能夠在檢索結果時，即能立即下載、瀏覽全文文獻，然而現今之各個資料庫所收錄之全文範圍，其回溯年代仍然不符合使用者的期待。尤其是較早期的期刊文獻，仍然是要再到圖書館或是透過館際合作才能夠取得全文，這對受訪者而言，實在是很不方便。因此，受訪者都表示，期待資料庫所收錄的全文範圍，能夠儘量回溯到更早期的年代。

2.檢索介面

　　雖然各資料庫系統提供多種查尋介面以利使用者挑選使用，不過根據受訪者的說明，最常用的則是簡易查詢，至於進階查詢、指令查詢、視覺查詢等，則不常使用。受訪者多表示，若能有類似整合式之查詢，只要鍵入一關鍵詞，即能檢索出所有的相關文獻，則是最期待的理想模式。

　　至於受訪者在操作使用檢索介面時，所遭遇到的問題與建議，則分項說明如下。

　　首先是介面更新的問題，有些系統在隔一段時間之後，會修改其操作介面，使得受訪者必須再重新熟悉適應，實在有些不便與困擾。

　　其次是受訪者不太瞭解進行進階檢索時，個別欄位的意義與功能。例如有些資料庫系統，雖然在進階檢索時，有提供主題之檢索欄位，然而卻未指引使用者得知，該資料庫系統所採用的主題詞表或是索引典（thesaurus）為何，以致使用者經常會混淆關鍵詞欄位與主題、標題欄位，在檢索功能上的差別，而覺得進階檢索的介面有些繁雜重複，並不容易操作，故不太習慣使用。

　　再者是各個資料庫系統，對於每個檢索欄位所提供的檢索功能並不一致，例如有些資料庫系統是採用「片語檢索」，有些資料庫系統則不是，兩種檢索所得之結果並不相同。然而若未在檢索介面上標明，一般使用者並不容易區別差異，以致有受訪者抱怨，明明只鍵入某一確切的作者

名稱，然而檢索結果卻出現許多不相關之文獻，進而懷疑資料庫系統的正確性。因此，資料庫系統有必要加強說明此一檢索介面上容易招致混淆的區別。事實上，為了增進使用者的理解與使用，有些大學圖書館的線上公用目錄檢索系統，已注意到此問題與需求，因此，在檢索介面上即區分出不同選項的差異以供使用者選擇，值得其他資料庫系統模仿改進。

再者常令受訪者困擾的是，經常在操作過程中，卻被系統自動離線，而必須重新連線再進行檢索使用。此問題經進一步探究後得知關鍵所在，原因是有些資料庫系統訂有若間隔多少時間以上未操作使用，即會自動離線以保障更多人的使用機會。然而是否操作使用，多只偵測是否仍進行檢索，但不包括線上瀏覽、閱讀全文。有些受訪者因環保問題，並不會立即下載列印全文，多在線上瀏覽、閱讀，然而卻經常在閱讀過程中被迫離線中斷，以致必須再重新連線進行檢索，感到很不方便。因此，雖然偵測久候不用而自動離線的立意良好，不過應更精確設計、偵測是否真正不再使用，以免不必要的自動離線而造成使用者的困擾。

3. 檢索結果

一般而言，受訪者對於檢索結果的呈現大都感到滿意，不過總括來說，有幾點建議，希望提供各資料庫系統參考改進。

首先是館藏線上公用目錄的問題。有受訪者反映，為何查詢作者名稱時，卻顯示出好幾項結果，又如查詢書名的檢索結果也有好多項，為何不能依照不同版本歸類。為釐清受訪者所提出的疑問，經實地操作線上公用目錄後，確認問題的主要原因乃是因為書目資料庫的「權威控制」（Authority Control）不夠確實完善所致。由此也可以知道，館藏書目資料庫乃是圖書館提供一切資訊服務的基礎，是否詳盡、完整，將直接影響讀者檢索結果的精確性，不可不慎。

其次是不論有無全文，希望能夠提供各筆檢索結果之文獻的章節或是篇章的目次內容，以便在實地借閱或是下載瀏覽閱讀全文之前，即能夠據以判斷是否符合所需，縱使沒有全文者，也能夠從而考量是否值得再透過其他途徑以獲取全文。此一需求就以圖書館的線上公用目錄為例，雖然近年來的英文書籍多已連結美國國會圖書館的書目資料庫，得

以獲知該書的章節目次內容，而國內一些圖書館也逐漸在其館藏線上公
用目錄的檢索介面中，提供轉查例如「Findbook」的連結。不過受訪者表
示，若與一些網路書店所提供的服務項目相比，除提供目次內容之外，
還可以增加如：封面圖樣、專業書評、購買者之評介、推薦相關類似的
圖書等等功能，以集中掌握該筆圖書的相關訊息。也就是說當使用者習
用商業網站的服務之後，將會期待圖書館的相關系統，也能夠提供類似
的服務。這也是在當前眾多資訊服務環繞競爭之下，圖書館資訊資源服
務必須面對的問題與挑戰。

　　第三則是期刊論文系統檢索結果的問題。各系統為了服務讀者快速
取得檢索結果之文獻的全文，因此，多在檢索結果註記如何連結各筆文
獻之全文的方式。然而註記的方式，各系統、各資料庫各自不同，有的
是針對各篇文獻，直接註記各種格式的全文，提供使用者下載瀏覽。有
的則連接至該校圖書館所訂購的期刊全文，但是要使用者再自行點取卷
期頁次，以獲得所要的文章。有的則是在點取後另開新視窗，一次列出
數種可能的查詢管道，以協助使用者進而確認是否有線上數位全文，或
是查知何所圖書館收藏該紙本期刊。這些相關的連結與措施，應該也是
資料庫系統協助使用者快速取得全文的具體表現。然而就受訪者的經驗
而言，特別是一次條列多種查詢管道之選項的呈現方式，常感到混淆不
知到底有無線上數位全文或是如何才能獲取全文。換言之，受訪者較期
待的是，能夠在檢索結果的畫面上，直接針對各筆文獻註記連接其全文，
若無全文者亦直接提供轉查館藏目錄或是期刊聯合目錄的選項，這樣應
該比較容易判斷是否有線上數位全文，或是何處有收藏該紙本期刊，已
進一步取的利用。

4.館際合作

　　由於各校圖書館所訂購之期刊全文的種類與年分並不一致，所以即
使是使用同一資料庫系統，各校師生能夠取用的全文情況也不一樣。受
訪者即表示，經常碰到雖然國內其他圖書館有訂購線上數位全文，然而
卻因權限問題無法下載使用的窘境，因此強烈建議是否有可以跨校使用
資料庫的合作機制，免除還要自己親自或是委託助理前往他校圖書館下

載列印的不便。事實上國內各圖書館已有「數位化論文典藏聯盟」以及
「中文電子書共建共享聯盟」合作典藏的成例，是否各校的數位期刊亦
能跨校使用，則是值得詳加考量，並且向國外各資料庫系統服務廠商，
要求解禁並同意提供此項服務。若是暫時仍然無法達到此一理想，也希
望能夠在檢索結果時，同時呈現申請全國文獻傳遞服務的選項，以便利
使用者快速申請、取得所需之文獻。

　　此外，由於有鑑於雖然國內各大圖書館所訂購的資料庫系統已不
少，不過仍有不足之處，因此，有受訪者建議，應由教育部出面協調各
大學圖書館，由各校共同訂購一些各校均無訂購的資料庫，以擴大國內
各種資料庫的種類與範圍。

（四）使用國內圖書館服務的經驗與建議

　　整體來說，受訪者大多肯定近年來國內各圖書館的服務，比起以往
的情況確實有進步。不過仍然提出若干的問題與建議，期盼圖書館的服
務能夠更臻完善。茲將受訪者的使用經驗與意見，綜合說明如下。

　　經訪談得知，因為教學研究需要隨時參閱，故事實上各受訪者平常
多自行購置圖書，有的書籍甚至連圖書館也沒有收藏，其研究室幾乎就
像是一間小型的圖書室，只有當要借閱自己沒有的圖書時才會到圖書
館。因此，有關圖書館的使用經驗，受訪者感受最深的，多是借閱圖書
的問題。

　　就本地服務學校之圖書館的情況而言，借閱圖書時所遭遇到的問題
包括有：要借閱的圖書不在架上；有些系所的圖書不外借不利使用；有
些圖書存放在第二書庫，提借耗時不便；出納臺若干服務人員，可能是
工讀生，服務的情況不甚理想；編目中之圖書的處理速度太慢；無法從
線上公用目錄查出圖書館收藏那些電子圖書，或是那些紙本圖書已有電
子版本等等。其他的問題還包括有：需要的那一篇期刊論文竟被撕走；
參考室整併後，許多以前常用的參考工具書被移置第二書庫而無法隨時
參閱使用的困擾等等。

　　由於受訪者使用圖書館的情形主要是借閱館藏圖書，因此，對於圖
書館的其他服務項目多不熟悉也不常使用。就以館際合作的「全國文獻

傳遞服務系統」為例，有的受訪者經常透過該系統向其他圖書館申請借閱圖書或是影印期刊文獻，然而有的受訪者卻不知有該項服務。所以有受訪者即建議，有關圖書館的各項服務項目，是否仿照學生手冊的編印發行，除了將相關規定、服務公布在圖書館網站之外，亦可以考慮將之彙整編印成冊，分發師生參考利用，以擴大宣導並提昇圖書館的使用率。

　　除此之外，受訪者對於圖書館的建議還包括有：能否使用較新之晶片設備，偵測圖書之位置，以減低經常找不到圖書的困擾；有些報廢圖書仍有價值，可以考慮低價出售，不僅有助弱勢學生購買，也能增加圖書館的經費收入；圖書編目上架的速度可再快些；館藏電子書除了從個別的資料庫系統進行檢索之外，應該也可以從館藏線上公用目錄查出有何電子圖書等。

　　至於有關其他圖書館的使用經驗，受訪者表示最主要還是以借書為主，經常是直接到書庫借書後即離開，所以也不太清楚其服務項目，也不知是否還有值得他館仿效之處。尤其是當知道有「全國文獻傳遞服務系統」之後，到他館借書的情況也隨之降低。而就曾經借閱圖書的經驗而言，受訪者多肯定一些圖書館的服務，例如：即使是非其單位內的人員，編目處理中的圖書，仍然同意提調參閱，也可以在館內下載全文圖書、文章，感覺十分重視使用者的需求。

　　整體來說，有關其他圖書館的使用，最令受訪者覺得不便的是各圖書館的開放時間，而最期待的是能夠跨館使用線上資料庫。就開放時間而言，由於受訪者平時忙於教學研究，當有空時也常是一些圖書館的閉館時間，因此，必須調整自己的行程，才能夠前往使用。再者也是因為時間效率的考量，若為使用某一資料庫或下載列印單篇文章而專程前往圖書館，對受訪者而言，乃是極沒效率的時間耗費，所以，都期待能夠經由館際合作以互通有無，跨館使用資料庫資源，只盼節省時間，即使要付費也可以接受。

　　除了以上的經驗與建議，亦有受訪者表示，一直不滿意整體圖書館的資訊資源服務，但是無法指出問題所在，建議圖書館界應多研究、分析使用者的類型，不同類型的使用者應有不同的需求與使用模式，再據

而擬定、提供不同的服務，而不應是如現今無視差異，只提供相同一致的服務。

（五）建置教育研究資訊資源服務入口網站的看法

有關教育研究資訊資源服務入口網站的問題，受訪者多不曾使用過如第四章第一節「教育研究資訊資源指引」所述之入口網站的服務，不過經瞭解其功能之後，均表示極有興趣使用此類性質入口網站所提供的服務。

至於國內是否也應建置一套類似的入口網站，以滿足教育研究者所需，只有一位受訪者表示，那是新手才需要，真正的研究者並不需要，其餘的受訪者則都表示有必要而且應建置，不僅教育研究者適用，相信一般民眾也能受益。

在有必要建置的前提之下，應由何單位負責，有一位受訪者建議是否由教育部或是國家教育研究院籌備處承擔，其餘受訪者則表示應由各大學教育相關科系合作較為適宜，但是政府應給予經費、人力的支持。

因為尚未熟悉使用國外此類入口網站，因此對於若要建置國內資訊資源的入口網站，應該提供那些資源、那些服務項目的看法，受訪者只有零星的初步意見，包括有：資訊資源的主題分類要明確、完整，若可能的話，應編製國內適用的教育索引典；應加強會議論文、政府相關文件的收集；每隔一段時間，針對某一教育議題的研究，提供回顧與前瞻的評論；希望能夠像 Google Scholar，可以找出某報紙某年某月某日某版之某則新聞等。

另外也有受訪者表示，建置此類入口網站，勢必會有過濾資訊資源的作為，然而如何判定其價值，以免淪為另一種知識霸權，則是應有更周延的衡量、收錄標準。

（六）個人整理文獻資料的方法

由於教育研究者必然會累積許多的圖書、期刊、研究報告等等，如何有效管理這些文獻資訊資源，以便在進行研究過程中隨時參閱、引用，應是教育研究者經常要面對的問題。因此，在訪談最後乃請問受訪者的

實際經驗。基本上各受訪者都是以教學科目或是要撰寫之研究論文主題為別，將相關的文獻資料集中置於一檔案夾或是櫥櫃中，需要時再取出使用。

　　至於如何得知已有那些文獻資料，圖書類型較沒問題，因為大致記得曾買過、收藏那些專書，不過單篇的期刊論文或是曾下載的文獻檔案，由於數量龐大，常需要反覆查找才能確認何在，問題比較多。

　　所以有受訪者曾利用學校圖書館所提供的書目管理軟體，例如「RefWorks」、「EndNote」等，將所收藏的圖書文獻資料建檔管理，不過後來卻覺得仍不十分有效率，所以在使用一兩年後放棄，只純粹利用該軟體來編纂所需的書目資料格式。

　　另外也有受訪者表示，沒實地用過書目管理軟體，原因是若連撰寫論文時，所引用之書目資料還要由機器、電腦軟體來代勞，總覺得有些突兀不太能接受。不過若真的有其效用，也不排斥試用看看。

　　總而言之，如何有效管理、使用文獻資訊資源，是教育研究者共同的問題，也期盼能有更有效率的處理方式。

四、教育研究者資訊行為訪談分析對於教育研究資訊資源服務的啟示

　　有關教育研究者之資訊需求及其資訊行為的訪談內容要點，如前述之歸納整理。事實上受訪者所陳述之現象與建議的背後，都可能蘊藏著有關資訊資源服務的意義，因此，值得進一步分析，以供規劃資訊資源服務時參考，並藉以提昇教育研究資訊資源服務之品質。茲從：使用資料的類型、蒐尋文獻的方法、整合查詢的習慣、資訊服務的宣導等四方面，分述如下。

（一）使用資料的類型

　　綜觀受訪者在研究過程中所常用的資料類型，是以專書以及期刊論文為最大宗，這與前述針對博士學位論文之引用參考文獻資料類型的分析，以及其他相關的調查研究結果相當吻合。探究此一現象的原因，除

了因為有便利的檢索系統以供利用之外，另外的因素則是源自於這兩種資料類型的性質。

一般而言，期刊因為刊期間隔較短，經常得以刊載、傳播各個領域的最新研究成果，因此研究者為了隨時掌握其學科領域、興趣主題的動態與趨勢，就必須經常參閱進而引用期刊文獻，所以期刊論文乃成為研究者最常使用的資料類型之一。

而在專書部分，根據第三章第一節「資訊的演進與文獻的循環」的分析可以得知，專書多是在歷經一段時間，多種試探性發表之後，綜合他人評論意見再重新修飾調整的最後成果。因此，專書多是針對某一主題的深入研究，具有高度的參考價值，也就成為研究過程中，必須經常參閱使用的重要資料類型。

所以專書以及期刊論文就成為研究者最常使用的資料類型，此一情形也具體反映在以教育研究為主的受訪者身上。

然而對於其他類型資料的使用，受訪者也不是沒有需求，只是有些資料類型，例如研究報告和會議論文等，因不易取得全文或是沒有齊備的資料庫系統以供檢索，以致減低使用的機會。因此，健全發展各種資料類型的資料庫系統，應該也是滿足使用者資訊需求的重要作為。

（二）蒐尋文獻的方法

根據受訪者的經驗，蒐尋文獻的方法主要可以歸納為兩種，一是利用相關的資料庫系統進行檢索，另一則從所閱讀之論著的引用文獻獲知相關的資料。

由於不同的資料類型大多已建置有相對應的檢索系統，因此，各種資料類型的檢索系統已成為查詢不同類型之文獻資料的重要管道，這從受訪者的回應中，亦可以得到驗證。不過進一步分析受訪者的蒐尋行為可以發現，凡是有越完整、越齊全之檢索系統的資料類型，越能夠吸引受訪者利用。換言之，是否建置有完善的資料庫檢索系統，將影響該資料類型是否被充分利用。例如最常被受訪者使用的資料類型：專著與期刊論文，即有相對應較為完整的各種資料庫系統可供利用，因此，除了前述分析之因素，即資料類型的重要性之外，是否有便利的資料庫檢索

系統，應該也是影響該資料類型是否被受訪者利用的重要關鍵之一。意即資料類型的重要性、相對應的資料庫檢索系統、讀者的使用需求三者之間，有著交互影響的關聯。這將帶給教育研究資訊資源服務極大的啟發，也就是說，應該檢討較不常被利用的資料類型，是否缺乏相對應的資料庫系統，還是因為系統不夠齊備或是不便利用，以致造成不常被讀者使用。

其次從訪談中也發現，受訪者除了利用各種資料庫系統以檢索所需的文獻之外，另一種獲取相關訊息的管道，則是利用所閱讀之論著的引用文獻。分析此一現象，應該是因為受訪者所閱讀的論著即是其所關注的議題，而該論著的引用文獻應該也多是與該議題有關者，因此也會引起受訪者的注意，進而再閱讀、利用之。由此也可以發現，這種俗稱「滾雪球」蒐尋文獻資料的方法，在研究過程中，應該也占有相當程度的比例。這種現象對於教育研究資訊資源服務而言別具意義，也就是說既然使用者有這種資訊需求與資訊行為，那麼就應該有相對應的檢索系統或是檢索功能，以滿足使用者的需求。事實上現有的資料庫系統，也是朝此方向而努力。例如過去有多種個別單獨的引文索引（citation index）系統，以供使用者查檢各筆論著之間的引文關係，近年來更進步的是，在現有的一般性資料庫檢索系統中，亦提供檢索所收錄論著之引用文獻的功能，十分便利使用者在查閱檢索結果時，得以立即再進一步點閱該論著的使用文獻，對於研究者而言，不僅節省時間而且更有效率，這應該也是未來各個資料庫系統，應提供的功能以及發展的方向。

不過較為可惜的是，目前國內的各種資料庫檢索系統，除了「全國博碩士論文資訊網」有提供部分類似的功能之外，其他則都尚未建置此一功能。因此，為了提昇服務品質，國內各資料庫系統應仿效國外的作法，於現有的系統之內，設計、規劃此一檢索功能，以滿足使用者的需求。

（三）整合查詢的習慣

為了提供使用者多種檢索文獻資料的方法，因此各資料庫系統乃設計各種的查詢介面，例如：簡易查詢、進階查詢、指令查詢等等，以因

應使用者的不同需求。不過從訪談中得知，受訪者最常使用的檢索方法，主要還是以簡易查詢為多，並不太會使用進階查詢或是指令查詢等功能。

　　事實上進階查詢或是指令查詢等方式，適用於更精確的檢索需求，不過前提是必須瞭解不同檢索欄位的意義，才能夠真正利用並發揮進階查詢或是指令查詢的功能。再者或許是因為各個資料庫系統多有其自訂的檢索欄位，有些欄位必須配合其自訂的索引典、主題詞表等等使用，即使是同一名稱的檢索欄位，有的系統是「片語查詢」，有的卻又不是，使用者並不太容易瞭解其中的種種差異，以致在使用過程中可能會遭遇到挫折、不解等，因此就會以簡易查詢為主，而少用進階查詢或是指令查詢。

　　雖然簡易查詢的結果不如進階查詢或是指令查詢精確，不過因為簡易查詢經常是一次檢索好幾個指定的欄位，也可以說是一種整合式的查詢，對於一般的使用者而言，卻也是一種省時便利的方式。因此，也就廣受使用者喜愛，從訪談中也得知、驗證此一現象。

　　另一項促成簡易、整合式查詢習慣的原因，可說是網路蒐尋工具之檢索模式所造成的影響。近年來由於網路資源爆增，一般人不論任何的資訊需求，多是先利用網路蒐尋工具檢索相關的訊息。雖然近年來各網路蒐尋工具為了提昇其檢索結果的精確度，也提供多種針對不同資料類型或是地區、機構、語文的選項，以供使用者指定檢索使用，不過大多數的使用者多只使用一般性的簡易查詢功能而已，雖然經常還要再耗費精神以過濾所需，會覺得不便，不過卻也常會找出一些意想不到的結果，例如在檢索過程中，卻也同時找到相關期刊論文、學位論文、新聞報導、以及圖書館的館藏等等的連結，令使用者會有一次即查足的感覺與滿意。因此相衡量之下，還是會接受、使用網路蒐尋工具的這種簡易查詢模式，進而當使用其他資料庫系統時，也會習用簡易查詢的檢索模式。

　　因此，受訪者習用簡易、整合式查詢的意義，除了是跨欄位的檢索之外，還包括跨資料庫、跨資料類型的整合。正如一位受者所表達的，希望一次檢索就能夠找出所有相關的文獻資料，而不必再個別逐一檢索不同的資料庫系統和網路蒐尋工具。這也是未來提供資訊資源服務時，必須關注的發展方向。

（四）資訊服務的宣導

目前有關學術資訊資源的服務，仍是以圖書館為主，特別是各大學圖書館、中央研究院各研究所圖書館以及國家圖書館，乃是受訪者最常利用的圖書館。不過根據訪談得知，受訪者最常利用圖書館的目的最主要是借閱圖書，其次則是利用圖書館所提供的各種資料庫系統。

就借閱圖書而言，受訪者多自行借閱圖書，但常碰到圖書不在架上的情況，有的受訪者就算了，而不知可以申請「蒐尋圖書服務」，請求館方代為蒐尋不在架上之圖書。至於如何借閱其他圖書館的藏書，雖然有的受訪者經常利用「全國文獻傳遞服務系統」，但是卻也有受訪者不知道有此項的服務，而要自行前往其他圖書館借閱圖書、影印資料。

再者就利用圖書館的資料庫系統而言，受訪者多不知道有國內各圖書館已合作建置「數位化論文典藏聯盟」，可以下載瀏覽英文學位論文全文。再者如最近形成的「中文電子書共建共享聯盟」，受訪者也多不熟悉、不曾利用。

從以上幾項事例可以發現，就以圖書館服務對象之身分而言，受訪者並不十分瞭解圖書館的各項服務，即使是最常利用的借閱圖書以及資料庫系統服務，都還不完全清楚，也難怪當詢問對於圖書館各項服務的意見時，受訪者多表示不清楚而無法提供建議。因此，可以這麼說，雖然圖書館已盡力於宣導、提倡各項服務，就如前述幾項受訪者不知利用的系統、服務等，在圖書館的網站上也都有說明，然而卻還是無法讓所有的使用者完全瞭解，所以，圖書館在推廣利用方面似乎還有待再加強的地方。

具體的改進方法，如受訪者所建議的編印、分發手冊，應該也是一個可以考慮的途徑。其次圖書館也可以透過鼓勵讀者訂閱電子報、RSS（Really Simple Syndication）以及申請手機簡訊等方式，以加強圖書館服務的宣導以及與讀者之間的互動與溝通。

除此之外，為了讓讀者熟悉使用各種資料庫系統，以獲取所需之文獻資料的能力，圖書館可以定期編纂、更新有關如何蒐集利用圖書館資源的手冊指南，這對於提昇讀者善用各項資訊資源以滿足學習、研究所

需，將有極大之助益。就以淡江大學圖書館所編印的「蒐集資料的方法」
為例，就是一個成功的案例，值得其他圖書館參考。

第三節　教育研究資訊資源需求綜合評析

　　為了瞭解臺灣地區教育研究者的資訊需求，因此特別進行「教育學
博士論文引用文獻分析」以及「教育研究者資訊行為訪談分析」，其具體
結果與分析已分別呈現在本章第一節與第二節。茲歸納兩項分析所得之
發現與要點，將教育研究者的資訊需求，綜合評析如下。

一、資料類型的需求

　　綜合「教育學博士論文引用文獻分析」以及「教育研究者資訊行為
訪談分析」的結果來看，教育研究者最常使用的資料類型是以專書和期
刊論文最多，其次是專書中的單篇論文，再其次是學位論文。

　　研究者在研究過程中是否使用某種資料類型，有兩個影響因素，一
是該類型資料在資訊演進與文獻循環中的重要性，二是該類型資料是否
有相對應的資料庫系統以便利檢索利用。這兩項因素直接促成該資料類
型的被使用率，而使用率會再反過來影響前者，於是三者之間形成交互
相乘的影響。

　　然而並不能因此推論說，只要前述幾種較常被利用的資料類型即能
滿足使用者的需求。事實上，各種資料類型都有其價值，至於是否能被
充分利用，正如前述之分析，與有無收錄完整、便利使用的資料庫系統
有著極為密切關聯。因此，對於較不常被利用的資料類型，應該檢討其
相對應的資料庫系統，是否收錄齊全、易於使用，以進一步吸引研究者
使用，提昇其被利用率。

　　除了從資料類型的差異分析教育研究者的資訊需求之外，另外還應
該留意文獻性質的需求。就以期刊文獻而言，同一份期刊之內，有的是
偏思辨性的、有的是偏資料性的，也有的是偏報導性。不論是何種性質

的文章，都有其可能被利用的時機。然而，就中文的期刊資料庫系統而言，經常只收錄偏思辨性的論文，至於其他性質的文章，則多不收錄，或是在檢索介面中無法區別以供使用者選擇，如此恐將影響整體期刊文獻的被使用率。

值得肯定的是，近來如國家圖書館的「中華民國期刊論文索引系統WWW版」，已注意到這種對於不同內容性質文獻的需求，因此在其檢索介面上也分出「學術性文獻（研究論著）」和「一般性期刊篇目」兩種選項，以因應讀者不同目的之檢索需求。雖然與國外之資料庫系統相比，文獻性質之區分還不算細緻，不過總算是一種好的開始，對於協助使用者更精確查找到所需的文獻，有極大之助益，故亦值得國內其他資料庫系統參考。

二、新穎文獻的需求

從「教育學博士論文引用文獻分析」中，有關參考文獻新穎程度的分析可以得知，研究者對於新穎文獻有極高的需求，這也表示國內的教育研究者多能留意最新的發展與成果。然而在資訊爆炸的時代裡，如何隨時從資訊洪流中，找出自己所需的最新文獻資料，則不是一件容易的事。

面對此一需求，幸好得力於資訊技術進步之助，可以透過例如「alerting」、「專題選粹」、「新知目次訂閱」等服務，指定主題、關鍵詞、資料來源等等，以隨時掌握最新的文獻資料，並應用於研究過程中。然而較為遺憾的是，雖然國內各資料庫系統在這一方面的服務，有的很有成效，然而整體來說，若與國外各資料庫系統的類似服務相比，仍尚有不足之處。例如就實地的使用經驗而言，有的資料庫系統雖然在其檢索介面上有提供此項服務，但是即使依照使用說明註冊，卻也不曾收到任何的新知訊息，實在值得改進。

再者，面對這麼多的新穎文獻，即使能夠隨時掌握，恐怕也不見得有足夠的時間予以全部閱讀。因此，應該再有另一種機制，以彙整、歸納、呈現某一學科或是主題的最新成果與發展趨勢，那就是有關「綜述」或是「述評」的需求。

正如有位受訪者建議，應每隔一段時間，針對某一教育議題的研究，提供回顧與前瞻的評論。事實上，國外很多學科都會固定出版名為「annual review」、「survey in」等等的文章，以「綜述」或是「述評」某一學科主題的研究成果，十分有助於研究者掌握最新的發展趨勢。這應該也是滿足使用者對於新穎文獻需求的具體方式之一。可惜目前國內在這一方面的發展還不太普遍，有必要再加強。

三、數位全文的需求

由於平常均忙於研究，因此時間對於教育研究者而言，乃是極為寶貴，因此不太有多餘的時間可以逐一到各圖書館借閱圖書或是影印文獻，若有助理時就委由助理代理，若無助理時，即使要付費也是可以接受，只求能夠儘速取得所要的圖書文獻。所以，像「全國文獻傳遞服務系統」，就逐漸成為取得其他圖書館資源的重要管道。

然而在當前講求數位化的時代裡，使用者莫不期待所有的文獻資料都能夠數位化，以利在網路中快速流傳使用，因此從訪談中也可以發現受訪者對於數位化全文資料的殷切期待。

整體來說，就英文的文獻資料而言，已有許多可以透過網路取得數位全文，然而從訪談中可以得知，教育研究者對此仍不太滿意，覺得回溯的年代仍不夠，範圍也還有待擴增。其次再就國內的情況而言，雖然近年來也加強國家典藏數位化的努力，然而若與國外的情況相比，則還有更多尚待加強的地方。

就以國內期刊文獻資料庫的全文比例而言，就遠不如國外的數量。其主要原因是由於國內是採由各資料庫系統向個別作者尋求授權，能夠收集到的授權數當然就有限，以致全文的比例就不高，也影響使用者的使用意願。

而在圖書部分，目前由於電子書的發展尚在起步當中，又因市場需求量不是很大的緣故，所以國內尚不見大量商業營利性質的數位化圖書。倒是政府單位應該率先將所有的出版品，包括相關的施政措施、文件資料等等，比照美國聯邦政府出版品之作法，除卻機密資料之外，一

律數化位並且放置在網路上提供下載使用。如此才能真正落實「政府資訊公開法」的精神，並且彌補資訊貧富差距的鴻溝，也才能夠滿足使用者的需求，以減低如受訪者所陳述，取得自國政府資訊竟比他國還困難的遺憾。

雖然圖書資訊數位化是眾所期盼，也是未來的發展趨勢，然而由於各家資訊服務系統所使用的全文格式不一，以致使用者為了能夠讀取多種不同格式的全文資料，就必須再安裝多種不同的瀏覽程式，這對於電腦操作不是很有經驗的使用者而言，常會造成困擾。故有的資料庫系統乃一次提供多種格式全文，有的是 HTML 格式，不用再安裝任何瀏覽程式，就可以直接點取閱讀，不過缺點是文中的圖表等資料較無法真實呈現。因此，全文檔案格式也是在提供、取得數位化全文時，必須留意的問題。

四、串聯資訊的需求

特別是從訪談中受訪者的描述可以發現，教育研究者蒐尋資訊的管道有多重，除了同道間的告知，查檢資料庫系統之外，還有相當大的比例是從所閱讀之論著的引用文獻獲悉。此一資訊行為特徵將促使各檢索系統重新調整其資料庫之間的關聯性，並提供引用文獻之檢索功能。

在過去，不同資料類型有其個別的資料庫，另外也有專門查檢引用文獻的資料庫。當讀者使用某一資料庫，查檢到某一筆文獻，如發現該文獻所引用的某筆其他類型文獻亦有參考價值時，則必須再查檢其他類型之資料庫，才能確知是否能夠透過線上方式快速取得全文，這種間接輾轉的方式在現今講求效率的時代裡，並不是一種好的服務。

因此，為了滿足使用者的需求，各資訊服務系統乃逐漸加強所屬各資料庫之間的聯繫，除了可以任由使用者自行挑選資料庫以進行檢索之外，更重要的是，有的還同時列出每一筆檢索結果的引用文獻，即使該引用文獻是不同的資料類型，只要有被該系統內其他資料庫所收錄，即可再點選連接該引用文獻的詳細資料或是全文內容。接著又可再點選連接該引用文獻的引用文獻，使各文獻之間串聯成綿密的關係網。有的還

在一般性的檢索功能之外，亦提供查檢引用文獻的功能。如此多功能的檢索途徑，將能滿足受訪者所述，透過引用文獻以蒐尋獲取相關文獻的需求。

只是目前這種服務的範圍，多只以該系統所收錄的文獻為限，換言之該資料庫系統所收錄之文獻數量的多寡，將影響此功能的實際成效，相信在有市場需求的情況之下，各資訊系統服務公司將再精進其資料庫系統的收錄範圍與檢索功能，以進一步滿足使用者的需求。

五、整合服務的需求

綜合「教育學博士論文引用文獻分析」、「教育研究者資訊行為訪談分析」以及前述綜合分析來看，有關教育研究者的資訊需求，可以再歸納總結為一種需求，那就是－整合服務的需求。其意義即是要統整前述的各種需求，促使各項資訊資源服務彙整於一處，以便利資訊需求者隨時擷取使用。

因此，所謂的整合服務需求，乃是滿足前述各項需求的整合性服務。

1. 資料類型的整合

正如第三章第一節「資訊的演進與文獻的循環」之分析，資訊在傳播的過程中會以不同的資料類型呈現。因此，就理論上而言，各種類型的資料都有其存在的價值與適用的時機，只是可能是因為是否有完備之相對應資料庫系統的緣故，影響其被充分利用的機會。所以，為了滿足使用者的需求，應該要有一種機制，能夠統整各種不同資料類型，讓使用者瞭解針對不同類型的資料，各自有何蒐尋的管道或是可用的資料庫以供檢索利用。

2. 資料庫系統的整合

當有多種資料庫系統可供使用時，使用者則會進一步期待，是否能整合各種不同資料庫於一處，以條列方式提供使用者隨時勾選使用，而

不必再逐一個別鍵入網址後，才能夠進行查尋。並且也能夠一次檢索多個資料庫，以節省多次個別檢索的時間。

3. 檢索介面的整合

由於從訪談中可以發現，教育研究者較常使用的還是以簡易、整合性的查詢介面為主，再者，因為不同的資料庫系統多有其不同的檢索欄位，因此在整合資料庫系統時，就必須進行檢索介面的整合，使跨資料庫系統的檢索得以順暢，並且滿足使用者慣用簡易、整合性查詢的需求。

4. 異業資訊服務的整合

目前有關資訊的服務大致上可以區分為三類，一是圖書館的服務，二是商業性質的資料庫系統服務，三是網路上自由取用的服務，這三類資訊服務各有其特色也各有所長與所短。

長久以來，圖書館一直是人們獲取資訊的重要設施，也因為圖書館無私、無差別服務理念的影響，使一般平民百姓都能自由借閱館藏、獲取資訊，以減低資訊的貧富差距。然而也正因為一直追求一視同仁的服務，致使圖書館在整體服務的表現上，無法如商業性質資訊服務公司那樣有彈性。

相對於圖書館較保守的服務，商業性質資訊服務公司的優點，則是因於市場需求，在追求利潤的驅使之下，使各資料庫系統的功能與服務更臻完善，但是卻又伴隨著費用高昂的缺點。

至於網路資源，免費、自由取用是其最大的特色與優勢，然而資料龐雜、真假難分等事實，乃是其最大的缺失。

面對這些經常使用，卻又各有其優勢與缺失的資訊服務管道，使用者期盼的是能夠整合原本各自發展的資訊服務，即使不是合併成為單一的系統，也要形成一種能夠互通訊息、互補功能的平臺，以整合各式的資訊服務，這應該即是未來教育研究資訊資源服務的發展發方向與目標。

第六章　教育研究資訊資源服務的實例分析（二）－臺灣地區教育研究資訊資源的服務分析

　　有關國內教育研究資訊資源服務的現況，首先可以從整體的資訊資源服務來看，意即分析現有針對各類型資訊資源之整理、服務的機制如何，是否都已能從資訊流之最初階段，確實掌握各類型之資訊資源，以利往後使用者之檢索使用。

　　其次則是應該探討目前專門針對教育研究的服務設施有那些，是否能夠滿足教育研究者之需求。

　　因此，以下即從整體資訊資源服務現況分析、教育研究資訊資源現況分析等兩方面，分析臺灣地區的教育研究資訊資源服務。

第一節　整體資訊資源服務現況分析

　　所謂整體資訊資源服務，乃指全國性對於各類資訊資源之徵集、整理並且提供使用的相關作為與措施。因此，也可以這麼說，全國性之整體的資訊資源服務，乃是所有不同領域、學科之相關資訊資源服務的基礎，意即唯有完善的整體資訊資源服務，才能夠再據而建構不同領域、學科的相關資訊資源服務。

　　就整體的資訊資源服務而言，根據「中華民國九十六年圖書館年鑑」之統計，目前國內有各類型圖書館五千四百二十九所，總藏書量達一億三千萬冊、件。[1]此外，再根據九十六年版的「出版年鑑」之統計分析，近五年國內平均每年之出版數約為四萬種。[2]

---

[1] 國家圖書館編。中華民國九十六年圖書館年鑑（臺北市：國家圖書館，民國 96 年 12 月），269-270 頁。

[2] 陳碧鐘總編輯。出版年鑑：2007（臺北市：行政院新聞局，民國 96 年 10 月）。http://www.gio.gov.tw/Yearbook/96/8-6.htm（97.05.02）

　　從以上之統計數據，大致可以瞭解目前國內有關圖書館、總藏書量以及每年新書之出版量的約略情況。然而就資訊資源的服務而言，更重要的是必須針對各種不同類型的圖書資訊，做好收集與整理的工作，才能夠做好資訊組織以及後續的資訊服務。也就是說，做好不同類型之資訊的彙整，乃是一切資訊資源服務的基礎。

　　因此，論及整體資訊資源服務時，首先就必須從分析不同類型之資訊資源的彙整機制談起。以下即以不同資料類型為分類，將國內整體資訊資源的服務綜述如下。

一、專著圖書

　　面對數位化之資訊社會的發展，雖然早就有學者如 Frederick Wilfrid Lancaster 於其一九七八年的著作「Toward Paperless Information Systems」[3]中，預言未來將是一個「無紙社會」（Paperless Society）。然而事實證明，數位化資訊的盛行是會更加促進資訊的流通與使用，然而長久以來作為傳播資訊的重要媒體－紙本圖書，卻沒有因此而消失，仍是以些微的成長率上升。

　　因此，「圖書」可以說仍是目前重要的資訊資源來源管道，所以在探討當今的資訊資源服務時，仍必須先從有關圖書的徵集談起。

　　目前國內有關圖書出版的訊息，主要是由國家圖書館的國際標準書號中心負責。根據「全國出版品國際標準書號及預行編目辦法」，中華民國境內的出版品，得於出版品出版前三個月，依國家圖書館之規定申請辦理國際標準書號（International Standard Book Number, ISBN）及預行編目（Cataloging in Publication, CIP）。所以理論上來說，只要透過國家圖書館的「ISBN 全國新書資訊網」[4]，就可以查詢國內所有的圖書出版品。

　　其次又根據圖書館法第十五條之規定，為了完整保存國家圖書文獻，凡是政府機關（構）、學校、個人、法人、團體或出版機構所發行之出版品，應於發行時送存國家圖書館典藏。換句話說，國家圖書館乃是

---

[3] Frederick Wilfrid Lancaster. Toward Paperless Information Systems. (New York: Academic Press, 1978)

[4] ISBN 全國新書資訊網
http://lib.ncl.edu.tw/isbn（97.05.02）

全國出版品之法定送存機關，理論上國內的所有出版品，都可以到國家圖書館查閱、瀏覽。

除此之外，還可以透過國家圖書館的「全國圖書書目資訊網」（National Bibliographic Information Network, NBINet）[5]，用以整合查詢國家圖書館和七十六所合作館的館藏書目資料，以及國際標準書號中心的出版品預行編目書目資料、民國元年至民國三十八年的回溯建檔書目資料等等。如果僅是限制政府出版品的話，則還有國家圖書館的「政府文獻資訊網－政府出版品查詢系統」[6]以及「OPEN（Official Publications Echo Network, OPEN）政府出版資料回應網」[7]等，可為輔助補充。

所以整體來說，國內有關圖書出版之訊息的掌握以及圖書閱覽之需求，已有制度性的機制，以提供使用者查詢、檢索。

二、期刊論文

由於期刊的刊期間隔較短，較能即時反映出最新的學術研究成果與發現，因此對於進行學術研究而言，其重要性經常會更重於圖書，所以有關期刊文獻的徵集與整理，就資訊資源的服務而言，也是極為重要的一環。

目前國內有關期刊文獻的查找，主要是透過國家圖書館的「中華民國期刊論文索引系統 WWW 版」[8]進行檢索，其前身是源自於民國五十九年時所發行，紙本型式的「中華民國期刊論文索引」，後來再逐漸開發成為現今之網路版型式。截至民國九十七年一月止，共收錄近兩百一十萬筆期刊之篇目資料，收錄期刊四千五百餘種。[9]

---

[5] 全國圖書書目資訊網
　　http://nbinet2.ncl.edu.tw/index.php（97.05.02）
[6] 政府文獻資訊網－政府出版品查詢系統
　　http://twinfo.ncl.edu.tw/tiqry/pub.htm（97.05.02）
[7] OPEN 政府出版資料回應網
　　http://open.nat.gov.tw/OpenFront/gpnet/index_main.jsp（97.05.02）
[8] 中華民國期刊論文索引系統 WWW 版
　　http://140.122.127.251/cgi-bin/ncl3web/hypage51（97.05.02）
[9] 中華民國期刊論文索引系統 WWW 版系統簡介
　　http://140.122.127.251/cgi-bin/ncl3web/hypage51?HYPAGE=About.txt（97.05.02）

　　由於國家圖書館乃是全國性的出版品典藏機構，因此能夠徵集到所有的期刊文獻，故其規劃設置的中華民國期刊論文索引系統，乃成為國內最重要查找期刊文獻的資料庫系統。

　　由於早期的中華民國期刊論文索引系統較偏重人文社會學科，為滿足自然科學研究者的需求，因此前行政院國家科學委員會科學技術資料中心曾於民國七十七年至八十九年間，編印發行「中華民國科技期刊論文索引」，不過後來不再更新。目前則可透過改組後之財團法人國家實驗研究院科技政策研究與資訊中心（Science & Technology Policy Research and Information Center, STPI）之網站[10]裡的「期刊論文摘要」，檢索當時所建置的內容。

　　至於如何掌握國內個別期刊的相關訊息，雖然目前臺灣地區尚無設立國際標準期刊編號中心，所以期刊創刊之前須向法國巴黎的「國際期刊資料系統中心」（International Serial Data System - ISDS International Centre）申請「國際標準期刊號」（International Standard Serial Number, ISSN），不過國家圖書館有建置「中華民國出版期刊指南系統」[11]，可供查詢、瀏覽個別期刊之相關資料，包括：刊名、國際標準期刊號、刊期、創刊日期、出版者與訂購資料、網路資源連結、內容簡介、被收錄於何索引系統、得獎說明、版權頁、稿約等等，十分便利檢索利用。

　　除此之外，如要查詢各期刊的館藏，則可利用全國文獻傳遞服務系統的「全國期刊聯合目錄資料庫」[12]，以確認何所圖書館收藏有何種期刊之何卷期。

　　近年來為了提昇期刊文獻的被利用率，並且改善以往僅是收錄較偏重學術性文章的作法，因此也注意到有關期刊目次之服務，意即不分學術性或是一般性，收錄整份期刊內容的所有篇目，得由使用者自行點閱瀏覽，或是搭配專題選粹服務（Selective Dissemination of Information, SDI）功能，以滿足使用者對於期刊文獻的需求。

---

[10]　科技政策研究與資訊中心
　　　http://www.stpi.org.tw/STPI/index.htm（97.05.02）
[11]　中華民國出版期刊指南系統
　　　http://readopac1.ncl.edu.tw/ncl9/index.jsp（97.05.02）
[12]　全國期刊聯合目錄資料庫
　　　http://sticnet.stpi.org.tw/sticweb/html/illmenu.htm（97.05.02）

綜合以上的說明可以知道，目前國內有關期刊論文的徵集、整理，已有制度性的機制以提供服務，並具備相當程度的規模。

三、學位論文

早期有關國內學位論文的典藏，是以國立政治大學社會科學資料中心較為齊全。然而由於在民國八十三年所修訂之「學位授予法」第八條中，只明訂博、碩士論文應於國立中央圖書館（今為國家圖書館）保存之，以致於自八十五學年度起，有若干大學之學位論為不再送交國立政治大學社會科學資料中心保存，致使該中心原本收藏相當齊全的學位論文產生中斷，同時也導致全國無一處有學位論文之完整收藏。[13]

由於學位授予法中已明訂國立中央圖書館（今為國家圖書館）是為學位論文的法定典藏機構，為了增進對於學位論文的徵集與利用，國家圖書館乃接受教育部高等教育司的委託，進行有關學位論文資料庫系統網站的規劃與設置，其成果即為目前查找國內學位論文最為重要的網站－「全國博碩士論文資訊網」[14]。又為了彌補早期學位論文之不足，因此也盡量回溯建檔以往之學位論文的書目資料，使資料庫系統更臻完善。截至民國九十七年五月止，共收錄學位論文摘要四十五萬一千一百一十七筆，電子全文共有十萬九千四百七十筆。[15]

由於依規定，研究生在辦理離校手續之前必須將學位論文的相關資料，上傳至全國博碩士論文資訊網，因此，大體來說全國博碩士論文資訊網所收錄的學位論文資料應算齊全。由於系統內附有大量由研究生上傳之學位論文的電子全文，極為便利下載瀏覽閱讀，故本資訊網成乃為國內最重要之學位論文資料庫系統，也是最受研究生喜愛使用的學位論文網站。

本資訊網的立意原本極為完善，期望大家均能夠貢獻個別的電子全文，以增進國內學位論文的傳播與利用，藉以提昇整體的學術研究效能。

---

[13] 林呈潢研究主持。國立政治大學社會科學資料中心定位與未來發展方向之研究（臺北市：國立政治大學圖書館，民國 94 年 7 月），第 7 頁。

[14] 全國博碩士論文資訊網
http://etds.ncl.edu.tw/theabs/index.jsp（97.05.02）

[15] 全國博碩士論文資訊網關於本站
http://etds.ncl.edu.tw/theabs/about.jsp（97.05.02）

然而稍微遺憾的是，有些學位論文因以涉及專利權的問題而未提供電子全文，另外有些學位論文卻僅限在其畢業學校的網站才能夠下載瀏覽閱讀，或是僅能透過商業性質的學位論文系統才能取得，這些都是近年來所發生，有礙全國博碩士論文資訊網之完整性，並且不利學位論文之傳播與利用的現象。就全國整體性之資訊資源服務而言，乃是一堪憂的問題。

國內學位論文的利用，除了國家圖書館的全國博碩士論文資訊網以及國立政治大學社會科學資料中心的典藏之外，前行政院國家科學委員會科學技術資料中心，即現今之財團法人國家實驗研究院科技政策研究與資訊中心，亦曾仿效國外之作法，徵求研究生之同意，將學位論文拍攝成微縮片以利傳播與利用。

除此之外，各大學亦多將其學校之學位論文建置成為數位化的資料庫系統，以利檢索與利用，甚至還曾經組成「分散式學位論文共建共享計劃」[16]，以共享彼此的學位論文資源。

另外可能是由於「資訊加值」、「知識經濟」等觀念的影響，近年來也發現有些學校的學位論文亦加入商業性質的學位論文系統，這對於整體學位論文的收藏與利用，是否造成何種影響，則尚待觀察與評估。

以上是就國內學位論文之典藏與利用的分析，大致來說，亦是已有相當規模之制度性機制，以提供必要的服務。

四、研究報告

一般而言，由於研究報告之發行管道的限制以及發行量的稀少，因此可視為是一種「灰色文獻」（gray literature）。在早期，有關研究報告主要是以行政院國家科學委員會所資助的各項學術補助、獎勵案件為主，為了增進對於這些專案研究成果的利用，在原「全國科技資訊網路」（Science and Technology Information Center Network, STICNET）上，即有「研究計畫摘要」、「研究報告摘要」等，可以查找自民國五十九年以來，數十萬筆的專案研究計畫與報告。若需報告全文者，亦可透過線上註冊，向財

---

[16] 分散式學位論文共建共享計劃
http://ethesys.lib.nsysu.edu.tw/link.shtml（97.05.02）

團法人國家實驗研究院科技政策研究與資訊中心申請。此外，本資料庫系統亦發行光碟版，包括「國科會研究報告全文影像總目錄」以及「國科會研究報告全文影像」，提供圖書館購置，以服務讀者的需求。不過自從民國九十七年四月一日起，「全國科技資訊網路」已停止服務，有關研究計畫、研究報告的查找，將以如後分析之「政府研究資訊系統」為主。[17]

　　除了前述由科技政策研究與資訊中心所建置的資料庫系統與光碟之外，若要查詢有關行政院國家科學委員會補助的專案研究，亦可連上國家科學委員會的網站，可查詢自民國八十三年度以來的專題研究計畫以及研究獎勵等等。[18]

　　事實上有關研究報告的收藏與利用，除了前述由國家科學委員會所補助的專案研究之外，各級政府機關、部門亦常因推動政務之需要，而委請專家學者進行各式的專案研究，這些專案研究的成果報告經常是不易取得利用。為了改善此一缺失，政府相關部門即建置「政府研究計畫基本資料檔」，隨著服務內容與功能的擴大，再更名為「政府研究資訊系統」（Government Research Bulletin, GRB）[19]，其主要的功能包括有：政府研究計畫管考、資料線上填寫及更新、資料庫查詢、全文線上瀏覽及下載和動態統計等。本資料庫系統的收錄內容，主要包括有：民國八十二年迄今之國家科學委員會專題研究計畫、各機關委託研究計畫、各機關科技類自行研究計畫等之基本資料、摘要，以及上述計畫執行結果之研究報告摘要和研究報告全文。

　　由於涵蓋面廣，因此，「政府研究資訊系統」已成為現今查找政府機關各項研究計畫、報告的重要管道。然而美中不足的是，有些專案研究報告，因委託或補助機關希盼研究者能自行將成果發表於相關刊物上，因此並不要求在系統內留存完整的成果報告，然而也沒註記是否已發表於何刊物上，以致只能檢索得知有何專案研究，卻無法立即瀏覽、閱讀成果報告全文，極為可惜。因為根據使用研究報告的經驗，如果以上各

---

[17]　全國科技資訊網路
　　http://sticnet.stpi.org.tw/sticweb/html/index.htm（97.05.02）
[18]　行政院國家科學委員會學術補助／獎勵統計查詢
　　https://nscnt12.nsc.gov.tw/WAS/as100/as101/as10101.aspx（97.05.02）
[19]　政府研究資訊系統
　　http://www.grb.gov.tw（97.05.02）

個有關研究報告的系統沒有收錄全文的話，則經常會造成研究者說已送交委託單位結案，原委託單位沒出版發行，圖書館也沒收藏，結果是空知道曾有人執行過何研究，但是內容為何卻無從得知的窘境。因此，為了提昇各種研究報告的被利用效能，除了記錄研究計畫的相關訊息之外，最好能夠恢復強制收錄研究報告成果之全文，甚至還可以仿照美國「National Technical Information Service, NTIS」[20]的作法，自二零零八年三月起，即使沒有數位化電子全文的研就究報告，得應讀者的要求，將之轉換成數位化格式，以快速傳遞給讀者使用。如此才能夠滿足使用者的需求，真正發揮政府研究資訊系統的功能。

除研究報告之外，還有各級機關的出國報告，亦屬廣義的研究報告之一。依據「行政院及所屬各機關出國報告綜合處理要點」之規定，行政院及所屬各機關以政府經費派赴國外從事考察、進修、研究、實習等活動之人員，應於返國後三個月內提出出國報告，公開提供民眾查詢瀏覽。基於政府資訊共享之原則，因此乃於「OPEN 政府出版資料回應網」裡特闢公務出國報告專區，已收錄自民國五十九年以來，近十萬筆的出國報告。因此「公務出國報告資訊網」[21]，乃成為查詢各級機關因公出國考察、進修、研究、實習等活動之成果報告的重要管道。

五、會議論文

各種學術研討會之會議資料、論文，通常只是與會人員才能取得，以致流傳不廣，查詢、使用不易，故亦屬灰色文獻之一種。然而根據第三章第一節有關「資訊的演進與文獻的循環」之分析可以得知，各種學術會議、研討會等，經常是研究者初步發表研究所得的場合，各種新近的發現或是觀點都會在相關會議中披露，並尋求同業、同儕之間的評論，故其重要性亦不亞於期刊論文或是專論圖書等，所以，也應該要有適當的機制將各種會議的相關資料、論文予以彙整，以利使用者進一步檢索、利用。

---

[20] National Technical Information Service
http://www.ntis.gov（97.05.02）
[21] OPEN 政府出版資料回應網公務出國報告專區
http://open.nat.gov.tw/OpenFront/report/report_main.jsp（97.05.02）

　　例如由美國「國際圖書館電腦中心」（Online Computer Library Center, OCLC）所建置的「ProceedingsFirst」、「PapersFirst」，即收錄大英圖書館文獻供應中心（The British Library Document Supply Centre, BLDSC）自一九九三年至今，有關國會、研討會、大會、博覽會、研究講習會等相關會議之資料，計有近十七萬筆會議論文集資訊，五百七十萬筆單篇會議論文索引。[22]

　　又如在大陸地區，亦建置有「中國重要會議論文全文數據庫」，收錄自二零零零年以來，大陸地區二級以上學會、協會、高等院校、科研院所、學術機構等單位的論文集，年更新約十萬篇文章。截至二零零七年九月三十日，累積會議論文全文文獻七十七萬多篇。數據庫內容分為十大專輯，專輯之下再細分為一百六十八個專題文獻數據庫。[23]

　　有鑑於會議文獻之重要性，因此前行政院國家科學委員會科學技術資料中心（已改組為財團法人國家實驗研究院科技政策研究與資訊中心）曾在原「全國科技資訊網路」裡，建置「學術會議論文摘要」、「國科會補助出席國際會議論文摘要」以及「學術研討會訊息報導」等資料庫，備供查詢自民國八十年以來國內有關會議之論文及相關資訊。然而由於自從民國九十七年四月一日起，「全國科技資訊網路」已停止服務，故不再提供「國科會補助出席國際會議論文摘要」以及「學術研討會訊息報導」，若需要學術會議的相關資料，則可以使用「科技資訊網路整合服務」（REsearch ALl in one, REAL）裡的「學術會議論文摘要資料庫」。[24]

六、報紙資訊

　　國內最早有關報紙論文之整理與利用，是由國立政治大學社會科學資料中心自民國五十一年起，逐年編輯、出刊的「中文報紙論文分類索引」[25]。不過對於研究者而言，除了報紙上之論文之外，還必須引用報紙

---

[22] OCLC FirstSearch 資訊檢索系統服務簡介
http://www.stpi.org.tw/fdb/oclc/index.html（97.05.02）
[23] 中國重要會議論文全文數據庫內容說明
http://cnki50.csis.com.tw/kns50/Navigator.aspx?ID=CPFD（97.05.02）
[24] 全國科技資訊網路
http://sticnet.stpi.org.tw/sticweb/html/index.htm（97.06.17）
[25] 國立政治大學社會科學資料中心編。中文報紙論文分類索引（臺北市：編者，民國

上之相關新聞報導，以作為分析、驗證之用，因此，也常需要翻閱過期報紙。然而由於合訂本報紙體積龐大，十分占空間，所以常成為各圖書館典藏上之困擾。後來各報社也曾發行縮印本或是微縮型式的回溯報紙合訂本，只是因為字體太小或是要使用微縮資料閱讀機才能夠閱讀，因此並不方便使用。近年來因數位化觀念的影響，國內各大報社多已將其所屬的報紙，回溯建檔並建置成為資料庫，各圖書館也依其需要訂購各報社所發行的報紙資料庫，不僅舒緩典藏報紙空間之壓力，而且更加便利檢索使用，使用者在查詢到所需的資料時，即可立即瀏覽或是下載全文，十分有效率。

為了整合並且善用更早期的各種報紙，國家圖書館建置有「全國報紙資訊系統」，其系統功能包括有：館藏查詢、新聞標題查詢、影像瀏覽（僅限國家圖書館網域內使用）、即時新聞、焦點新聞等。[26]特別是「館藏查詢」功能，能夠查詢國內各大圖書館所典藏之報紙，查詢結果同時顯示報刊的版別、創刊年、刊期、館藏地、館藏資料型態（紙本或是微捲等）、館藏年月期別、影像連結等等，對於查找更早期，尚沒有數位化之報紙而言，十分有助益。

除此之外，國立臺中圖書館並針對民國五十年以前之報紙，目前尚未被原報社數位化者，進行舊版報紙之數位化工作，建置成為「舊版報紙資訊網」[27]，對於查閱、瀏覽臺灣光復之後至民國五十年間的報紙亦有助益。

至於日據時代的報紙，目前亦有業者將其數位化，例如：「漢文臺灣日日新報」[28]、「臺灣日日新報」[29]、「臺灣時報」[30]等，都已建置成為線上資料庫，由各圖書館訂購，提供其服務對象使用，對於研究臺灣早期的各種社會、政治、經濟、教育、文化等等現象，有極大之助益。

---

51 年起）。

[26] 全國報紙資訊系統
http://readopac.ncl.edu.tw/cgi/ncl9/m_ncl9_news（97.05.02）

[27] 舊版報紙資訊網
http://paper.ntl.gov.tw（97.05.02）

[28] 漢文臺灣日日新報
http://140.122.127.101/twhannews/user/index.php（97.05.02）

[29] 臺灣日日新報
http://140.122.127.101/twnews_im/index.html（97.05.02）

[30] 臺灣時報
http://140.122.127.101:8080/twjihoapp/start.htm（97.05.02）

　　總括來說，國內有關報紙資訊資源的利用，多可透過圖書館所訂購之原報社或是坊間業者所建置之數位化全文資料庫，快速查詢、瀏覽報紙所刊載的內容。其次也可利用圖書館所建置的報紙館藏查詢系統，以檢索何所圖書館收藏有何型式？有何年月之報刊的相關訊息。所以整體而言，國內之報紙資訊資源的整理與利用，已有相當程度的規模。

七、其他類型之非書資料

　　根據圖書館法第二條第二項之規定，所謂圖書資訊，包括：圖書、期刊、報紙、視聽資料、電子媒體等出版品及網路資源，意即前述各種類型的出版品，都是國家必須予以徵集、保存的對象。其中有關圖書、期刊、報紙等紙質類型之文獻的徵集、利用機制，發展較早也較有成就，其相關作為詳如前述之分析。至於有關視聽資料、電子媒體以及網路資源等非書資料的徵集，則一直是圖書資訊學界必須面對與克服的挑戰。

　　視聽資料中的錄音資料以及音樂性錄影資料，依規定於發行之前必須申請國際標準錄音錄影資料代碼（International Standard Recording Code, ISRC），國家圖書館亦建置「ISRC-國際標準錄音錄影資料代碼查詢系統」[31]，可查詢音樂性錄音資料（包括歌曲、演奏、戲曲、宗教音樂、大自然聲音等）、故事、相聲、講演、座談、語言教學等，以及卡拉 OK 伴唱帶、MTV、演唱會、音樂會、歌劇、戲曲等以音樂為主軸的錄影資料。

　　至於其他類型的視聽資料、非書資料以及電子媒體出版品等，例如：地圖、盲人點字書、教育性指導性的影片及錄影帶、錄音帶或光碟版的有聲書、縮影型式出版品、公開發行電子出版品（磁片、機讀磁帶、光碟片等）以及混合型媒體出版品等等，依規定，於出版發行之前，應申請辦理「國際標準書號」（International Standard Book Number, ISBN）。只是就現況而言，其實施成效似乎並不如一般圖書專著那樣確實完成申請記錄，以致比較無法全面掌握所有的視聽資料、非書資料以及電子媒體的出版品。其次，即使是透過「ISBN 全國新書資訊網」查詢，由於該資訊網之書目資料庫的檢索欄位並未提供不同型式媒體之選項，以致亦不易查出有何不同媒體型式之新近出版品。

---

[31] ISRC-國際標準錄音錄影資料代碼查詢系統
　　http://isrc.ncl.edu.tw（97.05.02）

　　此外，有關網路資源的徵集、整理與保存，更是目前最難以完全克服的難題。隨著資訊化與網路化的進展，有越來越多的資訊資源是僅在網路上傳播，並且可能隨時更新其內容，以致不僅難以掌握，更加困擾的是難以區別所謂的版本。現今國內對於網路資源的徵集，其作法大多是以「入口網站」（Portal）的方式處裡，即是彙整相關主題之網站，經分類排列或是提供簡易之查詢功能，並註記其連結之網址，以便利使用。然而其缺點是，若該被收錄之網站的內容有變更或消失時，即無法再查閱瀏覽之前的網站內容。所以，就永久典藏國家網路資源之立場而言，建置「網路資源備份保存網站」（Web Preservation/Web Archiving Website），應是比較能有效典藏網路資源的具體可行方式。事實上有許多國家已建置其國家級的數位資源保存計畫，而且國內若干網站的內容亦被收錄於「Internet Archive」。[32]因此，為了保存自己國家的網路資源，盡速建構國家級的「網路資源備份保存網站」，應是當務之急。[33]

　　綜合以上的分析可以發現，針對國內不同類型之資訊資源的傳播與利用，大致上都已有相關的機制以進行必要之徵集、整理與保存。所以，不同的學科或主題，包括教育研究，都可以從中擷取所需的資訊資源，以作為個別學科、主題之資訊資源服務的基礎。

第二節　教育研究資訊資源現況分析

　　由於一般性的資訊資源服務設施，其目標、功能、資料範圍等等，並非針對個別學科主題之需求而規劃設置，因此經常可以發現在一般性、統整性之資訊資源服務設施之外，還會產生特別針對某個學科主題的相關服務，在教育研究方面亦是如此。也就是說進行教育研究時，除了要有一般性、統整性之資訊資源服務設之外，還必須要有針對教育研究適用的相關服務設施，才算是完整的資訊資源服務。

---

[32] Internet Archive
　　http://www.archive.org（97.05.02）
[33] 洪淑芬。「網路資源備份保存技術與應用探析」。國家圖書館館刊，95 年 2 期（民國 95 年 12 月），75-121 頁。

　　因此，除了第一節所述之整體資訊資源服務現況分析之外，還應分析專屬教育研究的資訊資源服務才算完整。茲就國內教育研究資訊資源服務之現況，分為：教育研究資訊資源指引、教育研究參考工具書、教育研究資料庫系統等，綜述如下。

一、教育研究資訊資源指引

　　與國外，特別是歐美國家相比，國內有關參考工具書或是資訊資源指引的著作原本就不多，就以一般性、綜合性之參考工具書指引而言，例如：「中文參考資料」[34]、「中文參考用書指引」[35]、「中文參考資源」[36]、「如何利用中文參考資源」[37]等等，其內容編排均是以各類型之參考資源為主體，並未特別彰顯有關教育之參考資源，而且內容都稍嫌過時缺少最新之相關資料。

　　雖然早在民國五十年時，趙來龍即曾編有「心理學與教育學基本參考書刊選目一百種」[38]，後來在民國五十三年及五十四年時，接連編寫「社會科學共同參考書選目解題」[39]以及「社會科學分科參考書選目解題」[40]，內有專節「心理學及教育」介紹教育相關參考工具書，然而第一本專門針對教育學研究需要而編著的參考資源指引是胡歐蘭教授編著的「教育參考資料選粹」[41]，其內容主要收錄與教育有關的參考工具書，依資料類型區分為：視聽教育資料、文獻指引、字典與辭典、百科全書、書目與目錄、索引與摘要、傳記資料與名錄、手冊與指導、年鑑與統計資料、標準與法令及其他、期刊等共十一類。本書除收錄中文教育類之參考資料外，還兼收西文之相關資料，乃是國內首見較全面且完整的教育參考

---

[34] 鄭恆雄。<u>中文參考資料</u>（臺北市：臺灣學生書局，民國 71 年 7 月）。

[35] 張錦郎。<u>中文參考用書指引</u>（臺北市：文史哲出版社，民國 72 年 12 月）。

[36] 謝寶煖。<u>中文參考資源</u>（臺北市：文華圖書館管理資訊公司，民國 85 年 10 月）。

[37] 吳玉愛。<u>如何利用中文參考資源</u>（臺北市：文華圖書館管理資訊公司，民國 86 年 9 月）。

[38] 趙來龍。「心理學與教育學基本參考書刊選目一百種」。<u>杏壇</u>，第 5 期（民國 50 年 5 月），20-24 頁。

[39] 趙來龍。「社會科學共同參考書選目解題」。<u>國立政治大學學報</u>，第 10 期（民國 53 年 12 月），345-398 頁。

[40] 趙來龍。「社會科學分科參考書選目解題」。<u>國立政治大學學報</u>，第 11 期（民國 54 年 5 月），403-487 頁。

[41] 胡歐蘭。<u>教育參考資料選粹</u>（新竹市：楓城出版社，民國 69 年 7 月）。

資料指引，有篳路藍縷之功，因出版年代較早，現正增訂新版中，以因應現實的需要。

約與「教育參考資料選粹」同時，則有「西洋社會科學文獻概論」[42]，在書中有第十八章是專門介紹有關教育的文獻，依類型區分，包括有：指引、書評、摘要和索引、書目、論文、百科全書、字典、指南、傳記、手冊、年鑑等。每一筆被收錄的文獻資料都載有內容介紹，並且附記國內有收藏該文獻資料的圖書館名稱，這是為了因應當時沒有線上公用目錄、網路聯線，協助讀者掌握館藏狀況的積極作法。

除前述之「教育參考資料選粹」之外，有關教育資訊資源指引之專著並不多見。有些是以小篇幅的方式，在期刊上介紹較小範圍教育主題適用的相關參考資源。有些則是在有關教育研究法的專書，介紹如何利用各種參考資源，例如王文科教授撰著的「教育研究法」，在第三章「文獻探討」中，有第二節「資料的來源」一整節，介紹教育研究常使用之重要的中英文教育參考資源，包括：索引、摘要、百科全書、年鑑、手冊、期刊等等。又在第三節「運用電腦查詢資料」裡介紹如何運用不同的策略、技巧，檢索教育有關的資料庫，以獲取需要之資訊。[43]

另外還有些大專校院的圖書館或是學生輔導中心等，也編纂有關如何利用教育學資訊資源的參考手冊，例如由臺北市立師範學院學生輔導中心印行的「教育研究常用網站指引」[44]即是一例。

再者，國立教育資料館曾於民國八十三年編印「中華民國教育研究資訊彙編」[45]，收錄民國八十年至八十二年間，各公私立機構有關教育之專題研究報告，博碩士論文共三百八十九篇。而國立臺灣師範大學教育研究中心，亦曾於民國八十六年時編印相同名稱的「中華民國教育研究資訊彙編」[46]，但其內容僅收錄民國八十二年一月至民國八十五年十二月期間，國內各公私立機構所完成之教育專題研究報告及研討會論文，且

[42] 曾素宜。西洋社會科學文獻概論（臺北市：中西留學出版社，民國 69 年 8 月）。
[43] 王文科、王智弘。教育研究法（臺北市：五南圖書公司，民國 96 年 3 月），80-96 頁。
[44] 林天祐、張金年、蕭佑梅。教育研究常用網站指引（臺北市：臺北市立師範學院學生輔導中心，民國 92 年 12 月）。
[45] 國立臺灣師範大學教育研究中心研究。中華民國教育研究資訊彙編（臺北市：國立教育資料館，民國 83 年 6 月）。
[46] 黃政傑、侯世光研究主持。中華民國教育研究資訊彙編（臺北市：國立臺灣師範大學教育研究中心，民國 86 年 2 月）。

未成書流通者共五百八十七篇，後來又於民國八十七年時再編印一次「中華民國教育研究資訊彙編」[47]，計收錄五百七十六篇相關的資料。由於這三本教育研究資訊彙編所收錄的資料類型，僅有專題研究報告、博碩士論文或是研討會論文而已，並未收錄其他類型的相關資料，故有其局限性。

　　若要查詢有那些最新出版發行，有關教育的參考工具書的話，則是要使用由國家圖書館參考組編印之「臺灣出版參考工具書」[48]，在其中之社會科學類裡的教育類逐一查檢，即能夠掌握有關教育研究適用之參考工具書的最新出版訊息。

　　近來有兩本有關教育資訊資源的專著，一是謝雅惠的學位論文「教育資訊資源整合之研究－以臺北市國民小學為例」[49]，一是林天祐教授等人的專案研究報告「臺灣地區教育資訊資源整合之研究」[50]。不過這兩本論著所探討的範圍，主要是偏向國民中小學之教學資訊資源整合的相關問題，與教育研究所需之資訊資源有別。

　　此外值得注意的是，國內一些教育類別主題，已規劃設立專屬的網站，其內容也涵蓋多方面的資源，以專為其學科主題服務。例如有關特殊教育的「全國特殊教育資訊網」[51]，有關社會教育的「社教博識網」[52]等

---

[47] 黃政傑、侯世光研究主持。中華民國教育研究資訊彙編（臺北市：國立臺灣師範大學教育研究中心，民國87年6月）。

[48] 國家圖書館參考組。臺灣出版參考工具書：2000年度書目（臺北市：國家圖書館，民國90年9月）。
國家圖書館參考組。臺灣出版參考工具書：2001年度書目（臺北市：國家圖書館，民國91年10月）。
國家圖書館參考組。臺灣出版參考工具書書目：2002年度（臺北市：國家圖書館，民國92年11月）。
國家圖書館參考組。臺灣出版參考工具書書目：2003年度（臺北市：國家圖書館，民國93年11月）。
國家圖書館參考組。臺灣出版參考工具書書目：2004年度（臺北市：國家圖書館，民國94年11月）。
國家圖書館參考組。臺灣出版參考工具書書目：2005年度（臺北市：國家圖書館，民國95年10月）。
國家圖書館參考組。臺灣出版參考工具書書目：2006年度（臺北市：國家圖書館，民國96年11月）。

[49] 謝雅惠。「教育資訊資源整合之研究－以臺北市國民小學為例」。臺北市立師範學院國民教育研究所教育行政專班碩士學位論文，民國91年。

[50] 林天祐、劉春榮。臺灣地區教育資訊資源整合之研究（臺北市：國立教育資料館，民國93年10月）。

[51] 全國特殊教育資訊網
http://www.spc.ntnu.edu.tw（97.05.08）

等，均是不錯的教育主題網站，其內容有的也包括相關的參考資訊資源，可供進行相關教育主題研究時參考使用。

　　至於由國家教育研究院籌備處（原國立教育研究院籌備處）所規劃設立的「國家教育資料庫」和由中央研究院、國家科學委員會以及教育部合作辦理的「臺灣教育長期追蹤資料庫」，則是偏向教育現象資料的收集，並不是以彙整進行教育研究時所需之參考文獻資訊資源為主要目的。

　　總而言之，與國外相較，國內對於輔助教育研究，進而能夠提供服務之資訊資源指引的相關作為，似乎還仍有極大之發展空間。

二、教育研究參考工具書

　　有關國內教育研究資訊資源的現況，除了分析現有的教育研究資訊資源指引之外，還可以進一步分析有那些教育研究的參考工具書。

　　雖然從民國四十九年起，國家圖書館的前身國立中央圖書館即曾編纂「中華民國出版圖書目錄」，後來自民國八十八年起，國家圖書館國際標準書號中心亦編纂「新書資訊月刊」，逐月收錄新近申請國際標準書號的新書。不過由於兩者均不是專門收錄參考工具書的目錄，因此，若要區分出有那些專屬教育學類的參考工具書，則必須逐一個別辨識，並不便利。

　　慶幸的是，由於國家圖書館自民國九十年起，即逐年編纂「臺灣出版參考工具書書目」，收錄前一年度所出版之十四種不同類型的參考工具書，包括：書目、索引、字典辭典、百科全書、年鑑、年表大事記、名錄、各種目錄、手冊、傳記參考資料、地理參考資料、圖鑑、統計、法規等。每一筆參考工具書均附上中國圖書分類法的分類號，對於區別有那些是屬教育學類的參考工具書，有極大之助益。

　　因此，乃以七年來的「臺灣出版參考工具書書目」為依據，統計分析自民國八十九年至九十五年間，國內出版各類型參考工具書的總數，以及其中屬於教育學類之參考工具書的總數，詳如表六之一近七年國內出版各類型參考工具書暨教育學類參考工具書種數綜合統計表。

---

[52] 社教博識網
　　http://wise.edu.tw（97.05.08）

表六之一　近七年國內出版各類型參考工具書暨教育學類
參考工具書種數綜合統計表

資料類型	種數	民國89至91年	民國92年	民國93年	民國94年	民國95年	合計
書目	教育類種數	1	0	1	0	0	2
	全部種數	133	54	39	37	29	292
索引	教育類種數	0	0	0	0	0	0
	全部種數	24	5	4	4	5	42
字典、辭典	教育類種數	7	7	0	3	1	18
	全部種數	451	168	181	204	152	1156
百科全書	教育類種數	0	1	0	1	0	2
	全部種數	12	2	12	16	20	62
年鑑	教育類種數	9	5	4	6	3	27
	全部種數	190	80	79	85	83	517
年表、大事記	教育類種數	0	0	0	0	0	0
	全部種數	66	11	14	13	12	116
名錄	教育類種數	31	8	3	5	4	51
	全部種數	212	76	50	59	55	452
各種目錄	教育類種數	0	0	0	0	0	0
	全部種數	46	17	17	10	8	98
手冊	教育類種數	47	17	18	4	8	94
	全部種數	390	90	125	64	72	741
傳記參考資料	教育類種數	0	0	0	0	0	0
	全部種數	28	6	8	4	9	55
地理參考資料	教育類種數	0	0	0	0	0	0
	全部種數	114	35	18	68	56	291
圖鑑	教育類種數	0	0	0	0	0	0
	全部種數	146	44	41	33	35	299
統計	教育類種數	53	14	15	15	9	106
	全部種數	560	189	210	204	186	1349
法規	教育類種數	17	4	3	1	3	28
	全部種數	421	167	142	150	167	1047
合計	教育類種數	165	56	44	35	28	328
	全部種數	2793	944	940	951	889	6517

資料來源：

國家圖書館參考組。臺灣出版參考工具書書目：2000年至2002年（臺北市：國家圖
書館，民國92年9月）。

國家圖書館參考組。<u>臺灣出版參考工具書書目：2003 年度</u>（臺北市：國家圖書館，民國 93 年 11 月）。

國家圖書館參考組。<u>臺灣出版參考工具書書目：2004 年度</u>（臺北市：國家圖書館，民國 94 年 11 月）。

國家圖書館參考組。<u>臺灣出版參考工具書書目：2005 年度</u>（臺北市：國家圖書館，民國 95 年 10 月）。

國家圖書館參考組。<u>臺灣出版參考工具書書目：2006 年度</u>（臺北市：國家圖書館，民國 96 年 11 月）。

　　從表六之一可以得知，近七年來國內出版發行的參考工具書共計有六千五百一十八種，其中屬於教育學類者有三百二十八種，約占百分之五。這三百二十八種教育學類參考工具書中，又以統計最多（一百零六種），其次分別是：手冊（九十四種）、名錄（五十一種）、法規（二十八種）、年鑑（二十七種）、字典辭典（十八種）、書目（二種）、百科全書（二種）。不過沒有索引、年表大事記、各種目錄、傳記參考資料、地理參考資料、圖鑑等類型的參考工具書。

　　綜合前述的統計分析可以發現，七年來有關教育學類的參考工具書，大都是集中在屬於業務執行或是業務彙整方面的資料，因此多是：統計、手冊、名錄、法規、年鑑等類型的參考工具書。其次可能是因為學術的進展，對於相關名詞、概念之釐清的需求亦提高，因此有關教育學類的字典辭典亦有十八種之多。以上這些參考工具書，都是屬於資料性的參考工具書，目的在於讓查閱者一經翻閱，即能獲取所需之資訊。

　　然而，作為引導研究者查找相關資料的指引性參考工具書卻極為稀少，其中屬書目者只有二種，而且完全沒有索引類的參考工具書。就此現象而言，則有兩層意義。一則是國內真的較少注重有關支援研究所需之資訊資源指引以及相關指引性參考工具書的編纂，這從前述有關「教育研究資訊資源指引」之分析以及此處有關書目、索引類參考工具書的統計，即可得到驗證。其次的原因則可能是因為有關書目、索引類的參考資源，為了使用效率的緣故，多已轉換成為線上資料庫型式，因此沒有必要再以紙本型式發行，所以就造成書目、索引類參考工具書之出版量偏低的現象。

　　因此為了進一步瞭解國內有關教育研究資訊資源的現況，則有必要再針對相關的資料庫系統進行分析。

三、教育研究資料庫系統

　　目前國內有關教育研究的資料庫系統最主要有二，一是由國立臺灣師範大學圖書館所建置的「教育論文線上資料庫」（Educational Document Online, EdD Online），另一則是由國立教育資料館所建置的「教育論文全文索引資料庫」，茲分述如下。

（一）教育論文線上資料庫[53]

　　「教育論文線上資料庫」是目前國內最重要之教育研究資料庫之一，其有今日之規模乃是累積了五十年的努力而成。茲分為：發展歷程、系統特色、系統功能等項目，綜述如下：

1.發展歷程[54]

　　國立臺灣師範大學圖書館自創館之初，即注重教育資料的徵集與收藏。為了提供教育研究者有效利用相關資料的管道，該館早在民國五十一年王振鵠教授擔任館長時，即創編「近五年教育論文索引」，收錄民國四十六年至五十年間出版，九十種刊物三千八百筆有關教育主題之相關資料。隔年持續編印「中華民國五十一年教育論文索引」，收錄民國五十一年出版，三十種刊物一千八百筆資料。其後逐年出版一期，名為「教育論文索引」，並增加收錄報紙論文，迄民國六十六年總計編印十六輯，對於掌握教育研究動態、提供研究資訊，十分有助益。

　　自民國六十七年起因增加摘要內容，故更名為「教育論文摘要」，至民國八十六年止共編印二十輯。

---

[53] 教育論文線上資料庫
　　http://www.read.com.tw/auth/edd（97.06.17）
[54] 教育論文線上資料庫系統介紹
　　http://140.122.127.251/edd/edd_intro_fram.htm（97.05.08）
　　教育論文線上資料庫發展歷程
　　http://140.122.127.251/edd/history.htm（97.05.08）

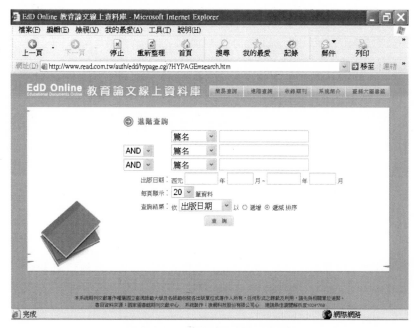

圖六之一　教育論文線上資料庫

資料來源：

教育論文線上資料庫

http://www.read.com.tw/auth/edd　（97.06.17）

　　除了編印紙本型式的索引、摘要之外，為了迎合資訊時代潮流的需求，自民國六十七年起，逐漸開發、轉型成為線上資料庫型式。歷經的發展過程有：民國六十七年使用神通電腦建立電子資料庫雛型系統，開啟電子化的新頁；民國八十年時發展為「教育論文摘要檢索系統」（Educational Periodical Literature Abstracts Retrieval System, EPLARS）；民國八十一年發展網路版檢索系統，透過學術網路提供讀者利用；民國八十四年製作光碟資料庫檢索系統，贈送各圖書館及學校單位使用；民國八十五年起採行電腦建檔作業方式，改變過去由印製紙本之排版系統檔整批轉檔作業方式，以加速資料更新速度；民國八十六年透過全球資訊網，以更親和之使用者介面提供讀者查檢；民國八十七年起將近年收

錄之全文資料建立影像檔，連結於摘要系統，提供線上查閱；民國八十九年獲教育部補助，與其他師範校院圖書館合作，將系統擴充為「教育論文線上資料庫」（Educational Documents Online, EdD Online），資料內容涵蓋民國四十六年至今登載於中文期刊、學報、報紙、論文集等之教育性論文。自民國九十七年起，又與國家圖書館「中文期刊篇目索引影像系統」整合，並配合「遠距圖書服務系統」文獻傳遞服務，讀者可根據授權狀態申請線上顯示或傳真郵寄全文。

2. 系統特色[55]

由於本資料庫乃是國內最早發展，有關教育文獻的系統，故「Encyclopedia of Library and Information Science」曾譽為「中文的ERIC」，由此可見本資料庫系統的重要性。其主要的特色則包括有：收錄內容廣泛，涵蓋各師範校院、相關學會及出版社之連續性刊物與研討會資料等，主題包括教育學各領域；採用 World Wide Web 介面，使用者以一般的網路瀏覽器即可上線查詢；查詢介面同時具備簡易模式以及進階模式兩種，提供彈性、多元的查詢方法；若獲原著者授權的文獻原文，則可直接點選觀看、列印、儲存；與教職員著作目錄資料庫以及教育新聞剪報資料庫整合，提供跨資料庫綜合查詢；以資料庫查詢功能為核心，擴增館藏連結查詢、電子期刊查閱、全文資料線上申請、主題詞彙查檢等功能，提供多元而整合性的服務。

3. 系統功能[56]

本系統之功能主要有五項，包括：全文欄位檢索、館藏連結查詢、專題選粹服務、文獻傳遞服務、教育詞庫查詢等，茲分述如下：

① 全文欄位檢索

提供全文檢索、限定欄位檢索、不限欄位檢索、布林邏輯檢索等功能。檢索歷史可自由組合或新增條件再進行檢索，檢索結果可排序、儲存、列印、電子郵件傳送等。

---

[55]　教育論文線上資料庫系統特色
　　http://140.122.127.251/edd/feature.htm（97.05.08）
[56]　教育論文線上資料庫系統功能
　　http://140.122.127.251/edd/functions.htm（97.05.18）

② 館藏連結查詢

可針對查詢結果，點選館藏連結鍵，以刊名等資料連結至各師範校院圖書館線上公用目錄、全國期刊聯合目錄等，取得典藏單位之館藏資訊。透過資料出處之超連結功能，使用者尚可於線上直接查閱電子刊物之目次或全文內容。

③ 專題選粹服務

專題選粹服務（Selective Dissemination of Information, SDI）係配合檢索功能提供的一項自動化服務，提供使用者根據個別需求建立個人興趣檔，設定檢索條件及電子郵件信箱等，並可隨時修改設定。系統將個人的需求予以儲存，每當資料庫進行更新時，系統便會依照每個使用者的興趣檔進行檢索，再將檢索結果以電子郵件方式寄到指定的信箱，提供積極、主動之資訊服務。

④ 文獻傳遞服務

文獻傳遞服務（Document Delivery Service, DDS）主要是針對未提供線上電子全文之文獻作傳遞服務，以各師範校院圖書館為主要使用對象，使用者可直接將查獲之書目轉為電子訂單，申請原文資料。圖書館可經由系統檢索、館藏查詢、聯合目錄等確認相關資料，並可於線上查核、點收申請案件。基本功能包括下單、送件、收件、點收、取件確認、帳務管理、歷史訂單查詢等。

⑤ 教育詞庫查詢

基本上是以美國「教育資源資訊中心」（Education Resources Information Center, ERIC）之索引典（Thesaurus of ERIC Descriptors）為基礎，再建置成為「中文教育類詞庫」，可註記詞彙的適用範圍（scope）、廣義詞（broader terms）、狹義詞（narrower terms）、相關詞（related terms）、替代（used for）與被替代（use）等關係語彙。雖然中文教育類詞庫乃獨立建置之資料庫，然而使用者除了可透過詞庫進行查檢、瀏覽之外，亦可

再將單一或多個詞彙，甚至包括其相關詞等一併轉入教育論文線上資料庫進行檢索。為使本詞庫更加完善，未來將持續整理與修訂。

（二）教育論文全文索引資料庫[57]

「教育論文全文索引資料庫」是由國立教育資料館建置，與前述教育論文線上資料庫同為目前國內重要之教育學類的資料庫，茲分為：系統說明與系統功能等兩項，綜述如下：

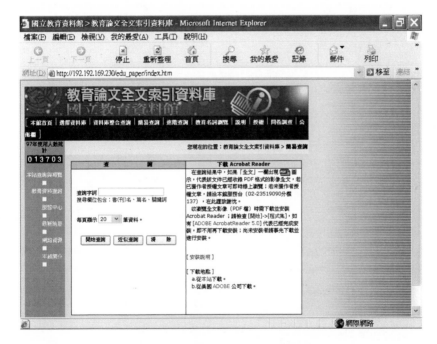

圖六之二　教育論文全文索引資料庫

資料來源：
教育論文全文索引資料庫
http://192.192.169.230/edu_paper/index.htm　（97.05.08）

---

[57] 教育論文全文索引資料庫
　　http://192.192.169.230/edu_paper/index.htm　（97.05.08）

1.系統說明[58]

與前述由國立臺灣師範大學圖書館所建置之「教育論文線上資料庫」的發展歷程相似，本資料庫系統事實上亦奠基於原有之紙本型式的索引，再發展成為現今之線上資料庫模式。

國立教育資料館自民國六十一年起，即逐年編印發行「教育論文索引」，提供各界查找教育相關的文獻資料。後來為了結合資訊科技，營造多元、豐富之教育研究環境，乃委由財團法人工業技術研究院電腦與通訊研究所規劃、設計資料庫系統，期盼透過網際網路，提供各級學校師生及社會各界，當作教學與研究時查找相關文獻資料的工具。

本資料庫主要之收錄內容，包括有：自民國六十一年以來，由國立教育資料館所編印之教育論文索引；民國七十八年迄今，國內二十種報紙索引；近年來之重要教育文獻索引（例如中華民國教育年鑑、教育年報、教育報告書等）；教育學術研討會論文；六十一種大陸地區教育期刊之索引等。

2.系統功能[59]

本資料庫系統之檢索方式，主要分為：簡易查詢以及進階查詢兩種。簡易查詢可針對：書（刊）名、篇名、關鍵詞等，進行綜合查詢。進階查詢則可依照使用者之需求，分別針對：書（刊）名、篇名、作者、關鍵詞、內文標目、摘要、資料類型、出版日期等欄位，進行邏輯組合查詢。此外，若欲於查詢欄位中輸入多個詞彙，則可於詞彙與詞彙之間佐以相關的運算元符號，再進行邏輯組合查詢。查詢結果之文獻資料若已獲原著者授權，則可直接瀏覽、下載電子全文。

又為了便利使用者查找國立教育資料館的相關資源，因此，在使用本資料庫時亦可連接轉查其他個別的資料庫，包括：專案研究報告全文資料庫、國外教育訊息全文資料庫、教育新知目次系統等。亦可以使用整合查詢之功能，針對以下之資料庫一併進行檢索：國立教育資料館館

---

[58] 教育論文全文索引資料庫系統說明
http://192.192.169.230/edu_paper/help.htm（97.05.08）
[59] 教育論文全文索引資料庫使用說明
http://192.192.169.230/edu_paper/helpOp.htm（97.05.08）

藏目錄查詢、教育論文全文索引資料庫、多媒體隨選視訊系統、專案研究報告全文資料庫、國外教育訊息全文資料庫。

此外，在檢索介面上亦提供教育新知目次訂閱系統以及教育名詞瀏覽之連結，便利使用者訂閱教育新知以及查閱瀏覽教育相關名詞之意義。

就以上國內兩套最主要的教育研究資料庫系統而言，由於彼此在性質上有點類似，因此如何分工以收相輔相成之效，則是規劃未來發展時必須詳加考量之處。

四、教育圖書館

即使是在數位化的網路時代，圖書館仍然是資訊資源服務的重要設施，透過圖書館所提供的服務，得以整合紙本資訊資源、線上資料庫以及網路資源等等，以便利使用者擷取使用。所以就教育研究資訊資源服務而言，圖書館乃是不可或缺的重要服務設施之一。

圖書館依其設立機關、設置宗旨、服務對象等之不同，得分為：國家圖書館、公共圖書館、大專校院圖書館、中小學圖書館以及專門圖書館等。而所謂的教育圖書館乃是指收藏大量教育類資訊資源的圖書館，茲參酌第四章第二節「教育圖書館」有關國外教育圖書館的論述標準，考察目前國內之現況，從各類型圖書館中，挑選出具代表性，可稱得上是教育圖書館者，分述如下。

（一）國家圖書館

原本國家圖書館一詞應是圖書館類型之一的名稱，後來卻成為國立中央圖書館改名後的機構名稱。雖然國家圖書館並非以教育類圖書文獻為主要收藏範圍，然而由於根據圖書館法第十五條之規定，為完整保存國家圖書文獻，國家圖書館為全國出版品之法定送存機關，任何政府機關（構）、學校、個人、法人、團體或出版機構所發行之出版品，應於發行時送存國家圖書館一份。因此，只要確實執行、遵循圖書法之規定，國內任何有關教育的出版品，不論其資料類型與內容性質，理應都可以

在國家圖書館找到，所以無形當中，國家圖書館也就成為支援教育研究，提供教育研究資訊資源服務的重要圖書館。

身為典藏國家所有文獻之責的國家圖書館，每年入藏的圖書文獻資料極為豐富，以民國九十五年為例，全年徵集圖書十二萬五千二百九十五冊，非書資料三萬二千八百七十五件。截至民國九十五年十二月底，全館中西文圖書總藏書量為二百三十四萬九千六百六十五冊，非書資料九十五萬零九百六十九件，中西文期刊二萬一千三百三十七種，現刊期刊九千四百九十二種，中西文報紙四百一十一種，現刊報紙一百一十三種，電子資料庫二百七十三種。[60]

國家圖書館除了擁有豐富的館藏資源之外，更重要的是還規劃、建置各種便利使用的資料庫與系統，以服務讀者之需求。例如本章第一節所分析之「ISBN 全國新書資訊網」、「全國圖書書目資訊網」、「政府文獻資訊網－政府出版品查詢系統」、「中華民國期刊論文索引系統 WWW 版」、「中華民國出版期刊指南系統」、「全國博碩士論文資訊網」、「全國報紙資訊系統」、「ISRC-國際標準錄音錄影資料代碼查詢系統」等等，都是由國家圖書館建置，目的在於提昇館藏資源被利用率的重要服務系統。

由於館藏資源豐富，再者結合各種相關的資料庫與系統，使得國家圖書館即使沒標明為教育圖書館，仍然是為目前國內最重要之支援教育研究資訊資源服務的圖書館之一。

（二）國立教育資料館

國立教育資料館成立於民國四十五年，設有教育資料組、視聽教育組、推廣組等，主要之任務有三：教育資料蒐集、整理與研究；視聽教育媒體研發與徵集；教育推廣與服務。[61]

館藏資源以有關教育者為主，主要分為三種類型：教育現況資料、教育研究資料、教學資源等。特別是在教育研究資料部分，所收藏的範圍包括有：政府教育文獻、教育會議資料、教育專案研究報告、國內外

---

[60] 國家圖書館編。中華民國九十六年圖書館年鑑（臺北市：國家圖書館，民國 96 年 12 月），第 8 頁。
[61] 國立教育資料館本館簡介
http://www.nioerar.edu.tw/about（97.05.08）

教育動態資料、各國教育資料、民國七十六年之後國內學位論文、民國六十二年之後國內專科以上教師送審資料、大陸地區教育資料、本土化資源、其他國際性資源等等，以便利教育研究者查詢使用。[62]

近年來為了增進對於館藏資源的利用，已建置各種資料庫、系統，包括有：館藏目錄查詢、教育論文全文索引資料庫、多媒體隨選視訊系統、專案研究報告全文資料庫、國外教育訊息全文資料庫等等。使用者可從該館之網站逐一個別點取查詢，亦可透過整合查詢系統，一次勾選多個資料庫，以檢索所需之教育研究資訊資源。

由於國立教育資料館隸屬教育部，而且成立時間極久，因此亦為國內重要之教育圖書館，尤其是民國九十一年十月搬遷至臺北市和平東路現址之後，更以現代化之建築與設施，持續教育研究與推廣活動。至於未來的發展，早在民國八十五年時，在一份行政院教育改革審議委員會的專案研究「成立一個全國性常設教育研究院之可行性研究」[63]之報告中，即建議將國立教育資料館納入未來的國立教育研究院裡。根據最近的發展，國立教育研究院籌備處已於民國九十六年八月，重新整併為「國家教育研究院籌備處」，因此，國立教育資料館未來將可能併入到國家教育研究院中，成為教學資源中心之主幹。[64,65]

無論未來的組織重整為何，國立教育資料館仍將本著成為「教育決策的智慧站，教育研究的資料站，教育資源的補給站，教育資訊的推廣站」自我期許，以簡明、快速、互動、親切的設計，提供讀者最佳之教育資訊資源服務。

[62] 王世英、謝雅惠。「從資料驅動決定觀點簡介國立教育資料館教育資源」。教育資料與研究雙月刊，第 67 期（民國 94 年 12 月），47-48 頁。
[63] 馬信行、許志義、余民寧。成立一個全國性常設教育研究院之可性研究（臺北市：行政院教育改革審議委員會，民國 85 年 12 月）。
[64] 國家教育研究院籌備處簡史
http://www.naer.edu.tw/editor_model/u_editor_v1.asp?id=353（97.05.09）
[65] 陳清溪、沈佳蓁。「簡介德國、韓國、上海、臺灣之教育研究機構－兼談國家教育研究院籌備處之發展方向」。研習資訊，24 卷 5 期（民國 96 年 10 月），85-94 頁。

（三）國立臺灣師範大學圖書館

　　大專校院圖書館之性質是為學術圖書館，其主要功能乃在於支援教學與研究，故只要設有教育學院或是教育相關學系、研究所之大專校院，其圖書館理應收藏眾多與教育相關之文獻資源，意即都可視為教育圖書館。不過在眾多設有教育學院或是教育相關學系、研究所之大專校院中，又以國立臺灣師範大學的歷史最為久遠，而且其教育相關學系以及與教學相關之學系也最多，故其圖書館之館藏資源中，又以豐富之教育資源是為其館藏特色。截至民國九十六年十二月底，全館中西文圖書總藏書量為一百三十一萬九千七百三十一冊[66]，各種類型非書資料總共有一百一十五萬八千七百二十八件。[67]

　　由於總藏書量中，社會科學類者占四分之一，其中又以教育學類者占大多數，因此特闢圖書館四樓整層樓為「教育資料室」，作為專門收藏教育學類資料之處所，由此即可顯現出教育相關文獻在整館館藏資源中之重要性，也凸顯出國立臺灣師範大學圖書館在國內教育圖書館中之地位。

　　該館除了豐富的教育文獻資訊資源之外，為了增進館藏教育資源的利用，並服務教育研究者之需求，自民國五十一年起，即持續編印「近五年教育論文索引」、「中華民國五十一年教育論文索引」、「教育論文索引」、「教育論文摘要」等，其後並據以開發為「教育論文摘要檢索系統」、「教育論文線上資料庫」，詳如本節前述之分析。特別是「教育論文線上資料庫」，所收錄之資料內容涵蓋民國四十六年至今登載於中文期刊、學報、報紙、論文集等之教育性論文，得以查詢、檢索國內重要之教育文獻，並獲取相關的服務，對於教育研究者而言，具有莫大之助益。

　　因此，綜合其豐富的教育類文獻館藏、所建置之教育論文線上資料庫以及有關教育研究之相關設施與服務，國立臺灣師範大學圖書館可說是國內極為重要之教育圖書館。

---

[66] 國立臺灣師範大學圖書館藏書分類統計表
　　http://www.lib.ntnu.edu.tw/Tour/book-statistics.xls（97.05.08）
[67] 國立臺灣師範大學圖書館非書資料統計表
　　http://www.lib.ntnu.edu.tw/Tour/nonbook-statistics.xls（97.05.08）

（四）國立中正大學教育資料中心

「教育資料中心」之設立乃源自於民國九十年，教育部顧問室為發展人文社會科學學門特色、優勢領域及重要主題，乃推動設置人文社會科學重點資料中心，以加強國內外重要圖書、期刊等資料之蒐集及保存，並促進資料之流通與互享。其中「教育資料中心」設置於國立中正大學，希盼能夠針對國內教育資料及資源之整合，有重點性突破，並對未來教育學整體學術與教學之發展有所助益。

設置教育資料中心之目的，乃在於建立國內最完整的教育資料專責典藏機構，使國內教育資料研究與教學資料的保存、檢索與使用能更具系統、效率、專業、完整，以提高教育資料之分享與利用。

教育資料中心之功能包括有：結合該校原有教育圖書資料之館藏，完整蒐集並整合教育重要、專業期刊與圖書等資料；建立國內最具規模的教育資料庫，以提供學者最完整的使用介面；加強期刊、圖書文獻之查詢檢索與流通，提高資料之利用性；透過該校經費之配合，持續訂閱與蒐集重要期刊資料及購買圖書；提供國內外完整的教育網站連結，建立國內完整的教育研究網絡。在經營上，是以虛擬之方式，開放圖書資料供外界查詢，並建立完整便捷之圖書資訊流通系統[68]。

由於該教育資料中心是由教育部資助設立，故從網站上可看到從民國九十年起連續三年所新增購的圖書、期刊清單，然而自九十三年度起，卻不見相關的新增資料。雖然其設立宗旨是要收藏國內外的教育相關資源，不過從該教育資料中心網站上所提供之書目清單來看，卻仍是以國外之資源為主，而且似乎尚未達成如預計功能所宣稱，要建立成為國內最具規模之教育資料庫的目標。

（五）臺北市教育資料中心

各公共圖書館之中，有特別標榜收藏教育相關資料者，則可以臺北市立圖書館之「臺北市教育資料中心」為代表。

---

[68] 國立中正大學教育資料中心
http://140.123.21.34/announce/edu/index.htm（97.05.09）

　　臺北市立圖書館為完整保存臺北市教育發展相關資料及各級學校出版品，以提供教師及一般民眾查詢，並供學者專家研究臺北市教育政策與發展，乃於民國九十年十一月在景新分館九樓設置「臺北市教育資料中心」。該中心收錄臺北市教育局各科、室和所屬各機關學校所出版之圖書、期刊、小冊子、視聽資料、電子資源等出版品，收錄範圍包括：教育政策、施政報告、專題研究報告、教育統計、社區大學相關資料、校刊、學報、全市性師生比賽得獎作品集、教師著作、評論等行政出版品及其他具典藏價值之教育相關出版品。[69]

　　除了館藏資源是以有關臺北市之教育情況為主之外，在該中心之網站上，尚提供以下之功能，以利使用者查詢檢索：館藏查詢系統、教育電子書列表、全文期刊列表、教育網站指引、教育名詞 Q&A、出版品登錄系統、新書介紹等。

　　以上是目前國內各類型圖書館中收藏教育文獻資源之代表，國家圖書館只此一家；大專校院圖書館中以國立臺灣師範大學圖書館為代表，另外還有國立中正大學教育資料中心，希盼成為國內最具規模之教育資料庫；專門圖書館中以國立教育資料館為代表；公共圖書館以臺北市立圖書館之臺北市教育資料中心為代表。至於中小學圖書館，因其設立宗旨本在支援師生教學所需，故其館藏多是以直接與教學有關之資源為主，比較不是屬於教育研究資料，故不再個別舉例分析。

五、教育相關系所、教育團體組織所彙整之教育研究網路資源

　　為了支援教育研究所需，並提昇教育研究之效能，國內已有相關之機制、設施，提供：教育研究資訊資源指引、教育研究參考工具書、教育研究資料庫系統、教育圖書館等服務，以滿足教育研究者之需求，詳如前述分析。

---

[69] 臺北市立圖書館教育資料中心簡介
http://www.tpml.edu.tw/TaipeiPublicLibrary/index.php?subsite=edu&page=edu-introduce-index.php（97.05.09）

　　除此之外，由於網路已成為當今各個領域進行資訊傳播與交流的重要管道，網路上也散佈著許多可能有助於教育研究的相關資源，因此，如何善用這些散佈在網路上的資源，也就成為提供教育研究資訊資源服務的重要課題。

　　就現今之情況而言，除了前述之圖書館以及相關之資料庫系統，可能有提供附加之教育研究網路資源指引之外，就以各大專校院之教育相關系統以及教育團體組織，較常整理適用之教育研究網路資源，以利其所屬成員點取使用。茲分述如下。

（一）教育相關系所

　　由於各大學之教育相關系所以及教育相關研究中心，其主要之任務乃在於進行教育相關之研究與教學，故特別注重教育研究相關資源之收集，所以在其網站上也經常可以看到有關教育資源之連結，以利其師生及成員點取利用。

　　由於國內已有眾多與教育有關的系所，以下僅以教育部「九十六學年度大學校院一覽表及大學校院碩博士班概況檢索系統」之「教育學群系所列表」[70]，設有博士班之教育系所為例，根據該系所網站所提供之訊息，簡介其系所之發展歷史和目標，並分析所提供之教育研究相關資源的連結和項目。

1. 國立臺灣師範大學教育學系[71]

　　國立臺灣師範大學教育學系創立於民國三十五年，乃為當時臺灣省立師範學院初設七個學系之一。民國四十四年成立教育研究所，招收碩士班研究生，民國六十年設立博士班。原先系所分別設置，民國七十六年在校方所系合一政策下，系所完成合併。民國八十三年大學法修正後，正式更名為教育學系，下設學士班、碩士班及博士班迄今。

---

[70] 九十六學年度大學校院一覽表及大學校院碩博士班概況檢索系統教育學群系所列表
http://reg.aca.ntu.edu.tw/college/search/typelist.asp?newtype=教育（97.05.09）
[71] 國立臺灣師範大學教育學系
http://www.ed.ntnu.edu.tw（97.05.09）

在該系的網站裡，設有「研究資源」專區，所提供之連結項目，包括有：介紹該系的講座教授、歷年執行的專案研究計畫、政府或民間機構委託執行的研究計畫、該校的頂尖研究中心、該系整合型研究群、該系刊物等。

2.國立政治大學教育學系[72]

國立政治大學於民國四十三年在臺灣復校時，教育研究所為首先成立的四個研究所之一，原名公民教育研究所，民國四十四年改名為教育研究所，同年大學部招生，博士班成立於民國六十六年，自八十五學年度起系所合一。該系大學部以培養優秀中小學教師及教育行政人員為目標，碩士班則以培育具備教育專業之研究人才為宗旨。

在該系之網站設有「學術資訊」以及「網路資源」與教育研究相關資源之連結。「學術資訊」部分，所提供之連結項目，包括有：歷屆論文、學術活動、系刊、教育與心理研究集刊等。「網路資源」部分，所提供之連結項目，包括有：學術單位、政府單位、民間單位以及七大領域等相關資源。

3.國立高雄師範大學教育學系[73]

國立高雄師範大學教育學系大學部成立於民國五十九年八月，教育研究所碩士於民國六十七年八月成立，民國七十八年增設博士班，自民國八十三年起，為配合教育部政策，教育研究所與教育學系合併成為教育學系。該系依據國家教育政策及該校發展目標，並因應社會變遷需求，以培養學校教師、文教行政人員、學術研究與其他產業專業人才為目標。

為滿足教學、研究所需，在該系之網站提供「學術交流」以及「好站連結」有關教育研究資源之連結。在「學術交流」部分，所提供之連結項目，包括有：出版刊物、教育研讀會、專題演講、教育論壇、學術

---

[72] 國立政治大學教育學系
http://140.119.177.58/edu（97.05.09）
[73] 國立高雄師範大學教育學系
http://www.nknu.edu.tw/~edu（97.05.09）

研討會、學位論文等。「好站連結」部分，所提供之連結項目，包括有：學術單位、時事、政府機構、資料庫檢索、公費留學、高普考、補助研究生出席國際會議、他校連結等。

4. 國立彰化師範大學教育研究所[74]

國立彰化師範大學教育研究所成立於民國八十五年，招收碩士班研究生，自民國九十二年度起開始招收博士班研究生。

在該所網站中，有關教育研究資源之連結，有「網路資源」，所提供之連結項目，包括有：國內主要教育系所、國外教育相關資源、其他教育相關網站等。

5. 臺北市立教育大學教育學系[75]

臺北市立教育大學教育學系是由國民教育研究所與教育學系合併而成。國民教育研究所成立於民國八十一年，原名稱為初等教育研究所，於民國八十五年更名為國民教育研究所，自民國八十九年起設立博士班，後於民國九十六年與教育學系合併。

在該系網站中，有關教育研究資源之連結，主要有教育部九十六年度人文社會學科學術強化創新計畫之「兒童中心教育思想研讀」以及前三年之「文化認同經典閱讀」。

6. 國立新竹教育大學教育學系[76]

國立新竹教育大學教育學系是由教育研究所與教育學系合併而成。教育研究所成立於民國八十二年，原名稱為國民教育研究所，招收碩士班研究生，自民國九十一年起設立博士班，並於民國九十三年更名為教育研究所。後於民國九十四年因該校改制為大學，教育學系乃與教育研究所合一。

---

[74] 國立彰化師範大學教育研究所
　　http://edugrad.ncue.edu.tw（97.05.09）
[75] 臺北市立教育大學教育學系
　　http://www.tmue.edu.tw/~primary（97.05.09）
[76] 國立新竹教育大學教育學系
　　http://www.nhcue.edu.tw/~gee（97.05.09）

在該所網站中，並未提供有關教育研究資源之連結。

7. 國立臺中教育大學教育學系[77]

國立臺中教育大學教育學系是由「初等教育學系」及「國民教育研究所」整併而成。「初等教育學系」創立於民國七十六年，「國民教育研究所」源自成立於民國八十一年之「初等教育研究所」，後於民國八十四年更名為「國民教育研究所」，自民國八十九年起成立博士班。自民國九十三年為配合系所事權的統一、教育資源的充分運用及教育目標的改變，將「初等教育學系」及「國民教育研究所」予以合併，並將系名更改為「國民教育學系」，又於民國九十五年改名為「教育學系」。

在該系網站中，有關教育研究資源之連結，主要有「網路連結」，所提供之連結項目，包括有：教育社群、行政單位、教育相關組織、教育資源、師範院校、搜尋引擎等。

8. 國立臺東大學教育學系（所）[78]

國立臺東大學教育學系前身為「臺灣省立臺東師範專科學校國校師資科（後改稱普通科）」，民國七十六年改制為「臺灣省立臺東師範學院」，並招生第一屆新生，民國八十年校名改為「國立臺東師範學院」，民國九十二年再改名為「國立臺東大學」，本系即改名為「國立臺東大學初等教育學系」，民國九十四年再改名並與「教育研究所」合併為「教育學系（所）」。教育研究所於民國八十三年起招收碩士班研究生，博士班則是於民國九十三年設立。

在該系（所）網站中，有關教育研究資源之連結，有「教育資源」，所提供之連結項目，包括有：國內主要教育系所、國外教育相關資源、其他教育相關網站等。

---

[77] 國立臺中教育大學教育學系
http://192.83.167.230（97.05.09）
[78] 國立臺東大學教育學系（所）
http://edu.nttu.edu.tw/edu（97.05.09）

9. 國立中正大學教育學研究所[79]

國立中正大學教育學研究所於民國八十五年成立，招收碩士班研究生，民國八十八年開設博士班。

在該所網站上所提供之有關教育研究的資訊資源連結，主要有「學術活動」與「相關連結」。「學術活動」部分，所提供之連結項目，包括有：研討會公告、研討會成果、演講公告、研究計畫、研究成果、國際學術交流等。「相關連結」部分，所提供之連結項目，包括有：各國教育部、各縣市教育局、各校教育研究所、教育資源區、重要刊物連結等。

10. 國立交通大學教育研究所[80]

國立交通大學教育研究所的前身為民國八十五年設立之「師資培育中心」，基於教育改革亟需教育研究與教學之專業人才，乃於民國九十年成立本碩士班，包含四個專業領域分別招生：「教育行政與政策」、「教育心理與諮商」、「科學教育」、「數位學習」，並在民國九十五年招收博士班。

在該所網站中，有關教育研究資源之連結，有「好站介紹」，所提供之連結項目，包括有：各大專院校教育相關系所、各大專院校師資培育中心、國內教育相關網站、國外教育相關網站等。

11. 國立中山大學教育研究所[81]

國立中山大學教育研究所成立於民國八十七年，以培養教育研究人才、加強科技整合、進行教育學術研究、推動教育學術國際交流為目標，自民國九十二年度起開始招收博士班研究生。

在該所網站中，並未提供有關教育研究資源之連結。

---

[79] 國立中正大學教育學研究所
http://www.ccunix.ccu.edu.tw/~deptedu/（97.05.09）
[80] 國立交通大學教育研究所
http://www.ied.nctu.edu.tw（97.05.09）
[81] 國立中山大學教育研究所
http://140.117.20.100/index.html（97.05.09）

12. 國立成功大學教育研究所[82]

國立成功大學教育研究所成立於民國八十五年，招收碩士班研究生，博士班則是成立於民國九十五年。

在該所網站上所提供之有關教育研究的資訊資源連結，主要有「網路資源」，所提供之連結項目，只包括數個校內外之機構、組織。

以上是國內設有博士班之教育相關系所，針對教育研究之網路資源的整理與服務。雖然不是每一個系所都有提供類似的服務項目，不過從中也大致可以看出整理網路資源對於進行教育研究的重要性，以及一般而言，對於何謂教育研究網路資源之類型、範圍的看法。

（二）教育團體組織

經檢索內政部「人民團體資訊網」，名稱中有「教育」兩字者計三百八十二個，其中屬於學術文化團體類型者，亦有二百七十六個。[83]這麼多有關教育之團體組織，無法個別一一檢視其對於教育研究資訊資源的服務情況，故參酌謝文全教授「教育學門相關學會之介紹」[84]一文所舉例之學會，並以會務活動較為活躍，持續進行教育相關的研究與討論，有參加中華民國教育學術團體九十六年度聯合年會，而且設有網站可瀏覽其學會資訊者為主，分析其網站對於教育研究資訊資源服務的情況，茲分述如下：

1. 中國教育學會[85]

在該學會網站中，有關教育研究資源之連結，有「相關網站」，所提供之連結項目，包括有：歐洲、英國、美國等國家之教育研究學會。

---

[82] 國立成功大學教育研究所
http://www.ncku.edu.tw/~educate/Ed（97.05.09）
[83] 內政部人民團體資訊網
http://cois.moi.gov.tw/moiweb/web/frmHome.aspx（97.05.09）
[84] 謝文全。「教育學門相關學會之介紹」。人文與社會科學簡訊，5 卷 4 期（民國 95 年 8 月），17-29 頁。
[85] 中國教育學會
http://academic.ed.ntnu.edu.tw/~ces（97.05.09）

2. 中華民國師範教育學會[86]

在該學會網站中，有關教育研究資源之連結，有「網路資源」，所提供之連結項目，包括有：教育行政機關、教育學術及研究機構、師資培育機構、搜索引擎等。

3. 中華民國比較教育學會[87]

在該學會網站中，有關教育研究資源之連結，有「相關連結」，所提供之連結項目，包括有：Comparative Education Societies、Comparative Education、Centres、Universities、Journals 等。

4. 中華民國體育學會[88]

在該學會網站中，有關教育研究資源之連結，有「體育資源」，所提供之連結項目，包括有：政府機關、單項協會、相關網站，不過內容卻是一樣。

5. 中華民國空中教育學會[89]

在該學會網站中，有關教育研究資源之連結，有「友好網站連結」，所提供之連結項目，包括有：國內空中教育機構、e-learning、遠距教學、學校單位、終生學習、教育學會網站連結等。

6. 中華民國特殊教育學會[90]

在該學會網站中，有關教育研究資源之連結，有「相關連結」，所提供之連結項目，包括有：特教法規、資源連結。

---

[86] 中華民國師範教育學會
http://academic.ed.ntnu.edu.tw/~norm（97.05.09）
[87] 中華民國比較教育學會
http://www.ced.ncnu.edu.tw/ccest（97.05.09）
[88] 中華民國體育學會
http://www.rocnspe.org.tw（97.05.09）
[89] 中華民國空中教育學會
http://www.edu-on-air.org.tw（97.05.09）
[90] 中華民國特殊教育學會
http://searoc.aide.gov.tw（97.05.09）

7.中華民國教材研究發展學會[91]

在該學會網站中，有關教育研究資源之連結，有「教育連網」，所提供之連結項目，包括有：國內教育資源、國外教育資源等。

8.中華民國課程與教學學會[92]

在該學會網站中，有關教育研究資源之連結，有「相關連結」，所提供之連結項目，包括有：相關高等教育研究單位、國內、國外、課程研究網路資源、課程與教學設計資源等。

9.中國輔導學會[93]

在該學會網站中，有關教育研究資源之連結，有「網站連結」，提供與該學會性質相近之機構、組織之連結。

10.臺灣教育社會學學會[94]

在該學會網站中，有關教育研究資源之連結，有「學術組織」和「教育資源」。兩者所提供之連結項目，事實上是一樣，乃是一些國內外相關機構、組織之連結。

11.臺灣教育傳播暨科技學會[95]

在該學會網站中，有關教育研究資源之連結，有「網路資源」，所提供之連結項目，包括有：國內相關機構、國內相關院校、國外相關機構、國外相關院校、其他資源等。

---

[91] 中華民國教材研究發展學會
http://www.trd.org.tw（97.05.09）
[92] 中華民國課程與教學學會
http://www.aci-taiwan.org.tw（97.05.09）
[93] 中國輔導學會
http://cga.myweb.hinet.net（97.05.09）
[94] 臺灣教育社會學學會
http://academic.ed.ntnu.edu.tw/~tase（97.05.09）
[95] 臺灣教育傳播暨科技學會
http://www.taect.org（97.05.09）

12.公民與道德教育學會[96]

在該學會網站中，有關教育研究資源之連結，有「好站連結」，提供幾個與該學會性質相近之機構組織的連結。

以上所列舉者，乃是在其網站中有提供教育研究相關資訊資源之學會，除此之外，設有網站但是沒有提供類似服務之學會，則包括有：中華學生事務學會[97]、中華溝通障礙教育學會[98]、中華民國商業職業教育學會[99]、中華民國社區教育學會[100]、中華民國成人及終身教育學會[101]、中國工業職業教育學會[102]、中國測驗學會[103]、中華圖書資訊學教育學會[104]等等。

至於沒有設置網站之學會，因無法提供網路資源連結之服務，故不再分述。

第三節　教育研究資訊資源服務綜合評析

現今國內有關教育研究資訊資源服務的相關作為與設施，詳如本章第一節及第二節之說明分析。這些作為與設施對於支援國內教育研究的

---

[96] 公民與道德教育學會
http://cve.ntnu.edu.tw/webs/civic_edu/index.htm（97.05.09）
[97] 中華學生事務學會
http://overseas.dsa.fju.edu.tw/中華學生事務學會/index.html（97.05.09）
[98] 中華溝通障礙教育學會
http://www.twcda.org.tw（97.05.09）
[99] 中華民國商業職業教育學會
http://www.cves.org.tw（97.05.09）
[100] 中華民國社區教育學會
http://cces2007.myweb.hinet.net（97.05.09）
[101] 中華民國成人及終身教育學會
http://www.caea.org.tw（97.05.09）
[102] 中國工業職業教育學會
http://www.ie.ntnu.edu.tw/new/ch/index.html（97.05.09）
[103] 中國測驗學會
http://www.capt.tw（97.05.09）
[104] 中華圖書資訊學教育學會
http://www.calise.org.tw（97.05.09）

成效如何？是否真正滿足教育研究者之需求？與國外相關的服務相比，是否仍有待改善之處？又如何留意未來的發展，以盡早規劃更加完善的服務？諸如此類的相關問題，則值得進一步分析。

以下就：教育研究資訊資源服務之廣度的評析、教育研究資訊資源服務之深度的評析、教育研究資訊資源服務之綜合評析與未來發展等三方面，逐一綜述評析。

一、教育研究資訊資源服務之廣度的評析

教育研究資訊資源服務的基礎，乃在於必須廣納所有的教育研究資訊資源，意即必須將屬於教育研究資訊資源範圍之內的所有相關資訊資源，全部予以收錄齊全，才算是完成資訊資源服務的初步階段。

有關教育研究資訊資源的範圍詳如第一章第四節之分析，茲以資訊媒體的型式以及資訊體裁的類型為基礎，評析國內目前教育研究資訊資源服務之廣度。

（一）教育研究資訊資源媒體的型式

由於任何的資訊資源不可能憑空存在，一定是要以某種文獻符號系統，透過某種記錄方式，附著於某種媒體之上，才能夠被傳播、徵集與利用。因此，在討論資訊資源的範圍廣度時，就經常是以媒體的型式為基礎，作為分析的類別項目。以下即分為紙質文獻、非書資料、網路資源等媒體型式，綜述如下：

1. 紙質文獻

雖然是在數位化的網路時代，紙張仍是極為重要的資訊傳播媒體。而在紙質的文獻資訊資源中，不論是圖書專著、期刊論文、學位論文、研究報告、會議論文等等，根據本章第一節之分析，國內多已有相關的機制，或是依據相關的法規，用以徵集這些不同類型的文獻，並且建置成為資料庫系統，以利檢索使用。就教育研究者而言，可以透過這些不同的資料庫，利用系統所提供的多樣檢索點，查詢其所需的資訊資源。

因此，整體來說，若要檢索、利用刊載在紙質文獻上的教育研究資訊資源，較為便利也較能滿足使用者所需，只是在完整性以及事權統一等方面，則稍有待加強。

以圖書專著、期刊論文、學位論文等而言，因必須要註記「國際標準書號」、「國際標準期刊號」或是成為研究生畢業離校程序等緣故，較具強制性的規範，因此收錄這些類型文獻的資料庫系統，就較為完整，也比較能夠全面查到所有的資訊資源。然而相較之下，雖然亦有相關的收錄機制與資料庫系統，不過像研究報告、會議論文等資料類型的檢索與利用，就不如圖書專著、期刊論文、學位論文等。例如即使是中央部會機關有關教育的專案研究報告，也不完全被收錄於「政府研究資訊系統」之中，又如各大專校院經常舉辦各種有關教育之學術研討的相關論文，也沒有全部呈現在「學術會議論文摘要」中，而甚為可惜的是，「學術研討會訊息報導」亦不再提供服務，意即更不容易查詢國內最近到底舉辦那些有關教育議題的學術研討會。所以，有了徵集機制之後，更重要的是要能夠確實執行，或是配以相關的強制性，才能夠真正收錄齊全，並發揮其效益。就完整收錄、典藏國家之文獻而言，這是值得有關單位重視的課題。

其次又如有關政府出版品的徵集與利用，由於政府出版品除了要向國家圖書館申請「國際標準書號」之外，還必須向行政院研究發展考核委員會所建置之政府出版品網申辦「政府出版品統一編號」，以致曾經出現過好幾個有關政府出版品的資訊網，例如國家圖書館的「中華民國政府出版品目錄查詢系統」、「政府文獻資訊網－政府出版品查詢系統」，以及行政院研究發展考核委員會的「GPNet（Government Publications Net, GPNet）政府出版品網」、「OPEN（Official Publications Echo Network, OPEN）政府出版資料回應網」等，讓使用者感到困惑，到底那一個資料庫系統最為齊全完整，還是必須逐一個別檢索每一個資料庫系統，才能夠查全所需的文獻資料呢？即使後來經過整併，至今仍有兩個資料庫系統，對於一般不是熟悉政府出版品作業程序者而言，仍會不知所措。因此，有關政府出版品之彙整，如何讓使用者更容易瞭解、利用，也是值得有關單位再評估。

　　至於同屬紙質文獻的報紙，因為多為企業界之報社所發行，所以圖書資訊學界所能提供的服務，主要是偏重在館藏報紙的聯合目錄方面，讓使用者得以快速檢索出何圖書館收藏有何報紙、何年代月份、是何種型式等訊息。至於報紙的全文內容，則是要靠各報社的作為。近幾年來各報社除了同步發行網路數位與紙本等兩種版本之外，對於過去早期發行的舊報紙，也都進行回溯數位化並建置成資料庫，以供各界選購使用。檢視這些由不同報社所建置的報紙資料庫，因授權委託製作之單位不同，故有不同的檢索功能與介面，有些版本若與圖書資訊學界所開發之各種資料庫系統的功能相比，似乎少了一些較具結構性欄位的查詢功能，以致使用者並不容易從指定版次、新聞性質等進行檢索。不過有些報社之新聞資料則開闢各種熱門話題的專卷服務功能，將當下之熱門新聞予以彙整一處，極利使用者瀏覽閱讀，則是相當不錯的服務功能。

2.非書資料

　　至於非紙質的媒體部分，目前較為有制度的是有關錄音資料以及音樂性錄影資料的徵集，因為必須於發行之前申請「國際標準錄音錄影資料代碼」，國家圖書館亦建置有相對應的資料庫系統可供查詢，故較能據以檢索到所需的相關資料。然而除此之外的其他類型的視聽資料、非書資料以及電子媒體出版品等，例如：地圖、盲人點字書、教育性指導性的影片及錄影帶、錄音帶或光碟版的有聲書、縮影型式出版品、公開發行電子出版品（磁片、機讀磁帶、光碟片等）以及混合型媒體出版品等等，雖依規定必須於出版發行之前，申請辦理「國際標準書號」，故理應等同一般圖書專著等，可以透過國家圖書館的「ISBN 全國新書資訊網」，查檢出所要的資訊資源，只是其實施成效似乎並不如一般圖書專著那樣確實完成申請記錄，以致比較無法全面掌握所有的出版訊息。其次，即使是透過「ISBN 全國新書資訊網」查詢，由於該資訊網之書目資料庫的檢索欄位並未提供不同型式媒體之選項，以致亦不易查出有何不同媒體型式之新近出版品。

　　所以為了增進對於非書資料的掌控與利用，國家圖書館的「ISBN 全國新書資訊網」應增加不同媒體型式的檢索選項，才能滿足使用者的需

求。其次從國外相關作為的啟發，也可提昇我國對於非書資料之徵集與利用的效能。例如從美國之「National Information Center for Educational Media, NICEM」的資料庫「NICEM Film and Video Finder Online」中，即可檢索四十四萬筆書目資料，涵蓋六十四萬件各個主題的非書資料。[105]此外在早期還曾經出版發行過例如「Guide to Microforms」、「Video Source Book」、「AV Online」等等相關的書目，對於查找不同類型的非書資料極有助益。雖然以往的非書資料以及視聽資料，目前多已轉換成為數位型式發行，不過從國外的相關例子來看，為了增進對於承載資訊之不同類型媒體的利用，不論公私部門，最好都要建置相對應的書目工具或是資料庫，才能夠落實並滿足徵集與利用之需求。

　　另外還有幾種經常可以作為反映社會現象的視聽媒體資訊，例如：廣播、電視、電影等，這些類型的媒體資訊也許不與教育研究直接相關，不過卻經常可以作為教育發展狀況的佐證，因此仍有典藏與利用的價值，也不時在相關的報章雜誌看到必須妥善保存典藏的呼籲，不過就目前的情況來看，還多要仰賴各廣播電臺、電視臺以及電影製片廠的個別努力。近年來因受數位典藏之觀念的影響，又加上行政院文化建設委員會相關專案計畫以及「數位典藏國家型科技計畫」[106]的資助，有些已有初步的成果可以檢索利用，例如在國家圖書館之「臺灣記憶」[107]網站，即可查詢、瀏覽早期臺灣電視公司的電視新聞報導。綜合來說，往後對於此類媒體資訊的利用，則可以行政院文化建設委員會的「國家文化資料庫」[108]以及前述「數位典藏國家型科技計畫」的數位典藏聯合目錄為代表。

---

[105] National Information Center for Educational Media
　　　http://www.nicem.com/about.htm（97.05.09）
[106] 數位典藏國家型科技計畫
　　　http://digitalarchives.tw（97.05.09）
[107] 臺灣記憶
　　　http://memory.ncl.edu.tw（97.05.09）
[108] 國家文化資料庫
　　　http://nrch.cca.gov.tw/ccahome（97.05.09）

3.網路資源

在各種教育研究資訊資源媒體當中，就以網路資源最難以徵集，而且目前國內尚缺乏妥善的機制來保存。由於網路資源的性質極為複雜，而且變動性又極為快速，因此幾乎無法比照例如圖書等出版品，有所謂的確定出版日期、版本、頁數、高廣等資料，可於出版發行之前予以記錄。因此就網路資源的保存而言，應該還是要仿照國外的相關作為，建置全國性的「網路資源備份保存網站」，以保存當前的各種網路資源，這還需要各領域之相關部門共同研商。

至於網路資源的利用方面，多是由各圖書館、教育相關系所和教育團體組織，根據其研究主題需求，收集常用、適用的網路資源，條列分類並建置成為入口網站的形式，提供連結之功能，以利使用者進一步點取利用。然而就分析各相關網站的作為可以發現，以這種方式提供服務是有其便利之處，然而確也有待改進的地方。茲歸納為：收錄範圍、更新維護、操作介面等三方面，分述如下。

就收錄範圍而言，根據相關圖書館以及前述「教育相關系所、教育團體組織所彙整之教育研究網路資源」所分析之連結來看，各網站所提供的項目、內容與範圍，一般而言，多是提供相關機構、組織之清單為主。例如羅列與教育有關之系所、師培中心、教育學程、相關學會組織、教育行政主管部門等等，其次則是常用的圖書館、資料庫系統、電子期刊以及網路蒐尋工具，另外只有一二個網站有提供相關時事、專題演講、教育論壇、學術研討會等等之相關訊息。再者就收錄的數量來看，大致來說也不是很多，少者僅條列五六項連結，多者亦不過數十個，而學會組織網站所提供的教育研究資訊資源，因受限於主題領域更為集中，故項目與數量就更為精簡。所以，整體來說，目前國內各圖書館、教育相關系所、教育團體組織所彙整、提供之教育研究網路資源，在範圍與數量等方面，已有初步的基礎，不過尚有待繼續發展的空間。

再者就網路資源的更新維護而言，由於網路資源的特性之一就是變動性，故網址與內容也長處於變動的情況，所以必須經常更新維護所提供的網路資源服務，才不會有失效或是無法連結的情況發生。然而由於所分析之網站，多不是專門的教育研究資訊資源服務網站，乃是圖書館

或是相關系所、組織的附屬服務項目之一，在不見得有專人專職負責的情況之下，提供過時或不復存在之網路資源的現象就經常出現，甚至有的已數年都未更新維護。這對於原本是要提供便利服務的良好美意而言，似乎就大打折扣，也是值得注意與改進的地方。

最後就操作介面而言，由於所收錄之網路資源的範圍與數量都不是很多，因此，國內相關網站所提供之教育研究資訊資源服務的使用操作介面，幾乎都是以性質分類條列項目提供點取使用。這是因為範圍與數量不足，故也是簡便的方式。然而若從國外的相關實例來看，例如第四章第一節所分析之「Social Science Information Gateway, SOSIG: Education」、「The Gateway to Educational Materials, GEM」、「The Internet Public Library, IPL: Education」、「The Educator's Reference Desk: Resource Guides」等網路型式的教育研究資訊資源指引，所提供的網路資源種類多樣，而且還能連結相關學科主題之會議訊息、最新消息、尋找志同道合者，甚至具有個人化服務之功能等等。又由於收錄資訊資源的種類、數量較多，故除了可以使用瀏覽方式查詢之外，有的還具有檢索的功能，可以更精確找出所要的資訊資源。為了讓使用者更加瞭解各筆資訊資源的性質、功用，每筆資訊資源還經常附有簡介說明。這些在國外一些較為專業之教育研究資訊資源網站常見的使用介面與功能，卻不多見於目前國內的相關網站，因此，值得觀摩仿效，以提昇服務的品質。

（二）教育研究資訊資源體裁的類型

其次也可以從體裁類型的種類，分析教育研究資訊資源服務的廣度。所謂資訊的體裁，意指資訊被整理編輯後，所呈現的排列方式。就一般之圖書文獻資訊而言，其排列方式大致有兩種：一是依照主題，將相關資訊以該主題能夠被瞭解之章節次序的邏輯結構方式排列。另一種則是以易於檢索的方式來排列，其目的原則上不是作為通書瀏覽閱讀之用，而是用來查檢使用，故傳統上多以參考工具書稱之，後來則多稱為參考資料或是參考資源。現今所探討的範疇，主要是以後者為主。

就國內所出版之教育研究參考工具書，根據表六之一近七年國內出版各類型參考工具書暨教育學類參考工具書綜合統計表之分析可以發

現，近七年（民國八十九年至九十五年）國內出版發行的參考工具書總共有六千五百一十七種，其中屬於教育學類者有三百二十八種，約占百分之五。在這三百二十八種教育學類的參考工具書中，各體裁類型依種數多寡，依序為：統計（一百零六種）、手冊（九十四種）、名錄（五十一種）、法規（二十八種）、年鑑（二十七種）、字典辭典（十八種）、書目（二種）、百科全書（二種）。

從以上之統計數據來看，近七年來的教育研究參考工具書主要是集中在統計、手冊、名錄等類型，檢視其題名內容，其中不乏業務統計、遊學指南、學校名錄等性質的參考工具書。其次則是法規、年鑑、字典辭典等，基本上，法規亦是屬於業務規範的工具，年鑑則是屬於年度業務總結的報告分析，字典辭典則是用於釐清名詞之意義。作為統整、查檢相關訊息來源的書目，以及扼要呈現某些概念使用的百科全書，七年內則只有各二種而已。至於其他體裁類型的參考工具書，包括：索引、年表、大事記、各種目錄、傳記參考資料、地理參考資料、圖鑑等，則都沒有相關的出版品。

綜合以上的分析可以發現，國內出版發行之有關教育研究之參考工具書的體裁類型，多是偏向業務有關之統計、手冊、名錄、法規、年鑑等性質的參考工具書，這對於分析、研究教育現況之發展，是有相當大之助益。然而特別是可以當作檢索各種教育研究資訊資源來源使用的索引，卻都不見出版發行，而同屬於指引性質參考工具書的書目，也只有兩種而已。就此現象而言，也凸顯出國內出版發行，作為支援教育研究使用之參考工具書的偏頗與不足之處。

二、教育研究資訊資源服務之深度的評析

除了從廣度分析之外，亦可以從深度的層面分析目前國內教育研究資訊資源服務的現況。所謂資訊資源的服務深度，意指資訊的加值層次，包括有：外表資訊的加值、整體資訊的加值、內容資訊的加值、精粹資訊的加值、深度資訊的加值、相關資訊的加值等，詳見第一章第四節「教

育研究資訊資源的範圍」之分析。茲以之為架構，將目前國內教育研究資訊資源服務之現況，綜述如下。

（一）外表資訊的加值

所謂外表資訊的加值是指將每一筆資訊的外部特徵，例如：題名、作者、出版者等相關項目予以記錄，再建置成為目錄或是書目資料庫。由於已有適用的各種編目規則、機讀格式、分類表、標題表、主題詞表等等，作為整序與標引的工具，詳如第三章第三節「教育研究資訊資源的標引與整序」之分析。因此，整體來說，有關教育研究資訊資源之外表資訊的加值，多已有規範可遵循，同時也多已建置成為各種不同資料類型的書目資料庫，例如「ISBN 全國新書資訊網」、「全國博碩士論文資訊網」等等可供檢索使用，所以，就外表資訊的加值這一面向的相關作為而言，是值得肯定的。

（二）整體資訊的加值

其次可以從整體資訊之加值的面向來分析。所謂整體資訊的加值是指以一種概述性的方式，提供資訊的內容特點，其具體的作法包括有：提要、注語和摘要等。就這一面向而言，雖然還不是很理想，但是也逐步精進中。例如「ISBN 全國新書資訊網」所收錄的新書資訊，也逐漸附記有內容簡介或是書評；「全國博碩士論文資訊網」的每一學位論文資料，也都附有研究生自行撰寫的摘要；「教育論文線上資料庫」所收錄的文獻，也附記有相關的摘要。這些作為十分有助於使用者在查閱文獻全文之前，就能瞭解其內容大要，進而能夠判斷是否真正符合所需。

雖然目前在整體資訊的加值方面，已有相關的措施與成效，不過從國外的相關例子，亦可以提供進一步改進之參考。例如美國國會圖書館所記錄的新書資訊，內容還包括該書的目次，這樣更能幫助讀者瞭解全書的大要。再者例如 Silver Platter 版本的 Books in Print，收錄每一筆圖書文獻的各種書評，使查檢時亦能一併瀏覽該書的書評，十分便利讀者使用。

由於國內除了早期的「書評書目」，以及後來國立臺中圖書館的「書評」和臺北市立圖書館的「書評索引」，是曾經刊載或是收錄有關圖書文

獻的書評刊物之外，尚缺乏可以查檢整體資訊加值之成果的工具。此外也不多見例如「中國學術名著提要：教育卷」[109]、「西方教育學名著提要」[110]之類的相關參考資源。因此整體來說，國內有關整體資訊的加值之相關作為，還有不少可以再發揮的空間。

（三）內容資訊的加值

內容資訊的加值是指深入資訊內部，針對有用的資訊，例如：字、詞、句、段等予以揭示標引其所在之位置，以便利讀者查找利用。由於拜資訊科技便利之賜，今日對於內容資訊加值的處理效能已大為提昇，不必再像過去那樣以人工逐一填記卡片再彙整處理，只要透過數位化全文檢索的方式，即能快速查找到全文內容中的任一字、詞、句等，十分有效率。

雖然已有相關的技術可增進內容資訊加值的處理與利用，不過目前仍然有三項仍待改進的地方。一是各種、各筆的教育研究資訊資源都必須數位化成為電子書，才能夠快速進行內容資訊的加值與利用，不過就目前的情況而言，數位化的情況似乎還不是十分普遍；至於以紙本型式出版發行的圖書文獻，由於國內並未強制於書後必須附有索引，因此也不容易找出隱含在書中之某一字、詞、句、段的所在位置，這些都是有礙內容資訊加值的需求與利用。二是即使數位化，但是由於目前電子書的發展仍處於規格尚未統一的局面，因此勢必阻礙彼此之間的交流，當然也就會影響資訊資源之內容資訊加值的處理與利用。三是對於字、詞等之內容資訊加值的處理，看似簡易，只要全文檢索即可達到目的，然而若進一步細究之，則發現事實並不盡如此。由於同屬一概念的字詞，不同的作者可能會用不同的異體字、相關詞、同義詞等來表達，如此情況並不是簡單用全文檢索即能查檢出所要的字詞概念所在。因此除了全文檢索功能之外，仍需要搭配例如字詞對照、主題詞表等之工具，才能真正發揮功能並滿足所需。這也將造成內容資訊加值的難度。

---

[109] 張瑞璠、金一鳴主編。<u>中國學術名著提要：教育卷</u>（上海市：復旦大學出版社，1996年10月）。

[110] 單中惠、楊漢麟主編。<u>西方教育學名著提要</u>（臺北市：昭明出版社，民國91年3月）。

（四）精粹資訊的加值

精粹資訊的加值是以比較鑑別的方法，選取價值高的整體或局部資訊，提供資訊的精華，以滿足使用者對實質性資訊的需求。其具體方式有二，一是資訊彙編，即針對某一學科領域、專題範圍的資訊進行鑑選、匯集、整理；二是專題選粹，意指根據既定要求，有針對性地摘錄資訊片斷按類編排，以供查考和徵引。

就國內教育研究資訊資源之精粹資訊加值的情況而言，在資訊彙編方面，例如國立臺灣師範大學教育研究中心曾編印「中華民國教育研究資訊彙編」，不過其內容僅收錄民國八十二年一月至民國八十五年十二月期間，國內各公私立機構所完成之教育專題研究報告及研討會論文，因此嚴格來說還不算是完整理想的資訊彙編。其次在專題選粹方面，早在多年前為因應教育研究之需求，即注意到專題選粹之重要性，因此也曾出現過幾種名稱上特別標示文摘的相關刊物，例如：「教育文摘」、「教育資料文摘」等，不過現今多已不復見。相對的，雖然缺少統整性的教育研究專題選粹工具，不過各教育相關專業團體組織，也常在其刊物中，選粹編譯國內外與該領域主題範圍相關之最新發展或是重要文獻的精粹，以供其所屬會員獲知最新的訊息與成果。這種作法也常見於其他學科領域。

所以整體來說，有關教育研究資訊資源的精粹加值，雖已有個別的作法與成就，不過尚缺乏統整性之有關教育研究的資訊彙編或是專題選粹。

（五）深度資訊的加值

所謂深度資訊的加值是以研究和評價的方式，解決資訊的優劣和有關資訊的有效組合問題。其具體方式有二，一是評論，依照內容特點，可再分為評介性的評論和評判性的評論兩種；二是綜述，意指在分析、比較、整理、歸納一定時空範圍內的有關特定課題研究的全部或大部分資訊的基礎上，簡明論述其中最重要的部分。

一般而言，大約累積三十篇相關的文獻，才會有一篇綜述、述評或是評論。由於深度資訊的加值乃是彙集許多某一學科主題的相關資料之後，再予以綜合、分析其間的意義、發展、趨勢等，具有極高的參考價

值，因此，是否出現綜述、述評或是評論等相關文獻，也常成為衡量某一學科主題是否已成熟發展的指標之一。凡是經常性出現此類文獻的學科，大致上也反映出此學科主題的學術研究較為發達。

與美國有例如「科學評論索引」（Index to Scientific Reviews, ISR）檢索工具，每年收錄源自二百種評論性期刊以及二千六百種一般性期刊中，有關評論性的文章約六萬四千筆之情況相比，國內不僅少見專門性的評論索引工具，也不多見有關教育研究之綜述、述評或是評論的文獻。倒是近年來在行政院國家科學委員會的「人文與社會科學簡訊」中，偶而刊載各個學門、學科的成就評估報告可供參考。

因此，就國內的現況而言，實在有必要加強深度資訊加值的機制與作為，這對於查找、瞭解、掌握教育研究的學術進展，以及提昇教育研究的水準，將有極大之助益。

（六）相關資訊的加值

相關資訊的加值是指資訊的外延和擴展，意即將有關的資訊予以鏈結，以便利檢索與利用。最常見的相關資訊加值即是引文索引（citation index），透過引文索引的鏈結，得以查檢出相關資訊的發展脈絡關係。

由於國內有關引文索引的發展較慢，近幾年才有例如「臺灣社會科學引文索引資料庫」（Taiwan Social Sciences Citation Index, TSSCI）的建置，由於其資料庫內容仍持續增加中，涵蓋的年分尚不完整，而且教育學門的期刊僅收錄九種，包括：「師大學報：教育」、「特殊教育研究學刊」、「教育政策論壇」、「教育研究集刊」、「教育學刊」、「當代教育研究」、「臺灣教育社會學研究」、「課程與教學」、「藝術教育研究」等[111]，這九種似乎也未完全涵蓋教育學門的所有細分學科。因此，整體來說，國內雖然目前已有相關的機制可用來查找教育研究之相關資訊加值的鏈結關係，不過在適用的範圍方面，則尚有待繼續充實。

---

[111] 2007 年 TSSCI 資料庫收錄期刊名單
http://ssrc.sinica.edu.tw/ssrc-home/2007-10.htm（97.05.09）

　　其次值得關注的是有關「語意網」之資訊技術功能的發展。原則上引文索引所鏈結的是各篇文獻之間的關係，不過有時候研究所需的是各篇文獻內某一字詞或是概念的關係，此種需求就並非是引文索引所能及，可能就要靠未來例如「語意網」相關技術的協助。這也就是說，教育研究相關資訊的加值，在未來還有極大的發展空間。

三、教育研究資訊資源服務之綜合評析與未來發展

　　教育研究資訊資源服務乃是整體資訊資源服務之一環，同時也是支援教育研究的必要措施，對於提昇教育研究的效能，具有決定性之影響。因此，各個國家包括我國在內，莫不致力於建置教育研究資訊資源的相關設施與服務，經過多年的努力，也已有相當程度的成果展現在全民面前。然而展望未來，如何保有現有之基礎，並隨時因應時代之變化，調整其服務內涵，進而滿足使用者之需求，則是當前探討、規劃教育研究資訊資源服務的重要課題。

　　茲以前述章節之分析所得為基礎，綜合評析當前教育研究資訊資源服務的現況，並提出未來的發展方向，以作為規劃未來之教育研究資訊資源服務所用。

（一）綜合評析

　　有關國內教育研究資訊資源服務之相關措施，詳如前述之分析，茲分為機制設施與實施成效兩項，綜述如下：

1.機制設施

　　整體來說，國內對於教育研究資訊資源的服務，多已有相關的機制設施，以進行資訊資源的徵集、整理並提供服務。這些設施有些是源自於整體性的機制，例如由國家圖書館主導，針對不同資料類型之資訊資源所建置的各種資料庫，藉由這些資料庫即可從中檢索、獲取進行教育研究時所需之文獻資料，大致來說還算便利。

　　以上是指針對個別不同資料類型、不同資料庫的檢索與利用。然而就使用者而言，面對這麼多不同的資訊資源，可能會有兩個問題與需求，一是如何得知到底有那些可用的資訊資源，二是如何更可效率使用這些分散多處的資訊資源。就第一種需求而言，編輯適用的資訊資源指引，乃是解決問題的方式；至於第二種需求的解決途徑，則必須由集中式的教育圖書館以及教育研究資料庫來提供服務。

　　綜合來看，國內有關教育研究資訊資源指引的服務並不多見，與美國已編印不少紙本式或是網站型的教育研究資訊資源指引之情況相比，似乎還有不少有待發展的空間。由於資訊資源指引能提供有關有那些、從何處可獲取研究所需之資訊資源的訊息，對研究者而言，是必備的重要參考工具，如要提昇國內教育研究的水準與成效，這是必須努力改善之處。

　　至於教育圖書館的設置與服務，則是一種集中彙整相關文獻資料，以便利讀者瀏覽使用的方式。原本國內有好多所以教育研究為主軸的師範大學和師範學院，其圖書館乃以收藏豐富的教育研究相關資料為特色，例如國立臺灣師範大學圖書館即是一例，可謂是教育圖書館的代表之一。然而近年來，由於國家師範教育政策的變革，使得這些原來以教育研究為本的師範大學和師範學院，紛紛調整其系所結構，朝向多元化、綜合型之大學發展，影響所及，教育研究不再是該等學校的最主要發展方向，相伴而來的，其圖書館的收藏也不再以教育研究相關資料為特色。其次以收藏教育相關資料為宗旨的國立教育資料館，由於正逢組織重整期間，期待未來若正式納入國家教育研究院之後，更應該發揮國家級、統整性之教育研究資訊資源服務的功能。

　　再者就滿足使用者只需透過統一介面，即能檢索到所有不同資料類型之資訊資源的需求而言，建置一整合型的資料庫，則是資訊化數位時代的必要作為。目前國內有關教育研究之文獻資料庫系統，主要有二，一是由國立臺灣師範大學圖書館建置的「教育論文線上資料庫」，另一則是由國立教育資料館建置的「教育論文全文索引資料庫」。不過若與美國「教育資源資訊中心」（Education Resources Information Center, ERIC）所建置之資料庫相比，特別是在收錄圖書專著與期刊文獻之外的灰色文獻

方面，似乎遜色許多。如果是自我期許作為一個統整性的教育研究文獻資料庫系統，如何確實收錄所有不同資料類型的相關資料，以滿足使用者「一次購足」（one stop shopping）的期待，則是值得再加強、改善的地方。

2.實施成效

正如前述之分析，為了滿足教育研究者之需求，事實上，國內亦建置有各種不同的機制設施，以提供相關的服務。只是在實施成效上，或是與國外較為卓越的類似服務設施相比，則顯得尚有不足之處。

首先就完整性而言，有收錄不全的情況發生。例如針對各種不同資料類型所建置的資料庫系統，除非是有較為強制性的規範，否則經常未能完全收錄齊全所要徵集的文獻資料。即使是有圖書館法對於保存國家文獻的明文規定，但是在徵集圖書、期刊之外的非書資料，例如：視聽資料、電子媒體及網路資源等等，就不是那麼能夠完全收錄齊全，這對於掌握圖書文獻的齊全性而言，是不完整的缺失與遺憾。此外在名義上號稱要收錄的範圍方面，也有名實不符的現象。例如國立臺灣師範大學圖書館的「教育論文線上資料庫」，是以「中文的 ERIC」自我期許，因此也擬仿照收錄各種資料類型之教育研究相關的文獻資料，然而若細察其收錄的資料內容，大致上還是以中文期刊的文獻為主，其他資料類型的文獻則並不多見。也就是說，與國外的情況相比，國內在相關服務設施的建置方面，與國際上的主流作法相似並不遜色，只是在完整性、齊全性方面，稍有不足並待改進。

其次從資訊的演進、文獻的循環以及資訊的加值等層面來看，任何的資訊資源或是文獻資料，隨著傳播的過程、使用的需求以及加值的處理等演化，可以一再重現而成為一次文獻、二次文獻、三次文獻，或是分為外表資訊的加值、整體資訊的加值、內容資訊的加值、精粹資訊的加值、深度資訊的加值、相關資訊的加值等。然而從現有之教育研究資訊資源服務的機制設施來看，目前的著重點或是說比較有成效的部分，大多還是偏重在屬於一次文獻、二次文獻，以及外表資訊加值等方面，也就是說是以處理原始的資訊為主，可是對於如何以之為基礎，再開創出衍生性、深度化的資訊資源，相對來說，卻較少涉及也比較沒有具體

的成效。事實上在此資訊爆炸的時代裡,取得普通、一般性的資訊並不是難事,重要的是如何從眾多的資訊中,總結出更精要的資訊,並且從諸多相關的資訊裡,條理出彼此之間的關聯。這是目前有關教育研究資訊資源服務,在現有之機制設施的服務成效上,值得再加強與改進的地方。

(二) 未來發展

在數位化、網路化的資訊時代,「知識經濟」不只是一個概念或是口號而已,事實上乃是國家競爭力的基礎。總括來說,在一個國家之內,必須各行各業、各個學科領域,均能夠善用其所關注之知識主題的內涵,並發揮其在經濟上的效益,才能創造出知識經濟的價值,以促進國家社會的發展。因此,善用資訊並發揮知識的價值,乃是當今各個學科領域的重要課題,即使是看似與經濟發展不是最直接關聯的教育研究,也是必須關注的焦點。

所以,如何應用現今時代的最新資訊技術,統整所有的資訊資源,建構成完善的支援服務系統,便利教育研究者擷取使用,並滿足其需求,以發揮更大的效益,進而能夠促進國家社會的發展,乃是整體教育研究中極為重要之一環。

現今國內既有之教育研究資訊資源服務的相關設施,詳如前述之分析。然而既有的措施與成就,並不保證能夠完全滿足、適應未來的需求與發展。如何在既有的成就與基礎之上,參酌時代潮流的發展趨勢,進而統整、建構成為更理想的教育研究資訊資源服務系統,則是促進國內教育研究發展的重要關鍵。

綜合相關研究以及未來趨勢後發現,建構以知識入口網站為介面的服務模式,乃是將來提供教育研究資訊資源服務的發展方向,其特徵可總結歸納為:數位化、網路化、整合化、知識化、互動化等,茲分述如下:

1. 數位化

雖然紙本型式的資訊媒體,仍然沒有如當年之預測消失,然而,資訊數位化已是不可擋的趨勢。由於數位化資訊具有便利流傳使用的特性,非常符合學術研究快速掌握資訊的需求,因此,在學術性資料方面,

大多是會以數位化型式出現。所以，提供數位化的資訊資源，乃是未來教育研究資訊資源服務的首要目標。

2. 網路化

由於網路介面已成為現今人與人之間交流互動的重要途徑，因此，在規劃未來的教育研究資訊資源服務時，應該設計一套優良的網站與操作介面，以作為尋求資源與提供服務之間的溝通平臺。

3. 整合化

整合化是未來教育研究資訊資源服務的重要關鍵措施。所謂整合化是指資訊資源類型的整合，以及服務理論架構的整合。資訊資源類型的整合，意指結合所有不同資料類型於一處，不論是紙本、非書資料、數位化的資訊資源，均能夠彙集於一處，以整合的介面提供使用者取用。服務理論架構的整合則是要納入相關的服務概念與作為，意即要融合參考服務、資訊需求資訊行為、資訊資源管理、知識管理等相關服務理論為基礎，並應用於相關的服務設施中，以建構更為完善的整合型服務系統。

4. 知識化

從數位化、網路化、整合化的服務系統所呈現的，將不只是平淡的提供資訊資源而已，而更重要的是要能夠從眾多的資訊資源中，分析、提煉、歸納出更有意義的知識，讓使用者快速掌握教育研究的最新發展現況與趨勢，並且能夠再進一步加以利用，以提昇教育學術研究的成果。

5. 互動化

未來的資訊資源服務，將不再只是單向式的服務，資訊使用者本身也可以將使用資訊後的心得反饋至服務系統，這不僅可豐富資訊資源，亦可進而促進各使用者之間的交流，並促進資訊資源的傳播與流通。

因此總結來說，為了增進資訊資源的服務，並深化教育研究的效能，規劃、設計教育研究資訊資源服務時，應秉持數位化、網路化、整合化、知識化、互動化之原則，建構以知識入口網站為介面的教育研究資訊資

源服務模式，才能夠有效彙齊、組織、分析資訊資源，便利查檢使用，進而再創新、散布與共享知識，這乃是我國未來教育研究資訊資源服務的理想模式與發展方向。

第七章　教育研究資訊資源服務的趨勢展望

　　有關教育研究資訊資源服務的理論、作法以及實例等等，詳見前述幾章的分析。然而即使是有具體成效者，也不能保證永遠符合使用者所需，尤其是面對現今資訊社會的快速變遷，不論是資訊量的爆增，還是承載資訊之媒體的類型更多樣化，都將造成資訊使用者使用資訊形態的改變，尤其是如何在各種類型的資訊洪流中，找出有意義的資訊來，更是資訊使用者的最大期待，同時也是提供資訊資源服務者的首要任務。這些變化與需求，將促使反思現有的相關服務措施，是否仍能滿足使用者的期待與需求，是否仍有尚待改進之處，何種型式的服務才是未來理想的服務模式等等相關的議題。

　　因此，面對時代的變遷與現實的需要，有關教育研究資訊資源的服務，應該在現有的成效基礎之上，體察時代的脈動與發展，針對使用者的需求與使用模式，並參酌其他相關領域的服務作法，再建構出一套新一代的服務模式，才能適應未來的發展並滿足使用者所需。

　　以下即從：資訊資源服務的成效與評析、資訊資源服務的需求與趨勢、建構以知識入口網站為介面的教育研究資訊資源服務模式等三方面，分述如下。

第一節　資訊資源服務的成效與評析

　　教育研究資訊資源服務亦為整體資訊資源服務之一環，因此有關如何徵集、整理、提供資訊資源以完成教育研究資訊資源之服務，也必須從整體資訊資源服務進行探討，才能夠獲致全面性的理解。長久以來，為達成資訊資源之服務，已研擬出諸多的機制以作為規範，這些具體的作法是有其實質上的效益，然而，隨著時代的演變以及資訊使用者期待

的提昇，也顯露出一些不足與缺失。因此，展望未來在建構更理想的教育研究資訊資源服務模式的前提下，實有必要再評估現有之資訊資源服務的實務與成效，以作為改進之參考依據。茲分為：資訊資源的徵集、資訊資源的整理以及資訊資源的提供等方面，綜述如下。

一、資訊資源的徵集

　　有關資訊資源徵集的問題，意即對於所有的資訊資源是否都能夠全面網羅之。而能否全面徵集到所有的資訊資源，首先則必須確定資訊資源的範圍為何，才能夠將範圍之內的所有資訊資源予以收集。

　　有關資訊資源之範圍的探討，有諸多不同的看法，詳如第一章第四節「教育研究資訊資源的範圍」之分析。總括來說，其範圍得以從以下幾個面向來研究：資訊媒體的型式、資訊體裁的類型、資訊加值的層次、學科主題的體系、時間年代的遠近。這五個面向並非是單獨個別的分析點，事實上乃是一種相互交錯的關係。

　　因此，當探討資訊資源的範圍時，除了得以分別從：資訊媒體的型式、資訊體裁的類型、資訊加值的層次、學科主題的體系、時間年代的遠近等五項個別單面向分析之外，還應該同時考慮其餘四個面向的影響，才能夠較完整、較精準分析所有之資訊資源的範圍。然而就現實的情況來看，目前有關資訊資源的探討，大多仍是以個別單面向的角度進行分析，即使如此，若逐一檢視個別面向所涉及的範圍時，仍發現還有待努力改善的地方，茲綜述如下。

（一）就資訊媒體的型式而言

　　所有的資訊都必須被記錄於某種媒體之上，才能夠被收集、利用。因此在分析資訊資源的範圍時，就經常以各種資訊媒體作為分析的起點。從資訊媒體之角度分析資訊資源的範圍，其想法是認為，只要各種資訊媒體都妥善、全面被統整、管理，那麼也即代表掌握了所有的資訊資源。這種以資訊媒體之型式當作資訊資源之範圍的分析方法，即是目前最常見的方法，也是分析資訊資源之範圍的基礎。

　　就此而言，目前較有妥善機制予以管理的資訊媒體包括有：圖書、期刊、錄音錄影資料等，其方式即是透過：「國際標準書號」（International Standard Book Number, ISBN）、「國際標準期刊號」（International Standard Serial Number, ISSN）、「國際標準錄音錄影資料代碼」（International Standard Recording Code, ISRC）等方式予以管理。除了以上這些已有國際標準規範作為徵集記錄的資料類型之外，一些國家對於較特殊之資訊媒體也進行必要的彙整，以便利查找使用。例如有關視聽資料有由 Gale 公司彙整發行的「The Video Source Book」，收錄十六萬種影片資料[1]；此外由「National Information Center for Educational Media, NICEM」所彙整的「A-V Online」，則收錄有四十多萬種適合教育使用的視聽資料。[2]此外有關微縮資料型式的資訊媒體，則有由 Saur 公司彙整發行的「Guide to Microforms in Print」可供查檢使用。[3]還有一些零星發行的小冊子、摺頁等等，則是有由 Wilson 公司彙整的「Vertical File Index」，每年收錄三千種公、私部門發行的小冊子等資料。[4]至於當今時代越來越多之網路或是光碟資料庫形式的資訊媒體，則有 Gale 公司彙整的「Gale Directory of Databases」，內容收錄全世界約一萬二千五百種各種型式的資料庫。[5]

　　從以上的分析可以發現，就資訊資源的徵集而言，除了現有國際性著錄標準的資訊媒體，已有相對應的管道可供查檢之外，一些雖沒有國際性著錄標準的資訊媒體，但也有相關的資訊服務機構、組織，致力於徵集各式之資訊媒體的出版發行訊息，這些都是從資訊媒體的型式進行彙整資訊資源的具體作法與成效。這些方式雖然可能未能將所有相關之資訊媒體型式的資訊資源予以全部蒐羅齊全，不過至少已是一種有計畫、有步驟的徵集、彙整方式。

[1]　The Video Source Book. 39th ed. 2007
　　http://gale.cengage.com/servlet/ItemDetailServlet?region=9&imprint=000&cf=p&titleCode=VSB&type=3&dc=null&dewey=null&id=220282（97.05.10）
[2]　A-V Online
　　http://www.ovid.com/site/catalog/DataBase/4.pdf（97.05.10）
[3]　Guide to Microforms in Print 2007
　　http://saur.de/_google/titel/titel0000016141.htm（97.05.10）
[4]　Vertical File Index
　　http://www.hwwilson.com/print/vfi.html（97.05.10）
[5]　Gale Directory of Databases 2009
　　http://gale.cengage.com/pdf/facts/gdd.pdf（97.05.10）

　　然而，就現今資訊社會的實際狀況而言，還有一種極為重要的資訊媒體型式的資訊資源卻是很難予以完全有效掌控，那就是網路型式的資訊資源。網路型式的資訊資源與前述其他型式之資訊資源的最大不同，乃在於後者可為「一本書」、「一張光碟片」、「一張微縮片」等等，也就是說得以從物理空間上區分出其個別的一筆一筆單位；然而，網路型式的資訊資源卻不盡如此，散布在網路上的各種資訊資源，很難再被抽離出來而成為可以獨立被觸摸、處理的個別物理單位，也就是說網路型式的資訊資源仍然是要依存在網路上，又因為其呈現的架構，即使是呈現在某一網頁裡的內容，也可能分散、得自於不同的資料夾或網站，因此更加難以徵集、彙整。這是目前就資訊資源的徵集而言，最難以克服之處。所以有關網路型式資訊資源的整理，除了透過以現今常見的「通用資源定位器」（Uniform Resource Locator, URL）為處理單位之外，更應該再持續研發「通用資源名稱」（Uniform Resource Name, URN）以及「通用資源識別碼」（Uniform Resource Identifier, URI）的實際應用，期能更有制度、更有效率，徵集、彙整網路型式的資訊資源。

（二）就資訊體裁的類型而言

　　所謂資訊的體裁，意指資訊被整理編輯後，所呈現的排列方式。一種是如一般性圖書以有邏輯性架構來呈現其內容，另一種則是以一種易於檢索其內容的方式來排列，如：書目、索引、字典、百科全書、……等等，也即是俗稱的參考工具書或是參考資源。

　　就這些不同體裁之資訊的徵集而言，由於目前仍是以紙本型式出版發行為主，因此，最主要的徵集管道是以透過「書號中心」來完成掌控。也就是說如要查找有那些不同資訊體裁的出版品，首要的途徑仍是從書號中心的書目資料庫去檢索。就我國的現況而言，目前在「ISBN 全國新書資訊網」裡可以瀏覽最近每個月分的最新出版品，並且依體裁及適讀對象，區分為：參考工具書、專業人士、成年人、青少年、兒童等類別，可以就所需進行檢索。[6]不過若要進一步查出在參考工具類別內還有那些

6　ISBN 全國新書資訊網
　　http://lib.ncl.edu.tw/isbn（97.05.12）

不同體裁的參考工具書,則是要利用國家圖書館參考組編輯,每年出版一次的「臺灣出版工具書」,內容收錄過去一年所發行的參考工具書,並且依:書目、索引、字典、……等等不同體裁排列,可以據以查找有那些不同體裁的參考資源。[7]

此外,在美國有關不同體裁之參考資源的查找與評介,長久以來即有「American Reference Books Annual, ARBA」可供利用,近年來則更是將之建置成為線上資料庫便利隨時閱覽,而更重要的是,每筆參考資源都有評鑑與比較,是由五百位各領域之專家撰稿,對於資訊之使用者而言,更能夠掌握各筆參考資源之優缺點。[8]

（三）就資訊加值的層次而言

所謂資訊加值意指在原有資訊之基礎上,透過鑑別、評價、篩選、揭示、整序、分析、提煉、濃縮、研究的方式,賦予資訊新價值,以提昇資訊利用的效能,共有六種層次:外表資訊的加值、整體資訊的加值、內容資訊的加值、精粹資訊的加值、深度資訊的加值、相關資訊的加值,詳見第一章第四節「教育研究資訊資源的範圍」裡的「資訊加值的層次」。

針對六種資訊加值所產生的資訊資源,理論上也都有相對應的機制來徵集。例如外表資訊的加值,其成果即形成各種的書目資料庫;而整體資訊的加值,則是以常見之各種名為「提要」、「摘要」等名稱的專書或資料庫為代表。

內容資訊的加值主要是以該筆資訊資源是否轉成數位檔案格式,而容易依據字、詞、句或是相關概念進行查檢而定。目前有越來越多的各種電子書,透過全文檢索的特性即能滿足此種需求。

精粹資訊的加值,能夠將分散在多種不同資源裡的相關資訊予以聚集在一起,這多是由有興趣於該學科主題之專精人士來完成,然而其成果就現有之情況而言,並還沒有一種專指性的機制來彙整這種類型資訊資源。

---

[7] 中文工具書選介
http://ref.ncl.edu.tw/hypage.cgi?HYPAGE=cbook.htm（97.05.12）
[8] Welcome to ARBAonline
http://www.arbaonline.com（97.05.12）

　　深度資訊的加值乃是各種資訊加值裡面極為重要的一種，由於這種不論是綜述、述評、評論的資訊資源，乃是綜合許多某一學科主題的相關資料之後，再予以綜合、分析其間的意義、發展、趨勢等，具有高度的價值，因此，例如在美國，幾乎每個學科都會出版發行其學科主題的「Review」，有些是年度性的，有些則是單篇式的文獻，而為了掌握這些「Review」的訊息，也有例如「科學評論索引」（Index to Scientific Reviews, ISR）檢索工具，每年收錄源自二百種評論性期刊以及二千六百種一般性期刊中，有關評論性的文章約六萬四千筆，對於查找、瞭解、掌握各個學科領域之學術的進展有極大之助益。[9]

　　至於相關資訊的加值，意指將有關的資訊予以鏈結，以便利檢索與利用。針對這種需求，目前則是已有各種的引文索引（citation index）資料庫，可用來查找所需的資訊資源。

（四）就學科主題的體系而言

　　就整體資訊資源而言，理論上應涵蓋所有的知識範圍，只是對於各學科領域之研究者而言，他們更在乎的是，如何隨時掌握到有關其興趣學科領域到底有那些最新的出版品，藉以能夠掌握最新的發展趨勢。就此一目的而言，以國內之「ISBN全國新書資訊網」為例，都已將各筆資料標示區分為屬於何種類別的圖書，因此，得以檢索出各個學科主題的相關資訊。其次，為了使跨學科範圍的資訊亦能夠被從不同主題之角度查檢得出，因此，亦提供主題之檢索點。所以，大體來說，就學科主題的體系而言，是有相關的機制得以掌控、查檢不同學科主題之資訊資源。

（五）就時間年代的遠近而言

　　由於現今對於各種資訊資源的徵集乃是以目前所產生者為主，也就是說是最近、最新的資訊資源，然而，當研究主題涉及發展過程時，勢必要回溯參閱早期的相關資料，因此，對於過去的、早期年代的資訊資源也理當要設法徵集。就這一點而言，則有賴現有之各種徵集機制，除

---

[9]　Index to Scientific Reviews
　　http://scientific.thomson.com/products/isr（97.05.12）

了收錄現有的資訊資源之外，應考量如何盡量將收錄範圍回溯，以將早期的資料也容納在內，彙整於一處以便利查檢使用。

綜觀以上的分析，在資訊資源的徵集方面，整體來說多有相對應的機制以為彙整的方法，雖然在收錄的完整性方面尚有所不足，不過畢竟也是一種有效的徵集途徑。除了改善完整性的缺失，並且必須針對各種型式之資訊媒體做好徵集之外，往後還需待努力的方向，最主要還是有關網路資源的徵集，這是在做好徵集資訊資源之工作方面的最大挑戰。

二、資訊資源的整理

資訊資源被徵集之後，一定要經過整理才能夠便利人們使用。目前有關資訊資源的整理，大致上是以一筆一筆的資訊作為處理的單位，再針對各筆資訊所涉及的內容主題予以標記。長久以來已發展出各種的編目規則、機讀格式、分類表、主題表作為描述和標記的工具，近年來為了整理各種網路、數位資訊資源，因此，也陸續研擬出各種的詮釋資料以作為規範使用。所以整體來說，有關資訊資源的整理，已有具體的方式與成果。然而由於各種資訊科技、人工智能（artificial intelligence）的日新月異，以及一般資訊使用者對於資訊檢索與利用之高度期待，因此，有關資訊資源的整理也產生了一些變化。

以往資訊資源的整理，大都是針對一個個獨立之資訊媒體而言。一筆筆的資訊資源可能是大至一套叢書，或小至一篇文章，這原本也是一套合理、有效的整理模式，資訊使用者只要經由各種檢索系統的檢索介面，即可透過系統所提供的各個檢索點，查詢不同作者、書名、學科、主題、年代、……等等的相關資料，這有其實質上的便利性。然而，就當前一般資訊使用者所慣用之各種網路蒐尋工具而言，經過全文字詞比對，即可快速找到散布在各個只要有全文、有上網之各種資訊資源之內的相關資料，即使這些蒐尋結果可能只是相同字詞而已，並不精確而且還要再花許多時間予以逐一過濾，但是對資訊使用者而言，畢竟是一便利的管道。相形之下，傳統的圖書資訊整理乃是針對一筆筆整體的資訊

資源進行處理，卻無法凸顯隱藏在各筆資訊資源內部的細節意義，即使是針對叢書進行書名、作者等之分析，也同樣無法呈現各書、各章節甚至各段、句之字詞的個別意義。所以，也引發必須針對長久以來所慣用之資訊資源整理方式，進行改革的需求與研究。

　　針對這些變化與需求，已有不少的改進方式，具體的作法是從分析每一筆資訊資源的多重屬性做起，例如由國際圖書館協會聯盟（International Federation of Library Associations and Institutions, IFLA）所訂定的「書目記錄功能需求」（Functional Requirements for Bibliographic Records, FRBR）即是一例。雖然即使如此仍未能深入分析到每筆資訊資源之字、詞、句、段等之意義，但是經由多層面的描述、分析，將使得該筆資訊資源更能夠從多重主題、檢索點被檢索出而被利用。

　　如果將資訊資源之整理的對象不限於個別之整體的一筆筆資訊資源而已，而是期待各筆資訊資源之內的所有文字敘述，包括各字、詞、句、段、節、章、篇等等，都能夠在需要時，被個別檢索得出，如此則有賴將來「語意網」（Semantic Web）的研發與利用。希望將來能結合分類表、主題表、索引典等等工具，不僅使資訊資源之整理的對象、單位能夠縮小到甚至是字、詞等，同時透過與各種資訊整理工具之關聯、比對，讓資訊資源整理的效益更加發揮，以利資訊資源的檢索、提供與利用。

三、資訊資源的提供

　　徵集、整理各種的資訊資源之後，其最終的目的乃在於便利使用，因此，適時、適切提供資訊資源，乃是必要的資訊資源服務之一。

　　有關資訊資源的提供，大致可以區分為兩種層次，一是有關資訊資源之書目訊息的提供，另一則是有關資訊資源之內容文本的提供。就前者而言，由於從資訊流的上游起，已有各種的機制用來彙整各種型式之資訊媒體，此外，也逐漸注重對於不同類型之資訊體裁、不同學科領域之資訊資源的徵集，所以，總括來說，對於資訊資源之書目訊息的提供較不是問題，若有需要時即可根據主題類別，蒐集分散於各處的相關資訊資源，再予以統整即可，現有之各種學科主題的指引、資源示意圖（path finder）等，不論是紙本還是網路型式，都是提供各主題之資訊資源書目訊息的重要工具。

　　至於資訊資源之內容文本的提供，傳統以來則是圖書館的職責。資訊使用者透過圖書館可以借閱所需要的圖書資料、期刊文章、學位論文、研究報告、視聽資料等等。然而，在今日數位化時代的社會裡，漸漸地許多資訊資源不見得是存放在圖書館內，圖書館也不太可能收集齊全所有的資訊資源。相對應所產生的各種資訊系統、資訊服務公司、甚至是網路本身，也逐漸成為當今資訊社會重要的資訊資源提供管道。特別是各個資訊服務公司，無不致力於改善其資訊系統的服務功能，從最開始只收錄某種類型之資訊，而且沒有內容全文，演變到今日，不僅收錄多種資料類型，而且還能夠跨資料庫檢索，並且呈現各筆資訊資源的引文分析、作者的背景描述、個人網站、提供內容全文，若無全文還可以聯結轉查其他圖書館的館藏等等，有的甚至還可以針對文獻內容全文進行不同語文的翻譯，真可謂是「一次購足」（one stop shopping）式的服務，非常便利資訊使用者取得所需的資訊。

　　照目前這種情況來看，透過資訊系統取得資訊資源已成為重要的發展趨勢，因此，未來資訊資源的提供，各個資訊服務公司及其所開發的資訊系統將占有重要的地位，這實在也是因為資訊資源已成為一種可獲利的商品，所以也就吸引眾多的投資者願意投資必要的財力、物力、人力等等，進而開發各種資訊系統。甚至也產生針對個人所需的資訊服務。然而，這種個人化的資訊服務，一般都是要索取額外的費用，服務的等級從代為檢索資料庫到代為取得全文，甚至還代為摘錄要點、撰寫分析報告等等，視所支付的費用多少而定。

　　這種付費的資訊資源服務已是一種不可避免的趨勢，然而值得關注的是，如何減緩因而造成的資訊貧富差距，並且儘量保有長久以來，圖書資訊學界所揭櫫的理念：不論其種族、年齡、教育程度、經濟情況等之差異，皆提供無差等、自由使用其館藏與服務的機會，則是必須留意的要點。

第二節　資訊資源服務的需求與趨勢

在以往，特別是以圖書館為核心所建構的圖書資訊服務系統，是人們最常賴以使用的資訊服務管道，而圖書資訊學界經過百餘年的努力，也不斷地因應時代的變遷而調整其資訊服務的理念、方式、作法等等，並提出種種例如本章第一節所綜述之實際作為與因應對策，其目的即在於滿足讀者的資訊需求。

然而，由於外在環境的快速變遷，又加上電腦、網路普遍應用於日常生活的各個層面裡，因此造成人們不論是在進行資訊檢索或是尋求資訊服務方面，都有了重大的改變。職是之故，必須重新探究在現今網路時代的資訊社會裡，有關承載、傳播資訊的媒體、管道，是否與以往不一樣？而相伴隨著的問題則是，人們尋求、使用資訊的行為特徵是否也跟著產生變化？唯有釐清其間的發展趨勢與轉變，也才能夠從而調整資訊服務的因應之道。

面對這些衝擊，美國的「國際圖書館電腦中心」（Online Computer Library Center, OCLC）近年來即曾進行多項的專案分析報告，希望能藉以瞭解資訊媒體以及讀者之資訊需求、行為的發展趨勢，並作為規劃未來資訊服務的參考依據。由於美國國際圖書館電腦中心乃是一非營利的合作組織，有來自全球一百一十二個國家，五萬七千所圖書館透過該組織的服務系統，進行查詢、取得、編目、借閱圖書館的館藏資料，可說是全球最大的圖書資訊服務合作組織。[10]所以由該中心所進行之調查研究的結果，即相當程度反應出現實環境的真正變化，也可以作為觀察未來資訊資源服務之發展的指標。

以下則依時間先後次序，藉由近幾年來美國國際圖書館電腦中心的分析報告，瞭解未來資訊資源服務所面對的環境變化與發展趨勢。

---

[10] About OCLC
　　http://www.oclc.org/about/default.htm （97.05.16）

一、「學術圖書館員如何影響大學生的網路資訊選擇」
（How Academic Librarians Can Influence Students' Web-Based Information Choices） [11]

（一）背景說明

由於發現有越來越多的大學生並不親自上圖書館查找資料，而是透過網路的方式使用圖書館的資源，以致於圖書館無法即時觀察到讀者的使用情形與需求。為了確實滿足讀者的需求並持續提供高品質的服務，因此必須瞭解這些透過網路介面使用圖書館資源之使用者的資訊行為與相關議題，才能進而規劃、提供適合所需的服務。

事實上早已有許多相關的研究，調查網路使用者的資訊行為，不過不是針對偏向商業網站的分析，就是個別圖書館針對其網站的使用調查，然而卻缺乏較全面性，針對大學生之網路蒐尋行為的調查。

因此，美國國際圖書館電腦中心乃委託「哈里斯互動」（Harris Interactive）公司於二零零一年十二月十一日至二零零二年一月一日期間，透過網路進行一項針對網際網路使用者之大學生的調查。調查對象是從該公司所擁有，來自超過一百個國家總計達七百萬個人的資料庫中，選出一千零五十個，年紀在十八至二十四歲的美國大學生，調查其透過網路蒐尋資訊以完成課業要求的情形。從調查對象之居住地及所念學校之分布情況來看，調查樣本來自全美國各地，具有代表性。

調查之目的乃在於希望瞭解占網路使用者大部分之大學生的資訊需求與行為，以作為大學圖書館應如何因應的參考依據。

（二）報告要點

根據此次的調查，得出有關大學生使用網路的資訊行為，茲分為：使用評鑑、行為特徵以及使用圖書館之情形等三部分，條述如下：

---

[11] OCLC White Paper on the Information Habits of College Students
http://www.oclc.org/research/announcements/2002-06-24.htm（97.05.16）

1.使用評鑑

首先是網路使用者對於自我使用網路能力的評鑑。

調查發現，大學生對於使用網路的能力都相當自我肯定，有四分之三的人覺得自己能夠透過網路成功找到課業所需之資訊。尋找資訊之管道的第一選擇是網路蒐尋引擎（search engines）、資訊入口網站（web portals）以及與課業有關的網站，然而卻不常使用線上研究指引工具（study aids）或是有關論文的網站（essay and paper websites）。

除非是教師或是助教的建議指引，否則大學生們都是自己判斷是否該使用那個網站之資源，並且有三分之二的人自信能夠自行評斷那些網站所提供之資訊的好壞。有百分之四的人認為所獲得之資訊的品質不夠好，四分之一的人認為所找出的資訊太多，但是亦有十分之一的人覺得找出的資訊不夠。

第二是對於網站的評鑑。

最討厭的是網站夾帶廣告。至於網站有無廣告對於所提供之資訊的可信賴程度而言，有百分之五十八的人認為無影響，只有五分之一者認為無廣告者較可信。有百分之八十八的人不會想去使用需要收費的網站，在以十分為最反對的情況下，得到平均數九點三分，不會想使用需要收費的網站。

第三是對於網路資源的評鑑。

對於學生而言，網路資源最重要的是正確性，然而真實的情況卻不令人滿意。此外在各項有關對於網路資源之重要性的期待以及實際真正情況之表現的評鑑來看，包括網路資訊的正確性、新穎性、私密性、易找性等，其平均評鑑分數約只有六分左右而已，顯現大學生們對於網路資源的評鑑，大都覺得還有待改善的空間。同時大學生們也都瞭解，網路資源並不能完全滿足其需求。

2.行為特徵

根據調查結果分析得知，大學生使用網路資源的地點可能包括有：家裡、教室、學校的圖書館、公共圖書館等等，因此，可說都是一種遠

端連線使用（remote access）的模式。所以，是否擁有高速傳輸能力的數據機、寬頻網路等，乃成為大學生關心的焦點。

其次在使用過程中若碰到問題時，大學生們較喜歡面對面式直接接觸的尋求解答方式，例如：詢問同學、朋友、教師、圖書館員等等，即使是透過電話、電腦介面等方式，也希望能夠立即得到回應解答。

此外在所用的資源類型方面，雖然大學生們已都習慣使用例如電子郵件等方式來傳遞訊息。然而在使用紙本印刷型式的資源以及數位型式的資源方面，卻沒有顯著的差異，事實上只有約三分之一的人表示特別喜愛數位型式的資源。

3. 使用圖書館之情形

至少有約十分之七的學生偶而會因課業的需求而使用圖書館的資源。如何知道圖書館網站及其資源之訊息則是多元，有來自教師、助教、圖書館員、相關課程告知以及個人自行查閱得知等。至於不使用圖書館資源的原因，有五分之一表示不知道圖書館有網站，有百分之二十九的人說圖書館網站沒有他們想要的資訊，還有百分之四十三的人覺得在其他的網站有更適合所需的資訊。

大學生們最常使用的圖書館網路資源依序是：全文電子期刊、線上公用目錄、資料庫、期刊索引等，都超過一半的人會使用之。而請求館員協助（Ask-a-Librarian service）的使用率最低，只有百分之六的人曾使用。雖然數位資源已被普遍接受，然而還有百分之八十九的人會使用圖書館的紙本印刷型式資源，包括：圖書、期刊、百科全書等等。

而在使用網路資源之經驗，最令大學生們困擾的情況有：不知如何找出附有圖表、照片之全文文章。此外，如何複製或是印出網路資源也是經常困擾大學生的問題。

當被問到，期待圖書館如何幫助你完成課業所需時，大學生們的回應建議可歸納為以下四項：

第一，盡量讓圖書館的資源容易使用。

第二，希望增加館藏資源，包括紙本以及數位資源。

第三，提供互動式的研究指引、提示等。

第四，提供可轉向其他圖書館或是研究單位的連結。

至於使用圖書館資源時所遭遇到的問題或困擾，綜合學生們的意見，大致包括以下諸原因：

第一，由於帳號密碼或是使用權限之問題，以致無法從遠端使用資料庫。

第二，圖書館及其網站的資源，不容易檢索或是瀏覽。

第三，在圖書館內複印資料費用不低。

第四，缺乏知識豐富的館員。

第五，圖書館的服務不是以顧客需求為導向。

（三）趨勢評析

綜觀此次調查結果的發現可以得知，原來由大學圖書館所提供的資訊服務，與大學生們的資訊使用行為與期待，竟還存在著相當大的差距。雖然差距的現象並不否認既有的努力與成果，然而也顯現出還有許多尚待努力的空間，才能夠真正滿足使用者所需。根據調查結果之分析，大學圖書館在進行圖書資訊服務時，可以再進一步改善的策略則包括有；

第一，有關資訊的正確性、權威性、即時性與隱密性，乃是讀者與館員都同樣關注的焦點，因此，必須特別重視。

第二，將圖書館的數位資源與校內其他網站以及相關的資源緊密結合。

第三，提供便利簡易的方式以利遠端讀者連線使用圖書館資源。

第四，提供包括線上的以及在圖書館內，清楚而且便利的使用指引。

第五，提供持續不間斷的推廣利用以及以顧客為導向的服務。

二、「未來五年資訊媒體的發展趨勢」
（Five-Year Information Format Trends）[12]

（一）背景說明

任何的資訊都必須被記錄於某種媒體之上，才能夠被整理、利用。以往的資訊幾乎都是以書面紙本型式為承載的媒體，因此，圖書就成為

---

[12] Five-Year Information Format Trends
http://www.oclc.org/reports/2003format.htm（97.05.16）

資訊、知識的代名詞，而收藏圖書的場所－圖書館，也就成為人類精神文明的象徵。

　　然而，隨著時代的變化以及科技的進展，承載資訊的媒體不再以紙本型式為限，從視聽媒體到各式的光碟片、甚至是一種數位檔案或是網路資源，都成為記載、傳播資訊的媒體。這些新興媒體與傳統的書面資料相比，是有其優勢，然而價格居高不下也造成圖書館極大的壓力。如何在這新舊媒體之間，不論是經費的分配、徵集的範圍、提供服務的方式等相關問題上，尋求出一平衡點，乃成為圖書館當前重要的課題。

　　因此，美國國際圖書館電腦中心乃於二零零三年時，綜合世界各地的情況，主要是以已開發國家為考察重點，分析各種媒體型式未來五年的發展趨勢，最後總結為此份報告。

（二）報告要點

　　報告內容是將資訊分為以下四種類型進行分析：一般性資料（Popular Materials）、學術性資料（Scholarly Materials）、數位化專案（Digitization Projects）、網路資源（Web Resources），茲將其發展趨勢綜述如下：

1.一般性資料

　　就一般性之資料而言，其發展的趨勢包括有：

① 紙本書的銷售量將僅緩慢上升

　　根據調查報告，美國二零零一年的圖書銷售量是下降的。而就全世界整體而言，未來圖書的銷售量將僅呈現些微上升的趨勢增加。

② 隨選列印（Print on Demand）型式的到來

　　雖然印製成為圖書仍然是出版發行的主流型式，然而，以隨選列印的方式出版發行圖書卻呈現出越來越多的趨勢。甚至有人認為，到二零一五年時，將有約一半的圖書是以隨選列印的方式發行。

③ 電子書將緩慢成長

由於電子書的格式不一，而且還未被社會大眾所接受，所以可以預測的是，即使到二零零七年時，電子書的數量應該還不會非常多。

④ 電子期刊數量增多

雖然紙本型式的期刊仍將保持穩定的數量，然而數位化型式之電子期刊的數量將持續增多。

⑤ 視聽媒體的需求數亦將增多

雖然視聽資料僅占圖書館館藏量的百分之六，但是卻占圖書館總借閱量的百分之三十七，所以可以預見的是，視聽媒體的需求數亦將會再增多。

2. 學術性資料

在學術性資料方面，其發展的趨勢包括有：

① 紙本型式圖書將趨減少

根據調查，美國大學圖書館的購書經費均逐年下降，大學出版社的經營情況也出現危機之現象，而且其出版圖書的銷售量也呈現下滑趨勢。

② 學術性期刊將幾乎全面數位化

以「Science Citation Index」和「Social Science Citation Index」所收錄的期刊為例，紙本期刊數位化的比例均逐年快增，因此，有人預測到二零零七年時，幾乎所有的學術性期刊都將數位化。

③ 學術性文獻將轉趨保存於線上資料庫中

根據大英圖書館（The British Library）的分析，學術性文章、資料將逐漸從傳統印製成紙本發行的方式，轉趨向於以數位格式存放於作者個人或是相關資料庫的網站裡，待有必要時再下載印出。

④ 學位論文也漸趨向以數位檔案格式保存

根據「Dissertation Abstracts International」的分析，紙本型式的學位論文越來越少，而大英圖書館也預估，到二零零七年時，至少有一半的學位論文是以數位檔案格式提出。

⑤ 網路上將越來越多可供擷取使用的課程資料與相關資料

根據美國「校園資訊化計畫」（U.S. Campus Computing Project）的預估，到二零零七年時，將有百分之五十六的美國大學課程資料，可以透過課程管理系統取得。此外依據 ProQuest 子公司 XanEdu 的分析，已有五十五億頁沒有版權問題的資料可供課程參考使用，並且預估到二零零七年時，其數量將增加一倍。

3.數位化專案

由於以數位格式保存、傳播文獻資料已成為時代的發展趨勢，因此，世界各地也都在進行數位典藏的專案計畫。這些專案大致可以分為：商業化的數位典藏、國家級的數位典藏以及地方級的數位典藏。

① 商業化的數位典藏

多是由相關的資訊服務公司所進行，或是與歷史悠久的報社合作，將其歷年來的報紙數位化，或是將早期無版權問題之圖書數位化等都是。

② 國家級的數位典藏

幾乎世界各國都有將其國家典藏文獻數位化的計畫正在執行中，有的甚至還形成世界性的合作交流論壇。

③ 地方級的數位典藏

由於國家中央政府的提倡，其所屬的各地方政府或相關的機構組織，也陸續規劃、進行相關的數位典藏工作。

4.網路資源

有關網路資源的發展情況，可以從以下三方面分析：

① 網路資源漸成為尋找資訊的首選

根據調查分析，過去兩年來，親自上圖書館使用資源的比例顯著降低，然而，不論學生或是教職員們，直接透過網路使用圖書館之資源的情況卻是增加，而且網路逐漸成為如欲查找資料時的首選管道。

② 表層網頁資訊（Surface Web）將持續增加

根據美國國際圖書館電腦中心的預估，到了二零零七年時，全世界的網站將增加為一千萬個。而能夠被網路蒐尋工具所連結到的表層網頁資訊，根據「國際資料公司」（International Data Corporation, IDC）的預估，其數量將在三年內從二十億增加到一百三十億之多。

③ 深層網頁資訊（Deep Web）的數量極為龐大

無法被網路蒐尋工具所連結到的深層網頁資訊，包括有：圖書館的館藏書目資料庫、其他需要登錄帳號密碼之資料庫的內容、非文字形態的網頁等等，根據多方的估算，其數量約是表層網頁資訊的兩倍到五十倍之多。

（三）趨勢評析

綜合以上各種發展趨勢可以獲致以下結論：

第一，未來幾年，圖書館員所面對的，乃是數量龐大、格式不一，混合傳統紙本與漸趨盛行的數位型式資訊。紙本印刷型式的圖書，在短期內仍不會消失。

第二，傳統型式出版發行的圖書將結合不同的出版型式發行，例如以隨選列印或是電子書的方式，列印成紙本型式的圖書。

第三，未來網路資源的數量將多到難以估算，如何有效掌控之，則是一難題。

第四，未來圖書館最大的挑戰乃在於，當面對這些無法量計的資訊，在經費緊縮的情況下，進行徵集、管理、傳播時，不應僅僅將之視為是一種資料型態的轉變而已，更重要的是要思考如何將之建構成為一套能夠融合新與舊、出版與未出版、實體與虛擬的服務體系。

三、「圖書館累積的成果」（Libraries: How They Stack Up）[13]

（一）背景說明

近年來由於網路盛行，使得資訊的傳播與利用更加便利，不僅改變了人們的資訊行為，也連帶影響了人們對於如何發揮資訊之效益的期待，於是試圖利用各種推陳出新的資訊技術以統整各種資訊的觀念與作法，例如：資訊組織、知識管理、知識經濟等等，就經常被提出討論。雖然這些議題所涉及的核心－資訊與知識，原本就是圖書館所關注的焦點，然而由於這些新興的議題，其架構與範圍並不以圖書館館藏資源為限，因此，剎那之間在知識管理、知識經濟等浪潮之下，圖書館似乎面臨被掩蓋不見的窘境。

事實上，人們對於日常周遭環境相關事物之價值的感受，經常是習焉不察的，往往急切於追求新鮮的事物而忽略原本極有價值之事物，圖書館在當今資訊社會裡的處境也是如此。圖書館不會故步自封，也極能體察時代的變化與需求而調整其服務，若人們對於圖書館之形象與價值有不佳與忽略的情況，那是因為長久以來圖書館僅知默默耕耘不知行銷自己，以致其貢獻與價值隱沒不為人知。

因此，為了讓社會大眾瞭解圖書館在當今資訊社會裡的貢獻，美國國際圖書館電腦中心乃於二零零三年時提出此份報告，希望藉由圖書館與其他領域之比較，讓社會大眾重新體認到圖書館的價值。

---

[13] Libraries: How They Stack Up
http://www.oclc.org/reports/2003libsstackup.htm（97.05.16）

（二）報告要點

　　以下就：圖書館是經濟動力來源、圖書館是知識物流專家、圖書館是重要的去處、圖書館是全球資訊供應者、圖書館內聚集了廣大、有活力的專業館員等五個面向，分別說明。

1.圖書館是經濟動力來源

　　原本以為圖書館與經濟發展沒什麼直接關聯，然而就實際數字來看，在美國每年圖書館的總經費達一百四十億美元，幾近於各企業每年花費在雜誌上登廣告之金額一百六十億美元，如就全世界之圖書館的總經費統計，則達三百一十億美元。圖書館這麼龐大的經費支出，也表示將帶動許多產業的發展，對於刺激經濟的成長有極大之貢獻。另外就美國的公共圖書館而言，每一元稅收的投資，可獲得一點三元至十元的報酬。因此，圖書館絕不僅是消費的場所而已，更是帶動促進經濟發展、創造營收的機構。

2.圖書館是知識物流專家

　　就物流數量來看，全美每年公共圖書館與大學圖書館的圖書借閱流通量幾近二十億件，平均每天約五百四十萬件，與 FedEx 每天的物流量五百三十萬件相等，而遠大於 Amazon 平均每天的銷售量一百五十萬件。此外全美國有一億四千八百萬人領有借書證，其數量是 Amazon 登記之會員數三千萬的五倍。由這些數字可以看出，如將圖書館視為一種知識物流的機制的話，其影響力是遠大於其他物流業的表現。

3.圖書館是重要的去處

　　全世界平均每六個人就有一人擁有圖書館的借書證。在美國，公共圖書館每年的使用人數達十一億人次，是每年各種運動競賽之觀眾人數二億人次的五倍。由此可以看出，圖書館是當今社會裡極為重要的休閒去處。

4. 圖書館是全球資訊供應者

據統計，全世界有一百萬所圖書館，總藏書量達一百六十億件，以目前全球約六十二億人口計算，平均每人有二點五冊圖書。此外，由於圖書館也逐漸引進電子書以便利讀者經由網路借閱，就以二零零二年為例，電子書的使用量就達二百六十萬次之多。由以上這些數據即可以看出，圖書館在全球資訊供應方面的重要與價值。

5. 圖書館內聚集了廣大、有活力的專業館員

全世界更有約六十九萬位學有專精的圖書館員，遠大於一些小國家的總人口數。在美國共有二十萬三千位圖書館員，比起其他領域的專業人數，例如地質學家五萬人、經濟學家十三萬五千人、化學家十六萬五千人等等，都還要多。若以每週四十小時一年五十二週計算，則全美圖書館員每年的服務時數達四億二千二百萬小時，這是多麼龐大的服務能量，遠非其他行業所能及。

（三）趨勢評析

若不是經由以上相關數據之比較說明，一般社會大眾真的不會聯想到日常生活中習以為常的圖書館服務，竟然隱含著那麼大的影響面，假如這個世界沒有圖書館，真不知人類的文明將如何延續下去。

既然圖書館存在於社會中具有那麼大的價值，則更應該善用其影響力，針對使用者的需求，繼續提供高品質的服務。特別是在近年來，有關知識經濟的快速發展，不可避免的也形成資訊貧富差距的現象，這對於弱勢者而言，將更加處於不利處境之下。面對這一情況，長久以來以提供免費、平等使用的圖書館，則應該發揮其固有之精神，以各種途徑滿足一般社會大眾，以及特別是弱勢者的需求，才是真正善盡圖書館之責。

四、「審視資訊環境」
（Environmental Scan: Pattern Recognition） [14]

（一）背景說明

　　大家都感受到時代環境已不一樣，這些變化將影響各行各業的發展，如果未能審度時勢妥善對應之，則恐遭淘汰之命運。針對此一情境，圖書資訊學界的感受極為敏銳，因此早已將專業學術名稱從「圖書館學」轉變為「圖書資訊學」，目的即在於因應時代的變化，近年來更隨時引進各種新式的資訊技術，藉以提昇其服務品質，所有積極的作為，都代表圖書資訊學界體察時勢不願落後於時代巨輪之後的努力。

　　因此，分析外在環境之變化，乃就成為訂定因應對策的基礎。也就是基於此一體認，美國國際圖書館電腦中心乃於二零零三年時提出此一報告，分析圖書資訊服務所處之外在環境的發展趨勢，希盼能提供制定相關服務政策時參考。

（二）報告要點

　　本報告主要從社會、經濟、技術、研究與學習等層面，分析未來圖書資訊服務所面對的環境變化與需求，茲分述如下：

1.社會層面

　　「資訊消費者」（Information consumer）可說是當今資訊社會的主角，一切的資訊服務都是因應他們的需求而產生。這些廣大資訊消費者悠遊於虛擬網路世界之中，已經非常自在並熟悉三種趨勢或現象：自助（Self-sufficiency）、滿意（Satisfaction）和整合（Seamlessness）。

　　資訊消費者使用自助式的服務已逐漸成為一種趨勢，事實上這種服務方式也早已出現在各種以資料庫或是知識庫為架構之資訊系統中。而那些由例如蒐尋引擎所提供的 Google Answers、Ask Jeeves 等服務，都將衝擊圖書館原有之參考服務。

---

[14] Environmental Scan: Pattern Recognition
http://www.oclc.org/reports/escan/default.htm（97.05.16）

　　雖然圖書館員們都一再憂心資訊消費者從網路世界所獲得的資訊，其品質、正確性等恐不如圖書館所提供，並且可能會遺漏許多重要的資訊。然而，就資訊消費者而言，由於透過網路查找、獲取資訊，遠比進入無論是實體的還是虛擬的圖書館來的快速、便利，因此，大都感到滿意而不會產生如圖書館員所憂心之情況的疑慮。

　　在過去，人們的學習、休閒、工作是分開的，而早期一些網路資源的使用方式，其功能亦是分開的，例如收發電子郵件、上下傳檔案、瀏覽網站內容等等，都需由不同之應用軟體或是介面執行。然而現今的情況卻已不一樣，這一切似乎都可以整併到同一網路介面或是架構裡進行，而且資訊消費者也都十分適應此一模式。就此一整合性的服務而言，市面上一些網路蒐尋工具及其搭配的服務，似乎就比圖書館的作為更加積極有成效。

2. 經濟層面

　　根據資料分析，各國圖書館的經費運用情況，大致上是一致的：百分之五十三用於人事費用，百分之二十七用於印刷型式館藏，百分之十七用於設備和管理，百分之三用於電子資源訂購與續訂。較有趣的發現是，各個國家的圖書館，不論自動化程度高低，其人事費用的比例卻是一樣的。

　　當各個國家經費緊縮時，首當其衝的都將是對於稅收沒有直接貢獻的部門，圖書館當然也是其中之一。當圖書館需要縮減經費時，卻又面臨讀者的期望上升，這種矛盾的困境將極度影響到圖書館的服務品質。

　　面對經費緊縮的另一項回應方式則是關注投資報酬率的表現。因此，可以預見的是，將來的圖書館必須在經費緊縮的情況下，以各種的成果來展現其接受各種經費資助是值得、有必要的。

3. 技術層面

　　資訊科技的進展，經常是帶動資訊服務變革的動力來源。許多專家均預測，在未來幾年內，新標準、分散式軟體和全球網際網路基礎設施的結合，將創造出另一個意義深遠的技術體系，進而影響資訊的產生、傳播以及管理等等。

技術和標準的研究，將促使非結構化和非編目化的資料結構化，這對於例如：圖片、研究筆記、影音資料以及隱藏於圖書館裡之特藏資料的利用，有極大之助益。並且藉由檢索技術以及自動分類技術，將促使非結構化資料的利用更有效率。

因應預算的緊縮，將促成開放原始碼的軟體更加盛行，形成鼓勵合作開發的環境，進而讓許多的單位，能夠共同參與完成必要的任務與服務。

此外，有關網路資訊之安全、認證以及授權與管理，也將隨著技術的進展而變化，這也是提供資訊服務必須留意的議題。

4. 研究與學習層面

在研究與學習方面的變遷，也將影響圖書資訊服務的規劃。近年來數位學習的模式廣泛出現於各級學校、各大公司之中，有些國家甚至計劃建構數位化的學習體系，以實現終身學習的理想與目標。

在此模式之下，必要的配合條件則包括有：網路環境、教學軟體、教材資源、師生互動、系統整合等等。同時在此系統架構之內，將結合許多相關或看似不相關之機構組織的資源。

面對此一發展趨勢，圖書館應該結合其他相關的機構組織，建立聯繫關係並整合其服務，為所服務之社群、社區創造價值，以鞏固繼續作為可信賴之社區與學習中心的地位。

（三）趨勢評析

面對外在環境的變化，圖書館又應如何因應才能夠繼續吸引資訊消費者的信賴，並持續保有重要資訊服務機構之地位？歸納來說，圖書館的對策有以下幾項：

第一，調整館員之角色。預計再過幾年，同屬戰後嬰兒潮一代的館員將逐漸從現有之傳統職位退休，圖書館應重新設置一些新的職務，承擔例如：規劃數位學習、研究開放原始碼軟體等之工作，使圖書館不只是一處資訊的倉庫而已，而是一處能夠滿足資訊消費者終身教育需求的學習中心。

　　第二，加強資訊組織、資訊加值的深度，並提昇資訊傳遞的效能。傳統上，圖書館非常擅長對於結構化資訊的處理，然而資訊消費者亦非常有興趣於非結構化資訊的使用，因此，圖書館必須留意新的技術與方法，例如：語意網（Semantic Web）、網路資訊服務計算技術（Web Services）、網格計算（Grid Computing）、無線網路（WiFi）等，並且研究如何將之應用於提昇資訊服務的效能。

　　第三，與相關機構組織協調合作，建構整合式的資訊服務體系。未來提供資訊服務的機構不只是圖書館而已，然而圖書館應積極出面倡導、協調，藉由例如開放式典藏資訊系統（Open Archival Information System, OAIS）等標準之聯繫，使原本分散之不同資料類型的各式資料庫系統，均能夠得以互通合作，進而建構成為整合式的資訊服務體系，以滿足資訊消費者的需求。

五、「資訊媒體的發展趨勢：不只是個容器，重要的是容器所裝的內容」（Information Format Trends: Content, Not Containers）[15]

（一）背景說明

　　在二零零三年時，美國國際圖書館電腦中心曾針對未來資訊媒體的發展趨勢，發表過一篇分析報告「Five-Year Information Format Trends」。然而由於又觀察到一些變化，因此，乃於十八個月後在二零零四年時，再度發表一篇相關的後續報告，藉以說明對於當前各種媒體及其所承載之資訊的看法。

（二）報告要點

　　基本上此次後續報告對於前次報告之趨勢分析的預測仍然沒有改變，不過有兩個要點是值得重視的，茲分述如下：

---

[15] Information Format Trends: Content, Not Containers
　　http://www.oclc.org/reports/2004format.htm（97.05.16）

1.資訊媒體本身並不是重點，其所承載之資訊才是重點

以往也許是受到早期傳播學者 Marshall McLuhan 之說法「媒體即是訊息」（The medium is the message）的影響，在討論資訊及其服務時，大都是以不同類型的「媒體」作為分析的標準。然而此一觀點在當今資訊爆炸的時代來看，卻有修正的必要。因為由於資訊科科技的快速發展，使得資訊能夠在各種不同媒體之間傳輸，試想，當現今一個功能強大的手上型機器，不僅能夠連接上網際網路、收發電子郵件、使用圖書館的線上資料庫，還能夠當作行動電話、數位相機、音樂收聽器等等使用，我們應該稱它作什麼名字，又應該歸類為什麼媒體呢？

所以，在今日一切講求數位化的資訊時代裡，重點已不在於區分是什麼媒體，重要的是如何促進資訊的流通與利用。正如長久以來圖書資訊服務的自我期許：「To provide the right information to the right person at the right time in the right format for the right use.」，今日有關資訊的服務，是要讓資訊的使用者感受到「Everything, everywhere, when I want it, the way I want it.」。也就是說不在乎是什麼媒體，當需要資訊時，即能夠進行蒐尋（search）資訊，進而發現（find）資訊並且取得（obtain）資訊。

2.除了獲得資訊，更重要的是要獲得知識

由於資訊已充斥於這世界各地，因此資訊可說俯拾即得。然而這種隨手可得的資訊，例如以網路蒐尋工具隨意鍵入一組字詞查詢，即可獲得無數有相同字詞的資訊，這真的就是資訊蒐尋者所要的嗎？此外，是否還有更多的資訊沒被檢索出來？況且，即使獲得這麼多的資訊，又代表什麼意義，難道更多的資訊就代表更多的知識嗎？

因此，對於資訊之獲得與使用的重點乃在於如何更精確的檢索，以找出隱藏但是適合的資訊，並且要將這些檢索出來的資訊，組合成為有意義的知識。

在如何檢索出所有有關之資訊的需求方面，近年來的一些新興資訊技術例如語意網等之研究，即是朝此方向而努力，假以時日當更成熟時，對於提昇資訊檢索的效能定有極大之助益。

接下來的需求與進展則是將所檢索而得的資訊，組合成為有意義的知識。這可以圖七之一智慧型資訊檢索圖[16]為例說明之。

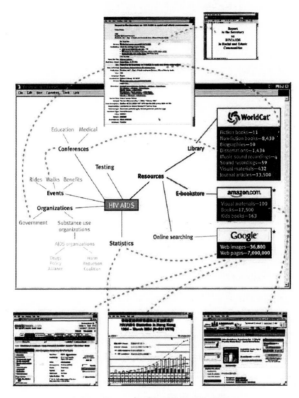

圖七之一 智慧型資訊檢索圖

資料來源：
Information Format Trends: Content, Not Containers
http://www5.oclc.org/downloads/community/2004infotrends_content.pdf（97.05.16）p.15
Content in Context: Synthesizing Content into Knowledge
http://www.oclc.org/reports/2004contextdemo.htm（97.05.16）

---

[16] Information Format Trends: Content, Not Containers
http://www5.oclc.org/downloads/community/2004infotrends_content.pdf （97.05.16）p.15
Content in Context: Synthesizing Content into Knowledge
http://www.oclc.org/reports/2004contextdemo.htm（97.05.16）

　　圖七之一是以查找有關「愛滋病」（HIV AIDS）的相關資料為例。就此一需求而言，資訊蒐尋者需要的相關資料有：各圖書館有關愛滋病的藏書、坊間已出版但未被圖書館收藏的有關愛滋病的圖書、與愛滋病有關的網路資源，以及有關愛滋病的統計數據、團體組織、新聞事件、研討會等等。以往這是要靠資訊使用者自行根據經驗，分別透過各種檢索工具、資料庫，例如：全球最大的書目資料庫 WorldCat 以及 Amazon、Google 網站等，逐一進行查找。然而未來的發展趨勢則是希望能夠有一整合式的介面，當接收到資訊使用者此一需求的指令後，即能夠自動分別查詢各個資料庫，或是從不同資料類型中查找出相關的資料出來，最後並將檢索結果依不同性質或是類別排列呈現成如圖七之一所示，以便利資訊需求者使用。

（三）趨勢評析

　　從以上所述未來之趨勢來看，圖書館未來的角色與功能，正如此份報告之副標題所明示的：「不只是個容器，重要的是容器所裝的內容」（Content, Not Containers）。換言之圖書館不應只是個圖書資訊的收藏處所而已，更重要的是要如何發揮所收藏之圖書資訊的效益。這也正如美國國家科學基金會（National Science Foundation）在一次有關數位圖書館發展方向之研討會的報告名稱所揭示的：「消失在資訊中的知識」（Knowledge Lost in Information）[17]，其所隱含的意義是，如何從資訊洪流中歸納出知識。因為在今日，資訊的取得已不是什麼問題，甚至已是過多，因此，重點是在於如何將這些相關的資訊，組合成有意義的知識，這將是圖書資訊學界提供資訊服務的新挑戰。

　　面對此一發展趨勢，圖書館或是圖書資訊服務應該適時調整其服務內涵，在既有之資訊組織的基礎之上，逐漸朝向以資訊消費者之需求為重點的知識管理為發展方向，才能夠適應未來資訊社會的變化與需求。

---

[17] Knowledge Lost in Information
http://www.sis.pitt.edu/~dlwkshop/report.pdf（97.05.16）

六、「對於圖書館與資訊資源的認知」
（Perceptions of Libraries and Information Resources）[18]

（一）背景說明

當圖書館不再是取得圖書資訊服務的唯一管道，而是與其他相關的資訊服務機構、組織、蒐尋工具等等，同樣是人們獲取資訊的途徑之一時，圖書館與這些同屬資訊服務體系之相關設施的互動，就產生微妙的變化，其關係可說是既合作又競爭。既然如此，圖書館在整體資訊服務體系中的地位究竟是如何？一般社會大眾對於圖書館以及其他相關設施的看法又是如何？等等相關的問題，就成為規劃未來資訊服務的重要參考依據。

為達此目的，美國國際圖書館電腦中心乃調查世界各主要英語系國家，包括美國、英國、澳大利亞、加拿大、新加坡和印度等國，十四歲至六十五歲人們，其資訊行為特徵以及對於圖書館和相關設施的看法。由於調查方式係透過網路發送問卷，因此可以確認受試者應是網路資源的使用者，總計獲得三千三百四十八份回收問卷，經統計分析後，於二零零五年十一月發表此份報告。除此之外，美國國際圖書館電腦中心亦曾於二零零六年時，根據此次調查的資料，發表一篇僅分析受試者是大學生的報告「College Students' Perceptions: Libraries & Information Resources」[19]。由於兩者所分析之依據係為同一次調查所得之資料，而且後者僅分析大學生之受試者，範圍較窄，因此，接下來的報告要點分析乃以前者為主。

（二）報告要點

此份報告的主要內容包括：圖書館與其他資訊資源的比較、使用圖書館的經驗、圖書館給人的印象、給圖書館的建議等四個部分，茲分述如下：

---

[18] Perceptions of Libraries and Information Resources
http://www.oclc.org/reports/2005perceptions.htm（97.05.16）

[19] College Students' Perceptions: Libraries & Information Resources
http://www.oclc.org/reports/perceptionscollege.htm（97.05.16）

1. 圖書館與其他資訊資源的比較

　　首先分析的是資訊消費者使用圖書館資源與其他資訊資源的差異。從調查結果發現，有百分之九十六的人曾親身使用公共圖書館，百分之七十二的人擁有圖書館的借書證。在美國，公共圖書館的使用者更是遍及各年齡層。就整體來看，大學生較其他年齡層的人較常使用公共圖書館，並且較常使用其他類型的圖書館。至於使用圖書館的頻率，有三分之一的人表示，過去三至五年使用圖書館的次數降低，至於未來的使用情況則預估與現在一樣。

　　整體來說，受試者熟悉各種網路蒐尋工具，然而有超過一半的人並不熟悉線上圖書館的服務。大部分的受試者使用過電子郵件、蒐尋引擎等網路資源。當要查尋資訊時，首先使用的是網路蒐尋工具，其中最常使用的是 Google。除了透過網路蒐尋工具之外，大多是透過周遭朋友告知而得悉其他的數位資訊資源。

　　就使用的滿意度來看，大部分的人覺得，作為資訊的來源管道，網路蒐尋工具的表現是非常令人滿意，而圖書館與書店的表現則也是令人滿意。網路蒐尋工具可說是最常被使用的資訊資源，將來也會是如此。

　　至於各種資訊資源所提供之資訊的價值性，有百分之九十三的人覺得，Google 所提供的資訊是有價值的；百分之七十八的人覺得，圖書館所提供的資訊是有價值的，而且曾經使用過圖書館的人覺得，數位圖書館的資訊資源是有價值的。

　　是否有價值，是受試者選擇、使用數位資訊的最大考量，而是否免費使用亦是重要的考量因素之一。此外，受試者覺得，需付費的資訊並不比免費的資訊更可信，而圖書館與網路蒐尋工則同樣提供可信的資訊。若需評估資訊的可信度時，多是由使用者自行判斷，而且經常是以比對其他網站之資料以確認數位資訊的正確性。專家、其他網站以及印刷資料是最常被用來確認資訊可信度的管道，然而只有百分之二的人會請求圖書館員協助確認資訊的可信度。

2. 使用圖書館的經驗

　　就圖書館的使用經驗來看，瀏覽紙本印刷圖書、參閱特定參考工具書、取得研究的協助是使用圖書館的前三項目的。

　　若圖書館與書店相比，圖書館的優勢是能夠免費上網、獲取免費的資料；而書店的優勢則是有咖啡店、資料較新穎、能夠約見朋友等。

　　有關圖書館的資源方面，知道圖書館網站以及線上公用目錄的比例較高，然而，知道圖書館有數位資料庫、數位資訊的比例卻不高，而且，經常使用圖書館數位資源的比例亦不高。當使用圖書館數位資源時，大部分的人並不會尋求圖書館員的協助或指導。

　　未使用圖書館網路資源的最大原因是不知道圖書館有此網站。在美國，十四至二十四歲人們不使用圖書館網路資源的原因，是因為覺得其他網站提供更佳的資訊。

　　就正確性與可信度而言，圖書館與網路蒐尋引擎相比，受試者覺得圖書館所提供的資訊較正確、可信，然而網路蒐尋引擎所提供的則是較簡單容易使用，而且快速有效率。

　　曾經尋求圖書館協助的人表示，圖書館員的協助有實質的助益。總體來看，百分之四十三的人表示，從圖書館員得到的協助與從網路蒐尋引擎所得到的差不多。然而來自美國的受試者，則表示得自圖書館員的協助優於網路蒐尋引擎所提供。

　　所獲得之資訊的質與量，是影響網路蒐尋引擎滿意度的最主要因素。受試者覺得，圖書館員與網路蒐尋引擎均提供高品質的資訊。然而，在量與速度方面，網路蒐尋引擎的表現均略優於圖書館員。因此，整體而言，也較滿意於網路蒐尋引擎。

　　對於圖書館的最新消息或是新進資源，約有一半的受試者表示，是透過電話詢問或是親自造訪以獲知圖書館資訊資源的最新訊息，然而有三分之一的人卻不去查知圖書館有何新進資源。

　　就使用圖書館與網路蒐尋工具的經驗而言，受試者表示，自從開始使用網際網路之後，閱讀圖書以及使用圖書館的頻率就降低。有九成的人覺得，網路蒐尋工具適合其生活型態所需，一半的人覺得，線上圖書館適合其生活型態所需。

3.圖書館給人的印象

在有關圖書館的正面印象裡，圖書是最常與圖書館連結在一起的印象（百分之十八），包括：收藏有許多不同的圖書、可免費借閱圖書等等；其次是資訊（百分之十四），意指可信、正確、免費使用的資訊；而博學多聞、親切、樂於助人的館員（百分之十）以及完善的相關設施（百分之十）則是居於第三位。

然而有關圖書館的負面印象裡，服務不佳卻是比例最高者（百分之二十三），包括：開放時間不夠、圖書館的使用規定與費用、嚴苛的借閱規定與借期、線上公用目錄不易使用等等。

總括來說，圖書館給人的形象，最主要是提供免費的圖書、資訊，然而大多數的人都覺得圖書館的形象應不只如此，還應包括有例如：研究（research）、取得資料（access）、免費（free）、知識（knowledge）等等才是。

4.給圖書館的建議

雖然大部分的受試者都覺得，圖書館已具備並發揮許多功能，而且當需要協助時，圖書館均能提供適時的協助（百分之六十五），圖書館所使用的科技能滿足其需求（百分之五十四）。然而，對於圖書館仍有期待與建議，茲歸納如下：

圖書與設施方面，包括有：增加館藏（百分之十三）、更新館藏（百分之七）、增加或更新電腦（百分之五）、改善線上公用目錄（百分之一）。

服務方面（百分之十六），包括：延長開放時間、重新檢討使用規則與罰款規定、延長借閱期限、便利續借手續等等。

設備環境方面（百分之十九），包括：增加座位、擴充設備、改善環境使更加舒適、更吸引人並符合時代潮流、增設咖啡座、小吃店、降低噪音等等。

此外，還包括有：加強宣傳與推廣（百分之六）；便利取用（百分之四），意指便利行動不便者以及便利從遠方載入使用；增加更有學問更樂於助人的館員（百分之六）等等。另有百分之六的受試者則表示已很滿意沒有建議。

（三）趨勢評析

　　從此次調查所得之趨勢現象，與前述二零零三年那份有關整體資訊環境之分析報告，基本上無多大差別。資訊消費者將更適應、習慣使用網路介面，來檢索、取得其所需之資訊，因此，各式的資料將朝數位化型式發展，然而，可以肯定的是，圖書館以及紙本印刷型式的資訊，在短期之內仍然不會消失。在可以預見之未來之內，紙本印刷型式的圖書及其代表象徵－圖書館，以及各式數位化資訊及其代表象徵－網際網路，都將同樣是為資訊消費者取得資訊的重要管道。

　　面對此一發展趨勢，圖書館一則以喜一則以憂。喜的是，在一切數位化、網路化的浪潮襲擊之下，圖書館秉持其長久以來對於各式圖書資訊之收集、整理與服務的經驗與成就，並沒被時代潮流所淘汰，還能夠獲得資訊消費者的肯定，繼續發揮其應有的功能與服務。不過相伴而來憂的是，現今時代環境變化速度之快，已不容各行各業僅依其傳統的因應對策就能夠持續發展下去，若不隨時調整其營運作法以適應時代的需要，早晚恐仍遭淘汰之命運。所以，如要持續保有其原有的優勢與地位，就必須考量圖書館本身及所代表的圖書資訊服務，是否已做好必要之調整與準備，進而能繼續滿足社會大眾資訊消費者的需求。

　　因此，圖書館要做的，除了參酌前述資訊消費者的建議，增加、更新圖書館的館藏、設備、環境等等之外，最重要的是，如何提供有價值的資訊給資訊消費者。就這一點而言，圖書館可以採用各式先進資訊技術，以增進資訊之處理與檢索的效能，另外，也可以加強館員對於資訊消費者的服務效能。從本次調查結果分析發現，在美國，由於專業圖書館員的資格必定是美國圖書館協會（American Library Association, ALA）認可之碩士學位畢業者，也保證其具備相當程度以上之本職學能的訓練，所以受試者表示，得自圖書館員的協助，非常有助益於檢索、取得資訊。由此可見，訓練有素的圖書館員，在資訊服務方面的價值與重要性。這也凸顯出，即使是在數位化的網路時代裡，圖書館或是圖書館員，仍然具備資訊領航員（navigator）之角色與功能，亦有其繼續存在的必要與價值。

　　所以，可以肯定的是，在未來的資訊服務界裡，圖書館只要調整得當，必定仍能占有一席之地，也能夠與其他相關的網路資源工具、服務系統等相輔相成，共同為服務資訊消費者之需求而努力。

　　也就是說，這正是重新再擦亮圖書館之品牌印象的良好時機。

七、「網路世界的分享、隱私與信任」
（Sharing, Privacy and Trust in Our Networked World）[20]

（一）背景說明

　　電腦以及網際網路發展至今，已不僅是一種搜尋（searching）資料的管道而已，更是一種人與人之間的社會聯繫工具。在以往，網際網路的運作模式多是由資訊提供者設置網站，將相關的資訊資源放置於網站內，再由使用者上網蒐尋、取用所需的資訊資源。然而隨著資訊科技的進展以及觀念的轉變，原本是資訊的消費者（Information consumers）也可以透過各種方式，將其個人的資訊資源放置到網際網路上提供大眾取用，而成為資訊的提供者（Information producers）；或是透過網際網路所提供的各種工具，與其他人，不論是失聯多年的朋友還是素昧平生的陌生人建立起聯繫。因此，網際網路之網站的性質，除了是一種提供資訊資源的管道與蒐尋工具之外，也可能是一種「社會網路網站」（Social Networking Sites）或是「社會媒體網站」（Social Media Sites）。「社會網路網站」是指網站的性質是以聯繫人與人之間的互動，促進彼此之間經驗、興趣、活動等的交流為主，例如：Facebook[21]、Mixi[22]以及 MySpace[23]之類的網站都是屬於此類性質。而「社會媒體網站」則是專供一般人得

---

[20] Sharing, Privacy and Trust in Our Networked World
　http://www.oclc.org/reports/privacyandtrust/default.htm（97.05.16）
[21] Facebook
　http://www.facebook.com（97.05.19）
[22] Mixi
　http://mixi.jp（97.05.19）
[23] MySpace
　http://www.myspace.com（97.05.19）

以公布、分享其個人所製作的媒體內容,例如 YouTube[24]與 Flickr[25]之類的網站都歸屬此類性質。

綜合前述,當網際網路的發展,從過去單向式的資訊資源提供者與使用者的關係,轉變成為一種雙向式的共享工具管道時,如何確保使用者彼此之間的隱私與信任關係,就成為當今建置網站提供資訊資源服務的重要課題,值得予以深入探討。

因此,美國國際圖書館電腦中心乃於二零零六年十二月七日至二零零七年二月七日之間,調查加拿大、法國、德國、日本、英國以及美國,總共六千一百六十三位年齡在十四歲到八十四歲之間的資訊使用者。除此之外,亦於同時間之內,調查三百八十二位美國各類型圖書館館長對於同樣問題的看法與意見,以作為參照對比。此次調查的目的即在於進一步瞭解社會大眾參與社會網路網站的情形,以及如何透過社會網路網站進行合作,進而分析此現象對於圖書館的影響。調查的項目內容包括有:社會網路網站以及社會媒體網站的評析、社會網路網站參與者的行為、價值與期待以及評估隱私、信任等相關的議題。希望能夠協助圖書館員瞭解其服務對象的行為、興趣,並且探討長久以來圖書資訊學界所珍惜的核心價值-隱私,在當前資訊時代裡的意義。

(二) 報告要點

此份報告即是該次調查研究的成果,茲將其要點條述如下:

1. 使用網路的情形

使用網路已不再是特定族群的現象,而是不分年齡、不分地區的普遍情況。與前次兩年前的調查[26]相比,不論是電子郵件或是蒐尋引擎的使用比例,都大幅提昇,並且有超過四分之三的被調查表表示,在過去一年內曾經透過網路瀏覽或是購買物品,由此可見網路的使用情形。除此

---

[24] YouTube
   http://www.youtube.com(97.05.19)
[25] Flicker
   http://www.flicker.com(97.05.19)
[26] Perceptions of Libraries and Information Resources
   http://www.oclc.org/reports/2005perceptions.htm(97.05.16)

之外，從使用網誌（Blog, Weblog）人數激增達到百分之五十之多的現象而言，可以說既是網路的使用者亦是網路的提供者。若是合計不論是紙本印刷或是網路數位型式的閱讀，使用者花在閱讀的時間是增加的，而社會網路網站使用者的閱讀時間比非社會網路網站使用者還多。

2.社會型網站的興起

　　近年來網路型態的最大變化是社會網路網站以及社會媒體網站的興起，所帶來的效應是所謂的網路資源不再只是由少數數千或數萬人所提供，而是來自數百萬甚至數千萬人所供應。透過這些社會型網站，人們得以自由地與他人交換、分享彼此的興趣、經驗，進而聯繫彼此的關係。根據調查，有超過四分之一的網路使用者、一半以上的大學生正在使用任一種社會型網站，其中又以 MySpace 以及 YouTube 的使用率最高。而資訊使用者使用社會型網站的情形（百分之二十八）比使用圖書館網站（百分之二十）還多，有超過三分之一（百分之三十九）的人每天至少使用社會型網站一次，有的還更多次。此外也發現，人們利用手機不只是用來當作電話使用而已，還經常當作上網、傳遞訊息等等之工具，並且也是一種社會型網路工具。

3.在網路上分享資訊

　　大多數的人都曾在網路上分享（sharing）其個人資訊，有百分之六十七的人曾經填記網路上的註冊表格。百分之三十的人覺得在網路上提供個人資料，與在平常生活中親身提供個人資料沒什麼差別；而有百分之十六的人覺得，在網路上提供個人資料比親身面對面時更令人自在。有三分之一的人經由填記電子郵件等個人資訊，藉以收到相關的訊息（alerts），有四分之一的人建立其個人的「我的最愛」（favorites）。在社會型網站中，有百分之三十九的人分享其閱讀心得，百分之五十七的人分享其個人的影片、照片，百分之十四的人分享其個人的出版資訊。一般而言，大學生們更願意在社會型網站上分享其個人資訊。不過整體來說，在網路上分享資訊的情形，會因國別不同而有差異。

4.有關個人隱私

當在網路上填記個人資料時，百分之六十填記真實姓名，百分之八十填記真實電子郵件，百分之八十填記真實年齡，超過一半的人填記真實的電話號碼。與兩年前的情況比較，百分之二十六的人覺得個人隱私更受保護，百分之二十五的人覺得情況更差，百分之三十覺得沒什麼差別，百分之十九無法確認。有百分之十一的人覺得其個人資料被使用，但並未取得其同意。廣告郵件、垃圾郵件、個人身分資料被竊以及如何保護個人資訊等，是眾所關心有關個人隱私方面的議題。百分之六十的人覺得銀行、金融業網站之私密性較佳，至於圖書館網站與其他商業網站的情況相比，則沒什麼差別。

5.有關保密條款

被調查者都覺得，如何管制填記於網路上之個人資料的使用情形是很重要的。雖然有超過四分之三的人認為，應該明確訂出何人才可以查看或是使用該等個人資料，然而卻只有三分之一的人會在填記註冊之前查閱保密條款。對於保護私密資料的標示，圖案型式的保密標示會比文字型式的保密條款，更容易吸引使用者的注意，超過一半以上的人，在網路上進行瀏覽或是購物之前，都會查看有無保密的圖案標示。越常使用的網站，其保密的情況也越受到使用者的認可。

6.有關圖書館網站的保密條款

雖然大部分的人都不覺得瀏覽圖書或是查閱資料是很私密性，不過仍然有一半的人認為圖書館應該妥善保密這些過程資料。此外，有百分之六十四的人認為圖書館亦應訂定保密條款，不過只有百分之二十六的人，會在註冊使用之前查閱圖書館網站的保密條款。即使圖書館網站的保密情況比不上銀行、金融業，但是仍然有百分之六十的人覺得圖書館網站是可以信賴的。

7.美國圖書館館長的情況

針對同樣的問題，三百八十二位美國圖書館館長的調查結果是：使用網路的情形比一般人更早、更久、更多。而且比一般人更注意有關網

路上個人資料的保密情況，，若與兩年前相比，則認為情況變得較差。與一般人相比，較不常使用社會型網站，若有使用，也多是為了工作上的目的。最常瀏覽、購物的網站是 Amazon，其次則是圖書館網站。與一般人相同的是：關心有關廣告郵件、垃圾郵件、個人身分資料被竊以及如何保護個人資訊等屬個人隱私方面的議題；常會查看網站有無保密的圖案標示，不過比一般人較常查閱網站的保密條款。有關圖書館讀者個人使用圖書館的情形，圖書館館長比一般人更覺得是屬於極為私密性的資料，同時也認為保密這些隱私資料是其專業上的職責。

8.圖書館與社會型網站

有百分之十三的社會大眾以及百分之十四的美國圖書館館長覺得，建置社會型網站應為圖書館的功能角色之一，其中又以圖書俱樂部（book clubs）為首選，其次則是有關家庭作業（homework help）、支援團體（support groups）、興趣分享（sharing interests）以及教育服務（education services）等。事實上，截至二零零七年九月二十八日止，在 MySpace 裡已有一百九十七個團體，其名稱有標示為「圖書俱樂部」（book clubs）。

（三）趨勢評析

透過此次跨國性的調查可以發現，網際網路的發展，已從最初提供研究者互通訊息的工具，逐漸成為查找資訊的管道，再演變成為任何人都可以藉由交換其個人經驗、感受之社會型態的網路，而成為一種當代人們重要的互動介面。人們經常上網查看電子郵件，透過蒐尋引擎查找資料，藉由社會型網站與他人聯繫、分享資訊等等，也就是說使用網際網路就像平常打電話、看電視一樣普通尋常，其所造成的影響是，使用圖書館網站的情況卻呈現下降的趨勢。面對此一現象，使原本承擔提供社會大眾資訊資源重任的圖書館，不禁要重新考量如何才能再吸引社會大眾使用圖書館所建置的資訊服務系統網站。

綜合以上的分析可以發現，社會大眾之所以會逐漸習慣使用社會型網站，然而相對的，圖書館資訊服務系統網站的使用率卻下降，是有其背後的因素使然，值得探究其原因，以作為往後改善圖書館資訊服務系統網站時參考。

　　就社會網路網站而言，一般人視其為自由交換訊息的工具、管道，其最大的特徵乃在於不僅能夠貢獻個人的資訊，並且能夠自由地依據個人的喜好擷取所需的資訊，因為其特有之自由與分享的精神，廣泛吸引社會大眾接納使用，進而成為當前網際網路的最大使用方式。

　　然而就圖書館以及圖書館的資訊服務系統而言，首先是圖書館給人的印象就是圖書，因為這一印象的聯結，使得圖書館在一般人的心目中，只是一單向性可以借書的地方，而不似社會型網站可以自由貢獻、分享經驗的平臺。由於受限於此一印象所困，以致於圖書館無法進一步吸引社會大眾更加利用圖書館的各項資源。其次是圖書館太在乎個人隱私的保密，以致於阻礙了圖書館與讀者之間，或是讀者與讀者之間訊息的交流與溝通。其結果是圖書館竭盡所能事先收集、整理各種資訊資源以提供讀者使用，然而卻無法增進讀者與圖書館之間，或是讀者與讀者之間，因使用圖書館的資訊資源所引發的經驗與心得的分享。

　　因此兩相比較之下，圖書館以及其資訊服務系統，似乎顯得保守與落後，甚至還產生是否能繼續適應、生存於當今資訊社會的疑慮。

　　事實上，在有關資訊服務方面，圖書館曾經是倡導者，並且是領先群倫的。例如自古圖書館的實體空間即被視為是知識的殿堂、博學之士的會聚處以及訊息、經驗的交流場所；時光到了近代，圖書館極早即進行自動化、引進網路技術，提供快速便利的各種線上公用目錄、資料庫系統等等，協助讀者檢索到其所需要的資訊資源；多年來也致力於館藏文獻數位化，以便利讀者快速取得所需之全文資料，並且採用數位參考服務系統，以提供一週七天每日二十四小時不打烊的服務。這些事蹟與努力都是圖書資訊學界，曾經為滿足社會大眾之資訊需求，極具開創性並且是不可磨滅的成就。

　　然而隨著網際網路的逐漸普及，社會大眾網路資訊行為的轉變以及網際網路資訊資源來源管道多元化的影響，原本處於領先地位之圖書資訊服務系統，卻略顯不足與落後。圖書館，特別是網路上的虛擬或是數位圖書館，並不被視為是可以自由自在進行個人之知識、資訊、經驗與心得的平臺，與以往之圖書館的精神與象徵顯然有差距。而其主要的癥

結即在於，近代以來圖書館這一品牌（brand）所形成的印象，以及因為固守於這一印象，所造成的服務模式限制。

因此，今日如要重振圖書館以及其圖書資訊服務系統在社會大眾心目中的價值與地位，重點不在於僅是很努力地將各種新的資訊技術，例如：Wiki、Blog、Mashup、Procast 等等引用到圖書資訊服務系統網站，這雖然是可以提供使用者更親和、便利的服務，但是仍未觸及問題的核心－運作模式的基本架構。

傳統以來，圖書館以及早期的網際網路服務，其模式架構基本上是由一群所謂的專家或是專業人士所建置，由他們判斷將那些資訊資源或是服務，應以何種方式呈現，再放置到網路上提供社會大眾使用。然而分析近年來社會型網站之所以興起的原因可以發現，雖然這些類型的網站內容與服務，在圖書資訊學界眼中顯然是混雜沒有條理，不過卻又能夠吸引那麼多人加入使用，其最主要的關鍵乃在於，這些網站極為便利使用，並且提供使用者間得以自由自在進行互動式的貢獻、分享、取用彼此的知識、資訊、經驗與心得。此一現象將帶給傳統上較偏向單向式、井然有序但使用率卻下降的圖書館服務模式，一個新的啟發與轉變的契機。

如果說便利（convenience）與品質（quality）、分享（sharing）與隱私（privacy）是各自處於天平兩端的對比，那麼傳統上圖書館的服務模式，乃是建構在維護服務品質以及保護使用隱私的概念架構之上。其基本概念是：便利將減損品質（convenience trumps quality）、分享將曝露隱私（sharing trumps privacy）。因此設計各種的圖書整理規範包括編目規則、分類表、標題表等等，以及各種的服務規章包括借還書規則以及資料庫系統的使用限制等等。這些規範與措施對於提昇圖書館服務的品質，以及保護讀者個人的權益是有極大的幫助，然而，相對的卻會造成不便使用與阻礙分享。

所以，圖書館以及其所提供的圖書資訊服務系統，若要能夠繼續存在於當今的資訊時代裡，則應學習社會型網站的精神與特徵，敞開圖書館的服務系統，建置成為一種得以讓所有的使用者亦得以自由自在提供、取用各種的知識、資訊、經驗與心得。若擔心便利與品質、分享與隱私之衝突，則應該在便利與方享的前提之下，設法讓使用者得到更高

品質的資訊以及更佳隱私的保護。換言之要從改變基本的運作模式觀念做起，以呼應時代潮流的需求，才能確保圖書館以及圖書資訊服務系統繼續成為人類知識文明之交流與創新的平臺與場所。

第三節　建構以知識入口網站為介面的教育研究資訊資源服務模式

　　綜觀前述的分析可以發現，長久以來針對資訊資源的服務是有不少的成就，然而隨著時代的演變，特別是眾多不同的資訊媒體被廣泛應用在資訊的傳播與利用，以及網路介面逐漸變成重要的溝通介面之後，有關資訊資源的服務方式也產生了變化，其發展趨勢可以從近年來美國「國際圖書館電腦中心」所進行之系列專案分析報告中得到驗證。

　　因此，為了呼應時代的潮流，在提供教育研究資訊資源服務時，自然不能墨守成規，必須體察現況勇於革新，才能夠真正滿足資訊使用者的需求，並發揮資訊資源服務的最大效益。

　　以下即綜合前面幾章有關資訊資源服務的相關理論、現況分析、發展趨勢以及其他學科領域的實際作法，分別由：從資訊入口網站到知識入口網站、知識入口網站的功能、知識入口網站的規劃等幾方面，揭示未來教育研究資訊資源服務的理念架構與運作模式。

一、從資訊入口網站到知識入口網站

　　綜觀以往的資訊資源服務，不論是編製書目、索引、指引、手冊或是透過圖書館、資料庫系統等等，都是重要的資訊資源服務方式之一。這些長久以來所慣用的服務方式是仍有其價值，然而隨著時代的演變以及資訊使用者之期待的提高，在資訊資源的服務方面，也應配合調整，才能滿足資訊使用者的需求。

　　何種模式的服務才是未來理想的資訊資源服務呢？經綜合現況並且參酌前述美國「國際圖書館電腦中心」的研究報告，還有工商企業界的經驗，總結來說，未來的資訊資源服務，不僅是「資訊入口網站」

（Information Portals），更應是「知識入口網站」（Knowledge Portals），才能發揮資訊資源的最大效益，並滿足資訊使用者所需，茲分述如下。

（一）資訊入口網站

以往的資訊資源服務是以書本型式的書目、索引、摘要、指引、手冊以及實體的圖書館為主，近年來這些服務也逐漸轉變成為數位化型式的資料庫系統、虛擬圖書館等，並且可以透過網路進行檢索、利用。因此，可以預見的是，整合式的網路介面將是未來資訊資源服務的重要方式。

事實上，這種透過網路介面以利用所需之資訊資源服務的趨勢，也呈現在美國「國際圖書館電腦中心」的研究報告中。從報告中可以發現資訊使用者對於網路資源、網路介面的使用與適應情況，例如：「調查發現，大學生對於使用網路的能力都相當自我肯定，有四分之三的人覺得自己能夠透過網路成功找到課業所需之資訊」[27]、「網路資源漸成為尋找資訊的首選」[28]、「資訊消費者將更適應、習慣使用網路介面，來檢索、取得其所需之資訊，因此，各式的資料將朝數位化型式發展」[29]等等，均是肯定網路型態將是未來資訊服務的重要介面。

這種透過網路介面，並將原本分散的各種書目、索引、摘要、指引、手冊、圖書館、資料庫系統等等彙整於一處的方式，可稱之為「資訊入口網站」（Information Portals）。因此「資訊入口網站」乃成為當前最常見之資訊資源服務的模式。

然而，如果要更進一步提昇服務的層次，並且更加發揮資訊資源的效益，則勢必要朝向「知識入口網站」（Knowledge Portals）發展，才能適應未來的需要，最終達成資訊使用者之資訊需求的目的。

（二）知識入口網站

現有之「資訊入口網站」的服務，其內容型態多是由飽有經驗的專家學者、圖書館或是資訊服務公司，就其專業判斷使用者的需求，再據而彙整、編製、提供各種的服務。然而這些服務，基本上多屬資訊資源

---

[27] 同註11，參見本章第二節之分析。
[28] 同註12，參見本章第二節之分析。
[29] 同註18，參見本章第二節之分析。

之指引，乃是一種單向式、未再進一步創造資訊加值的靜態式服務，資訊使用者能從中獲得相關的資訊與資源，但是卻少能回饋運用資訊資源之後的經驗與所得。

其歷程關係是基於從「資料」（Data）開始，會再依續轉變成為「資訊」（Information）、「知識」（Knowledge）、「智慧」（Wisdom）的觀點，可以圖七之二誤解的資訊金字塔圖[30]為例。

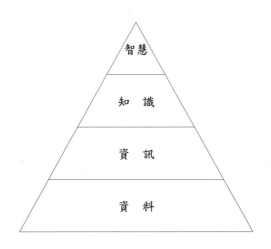

圖七之二　誤解的資訊金字塔圖

資料來源：
Joseph M. Firestone. <u>Enterprise Information Portals and Knowledge Management</u>. (Boston: KMCI/Butterworth-Heinemann, 2003) p.24

---

[30] Joseph M. Firestone. <u>Enterprise Information Portals and Knowledge Management</u>. (Boston: KMCI/Butterworth-Heinemann, 2003) p.24

　　然而就事實的情況來說，「資料」、「資訊」、「知識」、「智慧」等之間的關係並不是單純單向的過程，而是一種循環生成的歷程關係，其情況可以圖七之三資訊與知識關係圖[31]說明之。

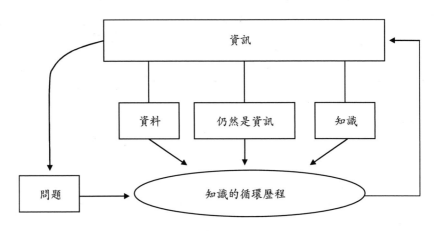

圖七之三　資訊與知識關係圖

資料來源：
Joseph M. Firestone. Enterprise Information Portals and Knowledge Management. (Boston: KMCI/Butterworth-Heinemann, 2003) p.24

　　從圖七之三的說明可以知道，就「資訊」與「知識」之間的關係來說，有些情況之下「資訊」可視為「資料」，有些情況之下「資訊」仍只是「資料」，另外有些情況之下「資訊」則轉變成「知識」，然而都可能再轉換成「知識」，而再形成另一種「資訊」，再歷經另一番的轉換歷程。
　　此一分析對於知識入口網站而言，所代表的意義是，光是「資訊入口網站」的架構，僅是單向式的提供資訊資源而已，對於如何再將資訊資源被利用後所形成的不論是「資料」、「資訊」或是「知識」，並無處理。

---

[31] 同註30

因此，有必要調整架構，將「資訊入口網站」轉換成「知識入口網站」的運作模式，才能真正發揮其效益。

而近來盛行於工商企業界的「企業入口網站」（Enterprise Portals），即是一種強調資訊取用以及知識共享與回饋的「知識入口網站」，[32]不僅彙集各種的資訊資源以供使用，同時也提供使用者間以及與網站系統之間的交流機會，因此，值得觀摹其運作模式與效益，以供規劃教育研究資訊資源服務之知識入口網站時參考。

雖然工商企業界的各種作為，均不離其追求利潤的最終目的，不過從其對於企業內外之各種資訊的掌控，進而能夠促進所有人員對於資訊之使用與流通，並再創造價值而成為知識經濟的基礎，此一模式對於教育研究資訊資源的服務深具啟發之意義。換言之，如要提昇未來教育研究資訊資源的服務，其型態模式勢必要從「資訊入口網站」轉變成為「知識入口網站」，才能夠促進資訊資源的流通，進而成為知識的交流平臺，並滿足資訊使用者的需求。

就此一需求趨勢而言，也具體反映在美國「國際圖書館電腦中心」的研究報告裡，其中即明白顯示未來資訊使用者對於使用資訊的需求與模式：「不只是一處資訊的倉庫而已，而是一處能夠滿足資訊消費者終身教育需求的學習中心」、「資訊媒體本身並不是重點，其所承載之資訊才是重點」、「重點不在於區分是什麼媒體，重要的是如何促進資訊的流通與利用」、「除了獲得資訊，更重要的是要獲得知識」、「資訊之獲得與使用的重點乃在於如何更精確的檢索，以找出隱藏但是適合的資訊，並且要將這些檢索出來的資訊，組合成為有意義的知識」等等[33]，都表達出資訊使用者對於資訊的需求，不僅只是一種資訊的提供而已，更重要的是資訊本身所蘊涵的意義，及其所發揮的知識價值。

因此可以知道，「知識入口網站」不僅應用在工商企業界而已，在教育研究資訊資源服務方面，也頗多可借鏡之處。

---

[32] Heidi Collins. Enterprise Knowledge Portals: Next-generation Portal Solutions for Dynamic Information Access, Better Decision Making, and Maximum Results. (New York: American Management Association, 2003) p.27

[33] 同註 15，參見本章第二節之分析。

二、知識入口網站的功能

所謂知識入口網站，本質上乃是知識管理的應用，目的在於掌握、發揮「智力資本」（intellectual capital），並且促進知識的創造（creation）、散布（distribution）與利用（use）。[34]所以，知識管理可說是知識入口網站的核心概念，並且能夠滿足以下之需求：分析、組織工作的流程（Be organized around work process）、促進知識的傳播（Maintain knowledge and facilitate communication）、注重未來的發展（Focus on the future）、支持機構組織的目標（Support your organization's business objectives）、促進創新（Promote innovation）以及建構成為不斷創新知識的組織（Maintain a knowledge-creating organization）。[35]

因此，知識入口網站可說是資訊入口網站與知識管理的結合，茲就其主要的功能特徵分析如下。

（一）功能需求分析

簡單來說，建構知識入口網站的目的，乃在於期盼藉由此一介面，有效運用智力資本，並將之融入到機構組織的經營運作過程裡，使能夠適應內外在變化並滿足成員們的資訊需求。因此，首先就必須瞭解所需的知識何在，以及這些資訊、知識是如何被利用的流程，才能夠建構知識入口網站應發揮何種功能。

從第二章第四節「知識管理」之分析可以知道，簡單而言，知識可以分為外顯知識與內隱知識兩種，知識管理的價值即在於促進外顯知識與內隱知識的交流與應用，因此，如何結合外顯知識與內隱知識就成為知識管理是否成功的關鍵。

至於如何結合外顯知識與內隱知識之方法，根據一份分析十二個公私部門的研究報告，將之總結歸納為八個途徑，包括有：聚會討論（Communities of Practice）、問答論壇（Question and Answer Forums）、知識地圖（Knowledge Mapping）、專家資料庫（Expert Databases）、知識資

---

[34] Brian Detlor. Towards Knowledge Portals: From Human Issues to Intelligent Agents. (Boston: Kluwer Academic Publishers, 2004) p.xi

[35] 同註 32 pp.4-5

料庫（Knowledge Databases）、新知通報（News Information Alerts）、組織學習（Organizational Learning）和虛擬合作（Virtual Collaboration）等。[36]因此，就促進、結合外顯知識與內隱知識之功能而言，這些方式也應是知識入口網站得以採行並發揮之功能。

　　所以可以這麼說，知識入口網站的最主要功能乃在於透過網路介面，以各種可能的途徑，針對服務對象的需求，結合外顯知識與內隱知識，並提昇其被利用、再創新的效能，其間之關聯如圖七之四知識流程圖[37]所示。

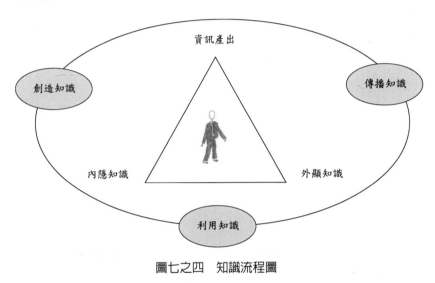

圖七之四　知識流程圖

資料來源：
Brian Detlor. Towards Knowledge Portals: From Human Issues to Intelligent Agents. (Boston: Kluwer Academic Publishers, 2004) p.7

---

[36] France Bouthillier and Kathleen Shearer. "Understanding Knowledge Management and Information Management: The Need for an Empirical Perspective." Information Research. vol.8 no.1 (October 2002).
http://informationr.net/ir/8-1/paper141.html　　（97.05.19）
[37] 同註 34 p.7

　　由於知識入口網站已成為適應資訊化時代所需，有效管理知識極為重要的一種方法，因此，建構知識入口網站亦成為當前各行各業各領域，有志於創新其知識價值的重要對應策略（solution）。因此，為了配合實際所需，也激起對於知識入口網站應有之功能的分析，茲就相關的研究分析，概述如下。

　　Joseph M. Firestone 認為，知識入口網站可說是資訊入口網站的提昇與擴充，並且能夠發揮以下之功能需求：[38]

　　1. 目標導向，主要是針對知識產出、知識整合和知識管理而設。

　　2. 著重在針對其所提供之資訊的正確與有效性的管理。

　　3. 提供有關組織之資訊以及詮釋資訊（meta-information）。

　　4. 區分知識與資訊之別。

　　5. 提供將資訊轉換成為知識的機制。

　　6. 引導使用者不僅使用資訊而已，更要創造、整合知識。

　　此外，根據 Robert Mack 等人的分析研究，知識入口網站即是應用各種資訊技術、工具，以達成對於知識管理之以下功能需求的一種綜合體：[39]

　　1. 擷取與摘錄（Capture/Extract）。

　　2. 分析與組織（Analyze/Organize）。

　　3. 查詢與檢索（Find）。

　　4. 創新與綜合（Create/Synthesize）。

　　5. 散布與共享（Distribute/Share）

　　以上六種知識管理的功能需求，以及相對應可以達成該功能需求之各種資訊技術、工具的種類項目，可以圖七之五知識入口網站功能分析圖表示之。

　　因此，總結來說，知識入口網站的最主要功能，乃在於能夠達成對於知識的彙齊、組織、分析，並且便利查檢，使之能夠再經利用而創新，進而易於散布與共享。

---

[38] Joseph M. Firestone. "Enterprise Knowledge Portals, Knowledge Processing, and Knowledge Management." in R. Barquin, A. Bennet, and S. Remex. ed. Building Knowledge Management Environments for Electronic Government. (Vienna, VA: Management Concepts, 2001) pp.201-226, p.211

[39] Robert Mack, Yael Ravin, and Roy J. Byrd. "Knowledge Portals and the Emerging Digital Knowledge Workplace." IBM System Journal. vol.40 no.4 (2001) p.927 http://www.research.ibm.com/journal/sj/404/mack.html （97.05.19）

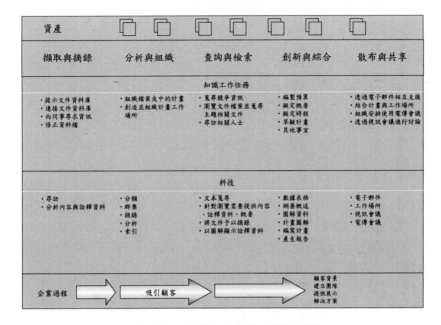

圖七之五　知識入口網站功能分析圖

資料來源：
Robert Mack, Yael Ravin, and Roy J. Byrd. "Knowledge Portals and the Emerging Digital Knowledge Workplace." <u>IBM System Journal</u>. vol.40 no.4 (2001) pp.925-955, p.927
http://www.research.ibm.com/journal/sj/404/mack.html（97.05.19）

（二）系統實例分析

　　自從一九九六年，第一個具備個人化企業入口網站性質的「My Yahoo!」推出之後[40]，建構知識入口網站已成為一種普遍的趨勢與需求，不論是公私機構或是不同性質的營利、非營利團體組織，都希望透過知識入口網站的建置以促進其內、外部資訊的交流，並提昇成為知識經濟的利基。然而除了大型的企業、團體較有能力自行開發所需的知識入口

---

[40]　同註 34 p.10

網站系統之外，一般都還是要仰賴市面上所銷售的套裝軟體系統，因此，開發、銷售知識入口網站相關的套裝軟體系統，也成為許多資訊系統服務公司的關注焦點，也有不少的相關套裝軟體系統可供選擇採用。

　　不同性質之機構團體組織對於知識入口網站的功能需求亦不完全一樣，然而各個開發知識入口網站系統之資訊服務公司，卻都宣稱其所開發之產品系統乃是一功能完備的系統，足以適用採用者的所有需求。姑且不論其自誇之詞是否為真，就分析知識入口網站應有之功能需求的觀點而言，若能綜合比較分析各個已被採行使用之知識入口網站系統的功能，亦能從而得知，就整體而言，知識入口網站系統該具備的功能有那些。

　　因此，Jaydip M. Raol 等人即曾就所收集到的六十四個知識入口網站套裝系統，分析其所提供的功能，最後選出十五個為代表，歸納出因應企業所需之知識入口網站所具備的功能特徵，共計有五十項，這五十項功能特徵可再合併為十大類。茲將該十五個知識入口網站套裝系統，所具備之十大類、五十項功能，及其所占之百分比，條列如下：[41]

1. 客服化與個人化（Customization and personalization）　　100%

　　包括的功能有：
　　個人化（Personalization）　　　　　　　　　　　　　　100%
　　選擇資源（Selecting resources）　　　　　　　　　　　100%
　　排序（Sort order）　　　　　　　　　　　　　　　　　33%
　　變化顏色與樣式（Change in colors and layouts）　　　 100%
　　客服化（Customization）　　　　　　　　　　　　　　100%
　　電子數位工作空間（E-room digital workplace）　　　　　7%

2. 搜尋檢索（Proactive/search）　　　　　　　　　　　　100%

　　包括的功能有：
　　整合搜尋（Integrated search capability）　　　　　　　100%
　　內嵌搜尋引擎（Embedded search engine）　　　　　　　100%

---

[41] Jaydip M. Raol and others. "An Identification and Classification of Enterprise Portal Functions and Feature." Industrial Management and Data System. vol.102 no.7 (2002) pp.390-399

獲取搜尋結果（Secure search results）　　　　　　　　67%

搜尋重複（Search collection replication）　　　　　　27%

3. 社群合作（Collaboration and community）　　　100%

包括的功能有：

社群（Community）　　　　　　　　　　　　　　100%

任務管理（Task management）　　　　　　　　　　87%

文件合作（Document collaboration）　　　　　　　100%

線狀討論（Threaded discussion）　　　　　　　　33%

4. 安全防護（Secure/security）　　　　　　　　　100%

包括的功能有：

身分確認（Authentication）　　　　　　　　　　100%

開放式安全架構（Open security architecture）　　　100%

LDAP 整合（LDAP integration）　　　　　　　　67%

存取控制（Access control）　　　　　　　　　　100%

安全鏡射（Security mirroring）　　　　　　　　　7%

邀請（Invitations）　　　　　　　　　　　　　13%

查核（Auditing）　　　　　　　　　　　　　　100%

物件存取控制（Object level access control）　　　100%

支援完整的 SSL（Full SSL support）　　　　　　100%

5. 動態運作（Dynamic）　　　　　　　　　　　　100%

包括的功能有：

類別搜尋（Search by category）　　　　　　　　100%

發布資訊（Publish information）　　　　　　　　100%

訂閱新知（Subscribe to new content）　　　　　　87%

查詢分析資訊（Query and analyze information）　　100%

發展執行計畫（Develop and execute plans）　　　80%

6. 擴充性與內嵌式（Extensibility/embedded applications）　　100%

　　包括的功能有：

　　開放式元件標準（Open gadget standards）　　93%

　　XML 格式（XML rendering）　　60%

　　暫時讀取系統（Caching system）　　100%

　　元件庫（Gadget Factory）　　40%

　　搜尋元件儲存（Repository search gadgets）　　33%

　　網際網路取用（Internet access）　　100%

7. 內容管理（Content management）　　80%

　　包括的功能有：

　　文件名錄（Document directory）　　100%

　　公布發行（Publications）　　93%

　　內容過濾（Content filtering and routing）　　87%

　　詮釋資料管理（Metadata management system）　　100%

　　內容確認（Content approval）　　100%

　　訊息連接（Crawler）　　100%

8. 網路功能（Scalability/network）　　73%

　　包括的功能有：

　　智慧型暫時讀取（Intelligent caching）　　100%

　　平衡多重服務（Load balancing across multiple services）　　100%

　　聯合連接（Pooled connections）　　100%

　　增強效能技術（Performance enhancing techniques）　　87%

9. 管理工具（Administrative tools）　　100%

　　包括的功能有：

　　網頁介面管理（Web-based administration）　　100%

　　工作時程（Job scheduling）　　93%

　　視窗管理（Window administrative client）　　100%

圖像伺服器（Image server）	33%
10.便利使用（Ease to use）	100%

包括的功能有：

網頁介面入口網站（Portal is Web enabled）	100%
使用常見的圖形使用者介面 （Uses a familiar graphical user interface）	100%

綜合以上的分析可以發現，就現有之知識入口網站系統所提供的功能來看，大致上是有一些共通的需求，每個系統都應提供。然而也有些針對個別使用對象所設計的特殊功能，如何區別何者是必備之功能，何者是尚待開發的功能呢？針對這問題，可以大致區分為：如果統計結果占百分之七十五之系統均有之功能，則是已確定、必備的功能（an established function）；低於百分之五十者，則是較新的或是次要的功能（a new or minor function）；介於兩者之間的，則是即將完型的功能（a maturing function）。[42]

就此一標準來看，對照前述的統計分析結果可以發現，在十大類功能方面，除了第八項「網路功能」只占百分之七十三，被歸為「即將完型的功能」之外，其餘九大類功能都應該是「已確定、必備的功能」。這也就是說，無論適合何種對象所需的知識入口網站，都應該具備這些功能。

其次就各大類細分之五十種功能來看，有九種（排序、電子數位工作空間、搜尋重複、線狀討論、安全鏡射、邀請、元件庫、搜尋元件儲存、圖像伺服器）是屬於「較新的或是次要的功能」，有三種（獲取搜尋結果、LDAP 整合、XML 格式）是屬於「即將完型的功能」，其餘三十八種則都是屬於「已確定、必備的功能」。

綜合以上的比較分析可以發現，知識入口網站應具備那些功能，除了從資訊、知識的散布與利用之過程來探討之外，事實上也是可以從實證性的調查分析中得到驗證。綜合這兩者的分析結果，應該就是知識入口網站應該具備的功能。

---

[42] 同註 41 p.393

　　雖然目前有關知識入口網站的應用，多是偏屬公司企業行號的性質，然而，如果將整體的教育研究資訊資源服務也視為一整體的企業機構組織的話，若亦能建構一因應教育研究者所需的知識入口網站，相信也必能促進教育研究過程中所產生之外顯知識與內隱知識的交流，進而提昇其再被利用與創新的價值，並發揮教育研究資訊資源之知識入口網站的功能。

三、知識入口網站的架構

　　從前述有關資訊入口網站、知識入口網站以及知識入口網站的功能等分析可以得知，在當今資訊爆炸的數位化時代裡，確實需要一套可以有效處理資訊、知識之流程，以發揮其最大功效的機制。這不僅是競爭激烈之工商企業界的需求，也是一向秉持非營利質自居之圖書資訊服務界，藉以提昇其服務品質的重要途徑。

　　此一發展需求也具體呈現在美國「國際圖書館電腦中心」近年來所發布的趨勢報告中：「最大的挑戰乃在於，當面對這些無法量計的資訊，在經費緊縮的情況下，進行徵集、管理、傳播時，不應僅僅將之視為是一種資料型態的轉變而已，更重要的是要思考如何將之建構成為一套能夠融合新與舊、出版與未出版、實體與虛擬的服務體系」[43]、「促使非結構化和非編目化的資料結構化，這對於例如圖片、研究筆記、影音資料以及隱藏於圖書館裡之特藏資料的利用，有極大之助益。並且藉由檢索技術以及自動分類技術，將促使非結構化資料的利用更有效率」[44]、「加強資訊組織、資訊加值的深度，並提昇資訊傳遞的效能。傳統上，圖書館非常擅長對於結構化資訊的處理，然而資訊消費者亦非常有興趣於非結構化資訊的使用，因此，圖書館必須留意新的技術與方法，……，並研究將之應用於提昇資訊服務的效能」[45]、「接下來的需求與進展則是將所檢索而得的資訊，組合成為有意義的知識」[46]等等，都具體表達出未來

[43] 同註12，參見本章第二節之分析。
[44] 同註14，參見本章第二節之分析。
[45] 同註14，參見本章第二節之分析。
[46] 同註15，參見本章第二節之分析。

　　的圖書資訊服務，需要一套類似知識入口網站的運作模式，才能統整、提昇服務，藉以滿足資訊使用者的需求。

　　既然確定以知識入口網站介面，將是往後資訊資源服務的主要模式，隨伴而來的重要問題是，未來作為提供教育研究資訊資源服務之知識入口網站的架構應是如何，才能真正發揮預期的效益？

　　針對知識入口網站之架構的問題，除了必須發揮如前述之知識入口網站的各項功能之外，不同的研究者也相繼提出其個別的看法。

　　最早使用知識入口網站一詞之一的 Gerry Murray，即曾在「The Portal is the Desktop」文中，區分四種不同類型的入口網站：第一種是「企業資訊入口網站」（Enterprise Information Portals），第二種是「企業合作入口網站」（Enterprise Collaboration Portals），第三種是「企業專門技能入口網站」（Enterprise Expertise Portals），第四種則是綜合以上三種的「知識入口網站」（Knowledge Portals）。[47]也就是說，知識入口網站的架構乃是綜合企業資訊入口網站」、「企業合作入口網站」以及「企業專門技能入口網站」等三種不同取向之入口網站而成。

　　Heidi Collins 認為，所謂知識入口網站，乃是結合「成員」（People）、「作業程序」（Work Processes）、「內容」（Content）以及「技術」（Technology）的一種「解決方案」（Solution）。[48]因此，有關知識入口網站的架構，可以分別從：「成員」、「作業程序」、「內容」以及「技術」等層面分別探討之。

　　Chun Wei Choo 等人則認為，知識入口網站是一種結合以下三種場域的企業內部網站（Intranet）：「內容空間」（Content Space）、「傳播空間」（Communication Space）以及「合作空間」（Collaboration Space），其關係圖可以圖七之六企業內部網站架構圖表示之。[49]因此，「內容空間」、「傳播空間」以及「合作空間」，即是探討知識入口網站之架構必須涉及的三個層面。

---

[47] 同註 34 p.13
[48] 同註 32 p.xi
[49] Chun Wei Choo, Brian Detlor, and Don Turnbull. <u>Web Work: Information and Seeking Knowledge Work on the World Wide Web</u>. (Boston: Kluwer Academic Publishers, 2001) p.87

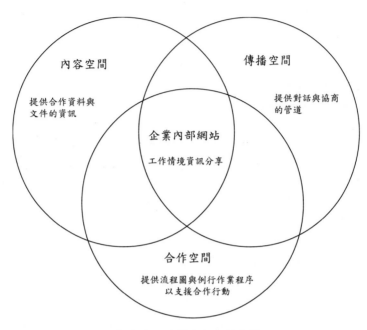

內容空間

提供合作資料與
文件的資訊

傳播空間

提供對話與協商
的管道

企業內部網站

工作情境資訊分享

合作空間

提供流程圖與例行作業程序
以支援合作行動

圖七之六　企業內部網站架構圖

資料來源：

Chun Wei Choo, Brian Detlor, and Don Turnbull. <u>Web Work: Information and Seeking Knowledge Work on the World Wide Web</u>. (Boston: Kluwer Academic Publishers, 2001) p.87

　　雖然從前述的分析可以發現，不同的研究者對於知識入口網站之架構的觀點略有差異，使用的類別詞語也稍有不同，但是若細究其所指涉的意涵，卻有極高程度的相似性。

　　就 Chun Wei Choo 等人所謂的「內容空間」而言，指涉的是一團體機構組織的文件、檔案、資訊等等，這也即是 Heidi Collins 所分類的「內容」，並且可以對應到 Gerry Murray 所稱的「企業資訊入口網站」。

　　其次如 Chun Wei Choo 等人所謂的「傳播空間」，是指提供各個成員之間，得以交換其心得、知識等等的溝通管道，這也正是 Heidi Collins 所謂「成員」的類別，同時也就是 Gerry Murray 所稱之「企業專門技能入口網站」的概念。

　　再者，Chun Wei Choo 等人所謂的「合作空間」，意指分析作業程序，藉以增進各流程的協調合作，這正是 Heidi Collins 所謂的「作業程序」，也即是 Gerry Murray 所提出之「企業合作入口網站」的意義。

　　因此，綜合以上的比較分析可以得知，整體來說，就知識入口網站的架構而言，是有其共通性，其所涉及的層面包括有：內容、程序、成員、技術以及設計等五項。由於內容與程序所指涉的，都是有關資訊與知識之內容及其產生、散布與利用的過程，因此可以併為一項；而技術與設計兩者所關注的，則是指如何利用各種資訊技術，有效統整必要之各種功能需求，並設計成便利的操作介面，故亦可以合併為一項。所以有關知識入口網站之架構可以簡化為三項，此三項架構，Brian Detlor 分別名之為：「服務對象」（Users）、「資訊環境」（Information Environment）以及「資訊設計」（Information Design），其關係圖可以圖七之七知識入口網站架構圖[50]表示之。

　　雖然截至目前有關知識入口網站的性質、功能、架構等等的研究，大多是源自於工商企業界的發展經驗，不過就其本質而言，亦可應用於其他領域。因此，在探討有關如何建構教育研究資訊資源服務之知識入口網站時，亦可作為參考的依據。以下即以之為架構，並參酌前面幾章有關資訊資源服務的分析結果，將有關建構教育研究資訊資源服務之知識入口網站的架構，區分為：服務對象、資訊環境和資訊設計等層面，綜述如後。

---

[50] 同註 34 p.38

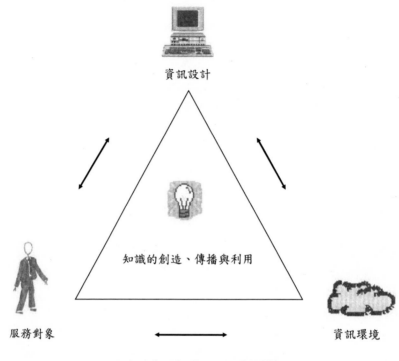

圖七之七　知識入口網站架構圖

資料來源：

Brian Detlor. <u>Towards Knowledge Portals: From Human Issues to Intelligent Agents</u>. (Boston: Kluwer Academic Publishers, 2004) p.38

（一）服務對象

　　綜合前述不同之研究者的歸納分析，有關知識入口網站之規劃設計所涉及的人員（People）、對象（Users），大致可以區分為兩類，一是設計者，二是使用者。由於網站系統的設計者大多是資訊科技的專才，對於各種資訊技術的應用十分熟悉，然而一個網站系統的完善與否，不僅是充分運用各種資訊技術而已，還要使之真正適合使用者所需。因此，設計者必須瞭解使用者的需求，才能夠設計出符合並滿足使用者需要的

知識入口網站。所以對於使用者、服務對象的瞭解，可說是規劃、設計知識入口網站時極為重要的一環。

如何瞭解使用者、服務對象，並針對其需求以提供適切的服務，則必須參酌各種有關使用者的需求與服務的研究與理論，並將之融入到網站系統的規劃、設計裡。以下即以相關的分析研究為基礎，說明如何將資訊需求、資訊行為以及參考服務等三方面有關服務對象的理論研究，融入到規劃、設計知識入口網站。

1. 資訊需求

首先就資訊需求而言，使用者的資訊需求有其層次性的差別，此外綜合有關社會科學資訊需求的研究可以發現，不同層級、不同階段、不同學科、不同領域之研究者或工作者的資訊需求亦不相同，並呈現出極為多元的需求型態。為了便利運作，一般多分為研究者、決策者與實務者三類，其個別的資訊需求取向，詳見第二章第二節「資訊需求與資訊行為」之分析。也就是說每一個別的資訊需求取向都應該是知識入口網站的功能選項之一，這些需求也即是規劃、設計知識入口網站時，必須事先掌握、瞭解的。

因此，在規劃、設計知識入口網站時，應根據不同對象的資訊需求，提供不同模組的功能，使在不同層級、不同階段時，都能獲得適合的資訊服務。具體的作法例如可以將知識入口網站所有的功能選項，逐一區分其適用對象，當不同使用者登入使用時，即顯示適合其需求的選項與服務功能。

此外為了提供更彈性、更適合使用者個別需求的服務，另一種規劃、設計的思考方向是，由使用者自行挑選所需要的服務項目、選項以及操作介面等等，這是未來個人化服務的趨勢，基本上都是能夠滿足不同使用者之資訊需求的具體作法。

2. 資訊行為

所謂資訊行為乃是使用者察覺到自身之資訊需求，或是認知到本身之知識狀態產生異常時，為了滿足此需求或是解決此異常狀態所進行的

一連串行動過程。其過程可以概括為以下五個面向的研究：資訊需求、資訊搜尋、資訊蒐集、資訊評估、資訊利用，詳見第二章第二節「資訊需求與資訊行為」之分析。

　　早期有關資訊行為的研究多是偏重於如何取得資訊之管道，即從提供端的角度分析，也就是資訊系統的研究。然而自 Brenda Dervin 於一九七六年提出一篇深具里程碑意義的研究之後，有關資訊行為的研究就進入到另一個階段，除了研究資訊供給體系之外，更重視資訊需求者自身的各種情境與過程。也就是說從偏重機構、系統的研究典範，轉向使用者需求的研究典範。

　　隨著相關研究的不斷深入與累積，也逐漸建立各種有關資訊行為的理論，例如：Robert Taylor 的資訊需求模式說、Nicholas Belkin 的知識異常狀態說、Carol Collier Kuhlthau 的資訊尋求過程說、Brenda Dervin 的意義建構模式說等等，詳見第二章第二節「資訊需求與資訊行為」之分析。

　　這些有關資訊行為的研究、理論，對於規劃、設計知識入口網站的最大意義，乃在於確認使用者個人在滿足資訊需求的行為過程中，會歷經不同的階段，而不同階段的心理經驗與行為反應亦不相同，其當時的需求狀態亦會不一樣。因此，如何得悉使用者當下是處於何種資訊行為過程的階段，並且因而能夠提供適時、適切的資訊服務，就成為規劃、設計知識入口網站時極具挑戰性的任務。

　　具體可行的作法是，事先分析、彙整不同階段之資訊行為可能的心理、行為反應及其所需的資訊服務項目與內容，並且於網站介面上提供不同情境狀態的選項提供使用者勾選，進而能夠判斷出其所處之資訊行為階段，以利提供必要的資訊服務。

　　這種近似專家系統（Expert System）的互動模式，對於釐清使用者的資訊行為及其隨伴的心理期待與行為反應，有極大之助益，也是如何將資訊行為之研究、理論，融入知識入口網站的可行方式。

3.參考服務

　　參考服務是圖書資訊學界一百多年來，針對讀者的需求所提供的一種服務方式。透過圖書館參考服務之參考諮詢等程序，參考館員即能針

對讀者的個別需求，從本館的館藏或是透過館際合作、資訊轉介等方式，提供讀者所需之資訊。由於參考館員多是由專業的館員或是學科專家出任，因此十分勝任此項任務，也博得讀者的讚譽，其具體的成就，也在前述美國「國際圖書館電腦中心」所進行之專案分析報告裡呈現出來，一般的資訊使用者即使已慣用各種的網路蒐尋工具，但是仍然對於圖書館參考館員的協助給予高度的肯定與評價。

由此可以知道，在規劃、設計知識入口網站之系統時，雖然都會以網路介面取代人與人之間面對面的溝通，或是以如前述專家系統等型式，進行資訊使用者的問題診斷與指引協助。然而此類服務模式還是有其局限，大約較適合指引性之問題的解答與協助，對於較高層次之資訊需求，例如研究型之問題分析，則恐力有所未逮，所以還是要需要有專人的協助。

因此，在規劃、設計以網路為主要介面之知識入口網站時，亦應將長久以來卓有成效之圖書資訊學界參考服務的精神納入系統，使成為網站的功能項目之一。即是當資訊使用者透過知識入口網站之介面所提供之知識庫、專家系統等功能之服務項目，仍無法滿足其資訊需求時，應該還有得以進一步獲取協助的機會。具體可行的作法是參酌圖書館的參考服務模式，結合學科專家形成服務團隊，以協助解答使用者的問題。其互動的模式除了得有直接面對面溝通的機會之外，還可配合網路的特性，以數位虛擬參考服務的型式呈現，接受使用者的問題與詢問，溝通方式包括有：電子郵件、留言版、視訊影像等等。

總之，有關服務對象的相關議題，乃是規劃、設計知識入口網站時極為重要的一環，也是能否滿足使用者需求，達成網站服務功能的重要關鍵。因此，實有必要將資訊需求、資訊行為以及參考服務等相關的理論、研究和具體可行的實施方式，融入並成為知識入口網站的功能之一，以確保網站之資訊服務的實際成效。

（二）資訊環境

所謂資訊環境是指構成使用者所需之資訊的來源管道、呈現方式、組織管理等等。因為資訊環境所涉及的廣度及其所包括之資訊資源是否

被有效處理，將直接影響使用者能否有效利用資訊資源，因此，在規劃、設計知識入口網站時，也必須留意整體資訊環境的相關課題。

　　由於資訊環境的概念逐漸被人重視，因此也引起許多專家學家的研究，企圖以資訊環境來統整、描述有關資訊資源以及資訊服務的相關議題。Chun Wei Choo 等人即曾綜合：Robert S. Taylor 的「資訊使用環境」（Information Use Environment）、Jeffrey Katzer、Patricia T. Fletcher 的「資訊環境經理人」（Information Environment of Managers）、Howard Rosenbaum 的「結構性資訊加值模式」（Structurationally Informed Value-Added Model）以及 Thomas H. Davenport 的「資訊生態學模式」（Information Ecology Model）等相關研究，將機構、組織之資訊環境及其與使用者資訊行為之關係，歸納為以下五項要點：[51]

　　第一、資訊使用者所遭遇的問題情境，乃是資訊環境結構的核心。

　　第二、資訊行為，特別是資訊的過濾（Information Filtering）與資訊的共享（Information Sharing），是核心的活動。

　　第三、資訊環境與資訊行為之間有著密切的關聯。

　　第四、需要一種適切的方法呈現、提供資訊，以協助使用者解決問題。

　　第五、機構、組織的環境與文化，對於資訊環境以及使用者如何使用資訊有極大的影響。

　　綜合來看，有關資訊環境與使用者、資訊行為以及知識入口網站的關係，可以圖七之八資訊環境與知識入口網站關係圖[52]說明之。

　　從 Chun Wei Choo 等人的綜合分析以及圖七之八的說明可以得知，資訊環境對於資訊使用者及其解決問題的資訊行為，還有知識入口網站都有影響。因此，在規劃、設計知識入口網站時，也必須留意有關資訊環境的相關問題。

---

[51]　同註 49 pp.107-117
[52]　同註 34 p.93

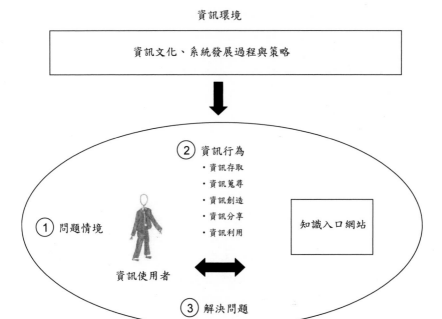

圖七之八　資訊環境與知識入口網站關係圖

資料來源：

Brian Detlor. Towards Knowledge Portals: From Human Issues to Intelligent Agents. (Boston: Kluwer Academic Publishers, 2004) p.93

　　資訊環境的要項包括有：「資訊策略」（Information Strategy）、「資訊政治」（Information Politics）、「資訊行為與文化」（Information Behavior and Culture）、「資訊人員」（Information Staff）、「資訊處理」（Information Processes）以及「資訊架構」（Information Architecture）等，詳見第一章第二節「資訊資源」裡的「資訊資源的理論」之分析。此一架構雖源自於企業機構組織的需要與運作而言，不過仍可引用為規劃教育研究資訊資源服務之知識入口網站的參考架構。由於其中的「資訊行為與文化」以及「資訊人員」等兩項，已於前述「服務對象」小節分析，而設置教育研究資訊資源服務知識入口網站之目的及其所要達成的效益，即是所

謂的「資訊策略」，此外，透過公開提供公平使用該教育研究資訊資源服務知識入口網站的作法，事實上也解決了「資訊政治」的問題，故都不再重複討論。所以，此處探討資訊環境對於規劃、設計教育研究資訊資源服務知識入口網站的影響，將以「資訊資源」、「資訊處理」以及「資訊架構」為重點，茲分述如下：

1. 資訊資源

就資訊使用者而言，獲取資訊是其最終的目的。因此，如何彙整體資訊環境裡的所有資訊資源，乃是建構教育研究資訊資源服務知識入口網站是否滿足使用者所需的重要關鍵。

有關教育研究資訊資源之範圍的分析詳如第一章第四節「教育研究資訊資源的範圍」之說明，從中獲得的最大啟示是，資訊資源的形式、類型是多樣的，如何將進行教育研究時所需的所有資訊資源予以全部收集齊全，乃是教育研究資訊資源服務知識入口網站的基本要求。至於實際操作時，必須涵蓋的具體範圍、類型項目等等，亦同樣可參酌第一章第四節「教育研究資訊資源的範圍」之分析。

其次再從第三章第一節有關「資訊的演進以及文獻的循環」的探討以及相關圖示的分析可以發現，之所以會產生不同類型、種類的各式資訊資源，主要的原因乃在於資訊使用者對於資訊資源的不同利用方式所形成。所以就一個完善的教育研究資訊資源服務的知識入口網站而言，必須提供一個平臺，以促進在資訊傳播過程中，各類型教育研究資訊資源之交流與溝通的機會。具體的作法是除了收集齊全各種已成型或是有形的資訊資源之外，對於所謂的「灰色文獻」甚至「黑色文獻」都應盡量要提供得以進行交流或是取用的方式。例如以往可能都是留存於研究者自身之紙本筆記簿裡的資料、想法、概念等等，並不容易進行取用，如今因研究者逐漸接受透過各種網路論壇方式（例如：mail listing、news group 等等）進行溝通、交流，甚至有的研究者還將之公布於其個人的網誌（Blog, Weblog）以求眾人的意見評論，因此，在規劃、設計教育研究資訊資源服務的知識入口網站時，也應該將這些可能的資訊資源以及溝通方式納入，以成為提供的服務功能項目之一。

2. 資訊處理

所謂資訊處理是指資訊從收集到被利用，所需要的處理過程。具體而言，進行資訊處理，首先要確定個別、各筆的資訊資源為何，接著再依各筆資訊資源的特徵進行描述、歸類，以利往後的利用，具體的作法詳見第三章第二節「資訊組織與資訊加值」的分析說明。

在現有之各種方法中，是以圖書資訊學界長久以來所習用的資訊組織與主題分析等方式為主。不過為了更精確描述、處理資訊，以真正迎合資訊使用者的需求，圖書資訊學界也不斷研擬更加完善的資訊處理模式，例如有關「書目記錄功能需求」（Functional Requirements for Bibliographic Records, FRBR）、「資源描述與取得」（Resource Description and Access, RDA）等等的發展與應用即是。

因此，在進行教育研究資訊資源服務的知識入口網站之資訊組織的規劃、設計時，不宜自訂格式、標準，而應以現有常用之各種描述、組織方法為主，以利與其他網站資源進行交流，並發揮整體服務之最大效益。此外，也要留意採用新近發展的技術方法，使網站資源的資訊處理更臻於完善。

3. 資訊架構

在資訊環境之概念脈絡下，資訊架構是指考量資訊要以何種方式呈現，才能夠便利瞭解、利用。由此可以知道，進行資訊處理之最後，還要考量如何呈現，才算是完成資訊環境的規劃、設計，進而能夠提供服務，滿足資訊使用者的真正需求。

目前有關教育研究資訊資源的呈現架構是以各種的分類法以及主題法為主，詳見第三章第三節「教育研究資訊資源的標引與整序」之分析說明，如此呈現架構的模式也是各類主題網站常見的方法。這些常見慣用的方法雖有其架構清晰，簡單易懂的優點，然而相對的也有其缺點，其不足之處乃在於僅以單向式、平面式的架構呈現，而未能以多向或是立體的方式呈現各筆資訊資源的關係，等級分類系統（Hierarchical Classification System）的架構有此缺點，即使是分面分類系統（Faceted

Classification System）或是索引典系統（Thesaurus System）亦未能完全克服。

　　然而值得關注的是，隨著資訊技術的進展所開發出來的新方法，例如：「主題地圖」（Topic Map）、「知識本體」（Ontology）、「語意網」（Semantic Web）等等，對於未來資訊架構的呈現，乃至對於資訊使用者資訊行為的過程，將都會有重大的影響，其中又以「語意網」的發展最為關鍵。

　　「語意網」的運作基礎在於詞彙網路（WordNet）的建置，以釐清各個詞彙之間的詞義關係，包括有：反義關係（antonymy）、上位關係（hypernymy）、下位關係（hyponymy）、整體部分關係（holonymy）、部分整體關係（meronymy）、轉指關係（metonymy）、近義關係（near-synonymy）、同義關係（synonymy）、方式關係（troponymy）等。不論各筆資訊資源的資料性質為何，也不論其來自何種不同類型的資訊機構，只要能夠被納入到詞彙網路之內，資訊使用者即能夠隨時依據其所需要的概念，透過多向式、立體式的詞彙網，查找並且彙整其所需要的各類型資訊資源，詳見第三章第四節「資訊組織對教育研究資訊資源服務的意義」之分析。

　　由於透過各筆資訊單位之語意關係，可以再串聯其他的資訊資源，因此有關語意網的發展，不僅就資訊架構而言，會是一重大的變革，對於使用者的資訊行為也會有重大的影響。所以，在規劃、設計教育研究資訊資源服務的知識入口網站時，特別是有關資訊環境的部分，更應當留意將之納入運作的可行性。

　　以上有關資訊環境的探討，主要著重在所要提供服務之資訊資源及其被處理、呈現架構之相關問題，同時也瞭解到可以參考、運用一些現有的或是發展中的技術方法，以增進教育研究資訊資源服務知識入口網站的服務效能。這些相關的具體作法都可以從目前各企業團體組織之知識入口網站的實際運作情況中得到驗證，然而若再細究之，則可以發現還有可以再加強的地方，那就是有關資訊、知識之傳播、流通、轉換過程之關聯性的掌控。

　　因為目前對於資訊資源的處理與呈現，都是將各筆資訊資源視為一個別的單位進行處理，這在實際操作應用上有其便利性，然而其缺點是

少了各資訊資源在經過傳播過程中，所形成之不同類型資訊資源之間的關聯性。也就是說，當一份資料或是一筆資訊，一再被利用而再形成各種的資訊或是知識時，如何呈現其間的脈絡關係，則是目前各學科主題知識入口網站較未開發之處。

綜合資訊資源管理、知識管理以及資訊空間（Information Space）的分析研究，有關資訊、知識的流傳、轉換過程可以三度空間之概念來表示，包括：具體（concrete）、抽象（abstract）；未擴散（undiffused）、擴散（diffused）；未編碼（uncodified）、編碼（codified）等，各種資訊、知識或是資訊資源，就在這資訊空間裡面進行持續不斷的流傳、轉換，其關係詳如圖七之九資訊空間模式的知識散布圖[53]所示。

對於規劃、設計教育研究知識入口網站而言，圖七之九資訊空間模式的知識散布圖之最大意義，乃是串聯、統整了之前所分析之各階段「資訊的演進」與「文獻的循環」的關係。也就是說，除了個別處理、呈現各筆資訊資源之外，更應當留意各筆資訊資源之間脈絡關係的連結性。這也是建構教育研究知識入口網站時，有關資訊環境應該留意的課題。

（三）資訊設計

為了充分發揮教育研究資訊資源服務知識入口網站的功能並且滿足使用者的需求，除了必須瞭解、掌握服務對象以及資訊環境的相關議題之外，更重要的是還要有良好的資訊設計，才能夠將各種的資訊資源以及相關的服務項目彙整於一處。因此，資訊設計可說是知識入口網站如何呈現其介面的重要關鍵，所以也激起許多的關注與研究。

根據 Gerry Leonidas 的分析，所謂「資訊設計」意指增進對於本屬複雜之資料、資訊或是知識的分析，以發揮其對於使用者之最大潛在效益的一種呈現方式的活動。[54]

---

[53] Max H. Boisot. Information Space: A Framework for Learning in Organizations, Institutions and Culture. (London, U.K.: Routledge, 1995)轉引自 Chun Wei Choo, Brian Detlor, and Don Turnbull. Web Work: Information and Seeking Knowledge Work on the World Wide Web. (Boston: Kluwer Academic Publishers, 2001) p.55

[54] Gerry Leonidas. "Information design: the missing link in information management?" International Journal of Information Management. vol.20 no.1 (February 2000) p.73

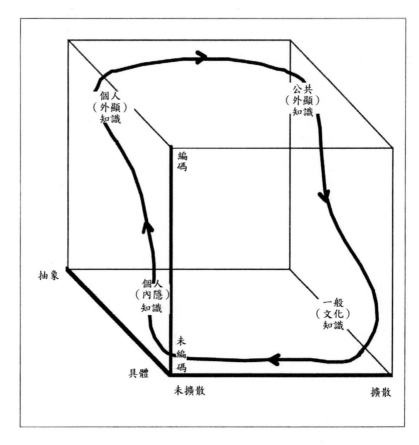

圖七之九　資訊空間模式的知識散布圖

資料來源：

Max H. Boisot. <u>Information Space: A Framework for Learning in Organizations, Institutions and Culture</u>. (London, U.K.: Routledge, 1995) 轉引自 Chun Wei Choo, Brian Detlor, and Don Turnbull. <u>Web Work: Information and Seeking Knowledge Work on the World Wide Web</u>. (Boston: Kluwer Academic Publishers, 2001) p.55

　　而 Robert E. Horn 則認為，「資訊設計」是指如何準備安排資訊，使之能夠被人們充分有效利用的一種藝術與科學。[55]

　　由此可以知道為了滿足使用者的需求，可以透過資訊介面的設計，以滿足不同資訊行為者的需求。而根據 Brian Detlor 的調查研究發現，使用者的資訊行為，在尋找資訊的過程中，除了有目的式的搜尋（goal-directed search）方式之外，還常見有非目的式的瀏覽（non-directed browsing）行為。[56]也就是說，資訊介面的設計必須要能夠同時涵蓋以上兩種不同資訊行為的需求，更重要的是，資訊設計不僅是將資訊傳遞給使用者而已，還要能夠幫助使用者理解呈現在他們面前之資訊資源所隱藏的意義。[57]

　　因此，總括來說，為了達成前述之目的，成功有效的「資訊設計」有其必備的要件，根據 Robert E. Horn 的分析，其主要的關鍵有三：「促使所收集的資訊資源更容易被理解、檢索並且有效利用」（To develop documents that are comprehensible, rapidly and accurately retrievable, and easy to translate into effective action）、「增進使用者與網站之間更簡便、自然與愉悅的互動關係」（To design interactions with equipment that are easy, natural, and as pleasant as possible）以及「支援使用者可舒適自在地找到其所需要之資訊資源的路徑」（To enable people to find their way in three-dimensional space with comfort and ease）。[58]

　　以下即以此三個關鍵要項以及「智慧型處理功能」（intelligent agents）為主，說明在規劃、設計教育研究資訊資源服務知識入口網站時，應該注意的要點及其未來的發展趨勢。

---

[55] Robert E. Horn. "Information Design: Emergence of a New Profession. " in Robert Jacobson ed. Information Design. (Cambridge, Mass.: MIT Press, 2000) p.15
[56] 同註 34 p.115
[57] 同註 34 p.119
[58] 同註 55 pp.15-34, pp.15-16

1. 促使所收集的資訊資源更容易被理解、檢索且有效利用

知識入口網站是許多資訊資源的彙集處，如何讓這些眾多的資訊資源廣被利用，就成為資訊設計的首要課題。因此瞭解資訊資源的意義與功用，就成為是否能充分利用資訊資源的前提。

正如前述的分析說明，知識入口網站的功能乃在於促進資訊、知識的創造（creation）、散布（distribution）與利用（use）。所以知識入口網站之資訊設計的目的，乃在於幫助使用者瞭解網站內各資訊資源的意義，以及其可以供作何種用途、產生何種效益。

也就是說作為教育研究資訊資源服務的知識入口網站，對於網站所收集的資訊資源，必須依照使用者所理解、所習慣之架構來呈現，即使是依各種資料類型或是學科主題之細分，也要讓使用者一視即能瞭解分類架構的意義，及其所蘊含之用途功能，具體的作法則應參酌前述資訊處理之分析所得。

2. 增進使用者與網站之間更簡便、自然與愉悅的互動關係

透過使用介面以增進使用者與網站各種資訊資源之間的互動與溝通，乃是資訊設計的核心，其目的即在於儘量讓使用者在此互動過程中，感到自然與愉悅，至於網站系統的回應時間、是否容易操作使用以及各種選項是否能夠一目瞭然其功用等等，也都是必須考量之處。

就實際運作而言，如何才能增進使用者與網站之間的互動關係？根據 Mike Cooley 的分析，共有九項指標可作為衡量的依據：[59]

第一、連貫性（coherence），明確顯現各項目之意義，勿使隱晦不明。

第二、包含性（inclusiveness），將使用者亦視為系統之一部分來考量。

第三、適應性（malleability），可依使用者需求而調整介面模式。

第四、參與性（engagement），提供使用者與系統互動的途徑。

第五、所有性（ownership），讓使用者覺得是系統成員之一而願意付出。

第六、回應性（responsiveness），系統針對使用者之需求而回應。

---

[59] Mike Cooley. "Human-centered Design." in Robert Jacobson ed. Information Design. (Cambridge, Mass.: MIT Press, 2000) pp.68-70

第七、目的性（purpose），系統能滿足使用者所期待之使用目的。

第八、全景性（panoramic），引導使用者擴大相關資訊資源的範圍。

第九、超越性（transcendence），鼓勵使用者不自限使用本系統而已。

這九項指標，亦可作為規劃、設計教育研究資訊資源服務知識入口網站時，具體可行之評量標準。

3. 支援使用者可舒適自在地找到其所需要之資訊資源的路徑

根據調查研究分析發現，資訊使用者尋找資訊的過程，除了直接透過檢索介面進行檢索之外，還有相當大的部分是透過瀏覽的方式而獲取資訊。因此，設計知識入口網站時，除了提供必要的檢索功能之外，還要提供足供使用者進行瀏覽的操作，所以支援有關路徑尋找的功能，亦成為資訊設計時的重要項目之一。

有關路徑尋找的概念主要是引自於建築設計界，例如藉由不同顏色的標示，以協助人們在一棟建築物內，尋找不同服務功能的區間。而就資訊服務的觀點而言，路徑尋找亦涉及有關認知以及資訊行為的相關議題。

因此，就知識入口網站所提供之眾多服務功能項目而言，為了便利資訊使用者瀏覽使用，就必須進行適當的歸類，或是將近似功能的項目排列在一起。具體的實踐方式則可以顏色、圖樣等等作為網站路徑尋找的類別依據，此外又為了避免因使用者對於歸類項目認知不同，而無法順利瀏覽到所要的服務項目，知識入口網站還可提供網站地圖以及網站查詢等功能，以利使用者能夠從多種途徑進行瀏覽與檢索。

4. 智慧型處理功能

資訊設計的目的乃在於彙整相關的資訊資源，並以方便適用的介面，提供使用者取用。然而由於如前述之分析，事實上資訊環境並非固定不動，因此如何隨時察覺並反映不論是資訊資源、資訊處理、資訊架構等資訊環境的變化，以隨時提供使用者最新穎、最有效率的資訊資源服務，乃成為資訊設計的重要課題。而知識入口網站如何達成此項使命，除了相關資訊服務人員的人工作業方式之外，則應善用近年來日新月異的各種資訊技術，特別是有關智慧型處理功能（Intelligent Aagents）之應用。

　　綜合來說，智慧型處理功能主要是透過一套軟體程式，能夠隨時察覺資訊環境的變化，並且自動、持續將變動的情況，反映給其他系統或是使用者得知。根據 Hyacinth S. Nwana、Divine T. Ndumu 兩人的分析，智慧型處理功能主要在於透過精細的處理方式，以解決資訊服務系統所面對的相關問題：[60]

　　第一、發現資訊的問題（The Information Discovery Problem），意即如何協助使用者發覺其所需要的資訊。

　　第二、資訊交流的問題（The Communication Problem），意即如何促進不同系統間的資訊交流。

　　第三、知識本體的問題（The Ontology Problem），意即如何減低因資訊之表述名稱不同而造成資訊交流之阻礙。

　　第四、系統整合的問題（The Legacy Software Integration Problem），意即如何整合舊有的作業系統以及新近的應用軟體技術。

　　第五、協調合作的問題（The Reasoning and Co-ordination Problem），意即如何發揮推算進而能夠判斷、執行相關的協調與合作。

　　第六、監視察覺的問題（The Monitoring Problem），意即如何隨時察覺到資訊環境變化之情形。

　　所以簡單來說，就單獨個別的知識入口網站而言，智慧型處理功能的資訊設計，可說是一由資訊軟體系統所構成的「代理人」（agents），可以針對資訊使用者之資訊行為過程，包括資訊需求、資訊蒐尋以及資訊使用等，以各種適用的資訊技術，隨時提供資訊使用者所需要的各種服務，其關係可以圖七之十應用資訊代理人功能之知識入口網站圖[61]說明之，特別是在圖下方均舉列出各種可能之資訊代理人的具體實例。

---

[60] Hyacinth S. Nwana and Divine T. Ndumu. "A Perspective on Software Agents Research." The Knowledge Engineering Review. vol.14 no.2 (August 1999) pp.125-142. http://agents.umbc.edu/introduction/hn-dn-ker99.pdf（97.05.22）

[61] 同註 34 p.161

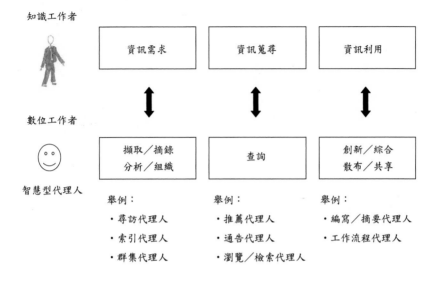

圖七之十　應用資訊代理人功能之知識入口網站圖

資料來源：
Brian Detlor. <u>Towards Knowledge Portals: From Human Issues to Intelligent Agents</u>.
(Boston: Kluwer Academic Publishers, 2004) p.161

　　而隨著相關資訊技術的不斷進展，可以預見的是，未來各種系統也將會建置更多不同功能的「資訊代理人」，以增進各個系統有關資訊、知識之創造、散布與利用的功能需求。換言之未來之知識入口網站的架構，將會是以透過各種「資訊代理人」為管道，聯繫各個資訊系統，使成為一個整合式的資訊資源服務系統，其模式可以圖七之十一以資訊代理人為架構之知識入口網站圖[62]說明之。

---

[62] 同註 34 p.170

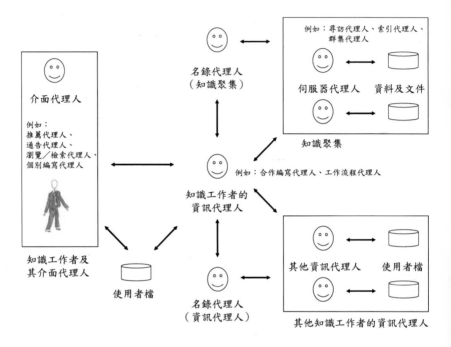

圖七之十一　以資訊代理人為架構之知識入口網站圖

資料來源：

Brian Detlor. <u>Towards Knowledge Portals: From Human Issues to Intelligent Agents</u>.
(Boston: Kluwer Academic Publishers, 2004) p.170

　　從圖七之十一可以看出，各種「資訊代理人」實居於聯繫、樞紐的
地位，從而讓不同功能與目的之資料庫、系統得以串聯在一起，使知識
入口網站得以發揮更大的服務效能。

　　有關資訊設計的相關課題，除了前述四項要點之外，還要配合未來
的發展，提供可多方聯繫使用的操作介面。由於目前對於知識入口網站
的規劃，多仍是建立在電腦網路介面的基礎上來設計，然而根據現今相
關通訊載具的發展情況，以及美國「國際圖書館電腦中心」對於未來資

訊服務的趨勢研究報告分析[63]，未來之資訊使用者所使用的資訊聯繫工具，將不僅是有線或是無線網路的電腦而已，有可能是一種功能強大的手上型機器，不僅能夠連接上網際網路、收發電子郵件、使用圖書館的線上資料庫，還能夠當作行動電話、數位相機、音樂收聽器等等使用。因此，在規劃、設計知識入口網站時，也應得以讓資訊使用者透過除了電腦介面之外的其他資訊媒體連接使用，這也是資訊設計必須考量的要點之一。

　　總而言之，完善的教育研究資訊資源服務知識入口網站，應秉持「數位化」、「網路化」、「整合化」、「知識化」、「互動化」之原則，整合有關服務對象、資訊環境以及資訊設計等相關的研究所得，並將之融入到網站系統內，使成為具體的服務項目之一。此外，隨著各種資訊處理技術、方法的進展，特別是有關「資訊本體」、「語意網」、智慧型「資訊代理人」等等的研究成果，都將應用成為知識入口網站的資訊處理技術，進而藉以提昇教育研究資訊資源服務知識入口網站的效能。同時也要充分發揮例如 Wiki、Web2.0 等雙向、互動之精神，使之不只是單向式提供使用者取用資訊資源而已，還能夠成為網站與使用者之間，甚至使用者與使用者之間，相互進行知識、資訊、經驗與心得的交流平臺，這才是理想之教育研究資訊資源服務知識入口網站。

---

[63] 同註 15，參見本章第二節之分析。

參考文獻

中文圖書

中文主題詞表編訂小組編訂。<u>中文主題詞表：人文社會科學類</u>。臺北市：國家圖書館，民國 92 年 12 月。

中文主題詞表編訂小組編訂。<u>中文主題詞表</u>。臺北市：國家圖書館，民國 94 年 10 月。

<u>中國大百科全書：圖書館學、情報學、檔案學</u>。北京市：中國大百科全書出版社，1995 年 7 月。

巴贊帕特里克。「圖書館員應否成為『資訊生產者』？」。載於臺北市立圖書館編。<u>公共圖書館經營管理與服務趨勢國際研討會會議手冊</u>。臺北市：臺北市立圖書館，民國 96 年 10 月，9-16 頁。

王文科、王智弘。<u>教育研究法</u>。臺北市：五南圖書公司，民國 96 年 3 月。

王如哲。<u>知識管理的理論與應用：以教育領域及其革新為例</u>。臺北市：五南圖書公司，民國 90 年 4 月。

王振鵠。「圖書館與圖書館學」。載於王振鵠。<u>圖書館學論叢</u>。臺北市：臺灣學生書局，民國 73 年 12 月，3-48 頁。

王振鵠。<u>圖書館學論叢</u>。臺北市：臺灣學生書局，民國 73 年 12 月。

王寅通譯。<u>信息空間：認識組織、制度和文化的一種框架</u>。上海市：上海譯文出版社，2000 年。

王崇德。<u>情報科學原理</u>。臺北市：農業科學資料服務中心，民國 80 年 12 月。

王梅玲。「席爾氏標題表」。載於胡述兆總編輯。<u>圖書館學與資訊科學大辭典</u>。臺北市：漢美圖書公司，民國 84 年 12 月，1149-1150 頁。

王錫璋。<u>圖書館的參考服務：理論與實務</u>。臺北市：文史哲出版社，民國 86 年 3 月。

北京教育科學研究院資訊中心編。<u>全球教育資源網址精選</u>。北京市：北京工業大學出版社，2001 年。

北京教育科學研究院資訊中心編。<u>全球教育資源網址精選</u>。北京市：北京電子出版物出版中心，2001 年。（CD-ROM）

田東平等主編。<u>中國教育書錄（1949-1990）</u>。北京市：北京師範大學出版社，1996 年 2 月。

何世文。「中文分類主題一體化之研究：以教育學類為例」。國立政治大學圖書資訊學研究所碩士學位論文，民國 88 年 1 月。

何光國。<u>圖書資訊組織原理</u>。臺北市：三民書局，民國 79 年 6 月。

吳玉愛。<u>如何利用中文參考資源</u>。臺北市：文華圖書館管理資訊公司，民國 86 年 9 月。

吳明德。<u>我國公立大學圖書館支援研究所學術研究之探討</u>。臺北市：行政院國家科學委員會，民國 76 年 10 月。

吳金昌。<u>教育信息學概論</u>。北京市：北京師範大學出版社，1999。

吳建中。<u>二十一世紀圖書館展望</u>。上海市：上海科學技術文獻出版社，1996 年 7 月。

吳英美。「我國三所國立大學圖書館教育類西文期刊館藏合作之研究」。淡江大學教育資料科學系碩士學位論文，民國 86 年 9 月。

吳剛。<u>知識演化與社會控制：中國教育知識史的比較社會學分析</u>。北京市：教育科學出版社，2002 年 6 月。

李亞蘭。「從引用文分析探討臺灣地區傳播學研究特質：以國立政治大學新聞學研究所博碩士論文為例」。淡江大學教育資料科學學系碩士學位論文，民國 89 年。

李華偉。「圖書館在知識管理中的角色」。中國圖書館學會、美國國際電腦中心研究院主辦。<u>知識管理－方法與系統研討會</u>。臺北市：國家圖書館國際會議廳，民國 89 年 12 月 3 日至 5 日。

孟廣均等。<u>信息資源管理導論</u>。北京市：科學出版社，1998 年 9 月。

岳修平、謝璧甄。<u>農業網路資源</u>。臺北市：全華科技圖書，民國 92 年 4 月。

昌彼得、潘美月。<u>中國目錄學</u>。臺北市：文史哲出版社，民國 80 年 10 月。

林天祐、張金年、蕭佑梅。<u>教育研究常用網站指引</u>。臺北市：臺北市立師範學院學生輔導中心，民國 92 年 12 月。

林天祐、劉春榮。<u>臺灣地區教育資訊資源整合之研究</u>。臺北市：國立教育資料館，民國 93 年 10 月。

林玉雲。「中央研究院歷史語言研究所研究人員之文物使用行為研究」。國立臺灣大學圖書資訊學系碩士學位論文，民國 86 年。

林呈潢計畫主持。<u>資訊組織規範整合之研究</u>。臺北市：國家圖書館，民國 93 年 12 月。

林呈潢研究主持。國立政治大學社會科學資料中心定位與未來發展方向之研究。
　　臺北市：國立政治大學圖書館，民國 94 年 7 月。

林珊如。人文學者資訊搜尋與使用行為之研究。臺北市：行政院國家科學委員會，
　　民國 88 年 6 月。（NSC87-2415-H002-048）

林珊如。臺灣史料使用者資訊需求與搜尋行為之研究。臺北市：行政院國家科學
　　委員會，民國 88 年 6 月。（NSC88-2413-H002-025）

林玲君。「國立藝術學院教師資訊行為之研究」。國立臺灣大學圖書資訊學系碩士
　　學位論文，民國 87 年。

林彩鳳。「國防科技人員資訊尋求行為之研究－以中山科學研究院航空研究所為
　　例」。國立中興大學圖書資訊學研究所碩士學位論文，民國 95 年。

邵獻圖。西文工具書概論。臺北市：書林圖書公司，民國 89 年 4 月。

邱子恆。知識管理與知識組織。臺北市：文華圖書館管理資訊公司，民國 95 年
　　3 月。

侯漢清、王榮授主編。圖書分類工作手冊。北京市：中國科學技術出版社，1992 年
　　3 月。

俞君立、陳樹年主編。文獻分類學。武昌市：武漢大學出版社，2001 年 10 月。

美國資訊科學與技術學會臺北分會主辦。資訊使用研究學術研討會論文集。臺北
　　市：美國資訊科學與技術學會臺北分會，民國 91 年 11 月。

胡昌平。信息服務與用戶研究。武昌市：武漢大學出版社出版發行，1994 年 12 月。

胡述兆總編輯。圖書館學與資訊科學大辭典。臺北市：漢美圖書公司，民國 84 年
　　12 月。

胡歐蘭。參考資訊服務。臺北市：臺灣學生書局，民國 73 年 9 月。

胡歐蘭。教育參考資料選粹。新竹市：楓城出版社，民國 69 年 7 月。

倪波主編。文獻學概論。南京市：江蘇教育出版社，1990 年 11 月。

倪曉建主編。信息加工研究。北京市：北京圖書館出版社，1998 年 12 月。

孫紹榮。教育信息理論。上海市：上海教育出版社，2001。

孫紹榮。教育資訊學。臺北市：五南出版社，民國 93 年。

祝智庭。因特網教育資源利用。北京市：高等教育出版社，2001 年。

馬信行、許志義、余民寧。成立一個全國性常設教育研究院之可性研究。臺北市：
　　行政院教育改革審議委員會，民國 85 年 12 月。

馬張華、侯漢清。文獻分類法主題法導論。北京市：北京圖書館出版社，1999 年
　　7 月。

馬鏞。中國古代教育文獻概要。上海市：上海古籍出版社，2003 年 12 月。

高義展。知識管理在教師學習與專業成長之應用。臺北市：鼎茂圖書公司，民國
　　92 年 11 月。

淡江大學資訊與圖書館學系編。2003 年資訊科技與圖書館學術研討會論文集。臺
　　北縣淡水鎮：淡江大學資訊與圖書館學系所，民國 92 年 5 月。

國立中央圖書館編目組編訂。中文圖書標題表。臺北市：國立中央圖書館，民國
　　84 年 6 月。

國立政治大學社會科學資料中心編。中文報紙論文分類索引。臺北市：編者，民
　　國 51 年起。

國立教育研究院籌備處。國家教育資料庫之規劃。臺北縣：國立教育研究院籌備
　　處，民國 92 年。

國立臺灣師範大學教育研究中心研究。中華民國教育研究資訊彙編。臺北市：國
　　立教育資料館，民國 83 年 6 月。

國立編譯館主編。教育大辭書。臺北市：文景書局，民國 89 年 12 月。

國家圖書館中國圖書館分類法編輯委員會編。中國分類主題詞表。北京市：北京
　　圖書館出版社，2005 年 9 月。

國家圖書館參考組。臺灣出版參考工具書：2000 年度書目。臺北市：國家圖書館，
　　民國 90 年 9 月。

國家圖書館參考組。臺灣出版參考工具書：2001 年度書目。臺北市：國家圖書館，
　　民國 91 年 10 月。

國家圖書館參考組。臺灣出版參考工具書書目：2002 年度。臺北市：國家圖書館，
　　民國 92 年 11 月。

國家圖書館參考組。臺灣出版參考工具書書目：2003 年度。臺北市：國家圖書館，
　　民國 93 年 11 月。

國家圖書館參考組。臺灣出版參考工具書書目：2004 年度。臺北市：國家圖書館，
　　民國 94 年 11 月。

國家圖書館參考組。臺灣出版參考工具書書目：2005 年度。臺北市：國家圖書館，
　　民國 95 年 10 月。

國家圖書館參考組。臺灣出版參考工具書書目：2006 年度。臺北市：國家圖書館，
　　民國 96 年 11 月。

國家圖書館編。中華民國九十六年圖書館年鑑。臺北市：國家圖書館，民國 96 年
　　12 月。

張淳淳。參考資源與服務。臺北縣蘆洲市：國立空中學，民國 92 年 8 月。

張瑞幡、金一鳴主編。中國學術名著提要：教育卷。上海市：復旦大學出版社，
　　1996 年 10 月。

張慧銖。圖書館目錄發展研究。臺北市：文華圖書館管理資訊公司，民國 92 年 3 月。

張錦郎。中文參考用書指引。臺北市：文史哲出版社，民國 72 年 12 月。

戚志芬。參考工作與參考工具書。北京市：書目文獻出版社，1988 年 2 月。

教育主題詞表編輯委員會編。教育主題詞表。北京市：教育科學出版社出版，1993 年 12 月。

教育部中等教育司主辦。96 年度師範校院圖書資源整合計畫研討會會議暨活動紀錄。花蓮縣花蓮市：國立花蓮教育大學，民國 96 年 11 月。

曹樹金。信息組織的分類法與主題法。北京市：北京圖書館出版社，2000 年 9 月。

莊健國。圖書館數位合作參考服務的理論與實務。臺北市：文華圖書館管理資訊公司，民國 93 年 11 月。

郭為藩。「教育資料與教育研究」。載於郭為藩。教育的理念。臺北市：文景書局，民國 82 年 7 月，604-641 面。

郭為藩。教育的理念。臺北市：文景書局，民國 82 年 7 月。

陳三義。「臺灣地區大學校院醫學圖書館網路資源服務之研究」。國立臺灣大學圖書資訊學研究所碩士學位論文，民國 89 年。

陳和琴。「書目功能需求（FRBR）初探」。載於淡江大學資訊與圖書館學系編。2003 年資訊科技與圖書館學術研討會論文集。臺北縣淡水鎮：淡江大學資訊與圖書館學系所，民國 92 年 5 月。
http://research.dils.tku.edu.tw/conference/2003/read/paper/C2－陳和琴.pdf（96.05.20）

陳威博。「亞述巴尼拔」。載於中國大百科全書：圖書館學、情報學、檔案學。北京市：中國大百科全書出版社，1995 年 7 月，第 521 頁。

陳春蘭。「成人之資訊需求、資訊尋求行為與其運用公共圖書館之調查研究」。國立高雄師範大學成人教育研究所碩士學位論文，民國 88 年 6 月。

陳昭珍等。資訊資源管理。臺北縣蘆洲市：國立空中大學，民國 88 年 9 月。

陳柏村。知識管理：正確概念與企業實務。臺北市：五南圖書公司，民國 94 年 2 月。

陳相如。「網路時代社會科學研究者使用政府資訊之探討」。輔仁大學圖書資訊學系碩士學位論文，民國 91 年。

陳麥麟屏、林國強。美國國會圖書館與主題編目。臺北市：三民書局，民國 90 年 1 月。

陳漢宗。國民中小學教育資料使用與需求情形之調查研究。臺北市：國立教育資料館，民國 82 年 6 月。

陳碧珠。「檔案館使用者之資訊行為研究：以中研院近史所檔案館為例」。國立政治大學圖書資訊研究所碩士學位論文，民國 91 年。

陳碧鐘總編輯。出版年鑑：2007。臺北市：行政院新聞局，民國 96 年 10 月。
http://www.gio.gov.tw/Yearbook/96/8-6.htm　（97.05.02）

陳譽。社會學情報工作導論。上海市：華東師範大學出版社，1991 年 3 月。

麥馨月。「臺灣教育研究的發展趨勢－以教育研究所學位論文為研究對象」。國立高雄師範大學教育研究所碩士學位論文，民國 93 年 6 月。

傅振焜譯。後資本主義社會。臺北市：時報文化出版公司，民國 83 年 9 月。

傅雅秀。「從科學傳播的觀點探討中央研究院生命科學專家的資訊尋求行為」。國立臺灣大學圖書資訊學系碩士學位論文，民國 84 年。

傅德榮。教育信息處理。北京市：北京師範大學出版社，2001 年。

單中惠、楊漢麟主編。西方教育學名著提要。臺北市：昭明出版社，民國 91 年 3 月。

彭森明計畫主持。全國教育資訊系統整合之規劃：整體教育資訊系統及運作機制規劃書。新竹市：國立清華大學高等教育研究中心，民國 94 年 5 月。

彭森明計畫主持。全國教育資訊系統整合之規劃：國內外既有資訊系統檢視成果及規劃報告。新竹市：國立清華大學高等教育研究中心，民國 94 年 5 月。

彭森明計畫主持。全國教育資訊系統整合之規劃：資訊使用者之資訊需求調查、分析與規劃報告。新竹市：國立清華大學高等教育研究中心，民國 94 年 6 月。

曾素宜。西洋社會科學文獻概論。臺北市：中西留學出版社，民國 69 年 8 月。

項潔計畫主持。建置「臺灣學術研究資源中心」運作架構、機制與執行策略計畫期末報告（初稿）。臺北市：國立臺灣大學圖書館，民國 94 年 10 月。

黃河明。「由資訊科技觀點看知識管理」。中國圖書館學會、美國國際電腦中心研究院主辦。知識管理－方法與系統研討會。臺北市：國家圖書館國際會議廳，民國 89 年 12 月 3 日至 5 日。

黃政傑、侯世光研究主持。中華民國教育研究資訊彙編。臺北市：國立臺灣師範大學教育研究中心，民國 86 年 2 月。

黃政傑、侯世光研究主持。中華民國教育研究資訊彙編。臺北市：國立臺灣師範大學教育研究中心，民國 87 年 6 月。

黃國彥。「教育研究」。載於國立編譯館主編。教育大辭書。臺北市：文景書局，民國 89 年 12 月，第六冊，第 967 頁。

楊政學。知識管理學理與實證。臺北市：揚智文化公司，民國 95 年 1 月。

賈馥茗。教育概論。臺北市：五南圖書公司，民國 76 年 6 月。

臺北市立圖書館編。公共圖書館經營管理與服務趨勢國際研討會會議手冊。臺北市：臺北市立圖書館，民國 96 年 10 月。

裴娣娜。教育研究方法導論。合肥市：安徽教育出版社，2000 年 2 月。

劉宜君。公部門知識管理之探討：理論與實務分析。臺北縣永和市：韋伯文化出版公司，民國 93 年 6 月。

劉常勇。「知識管理與企業發展」。
http://cm.nsysu.edu.tw/~cyliu/paper/paper23.doc　（95.07.10）

劉湘生。主題法的理論與標引。北京市：書目文獻出版社，1985 年 11 月。

劉聖梅、沈固朝。參考服務概論。南京市：南京大學出版社，1993 年 9 月。

劉榮。中國社會科學工具書檢索大典。北京市：北京圖書館出版社，1999 年 10 月。

潘淑春。「國家農業文獻信息資源系統分析與設計」。中國農業科學院研究生院博士學位論文，2001 年 5 月。

蔡明月。資訊計量學與文獻特性。臺北市：國立編譯館，民國 92 年 1 月。

蔡保田。教育研究法。臺北市：復文圖書出版社，民國 78 年 3 月。

鄭恆雄。中文參考資料。臺北市：臺灣學生書局，民國 71 年 7 月。

駐日經濟文化代表處文化組。「日本地區教育資訊資源整合之相關資料」。收錄在國立教育資料館，國外教育訊息全文資料庫，民國 91 年 1 月 1 日。

駐美國臺北經濟文化代表處文化組。「美國教育部教育資訊中心（ERIC）簡介」。收錄在國立教育資料館，國外教育訊息全文資料庫，民國 91 年 1 月 1 日。

駐英國代表處文化組。「英國教育資訊資源整合相關資料」。收錄在國立教育資料館，國外教育訊息全文資料庫，民國 91 年 5 月 1 日。

駐舊金山臺北經濟文化辦事處文化組。「各界力阻美教育部重整教育資訊中心資料庫」。收錄在國立教育資料館，國外教育訊息全文資料庫，民國 92 年 5 月 8 日。

蕭燕。網絡教育資源的傳播與合理使用：中、美、英教育數字圖書館研究報告。北京市：北京圖書館出版社，2006 年 12 月。

賴永祥編訂。中國圖書分類法。臺北市：文華圖書館管理資訊公司，民國 90 年 9 月。

錢振新。實用教育文獻學。上海市：上海教育出版社，1995 年 5 月。

龍華軍等主編。中國教育書錄（1991-1995）。北京市：北京師範大學出版社，1999 年 6 月。

龍華軍等主編。中國教育書錄（1996-2000）。北京市：北京師範大學出版社，2007 年 1 月。

檔案管理局編。檔案資訊資源管理。臺北市：檔案管理局，民國 93 年 12 月。

薛瑞君。「一九九六－二○○一年臺灣地區教育研究趨勢之評析」。國立中山大學教育研究所碩士學位論文，民國 91 年 7 月。

謝雅惠。「教育資訊資源整合之研究－以臺北市國民小學為例」。臺北市立師範學院國民教育研究所教育行政專班碩士學位論文，民國 91 年。

謝寶煖。中文參考資源。臺北市：文華圖書館管理資訊公司，民國 85 年 10 月。

謝寶煖。資訊與網路資源利用。臺北市：華泰文化事業公司，民國 93 年 3 月。

蘇小鳳。即時數位參考諮詢服務。臺北市：文華圖書館管理資訊公司，民國 94 年 6 月。

蘇諼。醫學網路資源的使用與評鑑。臺北市：文華圖書館管理資訊公司，民國 92 年 3 月。

西文圖書

AMERICA 2000: An Education Strategy. Washington, D.C.: Department of Education, 1991. (ERIC ED327009)

Bakewell, K. G. B. Managing User-centred Libraries and Information Services. London: Mansell, 1997.

Balay, Robert. Guide to Reference Books. Chicago: American Library Association, 1996.

Barquin, R., Bennet, A., and Remex, S. ed. Building Knowledge Management Environments for Electronic Government. Vienna, VA: Management Concepts, 2001.

Bean, Carol A. and Green, Rebecca. Relationships in the Organization of Knowledge. Dordrecht, The Netherlands: Kluwer Academic Publishers, 2001.

Bennett, William J. American Education: Making It Work. A Report to the President and the American People. Washington, D.C.: Department of Education, 1988. (ERIC ED299959)

Bercovici, Sanda. "Diversity of Training versus Diversity of Users: The Z. Aranne Central Education Library Case Study." in IFLA Council and General Conference. Conference Programme and Proceedings. Jerusalem, Israel, 13-18 August 2000. http://www.ifla.org/IV/ifla66/papers/065-171e.htm. （96.06.30）

Block, Marylaine. Net Effects: How Librarians Can Manage the Unintended Consequences of the Internet. Medford, N.J.: Information Today, 2003.

Boisot, Max H. Information Space: A Framework for Learning in Organizations, Institutions and Culture. London, U.K.: Routledge, 1995.

Bopp, Richard E. Reference and Information Services. Englewood, Colo.: Libraries Unlimited, 2001.

Bridge, Karl. Expectations of Librarians in the 21st Century. Westport, Conn.: Greenwood Press, 2003.

Bryson, Jo. Effective Library and Information Centre Management. Aldershot, England: Gower, 2003.

Capurro, Rafael. "The Concept of Information." in Cronin, Blaise. ed. Annual Review of Information Science and Technology. vol.37 Medford, New Jersey: Information Today, 2003. pp.343-411

Carter, Ruth C. Managing Cataloging and the Organization of Information: Philosophies, Practices, and Challenges at the Onset of the 21st Century. Binghamton, NY: Haworth Information Press, 2000.

Case, Donald Owen. Looking for Information: A Survey of Research on Information Seeking, Needs, and Behavior. San Diego, Calif.: Academic Press, 2002.

Choo, Chun Wei, Detlor, Brian, and Turnbull, Don. Web Work: Information and Seeking Knowledge Work on the World Wide Web. Boston: Kluwer Academic Publishers, 2001.

Choo, Chun Wei. Information Management for the Intelligent Organization: The Art of Scanning the Environment. Medford, N.J.: Information Today, 2002.

Collins, Heidi. Enterprise Knowledge Portals: Next-generation Portal Solutions for Dynamic Information Access, Better Decision Making, and Maximum Results. New York: American Management Association, 2003.

Cooley, Mike. "Human-centered Design." in Jacobson, Robert ed. Information Design. Cambridge, Mass.: MIT Press, 2000. pp.59-81

Corrall, Sheila. Strategic Management of Information Services: A Planning Handbook. London: Aslib/IMI, 2000.

Crawford, John. Evaluation of Library and Information Services. London: Aslib, 2000.

Cronin, Blaise. ed. Annual Review of Information Science and Technology. vol.37 Medford, New Jersey: Information Today, 2003.

Cuadra, Carlos ed. Annual Review of Information Science and Technology. vol.3 New York: Knowledge Industry, 1968.

Davenport, Thomas H. Information Ecology: Mastering the Information and Knowledge Environment. New York: Oxford University Press, 1997.

Davinson, Donald Edward. Bibliographic Control. London: Bingley, 1981.

Dervin, Brenda. "From the Mind's Eye of the User: The Sense-Making Qualitative-Quantitative Methodology." in Glazier, Jack D. and Powell, Ronald R. ed. Qualitative Research in Information Management. Englewood Cliffs, CO: Libraries Unlimited, 1992. pp.61-84

Detlor, Brian. Towards Knowledge Portals: From Human Issues to Intelligent Agents. Boston: Kluwer Academic Publishers, 2004.

Dewey, Melvil. Dewey Decimal Classification and Relative Index. Dublin, Ohio: OCLC Online Computer Library Center, 2003.

Drake, Miriam A. ed. Encyclopedia of Library and Information Science. New York: Marcel Dekker, 2003.

Drucker, Peter. Post-capitalist Society. New York: Harper Collins, 1993.

Earl, Sears Minnie. Sears List of Subject Headings. New York: H.W. Wilson, 2004.

Education Facilities Data Task Force. Facilities Information Management: A Guide for State and Local Education Agencies. Washington D.C.: National Center for Education Statistics, 2003.

Educational Resources Information Center. Thesaurus of ERIC Descriptors. Phoenix, Ariz.: Oryx Press, 2001.

Educators Resource Directory. Lakeville, Ct.: Grey House Pub., 1999.

Farrell, Michael. The Blackwell Handbook of Education. Oxford, UK; Cambridge, 1995.

Ferro, Frank. How to Use the Library: A Reference and Assignment Guide for Students. Westport, Conn.: Greenwood Press, 1998.

Firestone, Joseph M. "Enterprise Knowledge Portals, Knowledge Processing, and Knowledge Management." in Barquin, R., Bennet, A., and Remex, S. ed. Building Knowledge Management Environments for Electronic Government. Vienna, VA: Management Concepts, 2001. pp.201-226

Firestone, Joseph M. Enterprise Information Portals and Knowledge Management. Boston: KMCI/Butterworth-Heinemann, 2003.

Fisher, David. Information Sources in the Social Science. Munchen: K.G. Saur, 2002.

Freed, Melvyn N. The Educator's Desk Reference: A Sourcebook of Educational Information and Research. Westport, Conn.: Oryx Press, 2002.

Fuhrman, Susan. Meeting Education Policymakers' Information Needs. Alexandria, VA: National Association of State Boards of Education, 1985.

Gardner, David P. and Others. A Nation At Risk: The Imperative For Educational Reform. An Open Letter to the American People. A Report to the Nation and the Secretary of Education. Washington, D.C.: Department of Education, 1983. (ERIC ED226006)

Gates, Jean Key. Guide to the Use of Libraries and Information Sources. New York: McGraw-Hill, 1994.

Giere, Ursula and Kupidura, Eva. "ALADIN: An Example of Integrating Traditional and Electronic Services in the Digital Environment." in Greenberg, Jane ed. Metadata and Organizing Educational Resources on the Internet. New York: Haworth Information Press, 2000. pp.44-52

Glazier, Jack D. and Powell, Ronald R. ed. Qualitative Research in Information Management. Englewood Cliffs, CO: Libraries Unlimited, 1992.

Greenberg, Jane ed. Metadata and Organizing Educational Resources on the Internet. New York: Haworth Information Press, 2000.

Grimwood-Jones, Diana and Simmons, Sylvia. Information Management in the Voluntary Sector. London: Aslib, 1998.

Hernon, Peter. and Altman, Ellen. Service Quality in Academic Libraries. Norwood: Ablex, 1996.

Herron, Nancy L. The Social Sciences: A Cross-Disciplinary Guide to Selected Sources. Englewood, CO.: Libraries Unlimited, 2002.

Horn, Robert E. "Information Design: Emergence of a New Profession. " in Jacobson, Robert ed. Information Design. Cambridge, Mass.: MIT Press, 2000. pp.15-34

Howarth, Lynne. "Metadata Schemas for Subject Gateway." in IFLA Council and General Conference. Conference Programme and Proceedings. Berlin, Germany, 1-9 August 2003.

IFLA Council and General Conference. Conference Programme and Proceedings. Bangkok, Thailand, 20-28 August 1999.

IFLA Council and General Conference. Conference Programme and Proceedings. Jerusalem, Israel, 13-18 August 2000.

IFLA Council and General Conference. Conference Programme and Proceedings. Boston, USA, 16-25 August 2001.

IFLA Council and General Conference. Conference Programme and Proceedings. Glasgow, Scotland, 18-24 August 2002.

IFLA Council and General Conference. Conference Programme and Proceedings. Berlin, Germany, 1-9 August 2003.

IFLA Council and General Conference. Conference Programme and Proceedings. Buenos Aires, Argentina, 22-27 August 2004.

IFLA Council and General Conference. Conference Programme and Proceedings. Oslo, Norway, 14-18 August 2005.

IFLA Council and General Conference. Conference Programme and Proceedings. Seoul, Republic of Korea, 20-24 August 2006.

IFLA Council and General Conference. Conference Programme and Proceedings. Durban, South Africa, 19-23 August 2007.

IFLA Study Group on the Functional Requirements for Bibliographic Records. Functional Requirements for Bibliographic Records: Final Report. München: K.G. Saur, 1998. http://www.ifla.org/VII/s13/wgfrbr/finalreport.htm （96.05.20）

Information Requirements of Researchers in the Social Sciences. Volume 1. England: University Library. Bath University of Technology., 1971. (ERIC ED054806)

Information Requirements of Researchers in the Social Sciences. Volume 2. England: University Library. Bath University of Technology., 1971. (ERIC ED054807)

Jackson, Eugene B. Special Librarianship: A New Reader. Metuchen, N.J.: Scarecrow Press, 1980.

Jacobson, Robert ed. Information Design. Cambridge, Mass.: MIT Press, 2000.

Johns, Merida L. Information Management for Health Professions. Albany, N.Y.: Delmar Publishers, 1997.

Joint Steering Committee for the Revision of Anglo-American Cataloguing Rules. RDA: Resource Description and Access. http://www.collectionscanada.ca/jsc/rda.html （96.07.27）

Jul, Erik. "Knowledge Management: Methods and Systems."中國圖書館學會、美國國際電腦中心研究院主辦。知識管理－方法與系統研討會。臺北市：國家圖書館國際會議廳，民國 89 年 12 月 3 日至 5 日。

Katz, William A. Introduction to Reference Work. vol.1 Basic Information Services. New York: McGraw-Hill, 2002.

Katz, William A. Introduction to Reference Work. vol.2 Reference Services and Reference Processes. New York: McGraw-Hill, 2002.

Kent, Allen ed. Encyclopedia of Library and Information Science. vol.5 New York: Marcel Dekker, 1971.

Kreizman, Karen. Establishing an Information Center: A Practical Guide. London: Bowker-Saur, 1999.

Krummel, Donald William. Bibliographies, Their Aims and Methods. London: Mansell, 1984.

Kunz, Martin. "Subject Retrieval on Distributed Resources: A Short Review of Recent Development." in IFLA Council and General Conference. Conference Programme and Proceedings. Glasgow, Scotland, 18-24 August 2002.

Lancaster, Frederick Wilfrid. Toward Paperless Information Systems. New York: Academic Press, 1978.

Lankes, R. David. "Assessing the Provision of Networked Services: ERIC as an Example." in McClure, Charles R. and Bertot, John Carlo ed. Evaluating Networked Information Services: Techniques, Policy, and Issues. Medford, N.J.: Information Today, 2001. pp.67-83

Li, Tze-chung. Social Science Reference Sources: A Practical Guide. Westport, Conn.: Greenwood Press, 2000

Lim, Edward. "Southeast Asian Subject Gateways: Examination of Their Classification Practices." in IFLA Council and General Conference. Conference Programme and Proceedings. Bangkok, Thailand, 20-28 August 1999.

Line, Maurice. "Social Science Information--The Poor Relation." in: IFLA Council and General Conference. Conference Programme and Proceedings. Bangkok, Thailand, 20-28 August 1999.

Low, Kathleen. The Roles of Reference Librarians: Today and Tomorrow. New York: Haworth Press, 1996.

Maguire, Carmel, Kazlauskas, Edward J., and Weir, Anthony D. Information Services for Innovative Organizations. San Diego, CA: Academic Press, 1994.

Marcella, Rita. and Maltby, Arthur. The Future of Classification. Brookfield, Vt.: Gower, 2000.

Marreel, Richard D. and McLellan, Janet M. Information Management in Health Care. Albany, N.Y.: Delmar Publishers, 1999.

Matarazzo, James M. Knowledge and Special Libraries. Boston: Butterworth-Heinemann, 1999.

Matthews, Joseph R. The Bottom Line: Determining and Communicating the Value of the Special Library. Westport, Conn.: Libraries Unlimited, 2002.

Mattingly, Rozella. Management of Health Information: Functions and Applications. Albany, N.Y.: Delmar Publishers, 1997.

McClure, Charles R. and Bertot, John Carlo ed. Evaluating Networked Information Services: Techniques, Policy, and Issues. Medford, N.J.: Information Today, 2001.

McGarr, Shelia M., Dunn, Christina J. and Sniegoski, Stephen J. "National Library of Education." in Drake, Miriam A. ed. Encyclopedia of Library and Information Science. New York: Marcel Dekker, 2003. pp.1969-1978

McIlwaine, I. C. Subject Retrieval in a Networked Environment. Munchen: K.G. Saur, 2003.

Meadows, Arthur Jack. Communicating Research. New York: Academic Press, 1998.

Meadows, Arthur Jack. Understanding Information. Munchen: K.G. Saur, 2001.

Missingham, Roxanne. "Virtual Services for Virtual Readers: Reference Reborn in the E-Library." in ALIA 2000. Capitalizing on Knowledge: The Information Profession in the 21st Century. Canberra, Australia: 2000.

Monroe, Will Seymour. Bibliography of Education. Bristol: Thoemmes Press, 1999.

Mount, Ellis. ed. Planning the Special Library: A Project of the New York Chapter, SLA. New York, Special Libraries Association, 1972.

Mullay, Marilyn. Walford's Guide to Reference Material. London: Library Association Pub., 2000.

Nardi, Bonnie A. and O'Day, Vicki L. Information Ecology: Using Technology with Heart. Cambridge, M.A.: MIT Press, 1999.

National Library of Education. Access for All: A New National Library for Tomorrow's Learners. The Report of the National Library of Education Advisory Task Force. Washington D.C.: National Library of Education, 1997.

Nicholas, David. Assessing Information Needs: Tools, Techniques and Concepts for the Internet Age. London: Aslib Information Management, 2000.

Nicholson, Dennis. "Subject-based Interoperability: Issue from the High Level Thesaurus Project." in IFLA Council and General Conference. Conference Programme and Proceedings. Glasgow, Scotland, 18-24 August 2002.

Nolan, Christopher W. Managing the Reference Collection. Chicago: American Library Association, 1999.

O'Brien, Nancy P. Education: A Guide to Reference and Information Sources. Englewood, Colo.: Libraries Unlimited, 2000.

Orna, Elizabeth and Pettitt, Charles. Information Management in Museums. Aldershot, Hants, England: Gower, 1998.

Orna, Elizabeth. and Stevens, Graham. Managing Information for Research. Buckingham: Open University Press, 1995.

Paisley, William. "Information Needs and Uses." in Cuadra, Carlos. ed. Annual Review of Information Science and Technology. vol.3 New York: Knowledge Industry, 1968. pp.1-30

Penfold, Sharon. Change Management for Information Services. London: Bowker-Saur, 1999.

Pianos, Tamara. "Viscid: A Portal for Scientific Resource Collections Created by German Libraries and Information Centers." in IFLA Council and General Conference. Conference Programme and Proceedings. Berlin, Germany, 1-9 August 2003.

Pitschmann, Louis A. Building Sustainable Collections of Free Third-Party Web Resources. Washington D.C.: Digital Library Federation, 2001.

Poll, Roswitha, Hiraldo, Ramon Abad and Boekhorst, Peter. Measuring Quality: International Guidelines for Performance Measurement in Academic Libraries. Munchen: K.G Saur, 1996.

Prytherch, Raymond John. Information Management and Library Science: A Guide to the Literature. Brookfield, Vt.: Gower, 1994.

Rosenau, F. S. Educational Information Resources in the United States. San Francisco, Calif: Far West Lab. for Educational Research and Development, 1979.

Rowley, Jennifer. Organizing Knowledge: An Introduction to Managing Access to Information. Aldershot, Hampshire, England: Gower, 2000.

Saxton, Matthew L. and Richardson, John V. Understanding Reference Transactions: Transforming an Art into a Science. San Diego, Calif.: Academic Press, 2002.

Scammell, Alison. Handbook of Information Management. London: Aslib-IMI, 2001.

Schmidt, Janine. "The Australian Subject Gateways, the Successes and the Challenges." in IFLA Council and General Conference. Conference Programme and Proceedings. Berlin, Germany, 1-9 August 2003.

Schrag, Judy. Identification of Information Needs of State Education Agencies. Alexandria, VA: National Association of State Directors of Special Education, 1995.

Schwartz, Rod. Meeting the Information Needs of Education Policymakers. Perspectives on Education Policy Research. Washington D.C.: The National Institute on Educational Governance, Finance, Policymaking, and Management. 1997.

Simmons, Sylvia. Information Insights: Case Studies in Information Management. London: Aslib-IMI, 1999.

Smiraglia, Richard P. The Nature of "A Work": Implications for the Organization of Knowledge. Lanham, Md.: Scarecrow Press, 2001.

St. Clair, Guy. "Knowledge Management." in Drake, Miriam A. ed. Encyclopedia of Library and Information Science. New York: Marcel Dekker, 2003. pp.1486-1494

St. Clair, Guy. Entrepreneurial Librarianship: The Key to Effective Information Services Management. London: Bowker-Saur, 1996

St. Clair, Guy. Total Quality Management in Information Services. London: Bowker-Saur, 1997.

Stoklasova, Bohdana. "Short Survey of Subject Gateways Activity." in IFLA Council and General Conference. Conference Programme and Proceedings. Berlin, Germany, 1-9 August 2003.

Stuart, Lynne M. The Changing Face of Reference. Greenwich, Connecticut: JAI Press, 1996.

Subramanyam, Krishna. Scientific and Technical Information Resources. New York: M. Dekker, 1981.

Svenonius, Elaine. The Intellectual Foundation of Information Organization. Cambridge, Mass.: MIT Press, 2000.

Taylor, Arlene G. Organization of Information. Westport, Conn.: Libraries Unlimited, 2004.

Taylor, Robert. Valued-added Process in Information Systems. Norwood, N.J.: Ablex Publishing Corp, 1986.

Trauth, Eileen M. "Information Resource Management." in Drake, Miriam A. ed. Encyclopedia of Library and Information Science. New York: Marcel Dekker, 2003. pp.1325-1337

Vakkari, Pertti, Savolainen, Reijo, and Dervin, Brenda ed. Information Seeking in Context. London: Taylor Graham, 1997.

Webb, Sylvia P. Creating an Information Service. London: Aslib, 1996.

Wedgeworth, Robert. ALA World Encyclopedia of Library and Information Services. Chicago : American Library Association, 1980.

Weinstock, Melvin. "Citation Index." in Kent, Allen ed. Encyclopedia of Library and Information Science. vol.5 New York: Marcel Dekker, 1971. pp.16-40

White, Herbert S. Managing the Special Library: Strategies for Success within the Larger Organization. White Plains, NY: Knowledge Industry Publications, 1984.

Whitlatch, Jo Bell. Evaluating Reference Services: A Practical Guide. Chicago: American Library Association, 2000.

Wilson, Patrick. Two Kinds of Power: An Essay on Bibliographical Control. Berkeley: University of California Press, 1968.

Wilson, T. D. "Information Behavior: An Interdisciplinary Perspective. " in Vakkari, Pertti, Savolainen, Reijo, and Dervin, Brenda ed. Information Seeking in Context. London: Taylor Graham, 1997. pp.39-50

Winston, Mark. Leadership in the Library and Information Science Professions: Theory and Practice. Binghamton: Haworth Information Press, 2001.

Young, Heartsill. The ALA Glossary of Library and Information Sciences. Chicago : American Library Association, 1983.

中文期刊

王世英、謝雅惠。「從資料驅動決定觀點簡介國立教育資料館教育資源」。教育資料與研究雙月刊，第 67 期，民國 94 年 12 月，37-52 頁。

王世英、謝雅惠。「與教室連線的資訊服務－國立教育資料館教育資訊資源整合服務」。教師天地，第 147 期，民國 96 年 4 月，15-21 頁。

白國應。「關於教育文獻分類的研究」。河北科技圖苑，15 卷 2 期，2002 年，30-38, 50 頁。

朱則剛、王國聰。「我國一九九零至一九九九教學科技期刊論文及引述文獻分析之研究」。大學圖書館，6 卷 2 期，民國 91 年 9 月，2-30 頁。

吳明清。「國民中小學教育資料使用與需求情形之調查研究」。教育研究資訊，2 卷 5 期，民國 83 年 9 月，111-124 頁。

吳美美。「網路資源組織的三個層次」。大學圖書館，2 卷 1 期，民國 87 年 1 月，27-35 頁。

吳美美。「美國『教育資訊資源中心』（ERIC）資料庫今昔」。教學科技與媒體，第 55 期，民國 90 年 3 月，92-103 頁。

吳敏而。「國家教育研究資訊系統之建立」。研習資訊，20 卷 2 期，民國 92 年 4 月，111-117 頁。

吳萬鈞。「科學知識組織系統」。資訊傳播與圖書館學，5 卷 1 期，民國 87 年 9 月，19-42 頁。

吳慰慈。「從信息資源管理到知識管理」。圖書館論壇，22 卷 5 期，2002 年 10 月，12-14 頁。

吳瓊艷。「藉由美國聯邦教育部 What Works Clearinghouse 專案計劃談國家教育資訊資料庫整合與建立的重要性」。文教新潮，8 卷 3 期，民國 92 年 8 月，3-5 頁。

李子建、陳茂釗、程綺琪。「網上教育資源－本地教師常用網站」。優質學校教育學報，第 2 期，2002 年。
http://www.ied.edu.hk/cric/jqse/chi/content/vol2/paper7.pdf　（96.06.21）

李仁芳、花櫻芬。「技術知識類型與知勢交流網路模型」。科技管理學刊，2 卷 1 期，民國 86 年 6 月，75-121 頁。

李亞蘭。「以新聞學博碩士論文評鑑政治大學傳播學院圖書分館館藏」。圖書資訊學刊，第 23 期，民國 86 年 11 月，71-91 頁。

孟連生。「中文科學引文分析」。情報科學，1983 年第 3 期，1983 年，11-21 頁。

林巧敏。「中國圖書館學會會報論著之計量分析」。中國圖書館學會會報，第 51 期，民國 82 年 12 月，107-118 頁。

林珊如。「知識管理：對什麼知識？做什麼管理？」。大學圖書館，6 卷 1 期，民國 91 年 3 月，5-11 頁。

林珊如。「淺談資訊心理學」。書府，第 22/23 期，民國 91 年 7 月，1-10 頁。

林珊如。「大學教師網路閱讀行為之初探」。圖書資訊學刊，1 卷 1 期，民國 92 年 6 月，75-92 頁。

林新發、曾憲政、洪福財。「籌設教育研究院－現有相關單位之整併規劃」。國立臺北師範學院學報，第 12 期，民國 88 年 6 月，171-196 頁。

林新發。「有效利用教育資料的管理策略」。臺北師院圖書館館訊，創刊號，民國 82 年 6 月，33-49 頁。

林新發。「教育資料的意義與類型之探討」。臺北師院圖書館館訊，第 2 期，民國 83 年 2 月，15-24 頁。

林新發。「國民中小學教育資料的使用與需求管理」。國立臺北師院圖書館館訊，第 3 期，民國 84 年 2 月，1-9 頁。

邱子恆。「知識管理及其對圖書館的影響」。中國圖書館學會會報，第 65 期，民國 89 年 12 月，99-109 頁。

邱子恆。「圖書資訊專業人員與知識管理」。臺北市立圖書館館訊，19 卷 4 期，民國 91 年 6 月，32-49 頁。

侯漢清。「教育文獻的標引模式和標引方法」。圖書館論壇，第 86 期，1998 年 12 月，35-38 頁。

洪文向。「六年來的教育資料與教育研究」，國立教育資料館館訊，第 26 期，民國 83 年 1 月，26-37 頁。

洪淑芬。「網路資源備份保存技術與應用探析」。國家圖書館館刊，95 年 2 期，民國 95 年 12 月，75-121 頁。

范豪英。「大學圖書館讀者利用教育現況調查研究」。中國圖書館學會會報，第 48 期，民國 80 年 12 月，57-64 頁。

祝忠明。「學科信息門戶元數據格式的選擇與設計」。大學圖書館學報，22 卷 2 期，2004 年 3 月，2-4 頁。

張玉文譯。「Harvard 教你知識管理」。遠見，第 156 期，民國 88 年 6 月，84-99 頁。

張衍田。「『文獻』正義」。孔孟學報，第 71 期，民國 85 年 3 月，199-208 頁。

張善楠。「從美國 NCES 長期研究資料系統論我國教育長期研究的發展性」。臺東師院學報，第 6 期，民國 84 年 6 月，49-66 頁。

戚正平。「以啟動知識鏈的重整，來參與價值鏈的重整」。電子化企業經理人報告，第 24 期，民國 90 年 8 月，78-82 頁。

曹樹金、馬利霞。「描述教育資源的元數據標準」。大學圖書館學報，22 卷 2 期，2004 年 3 月，5-9 頁。

陳光華、江玉婷。「學術圖書館學術資源服務的新模式與實作」。圖書資訊學刊，4 卷 2 期，民國 95 年 12 月，77-96 頁。

陳良駒、張正宏。「以關鍵詞網絡探討動態性知識管理議題」。圖書館學與資訊科學，33 卷 2 期，民國 96 年 10 月，81-94 頁。

陳和琴。「主題詞表的內涵及在網路環境中所扮演的角色」。佛教圖書館館訊，第 33 期，民國 92 年 3 月，24-27 頁。

陳和琴。「資訊資源類型標示研探」。臺北市立圖書館館訊，24 卷 4 期，民國 96 年 6 月，57-75 頁。

陳昭珍。「圖書館員如何在資訊社會扮演資訊組織與分析者的角色」。中國圖書館學會會報，第 55 期，民國 84 年 12 月，39-50 頁。

陳昭珍。「從使用者需求與文獻特性看圖書館界資訊組織模式發展趨勢」。大學圖書館，2 卷 3 期，民國 87 年 4 月，105-115 頁。

陳昭珍。「從實體到虛擬：談資訊組織發展現況與展望」。中國圖書館學會會報，第 68 期，民國 91 年 6 月，26-36 頁。

陳昭珍等。「知識本體的發展及其在知識組織系統之應用」。檔案季刊，5 卷 2 期，民國 95 年 6 月，79-98 頁。

陳清溪、沈佳葳。「簡介德國、韓國、上海、臺灣之教育研究機構－兼談國家教育研究院籌備處之發展方向」。研習資訊，24 卷 5 期，民國 96 年 10 月，85-94 頁。

傅雅秀。「資訊尋求的理論與實證研究」。圖書與資訊學刊，第 20 期，民國 86 年 2 月，13-28 頁。

彭森明。「教育資訊收集系統的建立與運用」。國立教育資料館館訊，第 28 期，民國 83 年 5 月，9-12 頁。

彭森明。「如何建置全國性教育資料庫，使其發揮最大價值與功能？」。文教新潮，8 卷 3 期，民國 92 年 8 月，37-44 頁。

曾元顯、王峻禧。「分類不一致之自動偵測：以農資中心資料為例」。圖書館學與資訊科學，33 卷 2 期，民國 96 年 10 月，19-32 頁。

曾秋香、郭麗芳。「中國圖書十進分類法之修訂與展望」。圖書與資訊學刊，第 48 期，民國 93 年 2 月，97-108 頁。

黃居仁。「語意網、詞網與知識本體：淺談未來網路上的知識運籌」。佛教圖書館館訊，第 33 期，民國 92 年 3 月，6-21 頁。

黃國正、黃玫溱。「臺灣地區民眾資訊需求之比較」，中國圖書館學會會報，第 73 期，民國 93 年 12 月，137-151 頁。

楊曉雯。「科學家資訊搜尋行為的探討」。圖書與資訊學刊，第 25 期，民國 87 年 5 月，24-43 頁。

葉乃靜。「由知識管理思考圖書館未來的發展」。資訊傳播與圖書館學，6 卷 3 期，民國 89 年 3 月，81-94 頁。

趙來龍。「心理學與教育學基本參考書刊選目一百種」。杏壇，第 5 期，民國 50 年 5 月，20-24 頁。

趙來龍。「社會科學共同參考書選目解題」。國立政治大學學報，第 10 期，民國 53 年 12 月，345-398 頁。

趙來龍。「社會科學分科參考書選目解題」。國立政治大學學報，第 11 期，民國 54 年 5 月，403-487 頁。

劉朱勝。「教育改革與教育資料－以美國教育圖書館為例」。文教新潮，5 卷 2 期，民國 89 年 6 月，6-8 頁。
http://www.tw.org/newwaves/52/1-3.html 　（96.06.26）

蔡炎盛。「一九九九年中原大學博碩士論文引用文獻調查報告－理學院部分」。中原大學張靜愚紀念圖書館館訊，第 119 期，民國 89 年夏季。
http://www.lib.cycu.edu.tw/lib_pub/news119.html（97.03.08）

鄧慧穎、陳和琴。「教育類網路資源之整理初探」。教育資料與圖書館學，39 卷 3 期，民國 91 年 3 月，328-349 頁。

盧秀菊。「中文主題標目與標題表」。中國圖書館學會會報，第 59 期，民國 86 年 12 月，25-42 頁。

賴鼎銘。「由學位論文的重要性看佛教相關論文提要的象徵性意義」。佛教圖書館館訊，第 27 期，民國 90 年 9 月，44-49 頁。

謝文全。「教育學門相關學會之介紹」。人文與社會科學簡訊，5 卷 4 期，民國 95 年 8 月，17-29 頁。

謝灼華。「中國古代學者文獻觀念之演變」。圖書情報工作，第 86 期，1994 年 4 月，1-8 頁。

謝灼華。「中國近現代學者文獻觀之發展」。圖書情報知識，第 56 期，1994 年 12 月，2-9，29 頁。

韓麗。「國內外學科信息門戶簡論」。圖書館雜誌，23 卷 7 期，2004 年 7 月，17-20 頁。

藍乾章。「中外圖書分類法教育類系統表評述」。圖書館學與資訊科學，6 卷 1 期，民國 69 年 4 月，90-106 頁。

羅思嘉。「引用文獻分析與學術傳播研究」。中國圖書館學會會報，第 66 期，民國 90 年 6 月，73-85 頁。

羅綸新。「教育類網站評鑑規準建構之研究」。教學科技與媒體，第 68 期，民國 93 年 6 月，4-22 頁。

蘇蓉波。「從博士學位論文引用文獻探討成功大學圖書館館藏支援程度」。國立成功大學圖書館館刊，第 12 期，民國 92 年 10 月，53-69 頁。
http://www.lib.ncku.edu.tw/journal/12/pdf/12-5.pdf（97.03.08）

黨躍武、孔桃。「關於信息資源管理研究中若干問題的評述」。圖書館，第 159 期，2000 年 12 月，25-29 頁。

西文期刊

Anderson, Jakob. "Denmark's National Library of Education: Growth and Choices between Media." INSPEL vol.32 no.3 (1998) pp.167-175

Banionytè, Emilija. "A Network Of Educational Libraries in The Nordic-Baltic Countries." INSPEL vol.32 no.3 (1998) pp.176-181

Banwell, Linda. "Providing Access to Electronic Information Resources in Further Education." British Journal of Sociology of Education. vol.35 no.5 (September 2004) pp.607-616

Belkin, Nicholas. "Anomalous States of Knowledge as Basis for Information Retrieval." The Canadian Journal of Information Science. vol.5 (May 1980) pp.133-143

Bouthillier, France and Shearer, Kathleen. "Understanding Knowledge Management and Information Management: The Need for an Empirical Perspective." Information Research. vol.8 no.1 (October 2002).
http://informationr.net/ir/8-1/paper141.html （97.05.19）

Chen, Sherry Y. "Cognitive Styles and Users' Responses to Structured Information Representation." International Journal on Digital Libraries. vol.4 no.2 (2004) pp.93-107

Dempsey, Lorcan. "The Subject Gateway: Experiences and Issues Based on the Emergence of the Resource Discovery Network." Online Information Review. vol.24 no.1 (2000) pp.8-23

Floyd, Nancy L. "A New National Library Fuels the Engine of Education." American Libraries. vol.26 no.10 (November 1995) pp.1032-1034

Green, Samuel S. "Personal Relations between Librarians and Readers." Library Journal. vol.1 (October 1876) pp.74-81

"Guidelines for Instruction Programs in Academic Libraries." College & Research Libraries News. vol.58 no.4 (April 1997) pp.264-266

Haycock, Laurel A. "Citation Analysis of Education Dissertations for Collection Development." Library Resources & Technical Services. vol.48 no.2 (April 2004) pp.102-106

Hjorland, Birger. "Domain Analysis in Information Science." Journal of Documentation. vol.58 no.4 (2002) pp.422-462

Katz, Lilian G. and Rothenberg, Dianne. "Issues in Dissemination: An ERIC Perspective." ERIC Review. vol.5 no.1/2 (1996) pp.2-9 (ERIC ED405844)

Koch, Traugott. "Quality-controlled Subject Gateways: Definitions, Typologies, Empirical Overview." Information Review. vol.24 no.1 (2000) pp.24-34

Kuhlthau, Carol Collier. "Developing a Model of the Library Search Process: Cognitive and Affective Aspects." RQ. vol.28 no.2 (Winter 1988) pp.232-242

Kuhlthau, Carol Collier. "Longitudinal Case Studies of the Information Search Process of Users in Libraries." Library and Information Science Research. vol.10 no.3 (July-September 1988) pp.257-304

Leonidas, Gerry. "Information design: the missing link in information management?" International Journal of Information Management. vol.20 no.1 (February 2000) pp.73-76

Line, Maurice. "Draft Definitions: Information and Library Needs, Wants, Demands and Uses: A Comment." Aslib Proceedings. vol.27 no.7 (July 1975) pp.308-313

Mack, Robert, Ravin, Yael, and Byrd, Roy J. "Knowledge Portals and the Emerging Digital Knowledge Workplace." IBM System Journal. vol.40 no.4 (2001) pp.925-955
http://www.research.ibm.com/journal/sj/404/mack.html （97.05.19）

MacLeod, Roddy. "Promoting a Subject Gateway: A Case Study from EEVL." Information Review. vol.24 no.1 (2000) pp.59-63

MacLeod, Roddy. "The EEVL Approach to Providing a Subject Based Information Gateway for Engineers." Program. vol.32 no.3 (1998) pp.205-223

Monopoli, Maria. "A User-centred Approach to the Evaluation of Subject Based Information Gateways: Case Study SOSIG." Aslib Proceeding. vol.52 no.6 (June 2000) pp.218-231

Nwana, Hyacinth S. and Ndumu, Divine T. "A Perspective on Software Agents Research." The Knowledge Engineering Review. vol.14 no.2 (August 1999) pp.125-142.
http://agents.umbc.edu/introduction/hn-dn-ker99.pdf （97.05.22）

Place, Emma. "International Collaboration on Internet Subject Gateways. IFLA Journal. vol.26 no.1 (2000) pp.52-56

Raol, Jaydip M. and others. "An Identification and Classification of Enterprise Portal Functions and Feature." Industrial Management and Data System. vol.102 no.7 (2002) pp.390-399

Rusch-Feja, Diann. "A Virtual National Library of Education? German Libraries Cooperate to Support Education." INSPEL vol.32 no.4 (1998) pp.243-261

Schwarzwalder, Robert. "Librarians as Knowledge Management Agents." Econtent. vol.22 no.4 (August/September 1999) pp.63-65

Selwyn, Neill. "On-line Goldmine? Searching for Sociology of Education on the World-Wide Web." British Journal of Sociology of Education. vol.23 no.1 (March 2002) pp.141-148

Smith, Erin T. "Assessing Collection Usefulness: An Investigation of Library Ownership of the Resources Graduate Students Use." College & Research Libraries. vol. no.5 (September 2003) pp.344-355

Sutton, Stuart A. "Conceptual Design and Development of a Metadata Framework for Educational Resources on the Internet." Journal of the American Society for Information Science. vol.50 no.13 (November 1999) p.1182-1192

Taylor, Robert. "Question-negotiation and Information Seeking in Libraries." College & Research Libraries. vol.29 (May 1968) pp.178-194

Thelwall, Mike. "Subject Gateway Sites and Search Engine Ranking." Information Review. vol.24 no.1 (2000) pp.101-107

"What Is an Information Clearinghouse?" ERIC Review. vol.5 no.1/2 (1996) pp.7-8 (ERIC ED405844)

Wilson, T. D. "On User Studies and Information Needs." Journal of Documentation. vol.37 no.1 (March 1981) pp.3-15

中文網路資源

2007 年 TSSCI 資料庫收錄期刊名單
　　http://ssrc.sinica.edu.tw/ssrc-home/2007-10.htm（97.05.09）
CALIS 十五導航庫主要建設內容
　　http://202.117.24.168/cm/allnews.jsp#（96.06.24）
CALIS 介紹
　　http://www.calis.edu.cn/calisnew/calis_index.asp?fid=1&class=1（96.06.24）
ISBN 全國新書資訊網
　　http://lib.ncl.edu.tw/isbn（97.05.12）

ISRC-國際標準錄音錄影資料代碼查詢系統
　　http://isrc.ncl.edu.tw（97.05.02）

OCLC FirstSearch 資訊檢索系統服務簡介
　　http://www.stpi.org.tw/fdb/oclc/index.html（97.05.02）

OPEN 政府出版資料回應網
　　http://open.nat.gov.tw/OpenFront/gpnet/index_main.jsp（97.05.02）

九十六學年度大學校院一覽表及大學校院碩博士班概況檢索系統教育學群系所列表
　　http://reg.aca.ntu.edu.tw/college/search/typelist.asp?newtype=教育（97.05.09）

中文工具書選介
　　http://ref.ncl.edu.tw/hypage.cgi?HYPAGE=cbook.htm（97.05.12）

中文主題詞表
　　http://catweb.ncl.edu.tw/2-1-16.htm（96.06.07）

中央教育科學研究所教育信息研究中心
　　http://www.cnier.ac.cn/xxzx/jgjj.htm（96.07.18）

中國工業職業教育學會
　　http://www.ie.ntnu.edu.tw/new/ch/index.html（97.05.09）

中國重要會議論文全文數據庫內容說明
　　http://cnki50.csis.com.tw/kns50/Navigator.aspx?ID=CPFD（97.05.02）

中國高等教育文獻保障系統
　　http://www.calis.edu.cn（96.06.24）

中國教育學會
　　http://academic.ed.ntnu.edu.tw/~ces（97.05.09）

中國測驗學會
　　http://www.capt.tw（97.05.09）

中國輔導學會
　　http://cga.myweb.hinet.net（97.05.09）

中華民國比較教育學會
　　http://www.ced.ncnu.edu.tw/ccest（97.05.09）

中華民國出版期刊指南系統
　　http://readopac1.ncl.edu.tw/ncl9/index.jsp（97.05.02）

中華民國成人及終身教育學會
　　http://www.caea.org.tw（97.05.09）

中華民國社區教育學會
　　http://cces2007.myweb.hinet.net（97.05.09）

中華民國空中教育學會
  http://www.edu-on-air.org.tw（97.05.09）
中華民國師範教育學會
  http://academic.ed.ntnu.edu.tw/~norm（97.05.09）
中華民國特殊教育學會
  http://searoc.aide.gov.tw（97.05.09）
中華民國商業職業教育學會
  http://www.cves.org.tw（97.05.09）
中華民國教材研究發展學會
  http://www.trd.org.tw（97.05.09）
中華民國期刊論文索引系統 WWW 版
  http://140.122.127.251/cgi-bin/ncl3web/hypage51（97.05.02）
中華民國課程與教學學會
  http://www.aci-taiwan.org.tw（97.05.09）
中華民國體育學會
  http://www.rocnspe.org.tw（97.05.09）
中華溝通障礙教育學會
  http://www.twcda.org.tw（97.05.09）
中華學生事務學會
  http://overseas.dsa.fju.edu.tw/中華學生事務學會/index.html（97.05.09）
內政部人民團體資訊網
  http://cois.moi.gov.tw/moiweb/web/frmHome.aspx（97.05.09）
公民與道德教育學會
  http://cve.ntnu.edu.tw/webs/civic_edu/index.htm（97.05.09）
分散式學位論文共建共享計劃
  http://ethesys.lib.nsysu.edu.tw/link.shtml（97.05.02）
全國特殊教育資訊網
  http://www.spc.ntnu.edu.tw（97.05.08）
全國博碩士論文資訊網
  http://etds.ncl.edu.tw/theabs/index.jsp（97.05.02）
全國報紙資訊系統
  http://readopac.ncl.edu.tw/cgi/ncl9/m_ncl9_news（97.05.02）
全國期刊聯合目錄資料庫
  http://sticnet.stpi.org.tw/sticweb/html/illmenu.htm（97.05.02）

全國圖書書目資訊網

　　http://nbinet2.ncl.edu.tw/index.php（97.05.02）

行政院國家科學委員會學術補助／獎勵統計查詢

　　https://nscnt12.nsc.gov.tw/WAS/as100/as101/as10101.aspx（97.05.02）

杜威十進分類法

　　http://catweb.ncl.edu.tw/sect-2.htm（96.06.06）

法源法律網

　　http://www.lawbank.com.tw（96.07.20）

社教博識網

　　http://wise.edu.tw（97.05.08）

政府文獻資訊網－政府出版品查詢系統

　　http://twinfo.ncl.edu.tw/tiqry/pub.htm（97.05.02）

政府研究資訊系統

　　http://www.grb.gov.tw（97.05.02）

科技政策研究與資訊中心

　　http://www.stpi.org.tw/STPI/index.htm（97.05.02）

科技資訊網路整合服務

　　http://real.stpi.org.tw（97.06.17）

重點學科網絡資源導航門戶

　　http://202.117.24.168/cm/main.jsp（96.06.24）

重點學科導航庫子項目

　　http://www.calis.edu.cn/calisnew/calis_index.asp?fid=3&class=6（96.06.24）

香港中文大學教育學院華人社會教育文獻資源中心上網計劃

　　http://www.fed.cuhk.edu.hk/ceric/indexb5.htm

高等學校中英文圖書數位化國際合作計畫

　　http://www.cadal.zju.edu.cn（96.06.24）

國立中山大學教育研究所

　　http://140.117.20.100/index.html（97.05.09）

國立中正大學教育資料中心

　　http://140.123.21.34/announce/edu/index.htm（97.05.09）

國立中正大學教育學研究所

　　http://www.ccunix.ccu.edu.tw/~deptedu/（97.05.09）

國立交通大學教育研究所

　　http://www.ied.nctu.edu.tw（97.05.09）

國立成功大學教育研究所
　　http://www.ncku.edu.tw/~educate/Ed（97.05.09）
國立政治大學教育學系
　　http://140.119.177.58/edu（97.05.09）
國立高雄師範大學教育學系
　　http://www.nknu.edu.tw/~edu（97.05.09）
國立教育資料館
　　http://www.nioerar.edu.tw（97.05.08）
國立新竹教育大學教育學系
　　http://www.nhcue.edu.tw/~gee（97.05.09）
國立彰化師範大學教育研究所
　　http://edugrad.ncue.edu.tw（97.05.09）
國立臺中教育大學教育學系
　　http://192.83.167.230（97.05.09）
國立臺東大學教育學系（所）
　　http://edu.nttu.edu.tw/edu（97.05.09）
國立臺灣師範大學教育學系
　　http://www.ed.ntnu.edu.tw（97.05.09）
國立臺灣師範大學博碩士論文系統
　　http://etds.lib.ntnu.edu.tw/gs/ntnu/etd.htm（97.02.14）
國立臺灣師範大學圖書館非書資料統計表
　　http://www.lib.ntnu.edu.tw/Tour/nonbook-statistics.xls（97.05.08）
國立臺灣師範大學圖書館藏書分類統計表
　　http://www.lib.ntnu.edu.tw/Tour/book-statistics.xls（97.05.08）
國家文化資料庫
　　http://nrch.cca.gov.tw/ccahome（97.05.09）
國家教育研究院籌備處教育資源中心
　　http://203.71.239.20/editor_model/u_editor_v1.asp?id=111（97.06.17）
國家教育研究院籌備處簡史
　　http://www.naer.edu.tw/editor_model/u_editor_v1.asp?id=353（97.05.09）
國家圖書館中文主題編目規範系統
　　http://catbase.ncl.edu.tw（96.07.27）
專案研究報告全文系統
　　http://192.192.169.230/edu_project/help.htm（97.04.08）

教育論文全文索引資料庫
　　http://192.192.169.230/edu_paper/index.htm（97.05.08）
教育論文線上資料庫
　　http://140.122.127.251/edd/edd.htm（97.05.08）
　　http://www.read.com.tw/auth/edd（97.06.17）
教育學
　　http://202.117.24.168/cm/classifymain.jsp?subject=04&subjectname=教育學
　　（96.06.24）
漢文臺灣日日新報
　　http://140.122.127.101/twhannews/user/index.php（97.05.02）
臺北市立教育大學教育學系
　　http://www.tmue.edu.tw/~primary（97.05.09）
臺北市立圖書館教育資料中心簡介
　　http://www.tpml.edu.tw/TaipeiPublicLibrary/index.php?subsite=edu&page=edu-i
　　ntroduce-index.php（97.05.09）
臺灣文史哲論文集篇目索引系統
　　http://memory.ncl.edu.tw/tm_sd/index.jsp（97.04.02）
臺灣日日新報
　　http://140.122.127.101/twnews_im/index.html（97.05.02）
臺灣時報
　　http://140.122.127.101:8080/twjihoapp/start.htm（97.05.02）
臺灣記憶
　　http://memory.ncl.edu.tw（97.05.09）
臺灣教育社會學學會
　　http://academic.ed.ntnu.edu.tw/~tase（97.05.09）
臺灣教育傳播暨科技學會
　　http://www.taect.org（97.05.09）
數位典藏國家型科技計畫
　　http://digitalarchives.tw（97.05.09）
數位教學資源交換規格說明
　　http://www.sinica.edu.tw/~metadata/elearning/resource.html（96.06.17）
舊版報紙資訊網
　　http://paper.ntl.gov.tw（97.05.02）

西文網路資源

About OCLC
　　http://www.oclc.org/about/default.htm（97.05.16）
Access Points to ERIC
　　http://www.ericdigests.org/1996-1/eric.htm（96.07.28）
Adult Learning Documentation and Information Network
　　http://www.unesco.org/education/aladin（96.06.18）
Archived: National Library of Education
　　http://www.ed.gov/NLE/index.html（96.06.25）
Aslib, The Association for Information Management
　　http://www.aslib.com（96.12.27）
A-V Online
　　http://www.ovid.com/site/catalog/DataBase/4.pdf（97.05.10）
Canada's SchoolNet
　　http://www.schoolnet.ca（96.12.30）
CanCore
　　http://www.cancore.ca/en（96.06.16）
College Students' Perceptions: Libraries & Information Resources
　　http://www.oclc.org/reports/perceptionscollege.htm（97.05.16）
Content in Context: Synthesizing Content into Knowledge
　　http://www.oclc.org/reports/2004contextdemo.htm（97.05.16）
DCMI Conferences and Workshops
　　http://dublincore.org/workshops（96.06.16）
DCMI Education Community
　　http://dublincore.org/groups/education（96.06.16）
DESIRE. Selection Criteria for Quality Controlled Information Gateways
　　http://www.ukoln.ac.uk/metadata/desire/quality/toc.html（96.06.16）
Deutsche Institut für Internationale Pädagogische Forschung
　　http://www.dipf.de（96.06.29）
Deutscher Bildungs-Server
　　http://dbs.schule.de（96.06.29）
DREI - Digital Reference Education Initiative
　　http://128.230.185.43（96.06.29）

ED Pubs - US Department of Education
  http://www.ed.gov/pubs/edpubs.html（96.06.27）

Education Resources Information Center
  http://www.eric.ed.gov（96.07.13）

Education World: The Educator's Best Friend
  http://www.educationworld.com（96.12.30）

Elsevier. SCIRUS
  http://www.scirus.com（96.06.20）

Environmental Scan: Pattern Recognition
  http://www.oclc.org/reports/escan/default.htm（97.05.16）

ERIC Review
  http://clas.uiuc.edu/special/newsletters/ericreview.html（96.07.28）

ERIC Review
  http://www.neiu.edu/~hrd/jrnals.htm#ERIC（96.07.28）

ERICDigests.org
  http://www.ericdigests.org（96.07.15）

Essay & General Literature Index
  http://www.hwwilson.com/dd/egl_i.htm（97.04.02）

Eurydice: The Information Network on Education in Europe
  http://www.eurydice.org/accueil_menu/en/frameset_menu.html（96.12.30）

Facebook
  http://www.facebook.com（97.05.19）

Five-Year Information Format Trends
  http://www.oclc.org/reports/2003format.htm（97.05.16）

FLICC: FEDLINK
  http://www.loc.gov/flicc/fedlink.html（96.06.27）

Flicker
  http://www.flicker.com（97.05.19）

Gale Directory of Databases 2009
  http://gale.cengage.com/pdf/facts/gdd.pdf（97.05.10）

Gesellschaft Information Bidung
  http://www.educat.hu-berlin.de/gib（96.06.29）

Goals 2000: Educate America Act
  http://www.ed.gov/legislation/GOALS2000/TheAct/index.html（96.06.26）

Google Scholar
  http://scholar.google.com（96.12.30）
Guide to Microforms in Print 2007
  http://saur.de/_google/titel/titel0000016141.htm（97.05.10）
IEEE LTSC | WG12 | Final LOM Draft Standard
  http://ltsc.ieee.org/wg12/files/LOM_1484_12_1_v1_Final_Draft.pdf（96.06.16）
IFLA Survey of National Libraries of Education
  http://inet.dpb.dpu.dk/survey（96.06.30）
Index to Scientific Reviews
  http://scientific.thomson.com/products/isr（97.05.12）
Information Format Trends: Content, Not Containers
  http://www.oclc.org/reports/2004format.htm（97.05.16）
Information Format Trends: Content, Not Containers
  http://www5.oclc.org/downloads/community/2004infotrends_content.pdf
  （97.05.16）
Information Timeline
  http://www.csuchico.edu/lins/handouts/information_timeline_handout.pdf
  （96.04.08）
Internet Archive
  http://www.archive.org（97.05.02）
Intute: Social Sciences – Education
  http://www.intute.ac.uk/socialsciences/education（96.12.20）
Jyväskylä University Library, Finland
  http://www.jyu.fi/~library（96.06.30）
Knowledge Lost in Information
  http://www.sis.pitt.edu/~dlwkshop/report.pdf（97.05.16）
Learning Object Metadata (LOM) Standard Maintenance/Revision
  http://ltsc.ieee.org/news/20021210-LOM.html（96.06.16）
Librarians' Index to the Internet Selection Criteria for Adding Resources to LII
  http://www.lii.org/search/file/pubcriteria（96.06.13）
Libraries: How They Stack Up
  http://www.oclc.org/reports/2003libsstackup.htm（97.05.16）
Library of Congress Classification Outline
  http://www.loc.gov/catdir/cpso/lcco/lcco_1.pdf（96.06.08）

MedWeb. Guidelines for Inclusion of Sites in MedWeb
　　http://www.medweb.emory.edu/MedWeb/history.htm（96.07.10）
Mixi
　　http://mixi.jp（97.05.19）
MySpace
　　http://www.myspace.com（97.05.19）
National Clearinghouse for Educational Facilities
　　http://www.edfacilities.org（96.06.27）
National Information Center for Educational Media
　　http://www.nicem.com/about.htm（97.05.09）
National Library of Education, Denmark
　　http://www.dpb.dpu.dk/site.aspx?p=158（96.06.29）
National Technical Information Service
　　http://www.ntis.gov（97.05.02）
OCLC White Paper on the Information Habits of College Students
　　http://www.oclc.org/research/announcements/2002-06-24.htm（97.05.16）
Perceptions of Libraries and Information Resources
　　http://www.oclc.org/reports/2005perceptions.htm（97.05.16）
ProQuest Dissertations & Theses, PQDT
　　http://www.umi.com/promos/product/feature01_umi.shtml（96.12.29）
SCIRUS
　　http://www.scirus.com（96.12.30）
Sharing, Privacy and Trust in Our Networked World
　　http://www.oclc.org/reports/privacyandtrust/default.htm（97.05.16）
The Educator's Reference Desk: Resource Guides
　　http://www.eduref.org（96.07.28）
The Gateway to Educational Materials, GEM
　　http://www.thegateway.org（96.12.30）
The Internet Public Library, IPL: Education
　　http://www.ipl.org/div/aon/browse/edu00.00.00（96.12.30）
The Library of Liepaja Academy of Pedagogy, Latvia
　　http://www.cs.lpu.lv/library.html（96.06.30）
The Library of Tallinn University of Educational Studies, Estonia
　　http://www.tpu.ee（96.06.30）

The Library of the National Center of Educational Resources, Norway
http://www.nls.no/bibliotek/bibliotek.html（96.06.30）

The Library of the University College of Education, Iceland
http://www.khi.is/bok（96.06.30）

The National Library for Psychology and Education, Sweden
http://www.sppb.se（96.06.30）

The UK LOM Core home page
http://zope.cetis.ac.uk/profiles/uklomcore（96.06.16）

The Video Source Book. 39th ed. 2007
http://gale.cengage.com/servlet/ItemDetailServlet?region=9&imprint=000&cf=p&titleCode=VSB&type=3&dc=null&dewey=null&id=220282（97.05.10）

The World Wide Web Education Virtual Library
http://www.csu.edu.au/education/library.html（96.06.13）

The Z. Aranne Education Library
http://educlib.huji.ac.il/jzf.html（96.06.30）

U.S. Network for Education Information
http://www.ed.gov/about/offices/list/ous/international/usnei/edlite-about.html（96.06.27）

USA.gov: The U.S. Government's Official Web Portal
http://www.usa.gov（97.04.03）

Vertical File Index
http://www.hwwilson.com/print/vfi.html（97.05.10）

Vilnius Pedagogical University Library, Lithuania
http://193.219.54.34/biblioteka（96.06.30）

Welcome to ARBAonline
http://www.arbaonline.com（97.05.12）

What Is Metadata and Why Use It?
http://www.edna.edu.au/edna/go/resources/metadata（96.06.16）

YouTube
http://www.youtube.com（97.05.19）

索引

E

EBSCO, 195, 202
EBSCOhost, 256
Education: A Guide to Reference
and Information Sources, 26, 159,
423
Education Abstracts, 180, 192, 243
Education Index, 243
Education Resources Information
Center, ERIC, 3, 37, 138, 140, 177,
181, 192, 241, 243, 248, 298, 328
Education World: The Educator's
Best Friend, 167, 439
Educational Documents Online,
EdD Online, 297
Educational Periodical Literature
Abstracts Retrieval System,
EPLARS, 296
Educator's Desk Reference: A
Sourcebook of Educational
Information and Research, 26,
160, 418
Educator's Reference Desk:
Resource Guides, vi, 27, 166, 198,
321, 441
Electronic Research Library of
Denmark, 183
Elsevier, 167, 439
E-mail, 482
Encoded Archival Description, EAD,
123
EndNote, 266
Enterprise Collaboration Portals,
387
Enterprise Expertise Portals, 387
Enterprise Information Portals, 375,
376, 387, 418
Enterprise Portals, 377
ERIC Digest, 196, 197, 200, 201
ERIC Document Reproduction
Services, EDRS, 206
ERIC Review, 195, 196, 197, 199,
201, 431, 432, 439
Essay & General Literature Index,
245, 439
Eurydice
The Information Network on
Education in Europe, 167, 439
Expert System, 392

F

Facebook, 366, 439
Faceted Classification System, 120,
398
Federal Library and Information
Network, FedLink, 180
Firestone, Joseph M., 418
Five Laws of Library Science, 44,
113
Flickr, 367
Frequently Asked Questions, FAQ,
181
Function Requirements for
Authority Records, 126
Functional Requirements for
Bibliographic Records, FRBR, 123,
124, 149, 150, 340, 397

十四劃

國家圖書館出版品預行編目

教育研究資訊資源服務析論 / 陳仲彥著. -- 一
版. -- 臺北市：秀威資訊科技, 2008. 09
面；　公分. -- (社會科學類；AF0089)
BOD 版
參考書目：面
含索引
ISBN 978-986-221-067-3(平裝)

1. 教育研究法　2. 資訊服務　3. 網路資源
4. 入口網站

520.31　　　　　　　　　　　　97016175

 社會科學類　AF0089

教育研究資訊資源服務析論

作　　者 / 陳仲彥
發 行 人 / 宋政坤
執行編輯 / 賴敬暉
圖文排版 / 陳湘陵
封面設計 / 蔣緒慧
數位轉譯 / 徐真玉　沈裕閔
圖書銷售 / 林怡君
法律顧問 / 毛國樑　律師
出版印製 / 秀威資訊科技股份有限公司
　　　　　臺北市內湖區瑞光路 583 巷 25 號 1 樓
　　　　　電話：02-2657-9211　　　傳真：02-2657-9106
　　　　　E-mail：service@showwe.com.tw
經 銷 商 / 紅螞蟻圖書有限公司
　　　　　臺北市內湖區舊宗路二段 121 巷 28、32 號 4 樓
　　　　　電話：02-2795-3656　　　傳真：02-2795-4100
　　　　　http://www.e-redant.com

2008 年 9 月 BOD 一版
定價：570 元

讀 者 回 函 卡

感謝您購買本書，為提升服務品質，煩請填寫以下問卷，收到您的寶貴意見後，我們會仔細收藏記錄並回贈紀念品，謝謝！

1. 您購買的書名：＿＿＿＿＿＿＿＿＿＿＿＿＿＿＿＿＿＿＿＿

2. 您從何得知本書的消息？

　　□網路書店　□部落格　□資料庫搜尋　□書訊　□電子報　□書店

　　□平面媒體　□ 朋友推薦　□網站推薦　□其他＿＿＿＿＿＿

3. 您對本書的評價：(請填代號　1.非常滿意 2.滿意 3.尚可 4.再改進)

　　封面設計＿＿＿　版面編排＿＿＿　內容＿＿＿　文/譯筆＿＿＿　價格＿＿＿

4. 讀完書後您覺得：

　　□很有收穫　□有收穫　□收穫不多　□沒收穫

5. 您會推薦本書給朋友嗎？

　　□會　□不會，為什麼？＿＿＿＿＿＿＿＿＿＿＿＿＿＿＿＿＿＿＿

6. 其他寶貴的意見：＿＿＿＿＿＿＿＿＿＿＿＿＿＿＿＿＿＿＿＿＿

＿＿＿＿＿＿＿＿＿＿＿＿＿＿＿＿＿＿＿＿＿＿＿＿＿＿＿＿＿＿＿

＿＿＿＿＿＿＿＿＿＿＿＿＿＿＿＿＿＿＿＿＿＿＿＿＿＿＿＿＿＿＿

＿＿＿＿＿＿＿＿＿＿＿＿＿＿＿＿＿＿＿＿＿＿＿＿＿＿＿＿＿＿＿

讀者基本資料

姓名：＿＿＿＿＿＿＿＿＿＿　年齡：＿＿＿＿　性別：□女 □男

聯絡電話：＿＿＿＿＿＿＿＿＿　E-mail：＿＿＿＿＿＿＿＿＿＿

地址：＿＿＿＿＿＿＿＿＿＿＿＿＿＿＿＿＿＿＿＿＿＿＿＿＿＿＿＿

學歷：□高中(含)以下　　□高中　　□專科學校　　□大學

　　　□研究所(含)以上 □其他＿＿＿＿＿＿＿＿

職業：□製造業 □金融業 □資訊業 □軍警 □傳播業 □自由業

　　　□服務業 □公務員 □教職　 □學生 □其他＿＿＿＿＿＿

To：114

台北市內湖區瑞光路 583 巷 25 號 1 樓

秀威資訊科技股份有限公司　　　收

寄件人姓名：

寄件人地址：□□□

（請沿線對摺寄回,謝謝!）

秀威與 BOD

BOD（Books On Demand）是數位出版的大趨勢，秀威資訊率先運用 POD 數位印刷設備來生產書籍，並提供作者全程數位出版服務，致使書籍產銷零庫存，知識傳承不絕版，目前已開闢以下書系：

一、BOD 學術著作—專業論述的閱讀延伸
二、BOD 個人著作—分享生命的心路歷程
三、BOD 旅遊著作—個人深度旅遊文學創作
四、BOD 大陸學者—大陸專業學者學術出版
五、POD 獨家經銷—數位產製的代發行書籍

BOD 秀威網路書店：www.showwe.com.tw
政府出版品網路書店：www.govbooks.com.tw

永不絕版的故事・自己寫・永不休止的音符・自己唱